趙 宏偉
ZHAO, HONGWEI

中国外交論
CHINA's DIPLOMACY

明石書店

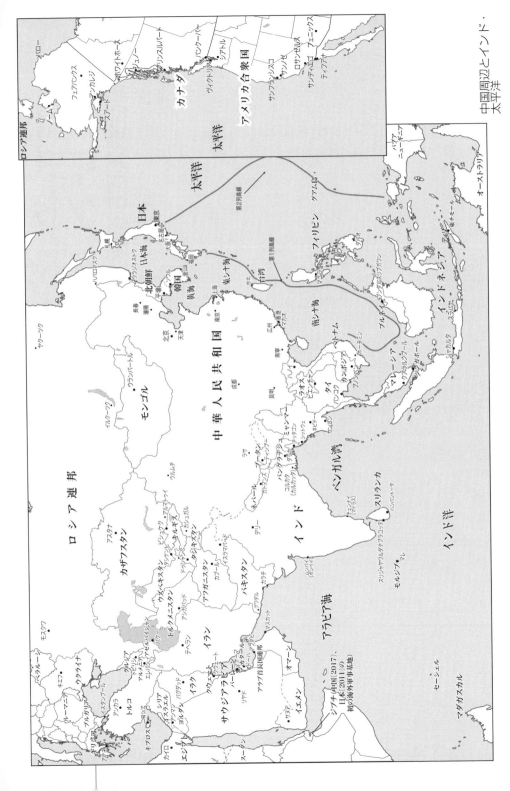

中国周辺とインド・太平洋

中国行政区画図

黒龍江省
吉林省
遼寧省
内蒙古自治区
北京
天津
河北省
山東省
江蘇省
上海
山西省
河南省
安徽省
浙江省
湖北省
江西省
福建省
台湾
寧夏回族自治区
陝西省
重慶
湖南省
広東省
香港
マカオ
甘粛省
四川省
貴州省
広西チワン族自治区
海南省
青海省
雲南省
新疆ウイグル自治区
チベット自治区

（中国、台湾、ベトナム、マレーシア、フィリピンは領有権を主張）

南シナ海と九段線

西沙諸島
潮州島
中沙諸島
南沙諸島
マレーシア

中国の首脳と外交責任者

★中国の指導者
毛沢東　共産党主席兼党軍事委員会主席（1949～76年）、兼国家主席（1949～59年）
劉少奇　国家主席（1959年～1968年）
周恩来　国務院（内閣、1954年9月以前は「政務院」）総理（1949～76年）
華国鋒　共産党主席兼党軍事委員会主席（1976～81年）、兼総理（1976～80年）
鄧小平　最高実力者（1978～94年）、共産党・国家軍事委員会主席（1982～89年）
胡耀邦　共産党主席（1981～82年）、共産党総書記（1982～87年）
趙紫陽　総理（1980～87年）、共産党総書記（1987～89年）
李　鵬　総理（1987～98年）
江沢民　共産党総書記（1989～2002年）、兼国家主席（1992～2003年）、兼共産党・国家軍事委員会主席（1989～2004年）
朱鎔基　総理（1998～2003年）
胡錦濤　共産党総書記（2002～12年）、兼国家主席（2003～13年）、兼共産党・国家軍事委員会主席（2004～13年）
温家宝　総理（2003～13年）
習近平　共産党総書記（2012年～）、兼国家主席（2013年～）、兼共産党・国家軍事委員会主席（2012年～）
李克強　総理（任期2013～23年）

★中国の外交責任者
周恩来　国務院（1954年9月以前は「政務院」）総理兼外交部長（1949～58年）
陳　毅　副総理（1954～72年）、兼外交部長（1958～72年）
姫鵬飛　外交部長（1972～74年）
喬冠華　外交部長（1974～76年）
黄　華　国務委員（副総理相当）また副総理兼外交部長（1976～82年）
呉学謙　外交部長（1982～88年）、国務委員兼外交部長（1983～88年）、党政治局委員（1987～92年）、外交担当副総理（1988～93年）
銭其琛　外交部長（1988～98年）、国務委員兼外交部長（1991～93年）、党政治局委員（1992～2002年）、副総理兼外交部長（1993～98年）、外交担当副総理（1998～2003年）
唐家璇　外交部長（1998～2003年）、外交担当国務委員（2003～08年）
李肇星　外交部長（2003～07年）
戴秉国　外交担当国務委員（2008～13年）
楊潔篪　外交部長（2007～13年）、外交担当国務委員（2013～18年）、外交担当党政治局委員（任期2017～22年）、党中央外事工作委員会弁公室主任（任期同前）
王　毅　外交部長（2013～18年）、外交担当国務委員兼外交部長（任期2018～23年）

『中国外交論』

目　次

中国周辺とインド・太平洋 / 2
中国行政区画図 / 3
中国の首脳と外交責任者 / 4

序　章　国際関係学と中国外交論 …………………………… 13

はじめに / 13
Ⅰ　国際関係学の見方 / 14
　1　リアリズム系 / 14
　2　リベラリズム系 / 15
　3　マルキシズム系 / 17
　4　コンストラクティヴィズムとパス依存論 / 18
　5　学問の進化 / 19
Ⅱ　「帝国之学」、「世界大国之学」である地域研究（area studies）/ 20
Ⅲ　国際文化・文明論の思考 / 22
　1　文明学と国際関係学 / 22
　2　「文明史的意味を意識すること」（五百旗頭真）/ 25
　3　生産的な国際文明論、政治文明論 / 25
　　(1)文明の定義 / 25
　　(2)国際文明論、政治文明論の理論枠組み / 26
　　(3)複合的アプローチ / 29
Ⅳ　文明の視点からの中国像 / 30
　1　中華文明圏 / 30
　2　中国文明像 / 32
　　(1)古代中国：第一次産業革命と農業市場経済体制 / 32
　　(2)古代中国：世界初の自由民の社会と完全官僚制の国家 / 33
　　(3)古代中国：最古の商業ネットワーク帝国 / 34
　　(4)中国文明から中国外交を眺めてみる / 34
　3　文化・文明と日本外交の行動パターン / 35
　　(1)東洋学意識と市場経済意識 / 35
　　(2)歴史文化からの情緒・「儚い」/ 36
Ⅴ　中華人民共和国外交略史 / 37
　1　建国外交期（1949〜53年）/ 38
　2　社会主義建設外交期（1953〜64年）/ 38
　3　社会主義革命外交期（1964〜69年）/ 39
　4　反ソ統一戦線外交期（1969〜82年）/ 39
　5　脱イデオロギーの全方位外交期（1982〜89年）/ 40
　6　「韜光養晦」(とうこうようかい)（目立たずに力を蓄え）外交期（1989〜96年）/ 40
　7　地域大国外交期（1996〜2006年）/ 41
　8　世界大国を目指す外交期（2006年〜）/ 41

目　次

　　おわりに / 41

第Ⅰ部　地域大国論

第1章　集団主義外交への転換・上海協力機構（1996年～）……… 45
　　はじめに / 45
　　Ⅰ　地域集団主義と北方集団協力体制 / 47
　　Ⅱ　中国が目指す「北方集団協力体制」/ 51
　　Ⅲ　上海協力機構に苦悩する中国 / 54
　　　1　経済圏の構築が進まない上海協力機構 / 54
　　　2　市場経済に馴染まないロシア / 55
　　Ⅳ　中央アジアからユーラシアへ / 58
　　　1　二カ国間と多国間経済協力体制の構築 / 58
　　　2　中露印三国協調からBRICS連携へ / 59
　　Ⅴ　アフガニスタンにおける利益と責任と能力 / 61
　　おわりに / 66

第2章　地域大国外交の主戦場・東アジア地域統合
　　　　　（1990～2010年）……………… 68
　　はじめに / 68
　　Ⅰ　偶然たる始まり――東アジア地域統合の提起（1990～95年）/ 69
　　Ⅱ　必然たる流れへ――中国外交の根本たる転換（1995～98年）/ 74
　　Ⅲ　主軸の確立
　　　　　――中国・アセアンFTA枠組み協定（1999～2004年）/ 76
　　Ⅳ　集約と拡散　東アジア首脳会議（2005～10年）/ 82
　　おわりに / 88

第3章　東北アジア集団協力メカニズムと
　　　　　北朝鮮核問題六カ国協議（2002年～）……………… 91
　　はじめに / 91
　　Ⅰ　前史・大国間のパワー・シェアリング / 92
　　Ⅱ　始動・東北アジアの地域主義と北朝鮮核問題 / 99
　　　1　地域主義の機運と「米朝枠組み合意」/ 99
　　　2　6回目の外交プロセスと六カ国協議 / 100
　　Ⅲ　東北アジア集団協力メカニズムの形成を目指す / 104
　　Ⅳ　停滞・日米の消極化と北朝鮮の抵抗 / 105
　　　1　日米の消極化 / 105

2　北朝鮮の抵抗 / 107
　Ⅴ　韓朝主導の新しいアプローチ / 109
　おわりに / 113

第4章　日中ソ・露トライアングルにおける
　　　　　　史的法則とメカニズム（1945年〜）……………114
　はじめに / 114
　Ⅰ　戦後東アジア冷戦秩序の形成
　　　　　──中ソ同盟対日米同盟（1950〜65年）/ 115
　Ⅱ　東アジア冷戦の雪溶け
　　　　　──日米中の反ソ協調（1972〜89年）/ 118
　Ⅲ　ポスト冷戦期における日中ソ・露の対等三角関係（1990〜2011年）/ 119
　Ⅳ　安倍・プーチン友情外交対中露「特殊関係」（2012年〜）/ 124
　おわりに / 128

第5章　地政学の罠・日中の敵視化と
　　　　　　日中韓トライアングル（1989〜2010年）…………130
　Ⅰ　構造的要因の顕在化と
　　　　　日中関係の停滞・後退（1989〜2000年）/ 131
　　1　歴史認識問題と台湾問題の構造的要因化（1989〜97年）/ 132
　　　(1)天皇訪中の成功 / 132
　　　(2)歴史認識問題の再浮上 / 132
　　　(3)日本政府による台湾問題への介入の始動 / 133
　　2　日中韓トライアングルの始動と江沢民訪日の失敗（1998年）/ 134
　Ⅱ　全イシュー対抗に突入する日中関係と
　　　　　日韓シャトル外交（2001〜06年）/ 138
　　1　胡錦濤の対日二原則 / 138
　　2　小泉による対中全イシュー対抗と対韓シャトル外交 / 139
　　　(1)小泉外交の「心情」、「信条」/ 139
　　　(2)領土問題のイシュー化と国際化 / 140
　　　(3)東シナ海ガス田の問題化 / 141
　　　(4)「価値観外交」の始動と日韓シャトル外交 / 142
　　3　中国：小泉首相を外交の相手としないことへ　戦後初の全国反日デモ / 144
　　4　日本の国連常任理事国入りの企みと中国の対日敵視化 / 147
　Ⅲ　「入亜」の頓挫と領土問題の構造的要因化（2006〜10年）/ 150
　　1　安倍第一次内閣と「日米豪印連携」/ 150
　　2　福田内閣からの「入亜」とその頓挫 / 152
　　3　同盟の従属と同盟の忖度 / 154
　Ⅳ　「9.7尖閣諸島 / 釣魚島水域漁船接触事件」（2010年）/ 155

1　「9.7尖閣事件（略称）」の経緯 / 　155
　　2　「日中漁業協定」の適用問題 / 　156
　　(1)「協定」の中身とそのジレンマ / 　156
　　(2)日中漁業共同委員会と「非公表了解事項」 / 　157
　　3　事件の政治・外交過程と日中の再敵視化 / 　161
　おわりに / 　165

第Ⅱ部　世界大国論

第6章　習近平思想と習近平外交（2012年〜） ……………169

　はじめに / 　169
　Ⅰ　習近平思想 / 　169
　　1　習近平思想の構成 / 　170
　　(1)「新主要矛盾」 / 　170
　　(2)「新時代」 / 　171
　　(3)習近平思想と習近平政策 / 　172
　　2　習近平思想の性格 / 　173
　　3　習近平思想の政治的意味 / 　174
　　(1)権威の装置としての「思想」 / 　174
　　(2)権威の論理への模索——鄧小平から習近平 / 　176
　Ⅱ　習近平外交の理念と基本政策 / 　181
　Ⅲ　中国外交の変容と習近平外交の形成 / 　182
　　1　変容のメカニズム / 　182
　　2　国益の再規定と攻めの外交への転換 / 　184
　　(1)「主権・安全（保障）・発展の利益」と「奮発有為」 / 　184
　　(2)「核心的利益」の再規定 / 　186
　　3　持続可能な包括的国家安全（保障）観の形成 / 　190
　おわりに / 　193

第7章　地域大国から世界大国への外交転換と
　　　　　　日米中トライアングル（2006年〜） ……………194
　はじめに / 　194
　Ⅰ　日米中のアジア太平洋外交戦 / 　195
　　1　日中それぞれの周辺外交 / 　195
　　2　安倍晋三のリーダーシップ外交とトランプ・ショック / 　196
　　(1)オバマをリードする安倍外交 / 　196
　　(2)ポスト・オバマ工作に挫折 / 　198

(3)トランプ誘導に失敗 / 199
　　(4)「基軸」から「礎」に逆戻しにされた日米同盟 / 201
　　(5)自主自立に向かう安倍外交 / 201
　　3　習近平のグローバル・リーダーシップ外交 / 203
　　(1)習近平外交の全体像 / 203
　　(2)受動的守りから主導的攻めの外交へ / 205
　　(3)リスク管理から対等大国を目指す対米外交へ（オバマ政権時）/ 209
　Ⅱ　外交総力戦・南シナ海エリア / 213
　　1　政策目標：パクス・チャイナ / 213
　　2　政策手法：中小国のパートナー化 / 214
　Ⅲ　外交総力戦・東シナ海エリア / 218
　　1　国家副主席習近平の訪日の失敗 / 218
　　2　「尖閣三島国有化事件」/ 220
　　(1)習近平外交の初戦 / 220
　　(2)丹羽大使とキャンベル米国務次官補の勘 / 221
　　3　日中韓のトライアングルと習近平外交 / 223
　　(1)中韓特殊関係の構築 / 223
　　(2)日中共同リーダーシップへの模索 / 225
　　4　習近平による台湾統一の始動 / 228
　Ⅳ　「史詩級の戦い」トランプ米国と習近平中国 / 231
　　1　「G2」による安全保障の協力 / 231
　　2　史詩級の米中経済・技術戦争 / 233
　おわりに / 238

第8章　米中ソ・露トライアングルの国際秩序における
　　　　掟と法―シナ海外交戦（2010年～）― ……………… 240
　はじめに / 240
　Ⅰ　大国の掟によるシナ海秩序 / 242
　　1　無意識のうちの掟の働き（1950～60年代）/ 242
　　2　イデオロギーを超越した掟の作用（1970～80年代）/ 243
　　3　「大国の掟」による平和の20年間（1990年代～2010年）/ 246
　　4　オバマはイデオロギー第一　大国の掟を反故（2010～16年）/ 247
　　5　トランプ米国は米国第一　大国の掟に回帰（2017年～）/ 248
　Ⅱ　領有権係争としての尖閣諸島 / 釣魚島問題と国際法 / 249
　　1　日中それぞれの主張 / 249
　　2　連合国軍総司令部（GHQ）訓令（SCAPIN第677号）/ 250
　　3　サンフランシスコ講和条約 / 251
　　4　日米沖縄返還協定 / 253
　　5　「決定的期日」と「先請求」/ 254

6　「無主先占」/　257
　　　(1)日本には「無主先占」を主張する権利があるのか /　257
　　　(2)無主の地であったのか /　258
　　　(3)閣議決定による日本の領土編入は有効に行われたのか /　259
　　　(4)日本は尖閣諸島に対して継続的かつ平穏に主権を行使してきたのか /　261
　Ⅲ　領有権係争としての南シナ海問題と国際法 /　263
　　1　清仏『続議界務専条』/　263
　　2　連合国軍命令 /　264
　　3　『中華民国行政区域図』「南海諸島位置図」、「十一段線」/　265
　　　(1)「十一段線」こと「断続線」の制定は違法だったのか /　265
　　　(2)万国は「断続線」を認めたのか /　266
　　4　常設仲裁法廷（PCA. Permanent Court of Arbitration）『南シナ海仲裁書』/　267
　　　(1)PCA の仲裁の法的拘束力 /　268
　　　(2)南シナ海仲裁の有効性 /　269
　　　(3)南シナ海仲裁書の諸裁定の是非 /　269
　Ⅳ　中国外交における大国の掟と国際法規・シナ海問題のケース /　273
　　1　中国外交の二次的要素としての国際法規 /　273
　　2　中国外交の一次的要素としての大国の掟 /　275
　　　(1)法規より政策・権力の自由度、法秩序より「礼制（礼秩序）」/　275
　　　(2)外交機構の文化としての「大局観」とそれに対照する「対局観」/　277
　　　(3)外交官のプロフェッショナル化における制度的欠陥 /　278
　おわりに /　279

第9章　ドキュメント・習近平外交年次概観…………………………281

　Ⅰ　2012 年　中国の対外関係・概観 /　281
　　1　中国の国際認識と自己認識 /　281
　　2　世論調査からみる相互イメージ /　283
　　3　対日外交 /　284
　　4　習近平の外交政策 /　285
　　　(1)中国夢 /　285
　　　(2)新型大国関係の構築 /　286
　　　(3)ウィンウィン協力 /　286
　　　(4)核心的利益を取引対象としない /　286
　Ⅱ　2013 年　中国の対外関係・概観 /　287
　　1　中国の国際認識と自己認識 /　287
　　2　世論調査からみる世界の中国認識 /　288
　　3　習近平の外交政策 /　290
　　　(1)奮発有為 /　290
　　　(2)新型大国関係 /　290

(3)周辺外交 / 290
　(4)国家安全（保障）委員会 / 291
Ⅲ　2014 年　中国の対外関係・概観 / 292
　1　中国の国際認識と自己認識 / 292
　2　世論調査からみる世界の中国認識 / 294
　3　習近平の 2014 年外交 / 295
　(1)アジア安全（保障）観 / 295
　(2)国家安全（保障）委員会 / 296
　(3)中露特殊関係 / 296
　(4)東西二大文明の全面的戦略的協力パートナーシップ / 297
Ⅳ　2015 年　中国の対外関係・概観 / 298
　1　中国の国際認識と自己認識 / 298
　2　世論調査からみる世界の中国認識 / 300
　3　2015 年の中国外交 / 301
　(1)中国の特色ある大国外交 / 301
　(2)グローバル・ガヴァナンス体系の改善、
　　　国際秩序の改善、新型国際関係の構築 / 301
　(3)一帯一路 / 302
　(4)人類運命共同体 / 302
　(5)楽観視することはできない日中関係 / 303
Ⅴ　2016 年　中国の対外関係・概観 / 303
　1　中国の国際認識と自己認識 / 303
　2　世論調査からみる世界の中国認識 / 305
　3　2016 年の中国外交 / 306
　(1)G2 ないし G3 を構想？ / 306
　(2)祖国統一の大業を完成させる / 307
　(3)周辺外交：南シナ海決戦 / 308
Ⅵ　2017 年　中国の対外関係・概観 / 310
　1　中国の国際認識と自己認識 / 310
　2　世論調査からみる世界の中国認識 / 312
　3　2017 年の中国外交 / 313
　(1)習近平新時代外交の始動 / 313
　(2)対米外交より対トランプ外交 / 314
　(3)周辺外交：攻防は東シナ海へ / 315
　(4)台湾に対する法理的統一を始動・加速 / 315

参考文献 / 317
索　引 / 326
後書き / 335

序　章

国際関係学と中国外交論

はじめに

　本書は、現代中国（1949年～）の外交、現代進行形の中国外交を学問の対象とする。

　現代中国の外交は、学界だけではなく、メディア界、政官財界、多種多様な民間セクター…万人が注目する課題であり、盛んに議論され、書物、論文、論評などの刊行物も読みきれないほど多い。学界の中でも、国際関係や中国外交を専門とする研究者だけではなく政治学、経済学、社会学、歴史学など学問のあらゆる領域、そして中国研究のみならず、欧米、日本、アジアなどあらゆる国と地域を対象とする研究者は、同時代の中国外交の研究に足を踏み入れている。

　このような中国外交についての百家争鳴は、さまざまな立場、多様な視点、種々の学問分野から、中国外交の研究に多くの刺激、示唆を与えているが、また一方で、課題をも浮き彫りにしている。さまざまな立場、多様な視点、種々の学問分野からの百家争鳴であるだけに、どうしても政論、時評、解説類の文字が流行り、それは自ずと中国外交の研究の理論化という課題、言い換えれば学問としての中国外交の研究の少なさを浮き彫りにしている。

　本書は上述の問題意識に立ち、百家争鳴の流行りものと一味が違う理論分析とケーススタディに努める学問としての中国外交論を世に問いたい。

I 国際関係学の見方

欧米伝来の国際関係学の主な見方、いわば理論を簡潔に分かりやすく記述しておく[1]。

1 リアリズム系[2]

リアリズム系は、リアリズムやネオリアリズムなどと呼ばれる多くの理論の蓄積があるが、概ね次のことを基本的な内容とする。

①主権国家は、国際関係における最も基本的な行為者（アクター）である。

②主権国家は、国益を絶対視し、この国益の中で最も核心的なものは、国家の安全保障である。

③主権国家は、国益を実現するための手段として国力を行使する。そして、この国力の強化そのものが、また「国益」となる。経済力を含む国力の中で、最も重要なものは軍事力である。

リアリズムは東方の理念で理解すると、「性悪説」に基づく見方といえよう。富国強兵、軍事同盟、勢力均衡といった論理が語られ、1970年代から、覇権安定論、曰く覇権が国際社会の安定を保つための必要悪であり、主要国が国際責任として（米国の）覇権を支えなければならないという説も説かれてきた。覇権を信奉するリアリズムは、大国のみの国際関係学といっても過言ではない。

中国外交の研究において、日本の高木誠一郎（たかぎ せいいちろう）は、主にリアリズムのアプローチを用い、近年、「構造的リアリズム」学派における攻撃的リアリズムの論理からの中国研究も見られた[3]。中国の清華大学教授閻学通（えんがくつう）は、リアリズム派を

---

1) 参考書：大芝亮「国際政治経済の見方」野林健、大芝亮、他共著『国際政治経済学・入門』有斐閣、2007年第3版。飯田敬輔『国際政治経済』東京大学出版会、2007年。日本国際政治学会編、田中明彦、中西寛、飯田敬輔責任編集『日本の国際政治学I　学としての国際政治』有斐閣、2009年。大矢根聡『コンストラクティヴィズムの国際関係論』有斐閣、2013年。

2) 古典とされる代表作に、ホッブズ（永井道雄・宗片邦義訳）『ホッブズ（世界の名著28）』中公バックス、1979年。

3) 高木誠一郎編『米中関係』日本国際問題研究所、2007年。野口和彦「中国の安全保障政策におけるパワーと覇権追求——攻撃的リアリズムからのアプローチ」『アジア太平洋討究』早稲田大学アジア太平洋研究センター、第30号、2018年1月、35-48頁。

自認しながらその理論の発展を目指し、「道義現実主義」を説いている[4]。それによると、国際社会において国家の指導力（リーダーシップ）も、その国力であって、道義レベルの普遍的価値をもってはじめて主導国としての指導力を発揮することができるという。ただし、閻がいう「普遍的価値」は自由、民主、人権といった西側一般に思われるものではなく、道義レベルの正義や公平類のモラルのようなものを指している。彼は中国文明に由来する「王道」、「徳治」を普遍的価値として、国際社会で「戦略的信義」の旗を立ててソフトパワー化していくことを説いている。道義云々は「性善説」的なリアリズムといえよう。

2　リベラリズム系

　まず、技術的、経済的領域での国家間の協力を重要視する機能主義論がある。機能主義論とは、軍事・外交問題では国益が絡むために、国家間の協力関係が進展しにくいから、とりわけ技術的、経済的な活動といった非政治的・非論争的な領域における協力関係を育成・発展させていき、そしてその積み重ねをもって、国家間協力の制度化を進め、ひいては国際平和の基礎を打ち立てることを目指すという迂回的な平和戦略論といえる。

　機能主義論の考え方は、戦後西欧の地域統合のプロセスの中で地域統合論としての新機能主義、さらに国際的相互依存論といったリベラリズムの理論に引き継がれていく[5]。新機能主義は、非政治的な領域における協力関係が、隣接領域へと波及していき、例えば、経済領域での国家間協力が政治・外交領域での国際協力へと発展する可能性を主張している。

　国際的相互依存論は、国家間、社会間の相互依存関係に注目して複合的相互依存という説を提示した。国際関係において、とりわけ1990年代から、経済、技術、人権、地球環境などの問題は、かつてと比べはるかに重要性が高まり、安全保障は必ずしも最重要とはいえない。さらに経済、技術、人権、地球環境などの問題領域で大きな影響力を持つ多国籍企業や国際組織、地方自治体やNGOなどは、国際関係の行為者として登場し、外交は中央政府の独占物で

4）閻学通「道義現実主義的国際関係理論」中国外交部中国国際問題研究院『国際問題研究』（北京）2014年第5号、1-10頁。『道義現実主義与中国的崛起戦略』中国社会科学出版社、2018年。Yan Xuetong, *Leadership and the Rise of Great Powers*, The Princeton-China Series, Princeton University Press, 2019.

5）山本吉宣『国際的相互依存』東京大学出版会、1989年。

はなくなっている[6]。したがって、複合的相互依存に近づけるならば、国家間の対立のために軍事力が行使される確率も低下する。

　国際的相互依存論が発展する中で、相互依存関係にさまざまなパターンが形成され、またこれが「ルールのセット」を構成して国家の行動を制約することを主張する「国際レジーム論」「ネオリベラル制度論」も開発された。さらに、グローバル化が進む中で「グローバル・ガヴァナンス論」が唱えられ[7]、「世界政府なき世界秩序」の有効性も研究された。

　なお、冷戦後に「デモクラティック・ピース論」は脚光を浴びた[8]。民主主義国同士は、共通の価値観と政治体制を基盤とし、相互依存と国際組織への参加レベルが高いため、戦争の確率が低いという。したがって、非民主主義国の民主化を支援して民主主義国の数を増やすという「平和戦略」も唱えられた。

　ところが、21世紀に入ってから、米国で「ネオコン」[9]と呼ばれる「新保守主義」や「思いやりのある保守主義」が流行り、それらの政治勢力に後押しされる形でブッシュ（George Walker Bush）政権は誕生した。ネオコンは、国連より米国の「単独行動」及び同盟国との「有志連合」による「予防戦争」や「限定戦争」をもって、「普遍的価値」とされる自由主義・民主主義・グローバリゼーションを広めることを掲げ、そして「中東民主化」としてアフガニスタン戦争、イラク戦争、いわば「ブッシュの戦争」を遂行した。

　リベラリズムはパワーポリティクスにおいて、リアリズムに異を唱えて、軍事力や経済力などに代表されるハード・パワーのほかに、「相手を取り込む力を生むもの」としてのソフト・パワー、さらにその総合国力を巧みに生かすことを唱えるスマート・パワーといったコンセプトを提示した[10]。また、国際行

---

6) 入江昭、篠原初枝『グローバル・コミュニティー　国際機関・NGO がつくる世界』早稲田大学出版部、2006 年。

7) グローバル・ガヴァナンス学会編『グローバル・ガヴァナンス学』Ⅰ、Ⅱ、法律文化社、2018 年。

8) ブルース・マーティン・ラセット（Bruce Martin Russett）*Grasping the Democratic Peace: Principles for a Post-Cold War World*, (Princeton University Press, 1993). 鴨武彦訳『パクス・デモクラティア――冷戦後世界への原理』東京大学出版会、1996 年。

9) アーヴィング・クリストル（Irving Kristol、ネオコンの創始者）*Neoconservatism: the autobiography of an idea / Irving Kristol*, Free Press 1995.

10) ジョセフ・ナイ（山岡洋一訳）『ソフト・パワー』日本経済新聞社、2004 年。ジョセフ・S・ナイ・ジュニア、デイヴィッド・A・ウェルチ（田中明彦・村田晃嗣訳）『国際紛争（原書第 6 版）』有斐閣、2007 年。ジョセフ・S・ナイ（山岡洋一、藤島京子訳）『スマート・パワー――21 世紀を支配する新しい力』日本経済新聞社、2011 年。

為のルールを作る実力としての「構造的パワー」とルールの中で発揮するパワーとしての「関係的パワー」という類別も示された。

「ブッシュの戦争」の挫折を受けて誕生したオバマ（Barack Hussein Obama II）政権は、戦争からの撤退に努めた。ところが、オバマ民主党政権は「価値観外交」や米国のリーダーシップによる国際秩序、国際ルールの構築と運用への追求において、むしろブッシュよりも積極的であった。オバマ政権は、いわばソフト・パワーやスマート・パワーを運用して旧ソ連地域での「カラー革命」や中東地域での「アラブの春」などと称される民主化革命による政権の転覆に力を注ぎ、また、アジア太平洋地域で米国をリーダーとする排他的な集団の形成、拡大、強化を企み、その結果、リビア、シリア、エジプト、イエメン、ウクライナなどで収拾がつかないほどの動乱、戦乱を起こし、アジア太平洋地域でも対立の先鋭化と武力衝突のリスクを高め、米国としても耐え難い負担を背負い続けた。

そんな中で、次期のトランプ（Donald John Trump）大統領は、世界の大統領よりも米国の大統領であることを公言し、価値観外交の放棄、経済ナショナリズムとしての米国第一の遂行、キリスト教系白人の国としての米国の存続をドクトリンとし、いわゆる「孤立主義」への傾斜を示した。

リベラリズムは、国益を絶対視する点においては、性悪説的ともいえるが、ハード・パワーよりもソフト・パワーやスマート・パワー、国家関係のみよりも民間関係等をも通しての国益の追求、国益の相互依存を深めることを通しての国際平和秩序の形成を目指す諸点においては、国際社会にドリームをもたらす存在であり、アイディアリズムの色彩がみられる。それがゆえに「リベラリズム」と呼ばれる所為であろう。

3　マルキシズム系

革命的イデオロギーではなく、学問としてのマルキシズム系の国際関係理論には、まず「従属論」が挙げられる [11]。従属論は世界を先進国である「中心」と発展途上国である「周辺」に分ける。先進国は市場の中心であるので、イノベーションと資本と製造の中心にもなり、それに対して発展途上国は、先進国経済の下請け、搾取の対象として中心に従属する周辺に構造的に位置付けられ

11）恒川恵市『従属の政治経済学』東京大学出版会、1988年。

ている。このような従属論は、主にラテンアメリカ研究の学者によって唱えられはじめ、1960年代から70年代にかけて、国際社会における南北関係、即ち発展途上国・先進国関係の議論にも大きな影響を及ぼした。

次に、従属論から出発して、「世界システム論」が開発された[12]。世界システムは「中心」「準周辺」「周辺」の3つの層から構成されるが、それにおける国々の位置付けは、世界経済の景気循環と共にサイクルを呈すことがあるとする。景気循環に影響されて市場、イノベーション、資本と製造の移動が発生し、それに伴って覇権ないしパワーの興亡が起こりうるという。21世紀以来の超大国としての中国の台頭は、世界システム論を裏付けているようである。

また、冷戦後、グローバリゼーションと米国単独覇権の時代に、「帝国論」が再び脚光を浴びた[13]。この時期の帝国論は、第1次世界大戦時のレーニン (Vladimir I. Lenin) の帝国論と異なり、かつて欧州の「領土的帝国主義」に相対して、米国がグローバルレベルで市場経済化と民主化を押し進めて、米国を中心とする同盟ないし同質国ネットワークを結成するというネットワーク帝国のモデルを提示し、それは超大国によるグローバル・リーダーシップの論理にも用いられる。

マルキシズム系の国際関係論は、いずれもシステム・ネットワークパワーを説くところに、性悪説的ではあるが、それに批判的というところに理論の原点があり、アンチ資本主義・帝国主義ネットワークという立場には、理想主義、アイディアリズムの色彩がみられる。

4 コンストラクティヴィズムとパス依存論

1990年代、心理学に由来する「コンストラクティヴィズム」(constructivism、構成主義) と物理学のコンセプトである「パス依存論」(Path-dependence) は、欧米の研究者により、国際関係学に導入された。

コンストラクティヴィズムにおけるコンセプトは「間主観性」(inter-subjectivity)、いわば「共有された認識」である。各々の政策決定者は、それぞれ主観的に国際問題について認識をもつ一方、こうした政策決定者の主観的認識が広く国際

---

12) 田中明彦『世界システム』東京大学出版会、1989年。
13) 山本吉宣『「帝国」の国際政治学』東信堂、2006年。

的に共有されているならば、その国際問題像は、あたかも客観的に存在する国際問題であるかのように、現実に政策決定者の認識や決定や行動を拘束するという[14]。

　コンストラクティヴィズムは、国益やパワーを基本的に客観的な存在とする前述の各メイン理論と異なり、主観的認識の重要性を説き、具体的にアイデア、アイデンティティ、ルールなどの非物質的要素の役割を取り上げる。何を国益やパワーと考えるかは、政策決定者や国民の認識により変化しうるという。

　パス依存論は、時間的に後に起る政策決定が、時間的に前に起った政策決定の前例に拘束されるとし[15]、非合理や非国益や非パワーの要素を説くところが、コンストラクティヴィズムと同質である。

5　学問の進化

　リアリズムから、リベラリズムとマルキシズムへ、コンストラクティヴィズムとパス依存論まで、この流れを国際関係学における学問の進化の過程とみることができる。まずは、赤裸々な国益やパワーを追求するリアリズムから、相互依存や平和の夢や民主主義の広がりへの追求、平等な国際関係への願望などといった人間の望み、いわばアイディアリズムが加味されるリベラリズムとマルキシズムへという国際関係学の進化がみられる。

　続くコンストラクティヴィズムとパス依存論の唱えは、人間の要素をより重要視するようになる。リアリズムのみではなく、リベラリズム、マルキシズムも基本的に客観性や物質的要素をモットーとする学問であるが、対してコンストラクティヴィズムとパス依存論は、間主観性、アイデア、アイデンティティ、ルール、パス依存などの非物質的要素といった人間の要素への重視をさらに強める理論である。外交は人間が行うものであり、国際関係は突き詰めていくと人間の関係である。人間がなすことである以上、客観的な状況そのものというよりも、客観的な状況に対する人間の主観的な認識に基づくことになり、完全な客観性や合理的選択などはありえない。

---

14) 石田淳「コンストラクティヴィズムの存在論とその分析の射程」日本国際政治学会編『国際政治』2000 年、第 124 号。大矢根聡『コンストラクティヴィズムの国際関係論』有斐閣、2013 年。

15) Paul Pierson, *Politics In Time: History, Institutions, and Social Analysis*, Princeton: Princeton University Press, 2004, pp. 17-53.

東方のコンセプトからみていくと、国際関係学の進化は、脱性悪説の過程でもある。性悪説に基づくリアリズムから、性悪説を基本としつつ夢をも語るリベラリズムとマルキシズムへ、さらに脱性悪説のコンストラクティヴィズムとパス依存論という進化の過程をみることができる。

　ただし、コンストラクティヴィズムとパス依存論は、これまでの理論の蓄積を否定するものではない。まず、人間が主観的な認識をできるだけ客観的な状況に近づかせ、合理的な選択をしようとすることはいうまでもない。次に、これまでの諸理論はアイデア、アイデンティティ、パス依存などの要素を軽視しがちだったとはいえ、論理的に排除したわけではなく、コンストラクティヴィズムやパス依存論を自らの理論枠組みに取り込む動きもみられる。なお、コンストラクティヴィズムとパス依存論は、心理学と物理学から借用してきたコンセプトであり、豊かな蓄積を擁するこれまでの諸理論に相対して論理の貧弱さが際立つ。今日、リアリズム系、リベラリズム系、マルキシズム系は、依然として国際関係学における基本理論である。

II　「帝国之学」、「世界大国之学」である地域研究（area studies）

　国際関係学は必ず「外国」を研究対象とするが、「外国」は１つの理論系ないしアプローチで解明できるものではあらず、諸理論ないしアプローチを複合的に用いなければならない。なお、客観性や物質的要素のみではなく、人間の要素がより重要視されるものである。そこで国際関係学と関連性をもつ「地域研究」という学問分野も構築された。

　地域研究は国内の地域ではなく、国際地域を単位に国際社会を研究する学問分野である。例えば東アジア研究、東南アジア研究、南アジア研究、中東研究等、必ずしも国を単位としないものの、必ず国際地域を単位とする。

　地域研究は国際関係の研究と異なり、国と国の関係のみではなく、１つの国際地域の面々を多方位かつ学際的に研究し、即ち人文・社会科学各分野の理論とアプローチを用いて、研究対象を総合的に研究するもの、例えば１つの国際地域の法政、社会、経済、歴史、国際関係、文化人類ないし文明を総合的に研究するものである。

このような地域研究は、一般に第2次世界大戦後に米国で生まれたと思われるが、その起源は英国に遡られよう。英帝国も米帝国もその世界覇権のために、海外のさまざまな異質な人間社会を知る必要があった。1916年にロンドン大学東方学院は創設され、後に今の東方・アフリカ学院に改称された。

　1936年に費孝通(ひこうつう)という名の中国人若者は、ロンドンに留学に行き、英国ではなく生まれ育った中国の村を研究して博士論文を提出し、それは名著たる『江村経済』であった16)。

　同時代に偶然にも中国語名なら同じ苗字の費正清(ひせいせい)(J・K・フェアバンク、John King Fairbank)という米国人若者は、中国研究のために英国で留学していた。当時、世界の中心である大英帝国は、中国研究の中心でもあり、帝国の覇権を維持するために中国の地域研究に力を入れていた。その後、フェアバンクはさらに本場中国で留学、恩師 梁思誠(りょうしせい)清華大学教授から、結婚祝いとして前記の中国語名、並びに妻にも費慰梅という名を付けていただいた17)。

　後、フェアバンクと留学仲間のエドウィン・オールドファザー・ライシャワー (Edwin Oldfather Reischauer)は、米国に戻り、ハーバード大学で教鞭を取った。やがて米国は英国に取って代わって世界帝国になり、新たな中国研究の中心にもなった。世界の地域研究者にとっての「聖地」たるハーバード大学東アジア研究センター、現在のフェアバンク中国研究センターは、彼の遺産である。

　英米の他、ソ連・ロシアは東方学を中心とする地域研究を盛んに進め、実力を有している。日本は明治期から続く東洋学、東方学研究の伝統があり、そしてほぼ1980年代から東京大学大学院地域文化専攻の創設をはじめ意識的に地域研究を進めるようになった。この流れは、戦前に帝国の道を歩み、1980年代のバブル経済時から世界大国を目指す動きに相まっていたものである。ところが、1990年代から日本経済は、長期停滞に陥り、それに相まって地域研究の熱気もしぼんでいった。

　21世紀10年代、ほぼ2013年頃から、中国では「国別研究」ないし「国別・区域研究」といった名詞が盛んに用いられるようになり、ようは「地域研究」という学問が広がるようになった。まさしく「中国の台頭」、「外へ出よう」、「一

---

16) 費孝通《江村経済》商務印書館、2001年（倫敦大学博士論文、1937年。英国出版、1939年）
17) J・K・フェアバンク（平野健一郎・蒲地典子訳）『中国回想録』みすず書房、1994年。

帯一路」こと「新シルクロードベルトと 21 世紀海上シルクロードイニシアチブ」、「中華民族の偉大な復興の夢」といったスローガンに相まって、中国で地域研究という「世界大国之学」も、黄金時代を迎えるようになった。

　ところが、中国でいう「国別」ないし「国別・区域研究」は、1 つ 1 つの国、ないし地域の内部問題を単位とする研究だと誤読されやすい。中国学術界は、地域研究を歩みだしたばかりに、国際学術界で戦後以来慣用されてきた「地域研究」という通称と異なる「国別・区域研究」をなんとなく用い、それは用語の混乱をもたらし、学術界の国際対話を妨げるだけである。2015 年にニューヨーク大学教授 張　旭東（ちょうきょくとう）は、北京大学で中国初の「地域研究センター」を開設し、暮れに筆者は、その「地域研究方法論連続公開講座」で 1 回講義した[18]。

III　国際文化・文明論の思考

1　文明学と国際関係学

　国際関係学と地域研究の進化は、人間の要素をより重要視するという方向性を表しているが、人間の要素たるものは、歴史の中で蓄積して形成されてきた文化や文明そのものであろう。心理学や物理学から借用してきた貧弱な論理よりも、豊かな文化論や文明論を国際関係学に導入することが王道であろう。

　いま、国際関係学には、国際文化論が唱えられるが、国際文明論がまだみられない[19]。

---

18)　講義を論文化したもの、趙宏偉「文明学領綱 "地域研究" 構建 "一帯一路学"」『中国評論』中国評論文化有限公司（香港）2018 年、95-101 頁。

19)　筆者による国際文明論・政治文明論と中国についての研究：「現代中国の政治体制に関する一考察・『諸侯経済』現象の分析から」アジア政経学会『アジア研究』第 38 巻第 4 号、1992 年 8 月、1-28 頁。『中国の重層集権体制』東京大学出版会、1998 年。「省党委員会書記の権力」天児慧編『現代中国の構造変動 4　政治—中央と地方の構図』東京大学出版会、2000 年、133-166 頁。『膨張する中国　呑み込まれる日本』講談社、2002 年。Political Regime of Contemporary China University Press of America, 2002.「『3 つの代表論』と中華本流の復興」中国研究所編『中国年鑑・2003 年版』創土社、2003 年、60-65 頁。「中国の『農村税費改革』と政治体制——政治文明論からのアプローチ」『中国研究月報』中国研究所、2004 年 2 月号、5-20 頁。「東アジア地域間の融合と相克における中国の外交」『現代中国』日本現代中国学会年報、2005 年、第 79 号 15-37 頁。「中国における政治文明と政治体制の変容——江沢民政権（1994-2002 年）と胡錦濤政権（2003-2007 年）の政治過程を考察して」、加々美光行編著『中国内外政治と相互依存』日本評論社、2008 年、136-172 頁。Чжао Хунвэй. Японо-китайские отношения и внешняя политика Ху Цзинь, Под редакцией А.В. Лукина, Япония в Восточной Азии:внутреннее и внешнееизмерения. Институт международных исследований МГИМО (У) МИД России Центр исследований Восточной Азии и ШОС Москва МГИМО - Университет 2009, pp.177-204.

「文明」は、歴史研究の基本課題とされ、文明史、また歴史を拠り所とする文明学は、歴史研究者を中心に盛んに研究されてきた。いままでの文明史・通史類の研究のほとんどは、政治学と国際関係学の視点から眺めてみると、政治の変遷や文明の衝突と融合を中心に叙述し、要は政治と国際関係の文明史をメイン課題とする研究のようなものである。

「文明学」の創出は、第1次世界大戦後の欧州で始められ、代表的な学者は、O・シュペングラー（Oswald Arnold Gottfried Spengler）、A・トインビー（Arnold Toynbee）、W・シューバルト（Walter Schubart）、K・クローバー（Alfred Louis Kroeber）、P・ソーロキン（Pitirim Alexandrowitsch Sorokin）、A・ヴェーバー（Alfred weber）などであるが[20]、同じ時期に国際関係学も創出され、そしてA・トインビーは、文明と国際関係の両学問を一人で体現した象徴的な学者であった[21]。文明学も国際関係学も、第1次世界大戦の衝撃によって生じた『西洋の没落』[22]という国際的な問題意識より生起された学問である。

日本では、明治期の福沢諭吉『文明論之概要』が文明論を意識した国際関係の議論の1つの典型であろう。そして、第2次世界大戦における日本の戦争行為の特徴を問題意識とする文化論からの研究には、『菊と刀』のような名著があり[23]、戦後に敗戦の原因や復興の意味や日本の針路などといった問題意識に動かされて、日本の学界も欧州から文明学を導入して、日本に立脚する文明の研究を本格的に展開していき[24]、その中で文明学による国際関係の議論も、常にメインテーマであった。

（「日中関係と胡錦濤の対日外交（2003～2008）」、Alexander Lukin編『日本と東アジアの関係：内外両面からの考察』ロシア外務省モスクワ国際関係大学出版）。「中国の政治体制の60年――政治文明論からの検証」中国研究所編：『中国年鑑2010［特集・政治］』毎日新聞出版社、2010年、43-48頁。「東亜区域一体化進程中的中日関係」『世界経済与政治』中国社会科学院世界経済与政治研究所、2010年9月号19-39頁。（共著）『中国外交の世界戦略』明石書店、2011年。「論東海・南海国際秩序中的大国規矩和国際法規」『亜太安全与海洋研究』国務院発展研究中心亜非発展研究所、南京大学中国南海研究協同創新中心、2016年11月、第10期1-10頁。「文明学領綱"地域研究"　構建"一帯一路学"」『中国評論』中国評論文化有限公司、2018年、93-101頁。

20）神川正彦『比較文明文化への道』刀水書房、2005年、96頁。
21）A・J・トインビー（A. Toynbee）（長谷川松治訳）『歴史の研究1、2、3（サマヴェル縮冊版）』社会思想社、1975年。
22）O・シュペングラー（Oswald Spengler）『西洋の没落』五月書房、2001年。
23）ルース・ベネディクト著（長谷川松治訳）『菊と刀――日本文化の型』社会思想社、1967年。（Benedict, Ruth, *The Chrysanthemum and The Sword: Patterns of Japanese Culture*. Boston: Houghton Mifflin, 1946.）
24）山本新『周辺文明論』刀水書房、1982年、223-224頁。

日本での文明学の議論は、大まかに日本を中華文明圏のサブ文明に位置付ける議論と西欧の封建制に類似性をもつ脱中華文明の日本海洋文明説に二分される。

　近年、前者は、近代以来の東アジア史を中国の周辺から始まった歴史の運動が「大陸奥部に波及し、やがて大陸内部から周辺に逆に波及しはじめたという…（中略）…中華文明圏における『中心―周辺』の作用・反作用の力学的な往復関係」から捉え、そして21世紀初頭現在「もはや旧時代の遺物と思われてきた中華文明圏としての関係構造が、実はある面では持続していたというのみならず、環中国圏という経済関係構造に再編され、周辺諸国を再び周辺化しはじめている」という認識まで提示された[25]。

　後者の例としては、梅棹忠夫（うめさおただお）はユーラシア大陸の周辺にある日本と西欧からなる「第1地域」と、その中心部を占める中国、ロシア、インド、および地中海・イスラム世界からなる「第2地域」とに分けた上、「現代は、一口に言えば、第2地域の勃興期だ。…（中略）…次々、強力に近代化、文明化の方向に進んでゆくだろう」と指摘した[26]。

　そして1990年代半ばから、「海洋文明論」の言説が流行り、民主主義と市場経済は、海洋文明がもたらしたものであり、それに対して独裁と停滞は、大陸文明の所産であると論陣が張られた[27]。「海洋文明論」は、小泉純一郎（こいずみじゅんいちろう）、麻生太郎（あそうたろう）、安倍晋三（あべしんぞう）など、ときの政治家が中国に対峙して「海洋連合」「民主主義国連帯」「自由と繁栄の弧」といった外交政策を推し進める上での論理根拠ともなった。

　国際関係研究者では、S・ハンチントン（Samuel Phillips Huntington）は『文明の衝突』という文明学の視点からの国際関係の論説を打ち出し、冷戦後の世界を区分するものが政治や経済のシステムではなく、文化と文明であると論破した[28]。日本では、平野健一郎（ひらのけんいちろう）が「国際関係も文化的な関係である」[29]と捉えて国際文化論の理論体系を構築し、なお「日本国際文化学会」を創立した。この

25) 溝口雄三『中国の衝撃』東京大学出版会、2004年、13、16頁。
26) 梅棹忠夫「文明の生態史観序説」、『中央公論』1957年2月号、32-49頁。『梅棹忠夫著作集 第5巻、比較文明学研究』中央公論社、1989年、85-87頁。
27) 川勝平太『文明の海洋史観』中央公論社、1997年。
28) S・ハンチントン（鈴木主税訳）『文明の衝突』集英社、1998年。
29) 平野健一郎『国際文化論』東京大学出版会、2000年、19頁。

ように国際文化、国際文明についての研究蓄積が実に多く存在する。

2 「文明史的意味を意識すること」(五百旗頭真)

　前述のように国際文明、それに政治文明が実際上これほど議論されてきたのに、その理論としての国際文明論も政治文明論も、いまだに国際関係学や政治学に存在しない。主な理由としては、それが「非生産的なアプローチ」であることが挙げられる。国際関係の現象や政治現象を文明論的に説明すると、人間の生産的な行動よりも、その宿命的な動きが結論になるのではないかという恐れが指摘されている。実は学界で認知されている「国際文化論」「政治文化論」も、同じ理由でそれによる国際関係・政治現象の研究が低調である。

　五百旗頭真は「私の履歴書」[30]でこう語った。「(ゼミでの)私の指導は2点のみ、誰よりも原資料を集めること、文明史的意味を意識することである」。「誰よりも原資料を」は、前提条件である一方、原資料の完全な把握を可能としていない意味合いも含む。とりわけポリティクス・スタディの場合は、原資料の他に、政策史の流れ、流れにおける因果連関の政策過程からの検証も重要視する。「文明史的意味を意識」ついては、本書として、「非生産的な研究」になる可能性を恐れるあまりに、研究そのものを放棄するのが、まさに非生産的な態度であり、国際文明論、政治文明論を生産的な理論に作り上げることこそ、研究者に課された課題だと捉える。

3　生産的な国際文明論、政治文明論

　文明(Civilization)及び政治文明(Political Civilization)、国際文明(International Civilization)とは何か。そして文明は文化(Culture)、及び政治文化(Political Culture)、国際文化(International Culture)とどう区別されるべきか。またその理論枠組みは何であり、事例分析に有用、有効、かつ生産的であるか。以下広く認められる諸学説を踏まえて本書なりの定義と理論枠組みを編み出し、簡潔に記しておく。

(1)文明の定義

　一般論として文明は、人間の精神的所産としての「生きるための工夫」とい

---

30)『日本経済新聞』2019年2月17日。

う文化[31]に対し、「人間の精神・物質の両面にわたる生活パターンの複合体」を指すという[32]。そして「文明がまず誕生し、それが地域的に定着し、それぞれの時代と社会に醸成されたのが文化である」、「文明は基礎的、普遍的であり、文化は特殊的、個別的、時代的なものを指す」とも指摘される[33]。さらに、「文明」とは、因果関係の連鎖がそれ自身の中に納まっているような空間的・時間的範囲を有し、「それだけを単独に取り上げて理解できる」、「世界の他の部分を引き合いに出さなくとも、大体理解できる」空間的・時間的地域範囲が文明の単位であるべきだとして、それを「何々文明」と呼ぶ。即ち、イギリスのような国民国家ではなく、西欧文明やヘレニズム文明のようなより広い、明らかに因果関係が自己完結しているものであると理解される[34]。

　これらの議論を帰納して文明とは、因果関係の連鎖が自己完結している空間的・時間的範囲に生まれ育った人間の精神・物質の両面にわたる生活パターンの複合体であると定義されよう。なお、文明学は人間のこのような生活パターンの複合体を研究する学問であり、国際文明論、政治文明論は、国際社会、政治社会における人間の生活パターンの複合体を研究するものである。

(2)国際文明論、政治文明論の理論枠組み

　まず、いくつかの法則が挙げられよう。

　第1に、文明の国際地域性。因果関係が自己完結するものとしての文明の存在空間は、グローバルでもカントリーでもなくヘレニズム文明やヨーロッパ文明や中華文明などが存在する広域レベルの国際地域であり、文明は特定の国際地域に生まれ、伝承される。前述のように日本の学界では、「中華文明圏」という捉え方があり、学問としては「東洋学」、「東洋史学」があり、由緒のある研究機構には「東洋文庫」や「東方学会」が挙げられる。ちなみに東アジア諸国には、「東方文明」や「儒教文明圏」や「漢字文明圏」といった捉え方もある。世界文明史上、特定の一国を中心としてきた文明圏は、中華文明圏のみである。

　第2に、文明の超時代的伝承性。時代的なものとしての「文化」に対して、

---

31) 平野健一郎、前掲書、11頁。
32) 公文俊平『情報文明論』NTT出版、1994年、4-6、10、17頁。
33) 寺田隆信『物語　中国の歴史——文明史的序説』中央公論社、1997年、290-291頁。
34) A・J・トインビー、前掲書、第1巻19-71頁、第2巻108-120頁。村上泰亮『文明の多系史観』中央公論社、1998年、61-64頁。

文明は因果関係が自己完結するものとして超時代的な時間を有する。文明の超時代的伝承性は、特定の国際地域に生成する人間の生活パターンに示される。生活パターンは、無意識のうちにも繰り返される人間の行動パターンであるので、複数の時代を超えて繰り返され、その中で自律的に進化し、文明としての生命力を表す。それにより、人間の行為は予測可能のものであり、そこで行動パターンの研究には、価値が見い出される。世界文明史上、数千年にわたって今日に至り、断絶することなく伝承されてきた文明圏は、中華文明圏のみである。

第3に、文明の非理性。文明の所産である人間の行動パターンは、現実に合わないときでも繰り返されることがあり、非理性、非利益動機の一面を表す。前述の国際関係学におけるコンストラクティヴィズムとパス依存論も非理性、非利益動機の一面を視野に含めた研究だとみることができる。リアリズム、リベラリズム、マルキシズム等の国際関係学のメインの理論は、およそ人間の行為の合理的選択、利益動機を自明の存在として、それにフォーカスして研究するが、人間の非理性、非利益動機の一面を見落としてしまう。

第4に、文明の宿命性。文明の非理性、非利益動機の一面は、時には宿命性の色彩を表すが、このことは、「一面」や「時には」という時空有限のレベルのものであり、文明学のアプローチの有用性を排除する理由にならない。研究者は宿命論や文明決定論の罠を戒めながら、生産的な理論枠組みの開発を求めていくべきである。

第5に、文明の相対性である。いわゆる「文明」と「非文明」は、人類における原始社会と文明社会を区別する史学の概念であり、西欧の文明対その他の野蛮、愚昧といった文明の絶対性説は認められない。文明は多様であり、世界は多元である。さまざまな文明は、自己完結する因果関係をもつことで、それぞれ存続の正当性を有する。

第6に、文明の融合性である。文明は不変で宿命的なものではなく、伝承のなかで変化するものである。文明の変化は、自律的な進化のほかに、他文明から影響を受けること、他文明を受け入れること、または他文明に溶け込むことといった文明の融合を通して進められる。文明の衝突は、文明融合の一形態として捉えることができる。伝承と融合の中で強い影響力をみせる文明もあれば、独立の文明として維持できなくなって、一文化形態に変わっていくものもある。

文明はその伝承と融合の中で生命力の強弱が示されるわけである。

次に、文明と国際・政治現象の関係性を考えてみる。

上記のような法則を有する国際文明論、政治文明論は、捉え方次第で生産的な理論になりうる。例えば、文明は伝承性、相対性、融合性をもち、これらの諸点から眺めるだけでも、文明は不変で宿命的なものではなく、自文明の伝承と他文明との融合の中で自律的、また他律的に進化し、変化するものであることが分かる。

文明と政治・国際現象との因果関係については、丸山真男が日本政治思想史の研究に用いたコンセプトを借用して、ここで説明してみる。丸山は最初に日本的な思考様式のパターンとして「原型」、次に「歴史意識の古層」、最終的に前者をやめて「執拗低音」を用いるようになり、さまざまな思想現象の底で奏でられている日本的な思考様式のパターンを「執拗低音」で説明して、今日の思想現象との因果関係を分析した[35]。丸山は最終的に「原型」と「古層」の使用を避けたが、それは「原型」や「古層」の作用を歴史的宿命性として誤認されかねないためであった。理論の宿命性ないし非生産性の回避は、前述のように政治・国際文明論を用いるときの課題でもあった。

本書の文明学枠組みからすると、「原型」も「古層」も回避できない文化・文明における客観的な存在であり、そして現象に潜む「原型」という「古層」よりの作用としての「執拗低音」との形で3つのコンセプトをつないで、その連関性を考えれば、それはまさしく文化・文明より作用が発されて現象にインパクトするという因果関係のプロセス及びメカニズムそのものを構成している。わかりやすく言い表せば、文明は「芯」であり、行為者の意識の有無にかかわらず、「執拗低音」を発して現象にインパクトするという構造的要素としながら、現象を通して自らの存在を表わす。

第3に、「行動パターン」をキーコンセプトとして提示する。

国際文化・文明論の問題点としては、如何に国際現象の実証研究に用いるか、ということが挙げられる。文化や文明の要素と国際現象との間の因果関係を証明することは容易ではない。実際にコンストラクティヴィズムやパス依存論の

---

35) 加藤周一、木下順二、丸山真男、武田清子『日本のかくれた形』岩波現代文庫、2004年、134頁、149-150頁。丸山真男『忠誠と反逆』筑摩書房、1998年、第1章。丸山真男『現代日本の思想と行動 増補版』未來社、2000年。

場合でも、同様な問題点の存在が指摘されている。

　前述の文明の定義に基づけば、文明と国際・政治現象との間の因果関係は、行為者の行動パターンに内包される。行動パターンは、行為者の特殊な一過性の行為ではなく、因果関係に普遍性を持ち有効性を繰り返して示すことが可能な行為である。国際文明論による国際現象の研究は、行為者の行動パターンを析出するものである。前述の丸山の研究も「日本的な思考様式のパターン」にフォーカスするものであった。行為者の行動パターンが分かれば、それをもって行為者の過去、現在、今後を把握することができることになり、そこで理論の有用性も裏付けられる。とりわけ、本書は、重点的に中国外交の行動パターンを析出し、それに関わる諸要素を分析して中国外交についての認識モデルの創出を試みる。そしてそれをもって中国外交の過去と現在を把握しその今後を見通すことに努める。

(3) 複合的アプローチ

　国際関係学は、学際的な学問であり、国際政治・法律・経済・社会・歴史・文化・文明…あらゆるリテラシーが用いられ、そして前述したリアリズム系以来のさまざまな理論系の豊かな蓄積があり、また国際地域を総合的に研究する地域研究という学問分野もある。国際現象の研究は、特定の理論からのアプローチも有用であるが、中国外交のような時間的・空間的に規模が大きく複雑な対象を研究するには、複数のアプローチによる多角的な研究が必要であり、いわゆる複合的アプローチによる研究が求められる。とりわけ「あらゆるイズムを使い分けることは、中国外交の顕著な特質である」としばしば指摘されている[36]。

　勿論、複合的アプローチによる研究は、容易なことではない。例えば日本で、本来学際的な共同研究を志す地域研究は、どうしても研究者それぞれのリテラシーによる研究に終始してしまう。学際的な国際関係の研究は、かかるさまざまなリテラシーを束ける芯を必要とする。前述のように文明が芯であり、したがって文明学のアプローチは、学際的な国際関係研究の芯になり、こういう芯があってはじめてさまざまなリテラシーからのアプローチの結集ができ、その総合力による国際地域への全方位の研究ができる。

---

36) 毛里和子「中国外交の特徴」『JICAニュースレター』日本対外文化協会、2010年10月29日、No.258、9頁。

国際地域を範囲とし文明研究を芯とする学際的研究は、世界文明の図鑑を描き直すことになる。国際地域という研究範囲の設定は、国際社会の現在における国際地域化という時代的な特徴に適合するものである。国際社会はほぼ20世紀までの国民国家の時代から国際地域の時代に移っている。欧州共同体、アセアン共同体……国際社会全体に波及しているさまざまな地域共同体への取り組みは、国際地域の時代の到来を示している。世に「グローバリゼーション」や「国際化」といった用語は愛用されるが、「グローバルの時代」は人類の夢であり、まだ先にある。

IV　文明の視点からの中国像

1　中華文明圏

　では、中国外交を施してきた中国とは何か。ここで文明の視点からみえてくる中国文明像を概説してみる。

　「中国の文明は自前で生み出され、…（中略）…また、子孫たちの手に継承されて発展を続け、断絶することなく現代に至っている。…（中略）…この事実こそ、中国の歴史と文明が他国のそれと決定的に異なる特徴である」[37]。なお、地域研究は普通、多国からなる国際地域を視野に収めるが、中国を「中華世界」と呼び、因果関係の連鎖が自己完結している1つの国際地域として扱っている。中国は一国というより一世界であり、古来「天下」と称されて論じられる。その分、中国文明は「歴史の古層」よりの「執拗低音」としてのインパクトがより強いと考えられ、とりわけ文明論アプローチによる現代中国の政治・外交現象の分析は、有効であることが疑いなかろう。閻学通によると、中国では「2010年代に入ってから、体系性をもつ理論の創出が現れるようになり、学術流派が形成し始めた。前述した閻本人の「道義現実主義」は、国際学分野で清華学派に名乗る研究であり、政治学分野では、潘維、葉自成ら北京大学教授陣の研究が見られる[38]。上海の復旦大学中国研究院誌『東方学刊』は、注目される学術誌である。

---
[37] 寺田隆信、前掲書、287-288頁。
[38] 潘維編著『中国模式』中国編訳出版社、2009年。潘維『比較政治学』北京大学出版社、2014年。葉自成『中国崛起』人民出版社（中国）、2013年。葉自成・龍泉霖『華夏主義』人民出版社、2013年。

序章　国際関係学と中国外交論

　前述の溝口雄三(みぞぐちゆうぞう)が言及する「中華文明圏における『中心―周辺』の作用・反作用の力学的な往復関係」は、次の説を言い表していると思われる。すなわち、「中華圏」や「中華文明」や「中華文明圏」といった用語も用いられてきたように、中華文明圏は１つの国際地域、且つ１つの文明圏として古代から今日に至って中国大陸とその周辺地域より構成され、古語でいう「天下」をなし、因果関係が断絶することなく自己完結されてきた文明体である。このコンセプトは世界の他の文明圏と質的に異なり、中国の国際関係と外交を観察するとき、必要となる知的基盤をなすものである。「外交も１つの文化と考えることができる」[39])ために、「歴史の古層」よりの「執拗低音」から来る中華圏内外にわたる中国外交の特色、また多文化、多文明との衝突と融合の中での中国外交の変容は、重要な研究課題であろう。

　中華文明は相対性をもつ。言い換えれば、西洋文明も絶対性を持つグローバル・スタンダードではなく、それと異なる中国文明に対して、より文明的ともより野蛮的とも判断すべきではない。中国政治と外交の研究の多くは、善悪や是非類の価値判断や西洋スタンダードよりの距離の測量を問題意識としているが、それよりは、中国政治と外交における諸現象の在り方、存在根拠、その自律的変容の過去・現在・未来、自律的変容のメカニズム、及びその古層に見え隠れする他文明との衝突と融合の研究のほうが有用であろう。

　中華文明は伝承性が強いため、独立の文明として維持できなくなって消え去ることはないが、他文明から影響を受け、他文明を受け入れるという融合性をもつ。現代中国におけるさまざまな政治・外交現象には、たしかに外からの衝撃に対する反応や、歴史の転換をもたらす資本主義または社会主義革命による痕跡が見られるが、中国の文明史の連続性がその本流をなしてきたわけである。このような中国文明は、中華文明圏の中心に位置し、ここでそれを「中華本流」と呼ぶ。例えば、共和主義、民主主義、資本主義、共産主義、社会主義といった西洋の思想は、中国が主に周辺を経由して受け入れ始めたが、中国の変容は、歴史の伝承という本流に異文明が影響を及ぼすというメカニズムの中で実現され、古典的な表現で説明すれば、「和魂洋才」に近似性をもつ「中体西用（中学為体、西学為用）」の中で実現されたものである。

39) 平野、前掲書、11頁。

2　中国文明像

このような中華文明圏の本流としての中国文明は、ほぼ孔子の時代、約2500年前からの春秋戦国時代にその基本形（丸山真男、「原型」）が完成された[40]。それは次のように概括される。

(1)古代中国：第一次産業革命と農業市場経済体制

人類史上の第一次産業革命・農業革命は、中国大陸で発生し、農業市場経済体制が形成された。今までの通説では、イギリスでの工業革命が世界初の産業革命であり、市場経済体制もその中で初めて確立されたというが、そうではない。第二次産業と呼ばれる工業の革命的発展は、人類史上で2回目の産業革命であって工業市場経済体制の形成を成し遂げた。ちなみに、ただ今進行中の3回目の産業革命は、第三次産業であるサービス産業ないし情報産業の革命であり、サービス・情報産業市場経済体制が形成されているところである。

産業革命も市場経済体制も、中国大陸にその起源が求められるが、その発生メカニズムは、イギリス工業革命の研究から得られた近代の科学的論理で説明することができる。イギリスの工業革命と同様、紀元前に発生した中国の農業革命も、技術の質的な進歩がもたらした生産力の質的な向上によって引起されたものである。

紀元前からの春秋戦国時代の黄河・長江流域を中心に広がった鉄器農具、牛耕、乾地農法等の農業技術は、農業労働生産性の爆発的な向上をもたらし、農業の家族経営を可能にした。そして家族営農の広がりは、それまでの荘園主と農奴による集団営農で形成された経済制度である「井田制」、及び土地の領有を礎とする政治制度である封建制を崩壊させていった。その中で土地は実質的に私有化し、農奴は自耕農、自由人と化していった。このような変革は、幾千年後に、欧州では近代に入ってからの工業革命、日本では明治維新に伴って繰り広げられたのである。

古代中国での土地の私有化と農業の家族経営は、農業市場経済体制の形成をもたらしていった。それまでに、市場は主に生産手段と労働力の人身を独占所有する領主たちの交換の場であったが、無数の個人農や都市住民の交換の場と

---

40) 参照：趙宏偉『中国の重層集権体制』東京大学出版会、1998年、23-34頁。『膨張する中国　呑み込まれる日本』講談社、2002年。Political Regime of Contemporary China (University Press of America, 2002) pp.23-26.

して無限大に拡大していった。史料によると、春秋時の斉国の国都は70万あまりの人口があった。無数の商人は働き、どこへも伸びる商路、環支那海市場圏や、今日に言う「一帯一路」こと、砂漠のシルクロードと海のシルクロードへ、次から次へとグローバル市場まで開拓していった。世界のどこよりも、巨大な商人階層が近代以前の中国に存在し続けていたことは、否定できない史実であろう。

中国と世界の学界では、「重農軽商、農強商弱の古代中国」が定説になっているほどであるが、これは誤認である。今日多くの国の政府や世論が農業と製造業の重視を唱えているのと同じように、古代中国でも巨大な商業と商人階層とのバランスをはかって、生産業、当時では農業を立国安民の本として、国家と世論は唱え続けていた。後世の研究者たちはこれらの古文書から「重農軽商、農強商弱の古代中国」を読んで古代の現実として誤認した。それらの古文書は、商人階層の社会地位を軽んじたが、今日のアマゾンやアリババと同じように、巨商は巨商であり、政治力ももち、かつ実業にも投資し、古代の中国の巨商たちはみな地主でもあり、農業を営んだ。

(2)古代中国：世界初の自由民の社会と完全官僚制の国家

まず、農民の自立によって、国家は民をかつてのように諸侯システムをもって統治することができなくなり、諸侯制と身分制をなくして官僚を雇用して無数の農家と商人を直接統治することになった。

次に、官僚を大量に育成・雇用する需要に応じて、「有教無類」と誰でも入学できる世界初の学校・孔子塾、世界初の教師・孔子が現れ、後に儒学は世界初の国家イデオロギーと国定教科へと発展し、世界初の「公務員採用試験」である「科挙」も開かれた。かのフランシスク・フクヤマは、中国の古典に出会えて、2011年に「中国は紀元前3世紀にも近代国家の多くの要素がそなえる国家構築(state building)のパラダイム(paradigm)を開き、欧州より1800年間ほど早かった」と驚嘆したが[41]、それは筆者のような中国人研究者だけではなく、欧米日の比較政治学界にとっても昔からの常識であった[42]。

41) フランシス・フクヤマ（会田弘継訳）『政治の起源　上下』講談社、2013年、第1章、第6〜9章。弗朗西斯·福山《政治秩序的起源——从前人类时代到法国革命》广西师范大学出版社, 2012, (*The Origins of Political Order: From Prehuman Times to the French Revolution*) Farrar, Straus and Giroux, 2011.
42) 河合秀和『比較政治・入門——国際情報を整理する』有斐閣、1996年、第3、10章。

⑶古代中国：最古の商業ネットワーク帝国

　強大な商人階層は、より広い統一市場を常に求めていた。ただの農民だったら「一帯一路」まで広大な市場を求めることはないであろう。行政官僚システムも、広域の施政能力が諸侯システムよりはるかに優れ、それで統治者は、広域を統治する能力をもつことになった。秦の始皇帝はまさに巨商の呂不韋を宰相に拝して、大陸の統一、文字の統一、度量衡の統一、軌距の統一、進んで都（現西安市）から北の現モンゴル、南の現広東省、東の現朝鮮半島北部、西の現寧夏・甘粛省に繋ぐ国道である秦馳道…商業インフラともいうべき社会・経済統合システムを完遂し、また、諸侯システムという封建制に終止符を打って郡県制を軸とする行政官僚システムを打ち立て、さらに、「秦律」をもっての統一法制を敷いた。なお、秦は西域への進出にも先鞭を付け、それは後にシルクロード開拓につながっていった。

　古代中国は、農商市場経済、農商自由民社会、そして行政官僚システムを柱とする「官治」と郷村における「民治」（「住民自治」）から構成される社会・国家である。それらは筆者がかつて研究した「中国の重層集権体制」の起源である。

　古代中国に対して「改革開放」の今日の中国は、工商市場経済、工商自由民社会、そして党・行政官僚システムを柱とする中央・地方から構成される重層的集権体制といった社会・国家体制である。なお、中国は西側の政治文明から影響を受けて政党、議会、裁判所等の装置を組み入れて、独特の「党政関係」（共産党機関・政府機関関係）を形成している。

⑷中国文明から中国外交を眺めてみる

　このような中国文明像は、今日の視点から中国外交にどのような遺伝子を伝承してきたのか。その分析は本書が担う課題であるが、冒頭の序章では、幾つかの分かりやすいポイントを記しておく。

　日本では「中華思想」や「華夷秩序」や「朝貢システム」に「朝貢貿易」…、馴染まれる概念が語られている。それらからは、古来の「天下」の「天朝」といった①地域ないし世界の中心国としての意識、いわゆる地域大国ないし超大国意識、②周りの国々が中国の「縄張り圏」、いわゆる中国の周辺であるという意識、③地域秩序ないし世界秩序の構築者とリーダーとしての意識、④ただしその秩序が、同盟より貿易やパートナーのシステムであるという意識が、中国の「原

型」という「歴史の古層」よりの「執拗低音」として見出されよう。

　古代中国は、後世に「中華帝国」と呼ばれるが、中華帝国は、近代以来の欧州発の領土帝国、米ソ発の同盟のネットワーク帝国ではなく、周辺でも遠隔地域でも、必ず領土や植民地に編入し、若しくは同盟に組み入れようとしなかった。中華帝国の朝貢秩序は、疑似ファミリー的な尊卑長幼の「礼制（礼秩序）」を重んじるが、基本的に経済を中心とし強制力が伴わないパートナー関係であった。

　今日の中国外交は、まさに中国を中心とする「一帯一路」(新シルクロード経済ベルト、21世紀海上シルクロード) という世界規模の経済イニシアチブを取り、そして97カ国とパートナー関係を結んでいる (2017年現在) が、同盟を非とし非同盟であることを誇っている。このような外交行動パターンは、数千年にわたる家族主体の市場経済の遺伝子から来る家族実利主義の義と利という中国文明史の「古層」よりの「執拗な持続低音」の顕在化ともいえよう。現に習近平は、自らの周辺外交の理念として「正確な義利観」を強調してみせている。

3　文化・文明と日本外交の行動パターン

　仮説レベルの議論ではあるが、文化・文明の視点の有効性を指摘しておく。

(1) 東洋学意識と市場経済意識

　まず、東洋学、東洋史は日本にしかない学問の捉え方であり、かつ人文社会科学系では必修とされる一大学問である。国に東洋文庫や東京大学に東洋文化研究所等、由緒を誇る研究機構がみられるが、他の広域国際地域に対応する研究機関どころか、京都にある国際日本文化研究センターも、1987年にようやく設けられた。日本における東洋学系の中国研究は、欧米における中国研究のレベルを超える位置にあるとみることができる。東洋学系で育ったエリートの知性と理性は、文明圏全体を捉えるものであり、例えば前述の溝口雄三の知見は一例に挙げられよう。

　次に、欧米の領土帝国主義時代に、19世紀60年代から、欧州に近似する封建制にある日本は、欧州を学んで国内の統一と国外の領土獲得という形での市場拡大を進め、領土帝国主義に仲間入りしたが、後の第2次世界大戦で敗戦した。中国史に照らせば、明治時代からの国内統一と対外拡張は、前述した紀元

前210年までの秦の始皇帝の時代にみられるプロセスであった。戦後に、日本は平和的市場主義の道を歩んできた。そんな中で、市場との対話から理性的なエリート層が育った。では、日中関係についての彼らの認識を見てみる。

加藤弘之(かとうひろゆき)はその代表作で中国の国家と市場、国有企業と民営企業について、西側の市場経済制度と異なる「曖昧な制度」で結ばれ、弱みをもつものの、両方の強みもそなえて発展に寄与してきたと分析した[43]。

丸川知雄(まるかわともお)は代表作で、中国経済は実態のところ、国家資本主義より大衆資本主義が主導し、その活力が大衆にあり、大衆による起業、イノベーションが失敗を恐れずに繰り広げられて、先進諸国を勝る活力と想像力をもたらしてきたと論じた[44]。なお、丸川が主催した研究プロジェクトは、計量研究を通して中国を中心とする新興国と発展途上国間の経済ネクサスがすでに形成され、しかも先進諸国まで巻き込み、かつての米国や先進諸国を中心とする経済ネクサスが世界で唯一かつ最大なものでなくなっていることを論破した[45]。

前述の市場認識に基づけば、世界市場からの生産財、資本財、消費財の中国への集中と中国からの世界市場への再拡散という世界規模のネクサスには、日本が乗るか、それとも脱落するか、これこそ大問題であり、日本外交にとっては生きる道の選択である。

(2) 歴史文化からの情緒・「儚い」

人間は理や利を重んじるが、情をも大事にし、情は理や利に時々相反する。

例えば「儚い」について、日本文化研究者のドナルド・キーン (Donald Lawrence Keene) は、日本の歴史文化に由来する日本人の独特の情緒という捉え方で、三島由紀夫(みしまゆきお)の絶命短歌を例に挙げている。

　散るをいとふ
　世にも人にも
　さきがけて
　散るこそ花と
　吹く小夜嵐

---

43) 加藤弘之『曖昧な制度としての中国型資本主義』NTT出版, 2013年。
44) 丸川知雄『チャイニーズ・ドリーム――大衆資本主義改変世界』筑摩書房, 2013年。
45) 末廣昭、田島俊雄、丸川知雄編『中国・新興国ネクサス――新たな世界経済循環』東京大学出版会、2018年、9-10頁。

日本人は開花よりも落花を鑑賞し、そのさびしさ、かなしさを美としてたのしむ。比べると、中国人は「開不敗的鮮花」のような熟語が示したように、花が永遠に散らないことを美として詠う。

日本人は情緒が繊細であり、「儚い」はその一例である。繊細な情緒は、日本人の外交の行動パターンにインパクトする。「儚い」からは、「桜外交」ないし「サムライ外交」、「神風特攻外交」と呼べる行動パターンが生み出される。1941年に対米開戦に打って出た日本は、理や利を顧みずに毅然と立ち向かい、負けがわかっていても己の凛々とする姿を自愛していた。これは「プライド外交」ないし「メンツ外交」とも呼べよう。中国人もメンツを重んじるが、命懸けまではしない。

メンツが1つの原因となって、「問題外交」も日本外交の行動パターンになっている。これは日本人の建前と本音の使い分けという交際文化からの影響でもあり、某外国と距離を保ちたいとき、これ以上密に付き合いたくないといいにくいために、両国間に何かの問題を提起・利用して距離を取る。この行動パターンは「距離外交」と呼んでもよい。日本人は性格上、他人とベタベタ付き合うことを嫌がる。

このように、文化・文明は、時々外交に非理性や非利益動機の行動パターンをもたらしてくる。

V　中華人民共和国外交略史

これまでの国内外での研究は、中華人民共和国外交史を、国際関係の変動、国内外の重大事件の発生、国内外政策の変化、中国の指導者の交代等さまざまな基準で時期区分して叙述してきた。例えば冷戦期とポスト冷戦期……、朝鮮戦争期と文化大革命期……、中ソ同盟期と中ソ論争期と改革開放期……、毛沢東(とう)時代と鄧小平(とうしょうへい)時代と江沢民(こうたくみん)時代……などさまざまな時期区分説がある[46]。

中国外交はよく「何のための外交か」を自問し、時々の国益認識が外交の構造的要因に作用して外交の目的を定めて外交行為を施していく。このような国益認識・構造的要因・外交目的・外交行為といった因果関係は、中国外交史を

---

46) 毛里和子『現代中国外交』岩波書店、2018年、15-18頁。

繰り広げていく。このような中国外交史は、一般的な意味での国際関係史におけるものと異なり、中国が認識する国益、進める外交の歴史というものである。ここでは、中国外交の変化そのもの、とりわけ節目となる外交政策と外交行為が質的に変化し始めた時点をもって時期を区分して把握する。

中国外交は中華人民共和国成立の1949年から今日に至り、基本的に革命と発展を重んじる外交で始まり、紆余曲折を経て経済発展と安全保障に重心をおく外交へと変容してきた。そのプロセスの中、時期によって主権や領土や価値観や国際リーダーシップ競争等の問題も深刻化したりした。

1　建国外交期（1949～53年）

社会主義中国の建国は、おのずと社会主義革命の勝利とその継続のための外交、および建国という意味での外交を目的に掲げる。新中国は「対ソ一辺倒外交」と自称して社会主義ソ連との結盟を選び、国際社会主義陣営・共産主義運動の一員として、米国をはじめとする資本主義陣営と渡り合い、朝鮮戦争とベトナム抗仏独立戦争（第一次インドシナ戦争）で戦った。この2つの戦争の中で、新中国は周辺における敵国の存在を容認しないといった大国意識も育った。

なお、建国時の中国にとっては、主権の確立、国家統一の実現、国境の確定も課題であった。中国共産党は、3年余りの内戦で中国国民党が率いる中華民国政府を破ったが、中華民国政府は、台湾の統治を維持し続けている。中国にとっては、国家統一が未実現のままであり、今日に至っても外交の目的の一つとされ続けている。

2　社会主義建設外交期（1953～64年）

朝鮮戦争は1953年、第一次インドシナ戦争は54年に休戦した。中国は政治路線上、社会主義建設、すなわち経済発展を最重視し、外交面で同盟国ソ連から、核開発まで含む全産業にわたる空前規模の援助を得て高度成長を驀進した。そして発展のために、中国は新興独立国、発展途上国、および西側先進諸国との平和共存外交をも進めた。一方、53年のスターリン（Joseph Stalin）死去からしばらく経った57年から、毛沢東は国際共産主義運動の指導権をめぐってソ連権威に挑戦するようになり、中ソ関係に亀裂が生じるようになった。また、62

年にインドとの領土紛争も激化し、国境戦争に発展した。中国の大国意識の発露期であった。

3　社会主義革命外交期（1964〜69年）

　毛沢東の主導で中国は政治路線上、革命に重心を移し、国内では、発展を犠牲にして文化大革命に突入し、国外では、ソ連と世界革命におけるリーダーシップを争って反帝国主義と反植民地主義の民族解放運動、国際共産主義運動を推し進める革命一色の外交へと驀進した。中国はベトナム戦争の激化に伴って延べ32万人の軍隊を北ベトナムに派遣して参戦し、国際社会に向けて「国際反米統一戦線」外交を訴えた。一方、同時期に中国はソ連と国際共産主義運動の主導権を争って決裂し、1968年から「国際反米反ソ統一戦線」外交を唱えて、「二正面作戦」外交に突入していった。実際、国際社会ではアルバニアを除いて中国と反米反ソ統一戦線を組む国はなかった。他方、ベトナム戦争で米国が中国に陸上での北ベトナム侵攻をしない約束をしたことで、中国は米国が中国の周辺利益を認めたことに認識を持つようになり、後の米中和解につながっていった。

4　反ソ統一戦線外交期（1969〜82年）

　69年3月、毛沢東は中ソ国境で軍事衝突を起こしてソ連を主要敵とする「一条線」、つまり反ソの一本に集中する「反ソ統一戦線」外交を進めることにした。そこで安全保障上の必要として、米国との和解外交に舵を切った。72年にニクソン米大統領（Richard Milhous Nixon）は、国交をもっていない中国を訪問し、米中は敵対関係を解いた。

　毛の対米和解は、自ずとソ連との世界革命におけるリーダーシップの争いを放棄することになり、中国外交は、脱政治イデオロギーへ変容し始めた。大国中国の外交の脱社会主義、反社会主義陣営との結託は、後の社会主義・共産主義の世界的敗北の一大要因でもあった。

　1976年に毛が逝去した後、最高実力者となった鄧小平は、西側との「擬似同盟」といわれるほどの反ソ蜜月関係を生かして、経済発展のための「改革開放」の時代を拓き、中国外交も革命ではなく、発展のための外交だと性格づけ

をされることになった。

　1978年にベトナムがソ連と結盟してカンボジアに侵攻した後、鄧小平は米日アセアンからの支持を取り付けて、「ベトナム懲罰」と称して79年2月から1カ月間、中越国境戦争を起こした。そしてその後に、国境での局地戦を88年まで続けさせ、また、88年に南沙諸島海戦でベトナムから6つの島礁を奪って、ベトナムに圧力をかけ続けた。

　一方、中越国境戦争の中、ソ連が軍事面でベトナムを支援しなかったことで、中国はソ連も中国の周辺利益を認めている認識をもつようになった。

5　脱イデオロギーの全方位外交期（1982～89年）

　発展のための外交は、1982年にソ連との対立をも緩和する「独立自主の外交」への移行につながっていき、1989年に中ソ関係は正常化した。

　中国指導部は、発展のためにひたすら西側諸国を相手とする友好外交に努め、西側が主導する国際秩序に適応しようとした。だが、中国と西側諸国の間には、民主主義と共産党独裁という政治体制の構造的相違が存在し続け、それは1989年に中国政府が民主化運動を武力で鎮圧した「天安門事件」によって露呈し、そこで「擬似同盟」とまでいわれていた中国と西側諸国の蜜月関係は、終焉を迎えた。

6　「韜光養晦（目立たずに力を蓄え）」外交期（1989～96年）

　天安門事件ショックが一因となって、東欧諸国の社会主義政権とソ連は、次々に崩壊し、戦後から続いてきた社会主義陣営と資本主義陣営が対峙する「冷戦」も終結した。唯一の社会主義大国として国際的に孤立した共産党中国は、89年より鄧小平が指示した「韜光養晦（目立たずに力を蓄え）」[47]という外交方針に従い、ひたすら低姿勢を貫いて自身の経済発展を追求するための外交に没頭した。

47）山﨑周「中国外交における『韜光養晦』の再検討」『中国研究月報』㈳中国研究所、2018年10号、1-16頁。

7　地域大国外交期（1996〜2006年）

　中国は元よりの地域大国であるが、96年前後から周辺地域におけるリーダーシップを追い求める外交を展開するようになった。江沢民政権は上海協力機構（SCO）の創立、ASEAN＋3（日中韓）と東アジア首脳会議の成立に積極的に関与し、北朝鮮核問題六カ国協議の座長を引き受け、アジア太平洋協力（APEC）首脳会議を主催し、中ロ印三国協調の形成に努めること等、周辺外交を活発に進めた。他方、世界貿易機関（WTO）加盟など西側主導の国際秩序に全面に参加した。

8　世界大国を目指す外交期（2006年〜）

　2006年に、胡錦濤政権は国益と外交目的の再規定を行い、「発展に奉仕するための外交」を「主権、安全（保障）、発展の利益を守る外交」に修正し、後の2010年にそれらを「核心的利益」と規定した。

　とりわけ2012年秋頃から、習近平政権の下、中国は本格的にグローバルレベルでリーダーシップ外交を展開し、国際秩序の改革と改善を訴えて「人類運命共同体」のような国際秩序の構築を唱え、そしてその中心ルートとして「一帯一路」（新シルクロード経済ベルト、21世紀海上シルクロード）という中国を中心とする世界規模の経済統合のイニシアチブを打ち上げ、グローバルリーダーとして手をあげた。

　この時期に米中の競争と協調はグローバルに展開し、その下で東シナ海、南シナ海を含む西太平洋でのリーダーシップ競争も、中国対米日という図式で激しさを増すようになった。

　2017年に米国でトランプ政権は登場し、前述したように経済ナショナリズムとしての米国第一を掲げて、中国に経済・技術戦争を仕掛けた一方、価値観外交を放棄し、同盟外交を軽視して孤立主義ないし独善主義への傾斜が強くみられた。国際社会は、変動の混迷期に入っていった。

おわりに

　現在進行形の中国外交を一言で言い表せるなら、中国現政権が掲げる国家目標としての「中国夢」（中国ドリーム）こと「中華復興」を目的とする外交であり、「中

華民族の偉大な復興の実現を使命として、中国特色のある大国外交を推進すること」[48]であり、「中華復興の外交」であると呼べる。「復興」とはかつての興隆の再来であり、中華復興が国際社会におけるかつてのナンバーワン大国としての中国の復興を指すことはいうまでもない。そしてそのための外交なら、国際社会における世界大国ないし超大国としての中国外交であることはいうまでもなく、現在進行形にある。なお、世界ナンバーワンに初めてなった英国と米国より、復興を目指す中国のほうが思いを強くもつであろう。

では、このような驀進中の中国外交は、どのような価値観と理念、どのような国際認識、諸外国認識、自己認識、及び利益意識と義理人情をもったうえ、どのような世界戦略、地域政策、国別対策を形成・決定・遂行し、そして中国外交の成敗、その国際社会や関係諸国との相互インパクトはどのようなものであり、進んで国際関係、国際秩序、人類社会の来る道と行く道は、どう認識すればよいであろうか。

その答えは、本書が前述通り、国際文明論を芯としながら複合的アプローチを駆使して、出していく。中国外交は、地域大国外交から、世界大国ないし超大国外交へと大きく2段階の展開がみられる。本書は「第Ⅰ部　地域大国論」と「第Ⅱ部　世界大国論」という2部構成で研究を進めていく。

第Ⅰ部は、中国が周辺地域で進めてきた北方向の上海協力機構外交、南方方向での東アジア地域統合外交、東北アジアでの北朝鮮核問題をめぐる地域集団主義外交、それに日中ソ・露と日中韓のトライアングル関係といった課題を研究する。第Ⅱ部は、世界大国外交を目指す習近平の思想と外交、中国の地域大国からの世界大国への外交の質的転換、米中ロのトライアングル関係と国際秩序における外交戦、といった課題を扱う。それに現在進行形の習近平外交をリアルに観察するために、筆者によるドキュメント・2012年度からの習近平外交年次概観を終章とする。

以上の通り、本書は中国外交の全体像、そして全重要課題及びその因果関係を文明史の古層にまで掘り下げて探求するものである。

---

[48]「習近平在中央外交工作会議上講話」『人民日報』（中国）2018年6月25日。

第Ⅰ部　地域大国論

第 1 章

集団主義外交への転換・上海協力機構(1996年〜)

はじめに

　中国の集団主義外交は、一般の意味での軍事同盟が伴うものではなく、パートナーからなる多国間組織の形成というものである。1990年代半ば頃からその動きが現れた。「上海協力機構」の前身である「上海ファイブ」は1996年に初の首脳会合が行われ、それは中国のリーダーシップで作られた初めての国際組織であった。「上海ファイブ」は、上海で中露と中央アジアのカザフスタン、タジキスタン、キルギス5カ国の首脳が会合をもったことを言い表すことに、中国側が一方的に付けた造語であった。正式名称すらもたない首脳会合ではあったが、中国外交の地域集団主義外交への画期的な転換が公に示された出来事であった。

　それ以前、前近代に遡ると、中国は世界の中心、世界大国と自負し続けたが、近代から弱体化し続ける中でも、中華民国は地域大国、第2次世界大戦後にアジアのリーダーを自己顕示した。1949年、共産党中国の成立の時期、国際共産主義運動のリーダーであるスターリン（Joseph Stalin）・ソ連共産党書記長よりの「今後中共はアジアの革命運動を指導する」[1]という指示がきっかけになって、毛沢東指導部は、革命の名の下でソ連と同盟を組みながら、東アジアの地域大国として振舞った。

　ところが、スターリン没後 (1953年)、毛沢東は次第に国際共産主義運動のリーダーになることに意欲を表し、いわゆる革命の名の下で米ソに挑戦する世界のリーダーになる意欲を示した。それが1つの原因になって、1960年代に毛沢

---

1) 下斗米伸夫「戦後ソ連の東北アジア政策——アジア冷戦への一試論」法政大学法学志林協会編『法学志林』第100巻第2号、2003年2月、27-61頁。

東はベトナム戦争における抗米援越を遂行しながら、米ソデタントに努めるソ連を革命の裏切り者として非難して決裂した。その後、中国はほぼ1968年から反米反ソ外交、1972年から米中和解と反ソ外交を進めていた[2]。そして鄧小平時代、とりわけ1982年から改革開放の進行に伴って独立自主の全方位外交を唱えるようになり、1989年にソ連との関係を正常化させた。

ソ連との決裂の中、中国は中ソ同盟を棚上げ・解消していき、非同盟を自称するようになり、二国間外交しか好まずに多国間外交を回避していた。中国は、国力の不足により多国間交渉の場合に譲歩を強いられることを警戒していたためでもあったが、1990年代半ば頃から集団主義外交へ政策転換を行ったのも、ほかならぬ国力の上昇に伴って地域大国の外交を再始動したためであった。

1990年代半ばから、江沢民指導部は、共産主義イデオロギーよりも、「中華民族の偉大な復興」を建党以来の使命として持ち上げた。それからの中国外交は、いわば「中華復興の外交」と言い表せよう。中華復興の外交は、この時期に国際社会においてコア大国の1つとなって国際関係の多極化を目指し、アジア地域においても、コア大国として周辺諸国を網羅する地域統合のシステムを構築することを地域政策とする外交であった。

「地域統合」は中国語で「区域一体化」と表現される。このような中華復興の外交は、近代以前、「天下（「中華世界」）」における中国のコア地位の復興を目指すことを意味し、王朝時代に遡る政治文明、とりわけ朝貢体制の伝統から影響を受けていると思われる。

中華復興の外交は、アジアにおいて、必然的に地域統合の推進を政策の中核に据えてきた。地域統合についてはさまざまなイメージがあるが、ここではEUをモデルに、地域統合を地域の自由経済圏（FTA）から経済共同体へ、そして地域における集団的政治・安全保障協力体制の構築からさらに政治共同体へと発展するというプロセスとして捉える。明らかにアジアにおいて、現在、地域統合はFTAと集団的政治・安全保障協力体制の形成という第1段階にある。

中国は、自らの北方に上海協力機構、南方にはアセアン＋3（日中韓、1997年）、後に東アジア首脳会議（2005年にオーストラリア、ニュージーランド、インド、2011年に米露が参加）、そして東北アジアには中露米と日本と韓朝からなる六カ国協議

---

2) 趙宏偉 他『中国外交史』東京大学出版会、2017年、第3章を参照。

(2003年)という3つの集団協力体制を企んできた。3つとも20億人以上の人口規模である。

中国は上海協力機構を1つの安保、政治、経済、文化等にわたる全面的な地域集団協力組織に作り上げることを政策目標としてきた。上海協力機構は少しずつ巨大化し、緊密化していき、中国はそのプロセスの中でさまざまな利益を享受してきた。しかし、中国は上海協力機構の発展に満足しているわけではなく、むしろその遅さに悩み、そしてその促進策に苦慮してきた。

I　地域集団主義と北方集団協力体制

1996年4月の「上海ファイブ」の創設は、「成り行きによる」という説が一般に語られる。1987年から、中ソは国境画定交渉を続けていたが、1991年のソ連崩壊により、中ソ国境がカザフスタン、タジキスタン、キルギス3カ国の独立により、5カ国の国境になったため、国境画定交渉も5カ国間の交渉に変わった。そんな流れの中で、国境地帯の信頼醸成をはかる装置として5カ国からなる上海ファイブが生まれた[3]。

しかし、上海ファイブの創設を主導した中国の国際戦略という視点から検証すると、上海ファイブとその発展型である上海協力機構は、成り行きから生まれたものではなく、中国は自らの国際戦略に基づき、主導的に創設した初めての国際組織であることがうかがえる[4]。

上海ファイブは、当時の国境画定交渉が順調に進んだ流れの中でできた組織ではなく、国境画定交渉はむしろソ連崩壊により難航していた。中国とロシアとカザフスタンとの国境画定交渉は、進んでいたが、中国とタジキスタンとキルギスとの交渉は停滞していた[5]。中国は逆手にとって国境画定交渉の難航を口実に「国境地帯の軍事信頼醸成に関する協定」[6]を各国に持ちかけ、上海で会合をすることで首脳たちを誘い込んで上海ファイブの結成に繋げた。

---

3) 毛里和子『現代中国外交』岩波書店、2018年、191-192頁。
4) 潘光、胡鍵『21世紀的第1個新型区域合作組織――対上海合作組織的綜合研究』(中国) 中共中央党校出版社、2006年、1、57頁。中国現代国際関係研究所民族与宗教研究中心『上海合作組織――新安全観與新機制』(中国) 時事出版社、2002年、63頁。
5) 潘光、胡鍵、前掲書、41-47頁。
6) 『人民日報』(中国) 1996年4月27日。

江沢民は締結式の席で「この協定の締結は、アジア太平洋地域の善隣友好関係の構築において、たいへんよい範例を創出した。したがってこの協定は大変重要な歴史的意義を持っている」と述べ[7]、中央アジアに限らず、アジア太平洋全域における中国主導の集団協力体制作りという戦略的視野を露呈した。ちなみに1996年のこの年に、中国は中国・アセアン対話関係なるものをアセアンに持ち掛けて発足させた。

　中国とタジキスタンとキルギスとの国境画定は、6年後の2002年に最終的に完成した。上海ファイブと後の上海協力機構が設立、機能され、関係国の関係が大いに改善され、地域が安定し、パートナー意識が育った後に、国境問題が解決されたわけである。国境画定は、中国が上海協力機構を取り組むプロセスの中で収穫した利益の1つである。

　中国外交の集団主義への転換は、江沢民が鄧小平より権力の移譲を受けた1994年秋頃からスタートされたとみることができる。それまでの鄧小平時代の中国外交は、「独立自主」「全方位」「非同盟」「発展は第一要務」「韜光養晦（目立たずに力を蓄え）」「敵を作らず、対抗をせず、旗を掲げず、リーダーにならず」といった当時の「鄧小平キーワード」に代表されているように、二国間外交、アンチ多国間外交、争い回避という消極外交を特徴とし、一種の孤立主義外交といえるものであった。1990年代半ばから、中国の国力の向上、経済の世界進出の開始、周辺地域における安全保障問題の浮上といった内外情勢の変化を受け、政権交代に伴って新たな国際戦略の制定を行ったと観察される。

　政策転換の最初の証しは、1994年に中国が初めて南沙諸島問題についてアセアン・メンバー国との多国間対話を受け入れたことである[8]。続いて1995年4月に中国はアセアンが唱える東アジア経済協議会（EAEC）構想について、日本の不参加があったとしても、EAEC想定メンバーの経済閣僚会議が開催されても問題なく、中国は参加するとして、初めて積極姿勢を示した。

　江沢民が前述した「アジア太平洋の善隣友好関係」の構築は、中国の周辺において北には「上海ファイブ」、後に上海協力機構という北方集団協力体制の創出、南にはアセアン＋中国をコアとするアセアン＋日中韓という南方集団協

---

7)『人民日報』(中国) 1996年4月26日。中国現代国際関係研究所民族与宗教研究中心、前掲書132頁。
8)　中国は後の2002年11月にアセアン構成メンバーとの間に「南シナ海各国行為宣言」を結んだ。中国外務省公式ホームページ http://www.fmprc.gov.cn/chn/wjb/zzjg/gjs/gjzzyhy/1136/1138/t4553.htm

第1章　集団主義外交への転換・上海協力機構（1996年〜）

力体制の構築を周辺外交の2つの柱としている。2004年に外交部副部長当時の王毅（おうき）は、この時期の中国外交を総括する論文の中で「南のアセアン＋3、北の上海協力機構は、中国の地域協調体制の二本柱であり、中国は主な外交資源を注いできた」と明確に論じた[9]。なお、東北アジアにおける六カ国協議の取り組みは、2003年からスタートした。

　上海ファイブが発足して3カ月後の1996年7月、中国はARF（アセアン地域フォーラム）で「新型安全（保障）観念」という安全保障についての新概念を提起し、多国間外交を支持する外交理念を初めて示した。続いて1997年3月、中国は初めてARF信頼醸成部会の共同議長を進んで担当し、北京で会議を主催し、その席で前述した「新型安全（保障）観念」を精緻化して「新安全（保障）観」と名づけた公式な外交理念を打ち出した[10]。その1カ月後の4月23日、江沢民はロシア国会での演説の中で前年に発足された「上海ファイブ」という多国間協力組織を自らの「新安全（保障）観」の成功例として取り上げた。そしてその翌日、中露は「世界の多極化と新国際秩序の構築に関する共同声明」を発表した。その前後に、上海ファイブはモスクワで2回目の首脳会合を開き、年度会合をもつ会合組織として定着ができた。要は、上海ファイブは、中国とロシアが「世界の多極化と新国際秩序の構築」という共通の国際戦略の下で創設された国際組織である。

　明らかに、1年前に江沢民は正式名称や持続性などを提案せず、ハードルをできるだけ低くしてとにかく5カ国首脳が1回集まることを成功させようとした。そして2年目に、エリツィン（Boris Yeltsin）ロシア大統領のプライドを利用して主催国に盛り立てたことで、上海ファイブの年度会合化と「上海」を冠する会合名称の継続使用を既成事実化した。

　1997年秋、江沢民は「第15回党大会報告」の中で、中国共産党史についてのロシア革命の影響、「5・4運動」の起点という今までの定説を改ざんし、初めて「中華復興」を掲げた者として孫文（そんぶん）を革命の第1世代の偉人とし、続く毛沢東、鄧小平を合わせて3回の「中華復興」の歴史的大変革をリードした偉人として意味付けた。続いて2002年の「第16回党大会報告」の中で、江沢民は

9) 王毅「全球化進程中的地域協調」『人民日報』2004年4月30日。
10) 潘光「3個代表與新安全観」『解放日報』（上海）2003年2月13日。中国外交部「中国関与新安全観的立場文件」『人民日報』02年8月1日。「外交部代表論述新安全観」『京華日報』05年6月6日。

共産党史を「中華復興史」に置き換え、共産党の階級的性格を無くして全民族と全国民の党として建党以来「中華復興という厳かな使命を担ってきた」という性格規定を打ち出した。江沢民がいう使命は、中華復興の外交を含む政治、経済、文化からの「全面復興」である[11]。

その後、2002年7月に中国はARFの場で「完成版」のようなものとして「新安全（保障）観ポジションペーパー」を打ち出した。その中で上海協力機構及び中国・アセアンとの関係を新安全（保障）観の実践例として取り上げている[12]。そして中国がいう地域集団協力秩序は、政治・安全協力だけではなく、必ず経済統合を中心に据え、共同利益の基盤とするものも示された。

上海ファイブという任意の首脳会合組織は、後の2001年、中国に主催国の輪番が回ってきたことを機に、中国が主導して中央アジアの歴史と文化の中心国であるウズベキスタンを招き入れた上、憲章と常設機関（北京に）をもつ「上海協力機構」という正式の首脳会議組織に作り上げた。2019年現在、2017年に加盟手続きが完了したインドとパキスタンを加えたメンバー8カ国、オブザーバー国のイラン、モンゴル、アフガニスタン、ベラルーシの4カ国、対話パートナーのスリランカ、ネパール、トルコ、アゼルバイジャン、アルメニア、カンボジアの6カ国、及び議長国ゲストのトルクメニスタンを含む巨大な国際組織に膨らみ、中国にとっての北方集団協力体制を構成している。

明らかに、江沢民は1994年9月に鄧小平から全権力を委譲された直後から、中国外交の集団主義外交への根本的転換についての外交理念としての新安全（保障）観、国際社会の多極化と新国際秩序の構築という国際戦略、及びその実践の1つとしての「上海ファイブ」についての外交政策を取り組み始めたのである。それからの1年ほどの間、エリツィンのロシア及び中央アジア諸国に根回しをし、合意文書を取りまとめた上、1996年4月に上海に各国の元首を招待して「上海ファイブ」と名づけた国際組織の立ち上げを成功させた。

---

11) 趙宏偉「3つの代表論と中華本流の復興」『中国年鑑・2003』中国研究所、2003年、60-65頁。
12) 『人民日報』2002年8月1日。

II 中国が目指す「北方集団協力体制」

　中国は集団協力体制作りにおいて南方と北方を問わず2つの主な特徴を示してきた。1つは経済統合を中心とする安保、政治、文化等にわたる全面的な集団協力組織に作り上げることを政策目標とすることであり、もう1つは年毎に進展をみせて組織の勢いを維持することである。そのような努力の中で、上海協力機構は少しずつ巨大化し、緊密化していき、中国はそのプロセスの中でさまざまな利益を享受してきた。

　中国からみる北方隣国の意味は、主に2つ挙げられる。第1に、中央アジアは中国の安全保障上の要である。中国がいう「三種勢力」（恐怖主義〔テロイズム〕、分裂主義〔民族独立運動〕、極端主義〔宗教原理主義〕）は、アフガニスタンをはじめとする一帯に巣くい、多民族と多宗教を特徴とする中国の西部地域の安定に対して現実的な脅威を構成している。第2に、北方隣国は中国、とりわけ中国の中の発展途上地域である西北・東北部にとって、潜在力が富む市場と資源の供給地、有望な投資地であり、北方経済圏に成長しうる地域である。

　上海ファイブ・協力機構の形成プロセスは、安全保障圏の構築から始められた [13]。1996年の上海ファイブ結成の首脳会合は、国境地域の軍事信頼醸成に関する協定、翌1997年2回目の首脳会議は、国境地域の軍事力削減に関する協定をそれぞれ締結した [14]。

　1998年に、上海ファイブの協力は国境問題から、反テロリズム、反民族独立運動、反宗教原理主義、反西側民主主義の浸透という国家の体制維持へと性格に移った。ある意味では、中露を中心とする現代版の「神聖同盟」という性格を現すようになった。この年、「大規模な経済協力」も提起された。

　1999年に、上海ファイブの協力テーマは、文化領域に延伸し始めた。江沢民は「シルクロードの復興」を訴え、経済協力の中での文化協力の必要性を唱

---

[13] 以下のプロセスについての資料は、『上海五国――上海合作組織資料集』第1巻、第2巻、上海社会科学院上海合作組織研究中心、2003年、2005年、及び「上海協力機構ウェブサイド」http://www.sectsco.org/CN/、「上海協力機構経済協力ウェブサイド」http://www.sco-ec.gov.cn/crweb/index_scoec.jsp を参照。

[14] 『人民日報』（中国）1997年4月27日。

えた。

　2000 年に、上海ファイブが国境協力から、安保、政治、経済、文化あらゆる領域へ協力機能を広げ始めた中で、中央アジア地域の中心国であるウズベキスタンは、アドバイザー国として首脳会合に初めて加わった。

　2001 年、中国は1月に議長国としてウズベキスタンの加盟申請を受け付け、6月の首脳会議は、ウズベキスタンの加盟の承認、会合組織の上海ファイブから会議組織の上海協力機構への格上げを採択した。「設立宣言」は、上海協力機構が単なる上海ファイブからの組織拡大だけではなく、集団会合組織から集団会議組織へ組織機能を格上げしたという認識を示し、「憲章」の制定や常設機関の設立を定めた 15)。同年秋、経済協力を中心議題とする初の首相会議は、開かれ、貿易と投資の便利化プロセスの開始についての覚書を結び、「貿易と投資の便利化を推進し、次第に商品、資本、サービス、技術の自由移動を実現させる」として、自由経済圏という用語の使用を避けながらその類の体制の形成を目指す意思を盛り込んだ。また経済貿易相の例会制度を決定した。

　2002 年、『憲章』及び北京に常設事務局、キルギスに常設反テロセンターの設立を決定した。ほぼ同年前後から、上海協力機構内部のさまざまな会議制度は整備されていった。挙げてみると、首脳会議、首相会議、外相会議、事務局、反テロセンター、国家協調員理事会、検事総長会議、治安責任者会議、国会議長会議、最高裁判所長官会議、国防相会議、国境警備責任者会議、経済貿易相会議、交通相会議、文化相会議、教育相会議、衛生相会議、農相会議、警察会議、災害救助責任者会議、それにこれらの会議の下にあるさまざまな実務者グループ、専門家グループ、大使倶楽部など、複雑な会議組織が作り上げられた。

　2003 年、首脳会議は「経済協力綱要」を調印し、2020 年まで「貿易と投資の便利化を推進し、次第に商品、資本、サービス、技術の自由移動を実現させる」という自由経済圏のようなものを目指す目標を設定した。8月に上海協力機構全メンバー参加の「連合—2003」反テロ軍事演習は、カザフスタンと中国新疆で行われた。

　2004 年、アフガニスタン大統領カルザイ（Hamid Karzai）とモンゴル外相は、議長国のゲストとして首脳会議に出席した。経済の面で「経済協力綱要の実施

---
15)『人民日報』（中国）2001 年 6 月 16 日。

第 1 章　集団主義外交への転換・上海協力機構（1996 年～）

計画」は、制定された。なお、中国政府商務部は独自に上海協力機構の経済協力ウェブサイドを立ち上げた。

　2005 年、部会で「経済協力綱要の実施計画についての実施体制の提案」が討議され、「実業家委員会」と「銀行連合体」及び環境保護専門家会議が設立された。首脳会議はインド、イラン、パキスタン、モンゴルのオブザーバーとしての参加を認めた。そして、上海協力機構のアフガニスタン連絡グループは設立された。中国はまた新疆で中西南アジア経済協力フォーラム、さらに 11 月に西安に第 1 回「ユーラシア経済フォーラム」（上海協力機構、国連アジア太平洋経済社会理事会、中国国家開発銀行主催、ヴァオ・アジアフォーラム協催）を立ち上げた。なお、6 月 15 日は「上海協力機構の日」に定め、上海協力機構諸国の芸術祭も、設定された。

　2006 年、「上海協力機構 5 周年宣言」は、採択され、三度に「貿易と投資の便利化を推進し、次第に商品、資本、サービス、技術の自由移動を実現させる」という自由経済圏のような体制を目指す意向を示し、また「上海協力機構フォーラム」の発足を決定した。なお「選挙監察団条例」は制定された。

　2007 年、上海協力機構は「長期善隣友好協力条約」を締結し、新たにトルクメニスタンを主催国ゲストとして首脳会議に招待した。また「平和使命 2007 軍事演習」や上海協力機構映画祭などを行った。

　2008 年、対話パートナー条例は制定され、また災害救急センター、上海協力機構大学の設立についての覚書に署名し、大学学長フォーラムの立ち上げを決定した。「多国間経済貿易協力綱要についての実施計画」も新たにした。

　2009 年、首脳会議は対話パートナー国としてベラルーシとスリランカを受け入れ、また「反テロイズム公約」を採択し、投資フォーラムの設置を決めた。そして首相会議に合わせて中国とアジア開発銀行の主催で「中央アジア経済協力工商発展フォーラム」を開催した。上海協力機構はアフガニスタン特別会議を開催した。

　その後、上海協力機構は新たな装置の構築がみられないものの、組織の拡大は続き、2017 年に、前述のような、トルコとベラルーシ以東のユーラシア大陸を覆い、安保から経済、文化まであらゆる分野を包括し、「憲章」、さまざまな条約・協定及び常設機関をもつ巨大で複雑な集団協力組織を築き上げた。

III 上海協力機構に苦悩する中国

1 経済圏の構築が進まない上海協力機構

　中国は、経済連携が集団協力組織の共通利益を作り出し、組織の求心力を生み出すとして、集団協力組織作りにおいて一貫して経済圏の構築を中心に据えてきた。南方方向のアセアン＋中国の集団協力体制作りは、はじめから自由経済圏の構築からスタートされ、10 年目の 2010 年 1 月 1 日にほぼ 20 億人を覆う自由経済圏の完成が宣言された。しかし、上海協力機構は、派手な会議活動と裏腹に、経済統合が一向進まなかった。

　中国は努力して 2003 年に「上海協力機構経済協力綱要」を調印させ、そしてそれを実際に実施に移させるために 2004 年にその「実施計画」を採択させ、また中国商務部は独自に上海協力機構の経済協力ウェブサイドを立ち上げた。さらに 2005 年に「実施計画についての実施体制の部会提案」をまとめあげたが、「部会提案」は、首脳会議に上程されず、「経済協力綱要」は、次第に語られなくなった。2019 年現在でも自由経済圏は、上海協力機構の理念及び目標として公式に確立されていない。

　中国の上海協力機構についての研究者たちは、およそロシアに問題があるという認識をもっている[16]。ロシアは CIS や集団安全条約組織といった安保組織のほかに、中央アジア諸国とのユーラシア経済共同体の組織をももっている。したがってロシアは、上海協力機構が今以上強くなることを望んでいないであろう。2009 年、ロシアは中国抜きのカザフスタンとベラルーシとの関税同盟をまとめた。つまりロシアは、中国と自由経済圏のようなものをやりたくない。上海協力機構の発展に対して、中国は経済中心を唱え続けてきたが、ロシアは一貫して安保を含む政治関係の発展に重きを置いてきた。中露は政策方向が相反しているのである。

　ところが、21 世紀に入り、米ブッシュ（George Walker Bush）政権は、アフガニスタン戦争、そして中東民主化を旗印にイラク戦争を遂行し、オバマ（Barack

---

[16] 潘光、胡鍵、前掲書、134-151 頁。韓路「2007 年度中国上海合作組織研究中心研討会総述」中国国際問題研究所編『国際問題研究』世界知識出版社、2007 年第 4 号、69 頁。

第 1 章　集団主義外交への転換・上海協力機構（1996 年～）

Obama）政権は、カラー革命を使命に掲げて東欧や中東諸国の反政府勢力を支援し、そこでこれらの政府は、安全保障の公共財を上海協力機構に求めるようになった。上海協力機構のメンバー、オブザーバー、対話パートナー諸国は、確かに政権の安定が持続し、西側諸国による反体制派への支援も弱く、これも 1 つの「神話」として語られた。イラン、カンボジア、アゼルバイジャン、アルメニア、それにカラー革命前のシリア、リビア、ウクライナ等も、政権防衛のために上海協力機構入りを求めていた。上海協力機構はこのように非民主主義体制諸国を守るような現代版の「神聖同盟」といった類の役割を果たしてきた。ロシアが重要視している上海協力機構の安全保障機能は、確かにニーズのあるものであった。

　中国は上海協力機構の経済機能をより重要視する上、米国との対決色を薄めようとして上海協力機構の拡大に消極的であった。2013 年から、プーチン（Vladimir Vladimirovich Putin）並みの強硬外交を進める習近平は、中国国家主席に就任し、それが 1 つの要素にインドとパキスタンの 10 年越しの正式メンバー入りの申請は、2016 年にようやく受け入れを得た。ただし、イランは同じく申請し続けているが、相変わらずオブザーバーの座しか与えられていない。

2　市場経済に馴染まないロシア

　筆者はロシア訪問の経験から、ロシアや中央アジア諸国の国内での市場経済化のレベルの低さが、上海協力機構の経済統合を渋らせている 1 つの重要な原因だと見ている[17]。

　2005 年の初めてのモスクワ訪問の時でも、2009 年 9 月の 3 回目の訪問時でも、道に溢れている車の中にタクシーが見当たらない。ベトナム、カンボジアでも形成されているタクシーシステムなのに、モスクワでは全く育たない。

　モスクワ国際空港は、中国の中型地方空港の規模であり、老朽化も進んでいる。でも、別に込み合っているわけではなく、適正規模だともいえる。この「適正規模」、それにタクシーシステムの未形成は、人の国際移動、長距離移動がそれほど盛んではないことを物語り、結局市場メカニズムの広がりと機能が低いレベルに留まっていることを示すものである。そして、モスクワ国際空港の

[17]「日ロ学術・報道関係者会議」代表団の 1 員として、2005、07、09 年にモスクワを訪問。

老朽化は、ロシア指導者が問題視しているロシア全土にわたって深刻化しているインフラの老朽化の縮図であろう。

　ロシアは石油等の資源を開発し、そして農民は小麦等を作り、それらを輸出して豊かな暮らしを維持してきた。その反面、物作りを怠ってきた。物を作って売る類のことを怠ってきたため、物作りに必要不可欠な市場メカニズムの広がりとレベルアップも進まず、それに伴って発生する人の頻繁な移動もみられなかったのであろう。物作りの停滞と人の移動の低調、それにインフラの老朽化は、モスクワなど大都市だけではなく、何より地方地域の経済レベルを示す指標になり、地方経済も停滞中であろう。

　ロシアの指導者は、上述の諸問題をよく知っており、頻りに製造業の振興、技術の革新、競争力の向上を訴えてきた。そのために日本からの中古車輸入をも禁止してしまった。しかし、ロシアの指導者の訴えは経済のパフォーマンスに効いていないのが現状である。

　2009年9月2日、筆者が加わった日本学術・報道専門家訪露団は、ロシア経済発展省のAPEC担当局長とその補佐役に会った。質問しようとする私たちに、2人は真っ先に逆質問をしてきた。

「ロシアは日本の次、2011年に極東にAPEC総会を主催します。2人は会議準備の責任者に任命されたばかりです。率直に聞きたいですが、APECって何を準備すればいいですか？」

　私たちは啞然としながら、「APECは簡単に言えばFTAを作ろうとする組織です。一応2010年に先進国は率先して市場開放することになっています。ロシアは、FTA作りについて議長国として草案とかを考えることになるでしょう」とABCから教え始めた。

「では、ロシアは何をやろうとしますか」と私たちが聞いたら、

　副局長は「ロシアは、結局石油とガスしか売るものはありませんから、参加国には石油とガスが売りたいと思います。」

　2人は日本語も中国語もできるから、APECの準備の大任に任命されたのである。私はロシア官僚の基礎学力のよさと市場経済の知識のなさ、及び「結局石油とガスだけだ」というような不作為の意識に驚かされた。なるほど、ロシアの指導者がいくら「製造業の振興」を叫んでも目立った効果が出てこないわ

第 1 章 集団主義外交への転換・上海協力機構（1996 年〜）

けである。

　2009 年 6 月、中露間「中国東北地域とロシア極東、東シベリア地域協力計画綱要」が締結された。10 月、中露はロシアでの高速鉄道建設についての協力協定を結んだ。モスクワで会ったロシアの経済人たちも「極東と東シベリアは東アジア経済に統合していく以外、発展の道がない」という認識を示した。ロシアは経済振興と中国人アレルギーというジレンマをある程度脱して、とりあえず東部振興を市場経済に長ける中国人に任せることにしたのであろうと思った。しかし、中国の指導者は、ロシアの指導者に会うたびに「素晴しい協定を結んだから、今後着実に実行していこう」と念を押してきた[18]。やはり難しいのが協定の効果的な実行にあるようである。

　モスクワで、2009 年 6 月のチェルキゾフスキー市場閉鎖に続き、9 月 29 日、モスクワ市庁は、市内での卸売市場経営禁止を命令した。「東京都内で卸売市場が禁止だ」とそんな禁止令がありうるのであろうか。中国人商人が狙い撃ちされた格好だといわれているが、市場経済が育たない原因も、この類の恣意な禁止令にあると思う。

　2005 年、初めてモスクワを訪問したとき、ロシア通の石郷岡建・日本大学教授は、チェルキゾフスキー市場を案内してくれた。巨大な卸売市場に目立ったのは、中国商人というより、中央アジア系とベトナム人の店員たちであった。石郷岡氏の話によると、中国商人はボスなので、商品ブースには立たない。

　ならば、中国商人が 10 万、20 万人ともいわれるような数にないのではないか。そして、チェルキゾフスキー市場が主に旧ソ連圏の中央アジア系とベトナム人たちの就職先ではないか。

　トランクを引きずるロシア人のおばさんたちをも多くみかけた。彼女たちは、チェルキゾフスキー市場で商品を仕入れて地方の店で売っているそうである。チェルキゾフスキー市場は、中国商人たちが作り上げたモスクワを中心としロシア欧州部と東欧諸国の隅々にまで広がる市場経済のネットワークとメカニズムである。モスクワ市の卸売市場禁止令は、ロシアの市場経済そのものを潰すようなものであり、モスクワの市場経済の中心としての地位を潰すようなものであり、そしてモスクワでの中央アジア系とベトナム人の職だけではなく、

18) 『人民日報』（中国）2009 年 9 月 24 日。

この巨大な市場ネットワークに、金融、流通等あらゆるサービスを提供しているロシア人、この巨大な市場メカニズムに頼って生計を立ててきた地方のロシア人たちの仕事や収入源を潰したものである。当の中国商人たちは、稼いできた資金をもってよそに新天地をみつけにいくだけである。やがてルーマニアは、代わりの巨大な商品集散地として成長し、2019年の今日に至っている。

結論を言うと、ロシアは国内でも市場経済化が低いレベルにあり、官僚や地方指導者も、市場経済について依然意識が薄いため[19]、上海協力機構レベルでの自由経済圏の取り組みには、理解し、積極的に加わるわけがないということである。2009年当時、ロシアが取り組んできているユーラシア経済共同体も、ロシア・カザフスタン・ベラルーシ関税同盟も、それほどの効果がみられていない。たとえ今後上海協力機構のFTA類の取り決めが採択されたとしても、どれほどの内実が伴うかも、疑問視されよう。

IV 中央アジアからユーラシアへ

1 二カ国間と多国間経済協力体制の構築

上海協力機構の枠組みでの経済統合が進まない状況に対し中国は、ロシアと共に政治と安保協力を進めながら、上海協力機構メンバーとの二カ国間と多国間経済協力関係の構築を積極的に進めた。

中国は、2005年に新疆で中西南アジア経済協力フォーラム、さらに11月に西安に「ユーラシア経済フォーラム」(上海協力機構、国連アジア太平洋経済社会理事会、中国国家開発銀行主催、ヴァオ・アジアフォーラム協催)を立ち上げた。また、2008年に上海協力機構首脳会議で「多国間経済貿易協力綱要についての実施計画」及び投資フォーラムの設置を採択させた。また首相会議に合わせて中国とアジア開発銀行の主催で「中央アジア経済協力工商発展フォーラム」を開催した。これらの一連の取り決めは「ユーラシア」「多国間」「中央アジア」をキーワードとし、つまり「上海協力機構」を枠組みとしていない。

2007年、中国政府は新疆のカシュガル市を「中央アジア、南アジア経済圏

---

[19] 参考：堀内賢志『ロシア極東地域の国際協力と地方政府——中央・地方関係からの分析』国際書院、2008年、終章269-292頁。

の中心」とする計画を発表した。「中国新疆カシュガル・南アジア・中央アジア商品交易会」は、地域経済を支える要へと成長し、新疆ウイグル自治区南部国境の国際貿易は、同年に前年比92%増の40億ドルと大きな成長を遂げた[20]。かつてシルクロード貿易の中継地として栄えたカシュガル市であるが、その後衰退して一辺境都市にとどまっていた。中国はインド、パキスタン、アフガニスタン、タジキスタンへと南アジアと中央アジアにつながる交通の要所と位置づけ、2010年にカシュガル市を国家の経済特別区と指定した。

　2009年、世界有数の天然ガス埋蔵量で知られる中央アジアのトルクメニスタンから中国までの直通パイプラインが完成し、11月14日、起点となるトルクメニスタン東部サマンテペで開通式典が開かれた[21]。完成したパイプラインは、トルクメニスタンからウズベキスタン、カザフスタンを経て中国・新疆ウイグル自治区へ約2000キロに及ぶ。2006年に関係国が計画に調印、2007年に着工、約73億ドルとされる建設費の多くを中国が負担し、僅か2年で完成した。同国からの天然ガス輸出は、これまでロシアにほぼ独占されてきたが、中国に直接に輸出されるようになった。

　開通式典には、中国の胡錦濤（こきんとう）国家主席ら沿線4カ国の首脳が出席した。トルクメニスタンのベルディムハメドフ（Gurbanguly Mälikgulyýewiç Berdimuhammedow）大統領は、式典に先立つ13日、胡主席との会談で「地域の安定要因となる傑出した世紀の事業が完成した」と述べた。同大統領によると、中国への天然ガス輸出量は、最大で年400億立方メートルを予定しており、従来のロシアへの輸出量（年約500億立方メートル）に匹敵する。対露輸出はこの年4月のパイプライン事故以来、価格や輸出量を巡る対立もあり停止していたが、中国という巨大な競争相手の出現でロシアは交渉上、厳しい立場に立たされ、12月末に妥協してパイプラインを再開通した。

2　中露印三国協調からBRICS連携へ

　中露印三国協調の動きが2003年から観察され、言わば「西側のないユーラシア国際秩序」を構築する動きと西側の関与が強化される秩序を目指す動きの

---

20)　中国新聞社（中国）配信2008年6月28日。
21)　『毎日新聞』配信2009年12月14日23時58分。

突っ張り合いが始まった[22]。

　2003 年から、中露印三国外相会談は、非公開に始められ、その後 2004 年に 2 回、2005 年に 2 回開かれ、そして 2005 年の 4 回目会談は「中露印三国非公式外相会談共同コミュニケ」を発表してこの会談の存在を公にした。なおその年に、インドはオブザーバーとして「上海協力機構」に参加し、2006 年に G8 サミットの場を借りて初めての中露印三国首脳会談も行われた。胡錦濤国家主席は、首脳会談で三国外相会談のメカニズムを生かすことを求めたと報じられた。2007 年 1 月にプーチン・ロシア大統領は、インドを訪問してシン（Natwar Singh）・インド首相と三国外相会談の再開を決め、2 月に 6 回目の三国外相会談がニューデリーで開かれた。

　このような中露印協調体制の始動は、中露が積極的に進めてきたものである。ところが、インドは 2005 年まで積極的であったが、2006 年に三国外相会談の開催が伝えられず、2007 年に三国首脳会談も前年に続いて開催されたことがなかったことに鑑み、インドは 2006 年から消極的な姿勢に転じたことがうかがえる。

　2005 年 11 月 7 日に、シン・インド外相は「国連のイラク石油と食糧の交換計画」の中で不正があったことが報道され、辞任に追い込まれた。この情報は米国情報部門によるリークの可能性が高い。インドが中露印三国外相会談等の三国間イベントに消極的になったのは、この時からであった。翌 2006 年 3 月 1 日、ブッシュ米大統領はインドを訪問し、核問題についてインドに妥協し、米印関係の強化を取り組んだ。

　日本の小泉純一郎、安倍晋三、麻生太郎の 3 政権は、中国包囲網の構築を主導しようとしていた。小泉政権は 2005 年から、「日米豪印民主国連合」を企図するようになり、その後継である安倍首相は、中国に対峙することを志とする民主主義国の連帯という「価値観外交」を掲げて、8 月にインドを訪問して日米豪印の戦略対話構想を公式に提唱した。さらに 2008 年から麻生政権は、アセアンから東ヨーロッパまでの「自由と繁栄の弧の構築」を唱えていた。

　ところが、安倍訪印の前の 2007 年 8 月 9 日に、ライス（Condoleezza Rice）米国

---

[22] 新華社 2007 年 8 月 2 日配信「没有西方的世界（西側のない世界）」（米誌『国家利益』2007 年 7 と 8 月号）文中「西側をコアとする世界体系の外に、中露印を中心とする別の世界体系の形成が目指されている」

務長官は、訪米中の小池百合子防衛相が「日米に加えインド、豪州との連携が進めばさらに安全保障関係が強化される」と支持を求めたのに対し「慎重にした方がいい。中国に対して思いがけないシグナルを送る可能性もある」「インドは独立した存在（非同盟）で、個別の問題で協力を進める中で関係作りをしていくのが適切だ」と述べ、同調しなかった[23]。

中露印協調は挫折したが、その代替策として、中露はブラジルを加えるBRICs（中露印ブラジル）協調を企んだ。2008年に世界金融危機が起り、2009年に世界気候会議が開かれ、これらを機にBRICs間の意思疎通が必要として中露は積極的に働きかけて、2009年にロシア、2010年にブラジルで2回の首脳会議を開き、会議の枠組みを定着させた。翌2011年に南アフリカを招いて北京で5カ国首脳会議を開催し、南アフリカの「S」を加えてBRICSという名に改めた。五大陸を代表する非西側先進国のベストファイブの会議体が結成された。

BRICSは、ロシアがインドとの戦後以来の友好関係を生かして中露印協調の枠組みの構築から取り組んできたものであり、ロシアが好む戦略面での西側先進国に対しての地位とパワーの向上に寄与されてきたが、中国が最も望んでいるBRICS圏の経済統合には成果が少なかった。

2013年に習近平は、中国の国家主席になって経済協力を力強く推し進め始め、翌14年にそれぞれ1000億ドル資本金の「ニュー開発銀行」と「外貨準備基金」の設立を採択させた。「ニュー開発銀行」の本部は、上海に置かれた。2017年、中国はBRICS首脳会議を主催することになり、「BRICS＋」を唱えて他の非西側先進国を対話国として招くことを制度化し、BRICSの影響力の向上に努めた。

V　アフガニスタンにおける利益と責任と能力

米国のアフガニスタンについての認識は、下記に集約されよう。

第1、「アフガンでの戦争は、負けることはできるが勝つことができない変わった戦争である。」したがって、戦争の任務は勝つことではなく「政権崩壊

---

23)『毎日新聞』配信2007年8月10日10時21分。

の防止、経済開発、後方支援」である[24]。

第2、インドとパキスタンでもテロが頻発し、テロを抑えるために経済や教育などあらゆる手段を動員すべきである。

第3、これらの課題は「米国だけでは解決できない。特に財政的に難しい」[25]。「アジア諸国からの財政と軍事面での支援が必要である」。「アジアにおける米国の戦略的役割は、保護者からパートナーへ転換していく」[26]。

2009年12月1日、オバマ米大統領は米軍の3万人増派などを盛り込んだアフガニスタン新戦略を発表したが、これは1年後の2011年に米軍の撤退を始めるという撤退宣言でもあった。

中国はアフガニスタンと陸続きの唯一の世界大国である。2007年、筆者はアフガニスタンの安定化が挫折しつつあることをみて、米欧が中国の国際責任を求めるようになるであろうと予感し、モスクワ訪問時に「米欧は近隣大国の中露にアフガニスタンという荷物の肩代わりを求めていると聞いたが」とロシア外務省関係者に態度を探ってみた。当関係者は、惑うことなく直ちに「われわれは肩代わりをすることはない。引き続きNATOに血や汗を流してもらうよ。」と答えてくれた。国際戦略に長けるロシア外交は、しっかりと自らの国益を見定めており、しかもすでにアフガニスタン問題についてのさまざまなシュミレションを想定しているようである。その後2009年からとりわけ米国からの中国による責任の分担を求める声が頻繁に聞こえてくるようになった。

2009年3月2日、インド紙『タイムズ・オブ・インディア』は、米国の関係筋の話しとして、NATOがアフガニスタン駐留軍への物資輸送ルートを確保するため、中国に国境を開放するよう求める動きがあると報じた。3日付で中国紙・環球時報は、このニュースを直ちに伝えたが、中国のメディアも、すでにアフガニスタンにおける中国責任論を強く意識するようになっていることがうかがえる。

4月、米国のアフガニスタン・パキスタン担当のリチャード・ホルブルック

---

24) 『日本経済新聞』2009年12月30日、ジョン・ハムレ講演（戦略国際問題研究所所長兼CEO、クリントン政権時国防副長官）

25) 同上、ジョン、ポデスタ講演（米進歩センター所長兼CEO、クリントン政権時首席補佐官、オバマ政権移行チーム時共同議長）

26) 米国防長官ゲーツ（Robert M. Gates）のアジア安保会議の席（IISS主催）にての演説、『連合早報』（シンガポール紙）2009年5月30日。

(Richard Charkes Albert Holbrooke) 特別代表は、北京を訪問し、中国に「アフガン問題へのさらなる介入」を求めた 27)。

7月、初回米中戦略と経済対話のコミュニケは、両国は協調を強め、アフガニスタンとパキスタンの安定と発展を共同で推し進めることを申し合わせた 28)。

同年 9 月 24 日、スタンバーグ (James B. Steinberg) 米国務副長官は、来るオバマ大統領の中国訪問を睨み、CNAS (新米国安全保障センター) で「米国政府の米中関係に関する構想」を題目に基本政策の講演を行い、「戦略的再保証 (Strategic Reassurance)」という米中関係の性格付けを打ち出した 29)。中国の地域覇権を認める代わりに、米国の既得権益も認める「共存関係」を中国に提示したとも読まれた 30)。その講演の中でアフガニスタン問題における米中協調について次のように述べた。

「中国は積極的に役割を発揮し、パキスタンとアフガニスタンに接する国境地域の安全と安定を強めた。それは中国がすでに経済投資、例えばアイナック (Aynak) 銅山への投資を行っているのだけではなく、中国はアフガン人、イラク人に地雷除去を教え、パキスタン政府のテロリストとの戦いを支持するために努力している。」

彼は中国の貢献を評価するという形でさらなる役割を果たすことを中国に求め、アフガニスタン問題がオバマ訪中時の一大課題であることを匂わせた。講演の中で評価された中国によるアイナック銅山への投資は、実は当時米欧メディアでの中国バッシングの一大トピックであった。2007 年、中国国営企業・中国冶金建設集団公司は、35 億ドルほどの投資を約束してアジア最大級といわれるアイナック銅山の開発を落札し、一躍アフガニスタンの最大投資国となった 31)。米欧では、米欧が血を流しているアフガニスタンで、中国は経済利益を得ているとの批判が広がっている 32)。中国企業は実はアフガニスタン

---

27)『フィナンシャル・タイムズ』2009 年 11 月 13 日。
28)『人民日報』(中国) 2009 年 7 月 30 日。
29) Steinberg, James B. [2009] "CHINA's ARRIVAL: THE LONG MARCH TO GLOBAL POWER" Keynote Adress, Center for New American Security, SEPTEMBER 24. (http://www.cnas.org/files/)
30) 川上高司「米国の新国防戦略を読み解く」日本外務省『外交』2010 年 10 月、Vol.2、40 頁。
31)『日本経済新聞』2009 年 10 月 10 日。
32)『環球時報』(北京) 2009 年 10 月 23 日、『ニューズウィーク』(日本版) 2009 年 12 月 2 日、8 頁。

だけではなく、イラクでも最大級の油田の開発を落札した。米国はむしろ賛意を示したが、当時、利益誘導策を講じて反テロ戦争への中国のインテンシブを高めようとしているのであろうと推測された。

11月17日に、初訪中のオバマ大統領と胡錦濤国家主席は「米中共同声明」を発表し、オバマは演説で「米中が21世紀を形作る」と米中協調による国際ガヴァナンスを唱えた。「米中共同声明」は、アフガニスタン諸問題について次のような文言を記した[33]。

「双方は南アジアの平和と安定、発展を導くあらゆる努力を歓迎する。アフガニスタンとパキスタンのテロ対策と、それぞれの国内の安定維持と持続可能な経済及び社会の成長を支持し、さらにインドとパキスタンの関係改善と発展を支持する。双方は南アジアの問題について対話と協力を深め、この地域の平和と安定と発展の促進に進んで協力する。」

上記の文言は、アフガニスタンどころか、インドを含む南アジア全体に対して米中が協力して責任を果たすこととした。インド興論は、米国より二流国の扱いにされたとして激怒したが、米国は、すでに設定された1週間後のシン・インド首相の訪米を通してインドを慰めた。

米国が中国に求めてきた具体的な協力事項は、報道によると、経済や人道面での支援のほかに、軍と警察の派遣、アフガニスタンの警察の訓練と教育等であった[34]。ちなみに、NATOもロシアに対し、軍事物資のロシア領土の通過やアフガン軍と警察の育成及び装備提供等の支援を求めた[35]。

11月末、中国国防部国連平和維持活動（PKO）事務弁公室の隗延偉（かいえんい）大佐は、国連の要請があればPKOへの作戦部隊派遣を政府に建議すると発言し、注目を集めた。一方、12月4日中国外交部の秦剛（しんごう）報道官は、アフガニスタンを含む南アジア問題について米国との対話と協力を継続したいとの談話を発表した。またPKO以外では海外への派兵を行わないとして、アフガンに部隊を派遣する可能性はないと主張した[36]。

米国はイラクやアフガンの泥沼にはまっているが、中国にとっては米国が中

---

33)『ニューズウィーク』(日本版) 2009年12月2日、23頁。
34)『フィナンシャル・タイムズ』2009年11月13日。
35)『読売新聞』2009年10月9日。
36)『東方早報』(上海) 2009年12月5日。

国の新疆等の安全をテロリストから守ってきてくれた。中国からみえるこのような現状は、中国の国益にかなうものであり、現状維持できれば最善である。しかし、米国がかつてベトナムからの撤退のように、2011年からアフガニスタンから引き上げることになると、そしてそのうちにアルカイダがアフガニスタンを支配するようになってしまったら、中国にとっては悪夢である。中国はオバマに下記のことを約束したようである。

　第1に、米国が任務としている「政権崩壊の防止、経済開発、後方支援」について、今のところ中国は「経済開発」のみを行う。第2に、米軍が全面撤退をしたら、国連による平和維持という形なら、中国はPKO作戦部隊を派遣する。

　そして米国は、利益交換として「米中共同声明」において、1つは南アジアにおける米中協調を唱えることで、中印関係においてインドの肩をもたないことを匂わせた。第2に、オバマは「中国の領土保全を支持すること」を初めて明言し、台湾が中国の領土保全に含まれるといったような意思表示を示した。

　ところが、オバマは翌2010年に米軍のアフガニスタン撤兵を諦め、彼の任期満了の2017年1月時点に、米軍1万人は、首都防衛としてカブールを中心に駐在し続けていた。後任のトランプ（Donald John Trump）大統領は、さらに世界各地域からの米軍の撤退、及び駐在規模の縮小を主張し、18年12月にシリアからの米軍撤退を命令し、アフガニスタンからの駐在部隊の半減と後の全面撤退を表明したことで、国防長官の抗議の辞任等、政官界から強く反対されている[37]。このように官僚機構は、往々にして予算や人事など独自の利益と論理で動くものであり、米国においてはとりわけ軍産複合体の政治力の強さが語られて久しい。

　前述のオバマがアフガニスタンからの軍撤退を諦めたことが要因の1つとなって、2009年訪中時に打ち上げた「米中が21世紀を形作る」という米中協調の「G2構想」[38]も後退し、翌2010年から米国の対中外交は、米国経済の2008年金融危機からの回復と中国経済の世界2位への躍進に相まって協調から競争へと変化した。2010年にヒラリー・クリントン（Hillary Rodham Clinton）国務長官は、南シナ海問題を作り出し、2011年にオバマ大統領は「アジア回帰」

---

37)『日本経済新聞』2018年12月24日。
38) 趙宏偉「米の構想に悩む中国」『毎日新聞』2010年4月30日。

や「リバランス」を唱え始め、中国抑止へ政策の重きをおくようになり、米中関係は協力よりも対立の色彩が濃くなっていった。

おわりに

　中国は1990年代半ばから戦略的に中央アジア外交、上海協力機構の構築を積極的に進めてきた。そしてそのプロセスの中で、安全保障から、政治、経済、文化など諸分野にわたって多くの利益を享受してきた。
　しかし、上海協力機構の構築において、中国は経済統合という目標の実現はできていない。そこでほぼ2005年前後から中国は、上海協力機構で育ったパートナー意識を生かして、中央アジアをはじめ、南と西アジアを含める地域に、二国間や多国間の協力体制の構築に重きをおき、多くの成果を享受してきた。
　第1に、中国はロシア、中央アジア諸国と、テロイズム、民族独立運動、宗教原理主義、さらに西側の民主主義の浸透を阻むことにおいて利益の一致をみせ、既存の政治体制を維持する現代版の「神聖同盟」を組み、統治の安定化を保ってきた。
　第2に、中国はロシア、中央アジア諸国と、前後にして「上海ファイブ」「上海協力機構」といった国際組織を作り、安全保障、経済発展、体制維持にわたる全面的な集団協力体制を結成した。
　第3に、中央アジアは中国にとって大陸アジアを束ねるコア地域であり、中露は中央アジア四カ国との上海協力機構をコアに、安全保障、経済開発、体制維持において、トルコ、イラン、ベラルーシ以東のユーラシアアジアへ外交力を延伸させた。
　第4に、中国は中央アジアを中心にロシアとの共同利益を深め、中露二大国の「全面的協働の戦略的パートナーシップ」の関係を維持し発展させてきた。
　第5に、中国はロシアと共同で「西側のないユーラシア体制」を築き、両国が唱える「国際関係の多極化、民主化、国際秩序の改革」を目指してきた。
　第6に、中国が好む上海協力機構の枠組みでの経済統合は進まなかったが、中国は中央アジア諸国との間の二国間ないし多国間の連携関係を取り組むためのパートナー環境を得て、それを生かして中央アジア諸国とさまざまな形の経

済を中心とする連携関係を形成させてきた。

　中国は中央アジア外交のプロセスの中でさまざまな利益を享受してきたが、その分リスクや国際責任をも背負わざるをえない。

　とりわけ、中国はアフガニスタンと陸続きの唯一の世界大国、安保理常任理事国として、アフガニスタン問題の解決において国際責任を背負わざるをえない。オバマ政権初期、中国は国際戦略の調整に悩まれた。その中心テーマは、米国から強く求められている米中協調に対し、中国が自らの国益と国際責任と能力をどのような理念で認識し、どのようなバランスで調整をはかっていくかというものであった。中国は国際責任と自らの国益、能力とのジレンマに悩まされつつ、アフガニスタン問題との係わり方を模索していたが、2010年からの対中協調から対中抑止への米国の政策変化が起こり、米中関係も協調から対立へと性格が変わっていった。そして2017年の米トランプ政権から、2019年現在、米中経済・技術戦争の時代と呼ばれるほど厳しさを増してきた。

第 2 章

地域大国外交の主戦場・東アジア地域統合（1990～2010年）

はじめに

　2010 年 1 月 1 日、中国とアセアンは「アセアン＋中国自由経済圏」の完成を宣言し、その年に中国とアセアンの貿易額は、50％以上も伸びて中国と日本のそれを追い越して EU と米国に次ぐ 3 番目にランキングした。アジア地域においてコア大国として周辺諸国を網羅する地域統合メカニズムの構築を目指す中国の「中華復興の外交」は、アセアンとの経済統合において大きく前進した。

　国際関係の視点からは、「東アジア」は、かつて狭義的に東シナ海地域を指していたが、1990 年代から、アセアン諸国のイニシアチブで東アジア地域統合の機運が高まるのに連れ、「アセアン＋3（日中韓）」を指す広義の国際関係上の地理概念に変わっていった。中国は東アジア地域において、アセアン＋3 と東シナ海地域＋米露という東北アジアの 2 つの地域集団協力メカニズムの構築を取り組んできた。地域大国としての中国外交にとっては、東アジア地域が主戦場と化した。

　1990 年代半ばから、中国はアセアンと呼応し合って経済を中心とするアセアン＋3 枠組みによる東アジア地域統合を積極的に進めてきた。東アジア地域統合を目指す中華復興の外交にとって、日本は第 1 かつ唯一の反対者であった。中国が望む東アジア地域統合に対して、日本が牽制し、日中のわたりあいが繰り広げられてきた。

　日本のこうした「牽制外交」は、為政者自らの国益認識に基づくものではあるが、東アジア地域統合が正しく日本の国益にかなうものでもあることから考えると、日本の外交は、国益以外の要素、とりわけ文化や文明のような要素か

らも、影響を受けてきたことが明らかである。この章は、1990年〜2010年のアセアンを軸に進められてきた東アジア地域統合とそれに関わる日中関係の外交プロセスを整理し、日中それぞれの外交行動パターンを分析し、進んで東アジア地域統合の行き先とそれにかかわる日中関係を思索する。

I　偶然たる始まり―東アジア地域統合の提起（1990〜95年）

　東アジア地域統合が最初に提起された段階において、日本も中国も消極的なスタンスであったため、主導権を巡る日中間のわたりあいもなかった。しかし今日に至る、東アジア地域統合における力学的な構図の基本形がこの時期に形成されたといえる。

　東アジア地域統合のプロセスは、マレーシアのマハティール（Mahathir bin Mohamad）首相のイニシアチブによって、スタートを切った。1990年12月10日、マハティールは、中国の李鵬(りほう)首相の来訪を迎える歓迎晩餐会の席にて、初めて公式にアセアン＋日中韓からなる「東アジア経済グループ（EAEG: EAST ASIA ECONOMIC GROUP）」の構想を打ち出した[1]。

　後のプロセスが示すように、この時点で、マハティールはアセアン6カ国のパートナーたちとまだ相談もしていなかった。唐突な持ち出しのようであったが、マハティールとしては、熟慮した上、この機会を利用したと思われる。アセアン6カ国は、1970年代後半と1980年代、統一ベトナムからの脅威に対抗するために、中国との関係を改善し連携を築いた。とりわけ中国、タイ、マレーシア3カ国は、共同で中越国境とタイ・カンボジア国境でベトナムに対して国境戦争を行った。そして1989年の天安門事件後、西側から制裁を受けていた中国は、アセアンから支持を得た。特に天安門事件の罪人と見なされた李鵬首相の来訪をマレーシアが率先して受け入れたことは、中国首脳部、李鵬本人にとってありがたい応援であった。この時点で、李鵬首相に「EAEG」の構想を持ちかけたら、断られることはないとマハティールは見込んでいたと思われる。

　当時、中国より、むしろアジアで唯一の市場経済の先進国である日本が、

---

1) 『東南アジア月報』1990年12月号、社団法人東南アジア調査会。マハティール・ビン・モハマド（加藤暁子訳）『マハティールの履歴書――ルック・イースト政策から30年』日本経済新聞社、2013年、259-261頁。

「EAEG」の構想の成否を握る存在であった。しかし、マハティールにとって、予想される米国の反対を最重要視する日本が、最も取り組みにくい相手でもあった。マハティールは中国からの支持をもって、日本の中国へのライバル意識を利用して、日本を何とか取り込もうとした。マハティールの攻めが標的にしていたのは、中国というより日本であった。

　中国首脳部は当時、地域統合について意識さえしていなかった。当時の鄧小平時代における中国外交は、二国間外交を好み、多国間外交を避けるという一種の孤立主義外交であった。それに 1989 年初夏の天安門事件以降、1992 年初春までの時期は、改革開放の後退期に当たり、市場経済という経済改革の方向性さえ批判されていた。保守派として知られていた李鵬首相は「EAEG」の構想を理解できるはずはなかった。しかし、マハティールが見込んだ通り、李鵬は天安門事件の借りでマハティールに断れず、「その必要があるかどうかこれから検討していきたい」とあいまいな応酬をした。マハティール側やメディア、なぜか日本のメディアも含めて、この李鵬首相の発言を「前向きの姿勢だ」と祭り上げた[2]。

　この時期、福田ドクトリンのアセアン外交、韓国の民主化、共産主義の失敗と冷戦の終結、日中友好運動等のプロセスを経て、日本は東アジア地域において、基本的に第 2 次世界大戦以来のマイナスのイメージを克服していた。とりわけアセアン 6 カ国は、むしろ日本に東アジア地域統合のリーダーシップを求めていた[3]。日本もアジア唯一の先進国、世界 2 位の経済大国として東アジア地域統合におけるリーダーとしての実力を十分有していた。しかし、日本はリーダーシップを取ろうとしなかった。

　この時期は、日中のわたりあいというより、マハティールのマレーシアが引っ張るアセアン 6 カ国と日本の間で、東アジア地域統合をめぐる攻防が繰り広げられていた。そして米国も自らの国益認識から、アセアンが求めている日本のリーダーシップに強く反対していた。日本、アセアン、米国、三者の攻防の焦点は、日本が東アジア地域統合におけるリーダーシップをとるかどうかであった。

---

2)『日本経済新聞』1990 年 12 月 12 日。マハティール、前掲書、259 頁。
3) 同上紙、1990 年 12 月 7 日。マハティール、前掲書、268-270 頁。

第 2 章　地域大国外交の主戦場・東アジア地域統合（1990 〜 2010 年）

　1991 年 5 月にマレーシアを訪れた海部俊樹首相は、EAEG について「考え方を理解した」と述べた [4]。海部政権のキーマンは、小沢一郎であり、彼は当時「普通の国論」を唱え、その 1 つの意味するところは。対等な日米関係を求めることであった。この小沢理念が「海部発言」の背景にあったと推測される。米国は海部発言に危機感を抱き、1991 年 7 月、アセアン拡大外相会議にて、ベーカー (James Addison Baker) 米国務長官は、EAEG は「太平洋は西と東、つまり米欧とアジアを隔てるものだ」、「太平洋に線を引くものだ。それは日本と米国の分断に繋がる」として日本とマレーシアを批判した [5]。

　アセアン側は対米配慮から、10 月のアセアン経済閣僚会議にて、域内では「アセアン自由貿易圏 (AFTA) の創設を目指し、域外ではマハティール提案の「EAEG」よりソフトなイメージの「東アジア経済協議体（EAEC: ECONOMIC CAUCUS）」の開催を呼び掛けることで合意した [6]。

　しかし、ベーカー米国務長官は、同月に直ちに日本へ親書を送り、「EAECであっても認められない」と通告した [7]。そしてベーカーは 11 月 8 日に「America in Asia: Emerging Architecture for a Pacific Community（アジアにおける米国 1 つの太平洋コミュニティを目指して）」と題した論文を発表し、日米を中心として、1 つの太平洋コミュニティにおける市場経済化、民主化、集団的安全保障を推進する米国の方針を示した [8]。ベーカーはすぐに来日し、11 日に渡辺美智雄外相に、「どんな形であれ、太平洋に線を引くことは、絶対に認められない。それは太平洋を二分し、日米両国を分断するものだ」と改めて主張した。米国は「日米を中心」という交換条件を提示して、日本に東アジアにおける単独のリーダーシップを求めないことを約束させようとした。それに対し渡辺外相は「米国が入らない組織には、日本も入らない」と約束した [9]。「渡辺約束」は、東アジア地域統合における日本外交の「同盟従属」という外交行動パターンを初めて示し

---

4)　同上紙、1991 年 5 月 25 日。
5)　『毎日新聞』1991 年 11 月 29 日。
6)　『日本経済新聞』1991 年 10 月 9 日。
7)　「マハティール十番勝負・ジェームス・ベーカーとの勝負」『日馬プレス』http://www.nichimapress.com/.
8)　"America in Asia: Emerging Architecture for a Pacific Community". James A Baker, III From Foreign Affairs, Winter 1991/92.『毎日新聞』2000 年 5 月 22 日。
9)　『毎日新聞』1991 年 11 月 29 日。

第 I 部　地域大国論

た事例である。

　一連のベーカー発言より、米国が「日米の分断」を EAEC に反対する理由としてきたことがうかがえる。言い換えれば、米国は EAEC そのものというより、日本のリーダーシップ、東アジアのリーダーとなる日本の脱米の可能性を警戒していた 10)。

　実は、上記の「渡辺約束」はむしろ日本の一貫した政策姿勢であった。日本は 1987 年 1 月、日豪閣僚委員会で後の APEC の創立に繋がった「太平洋産業大臣会議」を発案したとき、すでに米国の参加を当然としていた 11)。1990 年代を通して、日本のアジア太平洋政策の重点は、APEC にあり、EAEC に置かれず、米豪と連携して APEC の発展に努めていた 12)。1993 年 1 月、東南アジア重視を訴える宮澤ドクトリンは、発表されたが、そこにアジア太平洋地域での開放性の推進、米国の関与とプレゼンスの重要性が訴えられて、アセアンとの溝はむしろ広がった 13)。

　アセアンは米日に容認してもらえるように、同年 7 月の外相会議にて EAEC を APEC の下での協議機関という位置づけをし 14)、そして翌年 5 月 9、10 日にワシントンで開かれたアセアンと米国の定期協議で、米国に EAEC の設立方針を正式に文書で提案し、理解を求めた 15)。

　続いて 1994 年 7 月 25 日に、アセアンは初めて開催される ARF（アセアン地域フォーラム）の前に、東アジアからの参加国の意思疎通が必要という口実で、日中韓の外相を招き、タイで昼食会という形で非公式な外相会合を開くことにした。EAEC とは呼ばれていないものの、これは実際上初めての EAEC の想定メンバーによる外相会議であり、アセアンは EAEC の既成事実化を図り始めた。日本は当時、細川護熙(ほそかわもりひろ)政権、村山富市(むらやまとみいち)政権が続いていた時期に、「大人な日米関係」を唱えながら、EAEC 構想に幾分理解を示していた。それに経済閣僚会議ではなく外相会合であるから米国から強く反発されないとも見込み、河野洋(こうのよう)

---

10)　坪内隆彦『アジア復権の希望 マハティール』亜紀書房、1994 年、167-168 頁。
11)　山影進『アセアンパワー』東京大学出版会、1997 年、225-256 頁。田中明彦『アジアの中の日本』東京大学出版会、2007 年、99-108 頁
12)　『日本経済新聞』夕刊 1992 年 9 月 22 日。
13)　同上、1993 年 1 月 16 日。
14)　http://www.aseansec.org2209.htm。
15)　「東アジア経済グループ（EAEG）への道」http://asia2020.jp/eaeg/eaeg.htm。

平副首相兼外相は、この非公式な会合への出席を決めた[16]。

　1995年3月、アセアンは2回目の会合としてEAECの想定メンバーによる非公式経済閣僚会合をタイのプーケット島で4月30日に行いたいと日中韓に参加を要請してきた[17]。実際にEAECそのものになる経済閣僚会合に対し、日本は正式に不参加の方針を決め、そして理由は、APECが軌道に乗りEAECの必要性が薄れたこと、アジアのブロック化を懸念する米国への配慮などがあること、またオーストラリア、ニュージーランドを排除すべきではないことなどとした[18]。

　マハティールは怒り心頭に発し[19]、「両国とも東アジアの国でないからだ。…我々が、EUやNAFTAに加わらないのと同じことに過ぎない」、「日本政府首脳や要人から私に面会希望が相次いだ。(大阪) APECへの参加要請だろうと想像された。なんとEAECについては話さないとの条件付きである。私はこの条件を受け入れることができないので、申し出をお断りした」と批判した。

　このとき、日本は初めて東アジア地域の枠組みを地域外へ拡散させることを主張した。後、このような「拡散外交」をもって東アジアの地域統合に抵抗することは、日本外交の1つの行動パターンとなっていった。

　それに対して中国は、「日本が参加しないことの影響については、EAECの主な目的は各国間の交流と協議であって、ある国が参加するかどうかは重要な問題ではない」と初めてはっきりと積極的な姿勢を示し、日本抜きでも開くべきだと態度を表明した[20]。1994年秋より、中国は名実とも江沢民時代に入り、1995年からいわゆる「中華復興の外交」へ外交政策の転換がみられるようになったわけである。

　上述した1994〜95年は、東アジア地域統合が提起される段階に過ぎなかったが、今日に至るまで続いてきた東アジア地域統合における力学的な構図の基本形が形成された。まずは、アセアンがイニシアチブをとり、中国が支持し、韓国が積極的で、米国が反対し、日本が消極的であるという各プレーヤの政策

[16] 『日本経済新聞』1994年7月21、24、25、26日。
[17] 同上紙、1995年3月19日。
[18] 同上紙、1995年4月6日。
[19] マハティール、前掲書、268-270頁。
[20] 趙宏偉編「東アジア地域統合の歩み・日誌」『平成18年度〜19年度科学研究費補助金（基盤研究(C)）研究成果報告書』、研究代表：趙宏偉、課題番号：18530121、22頁。

に関係する構図であった[21]。この地域において、次第に米国側の意図、感情を最重要視し、アセアンのイニシアチブに与せず、東アジアの太平洋への拡散を唱えて東アジア地域統合を阻むという日本の政策イメージと、アセアンのイニシアチブを盛り立てて、自らは控えめにしながら東アジア地域統合に努めるという中国の政策イメージが形成されていった。

そして、マハティールとアセアンにとって、消極的な日本を引き入れるためにも、中国の積極的な参加が成功の鍵を握るものとなった。このようなアセアンの思惑と、1990年代後半から中華復興の外交を企むようになった中国の思惑とは合致し、そして実際には、21世紀に入ってから、アセアン＋1（中国）の市場統合のみが効果的に進められていき、そこで次第にアセアン＋1（中国）という東アジア地域統合のコア、アセアン＋3という第1周辺、アセアン＋6（オーストラリア、ニュージーランド、インドを加える）という第2周辺の構図が作られていった。

なお、こうしたプロセスの中、米国は東アジア地域統合における日本のリーダーシップには激しく反対したが、面白いことに少なくとも2010年までに中国のそれには反対しなかった。後述するが、2010年と11年に、米国は「アジア回帰」、「アジア太平洋リバランス」と称される政策を打ち出すようになり、それは米国のプレゼンスの強化と中国のリーダーシップに対する抑制を狙うものであった。

II 必然たる流れへ―中国外交の根本たる転換（1995〜98年）

東アジア地域統合への助走段階に当たるこの時期に、中国は後のアセアン＋中国FTAの構築のための環境整備としてアセアンとの関係改善を進めていた。日本は依然として東アジア地域統合と日本のリーダーシップについての外交戦略を有していなかった。したがって日中のわたりあいは1997年の日本の「AMF構想」というひとコマ以外にみられなかった。

前章で論証したように1996年は、鄧小平時代の中国式孤立主義外交から、江沢民時代の集団主義外交へと中国の外交の根本的転換がはっきりと示された

21）マハティール『成功の原点に戻れ　日本人よ』PHP研究所、2004年、12頁。

第2章　地域大国外交の主戦場・東アジア地域統合（1990〜2010年）

年であった。こうした政策変化の始まりは、江沢民が鄧小平より権力の移譲を受けた 1994 年秋頃に遡る。その年に中国は、初めて南沙諸島問題についてアセアンとの多国間対話を受け入れた。そして前述したように、1995 年 4 月に中国は、日本の不参加があったとしても、アセアンが呼びかけた EAEC 想定メンバーの経済閣僚会議が開催されても問題なく、中国は参加するとして、EAEC 支持を初めてはっきりと意思表示した。

中国の東アジア経済統合政策は、よくいわれるようなアジア金融危機の教訓を受けて始められたというものではなく、1990 年代半ばから「新安全（保障）観」を標榜する中で北方の上海ファイブ・協力機構と南方のアセアンに力点を置く地域集団協力を目指して進められてきたものである。中国はアセアンとの全面的協力メカニズムの構築に主動的に働き、アセアン側は自らの「EAEC」の構築への思惑に合致するものとして中国からのアプローチを積極的に受け入れた。

アセアンにとっては、EAEC に対する日本からの賛同が最後のハードルとなり、日本を取り込む戦術として EAEC 想定メンバーの会議開催の既成事実を重ねていく手法を取った。アセアンは 1995 年 4 月に前述した日本からの拒否に遭い、EAEC 想定メンバーの会議をあきらめたが、すぐに同年 7 月と 11 月に、他の国際会議の機会を利用して、翌年に予定される第 1 回 ASEM（東アジア・EU 首脳会議）の事前打ち合わせを口実に、EAEC 想定メンバーの外相昼食会と経済閣僚昼食会を提案し、日本の参加を得て開催した[22]。翌年 2 月、アセアンは、ASEM の会場で、そのための打ち合わせを口実に、EAEC の想定メンバーの外相昼食会、さらに首脳昼食会を提案して開催を成功させた。昼食会こと「ランチ外交」では、東アジア話に花が咲き、各国閣僚や首脳は、5 回も日本にランチ付き合いをした。

このようなランチ会議の成功をもって、それにインドシナ 3 カ国とミャンマーの加盟により、アセアンの 10 カ国への拡大が見込めたことを踏まえて、アセアンは 1996 年 12 月に予定される首脳会議に日中韓を招いてアセアン＋3 を開催するとした。この時期に日本は相変わらず不参加の立場に固執し、結局、アセアンは開催を先送りすることにしたが、実際上アセアンは、96 年を地ならしの年とし、翌 1997 年を本命の年と見込んでいた。1997 年にアセアン議長

[22]『毎日新聞』2000 年 5 月 22 日。

国は、マレーシアに順番が回り、それに年末に初めて10カ国に拡大されるアセアン首脳会議が開催される予定であった。そこでマハティール首相は、ランチ外交の実績を踏まえてイニシアチブを発揮して97年3月と5月、年末にクアラルンプールで開くアセアン首脳会議に「EAEC」等の名称を一切使わずに、日中韓首脳を招くことを繰り返して表明し、日本に参加を迫った。日本はついに受諾した。

　一説では、同年7月からのアジア金融危機が初めてのアセアン＋3首脳会議をもたらしたというが、事実は、アセアン、特にマハティールのイニシアチブと中国の支持があってアジア金融危機の前にすでに申し合わせができていた。

　アジア金融危機は、日本政府内の「アジア派官僚」を動かしたといえよう。1997年8〜11月、日本は宮澤喜一財務相と榊原英資財務官というラインで、アジア版IMFこと「AMF構想」を打ち出してアセアンと中韓に働きかけていたが、結局米国からの強い反対に遭った。米財務長官ルービン（Robert Edward Rubin）は、榊原財務官より先に北京に飛び、中国首相に直接反対工作を働きかけたほどであった。当時、国際金融の知識がまだ乏しい中国首脳は、米国からの工作を受けて日本提案への不支持を表明した。日本の努力は失敗した[23]。米国はアセアン・中国ラインで進められるアセアン＋3首脳会議の開催には反対をいわなかったが、AMF構想にみられる日本のリーダーシップには素早く行動して断固として反対した。

　1997年12月、EAECの名称を使わずに、ただのアセアン＋3の首脳会議は、ついにマレーシアでアセアン首脳会議の拡大会議という形で開かれた。そして翌1998年12月にハノイで再び開催され、その後の定例化も決定された。

III　主軸の確立―中国・アセアンFTA枠組み協定（1999〜2004年）

　アセアン＋3は、2019年の今日に至っても、基本的にフォーラム的な存在であった[24]。その中で、中国はアセアン＋中国FTAを中心とするアセアンとの全面的協力関係を構築し、それを東アジア地域統合の戦略の中心に据えた。

23）榊原英資「アジア版IMF構想で根回しミス」『日本経済新聞』2007年7月9日。
24）マハティール、前掲書、12頁。

第2章　地域大国外交の主戦場・東アジア地域統合（1990～2010年）

日本は相変わらず東アジア地域統合とそれにおける日本のリーダーシップについて消極的であったが、それはこれまでのように主に米国の政策に従ってきたためではなく、中国の東アジアでのリーダーシップに対する牽制、曰く「牽制外交」を行うようになったからである。「牽制外交」は日本の外交行動パターンの1つである。

この時期から、中国は対東アジア外交のプロセスの中で、いくつかの新しい外交行動パターンを顕著に表した。

第1に、中国はアセアン＋中国という地域集団協力メカニズムの構築に、毎年必ず1歩前進することを実現させてきた。中国はアセアンとの経済統合への勢いを保つことを重要視し、それを通して逆戻りのできない流れを作り上げ、アセアン10カ国を巻き込んでいった。99年以降、中国が実現させてきた取り組みは以下のとおりである[25]。

1999年、中国はWTO加盟の交渉を進めながら、アセアン＋中国FTAの構築を根回しし始める。

2000年、アセアンに「FTA共同研究」を提案。

2001年、アセアンとFTA交渉の開始に合意、海南島で博鰲（ボアオ）アジア・フォーラムを設立。後者は中国の地域大国としてのリーダーシップ意識の表れを示す出来事であった。

2002年、アセアンと「FTA枠組協定」、そして「南シナ海における関係国の行動指針」を結ぶ。いわゆる「南シナ海問題」は、南シナ海の島と海域の領有権について、中国がその全部、ベトナム、マレーシア、フィリピン、ブルネイ（海域のみ）がそれぞれその一部に対する領有を主張する問題である。中国はそれを一貫して当事国間の問題としてきたが、ここで譲歩してアセアン組織を関係者とし、実質上当事者として認めた。それは中国・アセアン関係の長期的安定と発展を中断することがないように保っていくことという戦略上の決断だったのであろう。

2003年、「東南アジア友好協力条約（TAC）」に調印。「戦略的パートナー」関係の位置づけに合意。日本はこの時にTACにある「武力手段の放棄」条項

25）基本的に『日本経済新聞』の関係報道を辿ってまとめた。

第 I 部　地域大国論

が日米安保条約に抵触するから調印しない態度を取っていた（翌年に加入）[26]。

2004 年、農産物関税の撤廃、「商品 FTA 協定」と「紛争処理協定」に署名、アセアンが中国を完全な市場経済国として認定。

2005 年、関税減免のプロセスを開始、メコン川地域や環トンキン湾等サブ地域の経済統合の推進に合意。

2006 年、「サービス分野 FTA 協定」に合意。

2007 年、同上協定に調印、アセアン・中国陸海空交通網の整備に合意。

2008 年、「投資分野 FTA 協定」に合意。

2009 年、2010 年 1 月 1 日をもってアセアン・中国自由経済圏の完成を宣言、交流促進の常設機関としてアセアン・中国センターを発足、「アセアン・中国投資協力基金」を設立、「中国・アセアン東部地域経済協力枠組協定」を締結[27]。

第 2 に、中国外交は、経済統合による共同利益の構築を 1 つの顕著な外交行動パターンとして表した。共通の経済利益という基盤ができてはじめて厚みがあり安定した地域集団協力メカニズムが築かれるというのは、理念となって中国外交を「経済中心外交」へと変容させていった。当時の王毅（おうき）アジア担当外交部副部長は、中国のアジア戦略を論じる論文の中で、グローバル化の現段階としての国際地域の経済統合という時代認識を述べた上、1997 年からのアセアン＋ 1（中国）の順調な発展と中国による外交資源の重点的投入を論じた[28]。

第 3 に、中国は経済統合を睨んで、周辺の中小国に対して「譲利外交」（利益を譲る）を繰り広げた。2002 年当時、タイのアディサイ（Adisai Bodharamik）商業相は、記者会見で「アセアン・中国 FTA 枠組み協定」のハイスピードでの締結について、次のように語った。「中国・アセアン FTA 枠組協定の先行開放品目にわれわれが主張した農産物が盛り込まれたので満足している。中国とアセアンが FTA から利益を受ける割合は、45 対 55 くらいになりそうだ。アセアン側に少し有利に働く」[29]。

---

[26] https://www.jcp.or.jp/akahata/aik2/2003-12-03/1203faq.html。
[27] 『人民日報』（北京）2009 年 10 月 26 日。中国とブルネイ、インドネシア、フィリピン、マレーシアとの協定、言わば「大トンキン湾圏」（ベトナムとシンガポールを除く）諸国である。
[28] 王毅、前掲論文。
[29] 『日本経済新聞』2002 年 10 月 21 日。

第 2 章　地域大国外交の主戦場・東アジア地域統合（1990〜2010 年）

　2002 年は中国が WTO に加盟したばかりの年であり、農産物は中国の WTO 加盟により最も打撃を受けると大方に予想されていた。そんな雰囲気の中で、中国は敢えて農業地帯のアセアンに対して農産物を先行開放品目とし、さらに 2005 年にも関税をゼロにすると宣言してアセアン、そして世界を驚かせた。なお、中国が打ち出した FTA からの予想利益におけるアセアンと中国の受益の割合を 55 対 45 とする提案も、西側の機会均等といった市場経済原則に反する異質的なものである。明らかに中国の経済中心外交は、政治目的を睨むものであり、中国をコアとする地域集団協力メカニズムの構築を目指す外交である。

　第 4 に、中国は終始東アジア地域統合には「アセアンが主導すべき」「アセアンの主導権を支持」と表明し続けている[30]。アセアンは「アジアの中心の位置を確保しつつ、域内統合を加速すること」を最大の共同利益としてきた[31]。したがってアセアンは「アセアンの主導権への支持」を口にしない日本より、何事、自然とまず中国と打ち合わせ、中国の支持を求めるようになった。何より、アセアンは中国が同じく「域内統合を加速する」という外交戦略をもっていることが分かっている。

　日本外交は、この時期にアセアン＋日本枠組みでも、アセアン＋3 枠組みでも、経済統合を外交戦略としてもっておらず、それらの枠組みの機能を実際上多国間の政策フォーラムのレベルに抑えていた。そのためアセアン＋3 は 2019 年現在に至っても「東アジア諸国の緩やかなフォーラム」[32] に留まっている。

　中国はアセアンに、2000 年に部会でのアセアン・中国 FTA の共同研究、2001 年に FTA 交渉の開始をもちかけ、アセアンはそれをカードに、2 年続けて日本にアセアン＋3 FTA への取り組みを呼びかけた。日本はそれに反対する理由もないので、建前上、賛意を示したが、実際は 2002 年 10 月に策定された「外務省 FTA 締結戦略計画」は、アセアン＋3FTA どころか、アセアン＋日本 FTA をも将来の目標とし、まず個別の国との二国間 FTA を取り組むことを方針と

---

30)『人民日報』2004 年 4 月 30 日、2009 年 10 月 26 日。王毅「アジア地域協力と中日関係」『国際問題』日本国際問題研究所、2005 年 3 月 No.540 号、5-7 頁。
31)『日本経済新聞』2009 年 8 月 15 日。
32) マハティール、前掲書、12 頁。

していた[33]。

　この時期の日本での国益認識は、2000年当時、『日本経済新聞』は、社説で「貿易圏構想は欧米との連携を前提に」と主張し、また田中直毅(たなかなおき)らはサマーズ(Lawrence Henry Summers)等米国の有識者との共同見解として「東アジア共同体などを愚論するものは、社会科学者としての資格を疑われる」と貶していた[34]。日本のメディアは、アセアンは中国からのFTA提案を警戒してより広いアセアン＋3の枠組みを求め、それに対して「中国は戸惑い」、日本はアセアンの提案に賛成して中国の勢力拡大を牽制したという論調であった[35]。また日本は中国のアセアンへのFTA攻勢に対して、「アセアンが消極的で」、発展途上国同士だと「FTAのレベルも低く意味が乏しいものになるはずだ」として軽んじていた[36]。

　2002年1月、小泉純一郎(こいずみじゅんいちろう)首相はシンガポールで演説して「東アジア拡大コミュニティ」を打ち上げ[37]、後にこの演説をもって日本が「東アジア共同体」のはじめての提唱者だと主張する論調は日本で流行ったが、「東アジア共同体」は、1998年に韓国の金大中(キムデジュン)大統領がアセアン＋3首脳会議で提唱して設立した東アジアビジョングループ（EAVG）が、2001年に出した報告書に書かれたものである。なお、小泉演説のペーパーは敢えて「ネットワーク」としての「東アジアコミュニティ」、しかもそれを英文の小文字で表現し、むしろ「共同体」のような固有名詞ではない旨を強調した。さらに、小泉演説は「東アジア拡大」をも強調し、結局日本の一貫した論調であるオーストラリア、ニュージーランド、インドを含む主張を繰り返して「東アジア」という枠組みに反対し続けただけのことであった。

　ところが、同年に「中国・アセアンFTA枠組協定」の交渉が順調に進められ、年内での調印が見込まれたことは、日本にショックを与えて、背中を押した。小泉は前述の同年に策定された「外務省FTA締結戦略計画」を無視して、アセアンとFTAについて2003年から交渉を始め、1ないし2年のうちに協定

---

33)『日本経済新聞』02年10月13日。
34) 同上紙、2000年11月23日、24日、26日。進藤榮一『東アジア共同体をどうつくるか』筑摩書房、2007年、31頁。
35)『日本経済新聞』2000年11月24日、26日。
36) 同上紙、2002年11月18日。
37) 同上紙、2002年1月15日。

結び、10 年のうちに実現することに合意した[38]。しかし協定は結局 4 年後の 2007 年末にようやく結ばれることとなり、協定の発効は、その 10 年後の 2018 年まで先延ばしされた。

中国は 2002 年 11 月 4 日、アセアンとの FTA 枠組協定を結んだ直後、日韓に 3 カ国 FTA を提案した。小泉は直ちに「中国は世界貿易機関（WTO）に加盟したばかりで、状況を見ながら検討したい」と侮辱とも読み取れる言葉を用いて拒否した[39]。

一向に進まないアセアン＋ 3FTA について、03 年 10 月のアセアン＋ 3 首脳会議で、温家宝中国首相は「調査を始めたらどうか」と提案し、それが反対されにくいアプローチであったため、認められた[40]。

日本はその後の 12 月 12 日にアセアン首脳を東京に招き、特別首脳会議を開き、東京宣言を採択した。宣言の中で「東アジアで地域経済統合のネットワークを促進する」「東アジア自由貿易地域の設置など中長期的措置の実現の可能性を検討」「アジアの伝統と価値を理解する共通の精神を持つ東アジアコミュニティの構築を追求する」と相変わらずあいまいな言葉を並べたが、なぜか日本の大手メディアは、勝手に「東アジア共同体を宣言に盛り込んだ」と喧伝した[41]。

日本の政策に突破口があったとすれば、「東南アジア友好協力条約」（TAC）への加盟においてであろう。かつて日本は米国のことを気にして「相互不可侵などを基本とする TAC と日米安保体制の内政干渉や武力行使を排除しないこととの整合性がとれない」との議論があったことから、加盟を見送ってきた[42]。

中国はアセアンに対して、「アセアンが主導すべき」「アセアンの主導権を支持」と言い続け[43]、アセアンもそれを口にしない日本より、自然にまず中国の支持を求めてきた。そんな中で、2004 年に至り、中国はアセアンと中国

---

38) 同上紙、2002 年 9 月 11、14 日。
39) 同上紙、2002 年 11 月 5 日。
40) 同上紙、2003 年 10 月 8 日。
41) 同上紙、2003 年 12 月 12 日。
42) 同上紙、2003 年 11 月 2 日。
43)『人民日報』（北京）2004 年 4 月 30 日。

間の農産物関税を撤廃し、「商品 FTA 協定」に合意し、紛争処理協定に署名し、アセアンは中国を完全な市場経済国と認定した。中国は東アジア地域統合におけるアセアン＋中国という主軸をしっかりと確立させた。温家宝首相は「アセアンとの関係は新たな段階に入った」と高らかに宣言した[44]。

上記のプロセスより、中国はアセアン＋中国だけではなく、アセアン＋3FTA にも、また日中韓 FTA にも積極的であったことが分かる。ただし、それらの枠組みは、主に日本の牽制外交により、経済統合のプロセスが一向に進まなかった。そのような状況下で、中国がアセアン＋中国の地域統合に力を集中させたことは明らかである。アセアンも同様であった。そして、このようなアセアン＋中国の経済統合の進展は、徐々に日本を引き付け、巻き込んでいったことも明らかである。

IV　集約と拡散　東アジア首脳会議（2005 ～ 10 年）

中国は自ら東アジア地域統合の主軸としているアセアン＋中国の自由経済圏を完成させた。日本はアセアン＋3 の枠組みよりの拡散を求め続けた。日本の思惑は相変わらず東アジアにおける中国のリーダーシップを牽制することにあった。

この時期に、中国外交が顕著に表した行動パターンは、第 1 に、アセアンとのサブ地域の経済統合を重要視することである。中国の思惑は厚みのある重層的なアセアン＋中国の地域統合システムを形成させて、逆戻りのできない両者関係を作り上げていくことにあると思われる。ほぼ「商品 FTA 協定」が結ばれた 2004 年後半から、中国はアクションを起こしていった[45]。中国は 2005年に大メコン川サブ地域 (GMS) 協力第 2 回首脳会議を主催したことをはじめに、GMS 南北経済回廊のほかに、中越二回廊経済圏、環トンキン湾経済圏、汎トンキン湾経済圏などの枠組みのフォーラム、閣僚会議、首脳会議をさまざまなレベルで定例会議の形で頻繁に開き、さまざまなプロジェクトの立案・実行を進めていた。とりわけ、2006 年に中国が進め始めた汎トンキン湾経済圏構想は、

---

44) 同上紙、2004 年 11 月 30 日。
45) 同上紙、2005 年 8 月 1 日。

ベトナム、マレーシア、フィリピン、インドネシア、ブルネイ、シンガポールといったベトナムを除いて中国と陸続きではないアセアンの国々を、環南シナ海というイメージで経済統合していく思惑である[46]。そして、中国は「一軸二翼」として高速交通システムで繋ぐ中国・シンガポール経済回廊という「一軸」の両翼にGMSと汎トンキン湾経済圏をもつサブ地域経済統合システムを描いている。

　第2に、中国は経済統合という軸から、政治、安保、文化等各分野へアセアンとの協力体制を広げていった。2004年、中国は広西省都南寧市に「中国・アセアン博覧会」を創設し、年1回開催してきた。経済を軸にさまざまな交流活動を繰り広げ、例えば中国とアセアンは、南寧市に青少年センター、女性センター、人力資源開発センター、法律等研究・教育センターなど次々と設立した[47]。2009年の「アセアン・中国大学」の設立も話題となった[48]。

　2006年、中国はアセアンと「サービス分野FTA協定」を結んだ後、南寧市で中国・アセアン首脳会議を開き、従来の経済交流に加え、政治、安保、文化面での協力強化を訴える共同声明を採択した[49]。2010年1月、アセアン・中国は自由経済圏の完成を宣言して南寧市に常設フォーラムを立ち上げ、また経済交流の常設機関としてアセアン・中国センターを設立した[50]。南寧市はアセアン・中国のセンターシティに進化を遂げている。

　この時期、日本外交はひたすらアセアン＋3の枠組みを、東アジア地域外へと拡散させることに注力した。

　東アジアの地域統合の枠組みを巡り、はじめから集約と拡散の2つの主張が存在し、わたりあってきた。アセアンは集約派であり、自らの国際地位の向上、東アジア経済統合における主導権の維持を目的に、1990年以来アセアン＋3の枠組みを主張してきた。それに対し、日本は一貫して拡散派であった。日本は東アジアにおける米国のプレゼンスの強化、及び中国のリーダーシップへの牽制を目的に、はじめに東アジア諸国のみの枠組みに反対し、続いてアセアン

---

46) http://www.bbw.gov.cn/。『人民日報』（北京）2009年10月26日。
47)『人民日報』（北京）2009年10月22日。
48) http://news.xinhuanet.com/politics/2009-08/06/content_11838059_1.htm
49)『日本経済新聞』2006年10月31日。
50) 同上紙、2009年10月24日夕刊。

＋3の機能をフォーラムに抑え、そして一貫して東アジア地域組織への米国の関与と東アジア域外の国の参加を求めてきた。

こうした流れの中、2004年のアセアン＋3首脳会議で、翌2005年12月にクアラルンプール会議で「アセアン＋3」を「東アジア首脳会議」に名を正して開催することが合意された。

2005年、まず、年末に予定された東アジア首脳会議の構成員を巡って、日本とアセアンは攻防を繰り広げた。インド、オーストラリア、ニュージーランドは、アセアンの隣国として参加を強く求めており、アセアンは「アセアンと地理的な接触があり、政治的な関係が深く、パートナーとして対話が可能、TACに加盟」の4条件を挙げ、3カ国の受け入れと米国の除外という姿勢を示した[51]。アセアンの最大の利益は、東アジア統合における主導権の維持にあり、超大国米国の参加によって大国クラブの陰に埋没されることを警戒してきた。

町村信孝外相はアドバイザーとしてでも米国の参加を求めた[52]。アセアン側は「米国自身はまだ参加希望を出していないではないか」と日本に反感を表明した[53]。後、米国自身も「皆さんは会議をし、米国は後ろの席でノートでも取るのですか」と日本の「米国アドバイザー案」を拒否した。米国は経済、安保などで独自にアセアンとの関係強化を目指す姿勢を明らかにした[54]。

次の争点は、アセアン＋3とアセアン＋6からなる東アジア首脳会議の位置づけにあった。日本は東アジア首脳会議に一本化することを考えたが、それはアセアンからみると、国数が多いほど追い求めてきた夢である東アジアの地域統合がより難しいものになり、また自らの存在感も6つの大国や先進国の中に埋没されていくことになる。

結果、アセアンは中国からの強い援護を得て、アセアン＋3首脳会議を今後とも毎年開催してアセアン＋3枠組みを東アジア地域統合の主要なルートとし、東アジア首脳会議はそれに対して重要な役割をもつことができるという主従の位置づけを内容とする宣言案を押し通した[55]。

---

51) 同上紙、2005年4月5日。
52) 同上紙、2005年5月7日。
53) 同上紙、2005年5月9日。
54) 同上紙、2005年7月30日。
55) 同上紙、2005年12月13日。

第 2 章　地域大国外交の主戦場・東アジア地域統合（1990～2010 年）

　日本はそれからも、2007 年、2008 年と東アジアが会合をするたびに 16 カ国枠組みでの経済統合を主張した。ところが、日本自身とアセアンの自由経済協定は、2007 年 11 月にようやく妥結され、10 年後の 2018 年にようやく発効するという状況であり[56]、その内容の質も日本の有力企業から「あの協定は不要だ」と酷評されている[57]。マレーシア高官は、「日本・アセアン協定づくりすら難しいのに、16 カ国に枠組みを広げようとする日本の主張は虫が良すぎる」と揶揄し、アセアンの目には、日本外交がただ非建設的な中国牽制をやっているだけであり、そのために「拡散」という手法をもって東アジア地域統合を阻もうとしていると映った[58]。

　温家宝首相は 2005 年アセアン＋3 首脳会議の席で、日本の「拡散」の主張に対して正面から反対を唱えず、「東アジア地域協力で中国はリーダーシップを求めない。アセアンの主導権を支持する」と強調しただけであった[59]。中国は東アジア地域統合においてアセアンと利益が一致しているため、アセアンの主導権の支持に徹してきた。アセアンは東アジア経済統合の推進において、日米という抵抗勢力に対応する中で、ますます中国の支持を頼りにし、中国との自由経済圏の構築も順調に進められてきた。日本メディアは日中間の激しいわたりあいを多く書き立てたが[60]、実際は、日本は中国をイメージしながら目の前のアセアンとわたりあい、アセアンから不満、不信を買ってきた。

　東アジア地域統合の進め方について、温家宝首相は中国の政策を次のように述べた。「アセアン＋1（中国）は基礎をなし、アセアン＋3 は主なルートであり、東アジア首脳会議は重要な戦略フォーラムである」[61]。2005 年 12 月初回の東アジア首脳会議の閉幕直後、温家宝は「ロシアの首脳会議参加を歓迎する。米国、欧州連合などとも連携を強める必要がある」と言い出し[62]、むしろ日本の主張よりも広い範囲への拡散でもよしという態度を公に示した。明らかに、中国の戦略は、アセアン＋中国の経済統合を中心とする全面的協調体制の形成

---

56) 同上紙、2007 年 11 月 20 日、28 日。
57) 同上紙社説、2008 年 8 月 29 日。
58) 同上紙、2007 年 1 月 15 日。マハティール前掲『マハティールの履歴書』、268-269 頁。
59) 同上紙、2005 年 12 月 18 日。
60) 同上紙、2005 年 12 月 15 日、18 日。2006 年 8 月 24 日、2007 年 1 月 15 日。
61)『人民日報』（北京）2009 年 10 月 24 日。
62)『日本経済新聞』2005 年 12 月 15 日。

をもって東アジア地域統合におけるコアとし、アセアン＋3を統合可能の枠組みとし、そしてアセアン＋6または＋8（2010年に米ロを加えた）の東アジア首脳会議を戦略フォーラムとするというものである。統合が難しい東アジア首脳会議の広い枠組みは、所詮フォーラムの機能しか持ち得ないので、日本が主張する拡散のレベルでも、またはより広範囲のものであっても、中国にとっては結構である。また、もしもアセアン＋6FTAが前進した場合、それは中国に対抗心が強く中国が自力で取り込めないインドなどを代わりに囲い込んでくれることであり、むしろ中国が望むところである。中国の経済学者は、すでに中印FTAが中国にとって他国と比較して最も利益になるという計量研究の結果を出している[63]。

　中国外交は日本の対抗心を利用した痕跡がある。中国は「拡散」をよしとも認識しているのに、「不支持」を匂わせて日本を「支持」のほうに掻き立てから、後に、より広い拡散でもいいと言い出したりした。これはいわゆる太極拳のロジックである「力を借り入れて打ち返す」という行動様式であり、中国外交の行動パターンの1つになっている。

　このように、日本メディアに報道されたような集約と拡散における日中間の直接のわたりあいは、実際の東アジア地域統合のプロセスにはみられなかった。激しいわたりあいは、実はこのプロセスの外で繰り広げられた。ほぼ1996年から、日本は日米同盟の台湾問題への関与、2004年からEUの対中武器輸出解禁への反対、そして「価値観外交」「日米豪印連携」「自由と繁栄の弧」など、対中牽制外交を広域に拡散していき、対中牽制の広域ネットワークを作ろうとしていた。2008年、麻生太郎首相がいう「弧」の東部分において、日本は経済政策として「東アジア産業大動脈構想」を打ち上げた[64]。中国が取り組んできた縦方向の中国・アセアン南北回廊のインフラ整備と経済開発に対し、日本は横方向の東西回廊とそのインドへの延伸を目指すという。中国が目論んでいる「中国・アセアンコア」に対し、日本はアセアンに「日本・アセアン・インドライン」を提案したというわけである。

　ところが、2009年に発生した自民党政権の崩壊と民主党政権の成立は、「ア

63) 陳迅、李麗「東アジアの一体化と中国のFTA戦略についての研究」『ロシア・ユーロシア経済』ユーラシア研究所第924号、2009年7月、27頁。
64) 同上紙、2009年5月22日。

第 2 章　地域大国外交の主戦場・東アジア地域統合（1990 〜 2010 年）

ジア主義」という日本の伝統意識を「同盟従属」のアンチテーゼとして蘇らせた。とりわけ東アジア地域統合においては、政権交代と共に外交性格の転換が発生した。2009 年 10 月の日中韓首脳会議とアセアン＋3 首脳会議、東アジア首脳会議の席で鳩山由紀夫首相は、東アジア地域統合において 20 数年来の反対、牽制の政策を転換し、率先して日中韓自由経済圏、アセアン＋3 自由経済圏、東アジア首脳会議の枠組みの自由経済圏、さらにその先の東アジア共同体の構築に努めることを宣言した[65]。当時「入亜」とも評された日本の「君子豹変」は、2007 年からの福田康夫政権時に「アジア外交と日米同盟の共鳴」という形で提起がみられ、2008 年からの麻生太郎政権時の逆戻りを経て、2009 年からの鳩山政権時に一歩前へ進められるようになった[66]。

　同時に、米国の東アジア政策にも変化がみられた。米国はかつてアセアンが求めていた日本のリーダーシップに強く反対する一方、1990 年代後半から 2010 年までの中国のアセアン進出に対しては、阻止や牽制などの言動がみられなかった。そして東アジア経済統合におけるアセアン・中国の主軸の確立と日本のリーダーシップの可能性の消失に伴って、日本の東アジア地域統合への関与にも反対しなくなった。

　2009 年から、米国は独自にアセアンの TAC に加盟した上、アセアン・米国首脳会議をアセアンに提案した[67]。米国は中国のアセアン政策とそのパフォーマンスから、アセアン＋1 こそ東アジア地域での存在感を維持・強化することができることを確認し、中国方式を取ることにしたと思われる。

　ただし、第 1 章でふれたように、2010 年 7 月、ヒラリー・クリントン（Hillary Rodham Clinton）国務長官は、南シナ海問題を国際イシュー化し、前年のオバマ（Barack Obama）訪中による米中協調外交を米中対立外交へと外交戦の狼煙をあげた。そしてつい翌年 11 月、オバマ大統領は中国を相手とする「アジア太平洋リバランス」政策を宣言して米中対立の外交へ舵を切った。この年に米国は東アジア首脳会議への参加をも表明し、2011 年に米ロとも東アジア首脳会議

---

65)『日本経済新聞』2009 年 10 月 11 日、25 日、26 日。
66)　趙宏偉「福田外交とワシントン・北京からの求愛」2007 年 11 月 1 日、http://www.erina.or.jp/jp/Appear/opinion/2007/China/zhao.htm。趙宏偉「北京で『小沢政局』が議論される」中国研究所編『中国研究月報』2009 年 4 月号。
67)　同上紙、2009 年 10 月 25 日。

のメンバーになった。

　こうした米国外交から、再び日本外交を眺めてみると、2010年までの東アジア地域統合における日本の対中牽制外交は、米国の意思に従ってのものではなく、日本自ら進めてきた外交であることが分かる。

おわりに

　以上のような2010年までの東アジア地域統合における中華復興の外交と日中のわたりあいのプロセスから、次のような日中それぞれの外交行動パターンが析出される。

　まず、日中それぞれの基本たる外交行動パターンについて、中国外交は、自らの国益認識に基づく戦略理念（ドクトリン）を講じ、戦略目標や外交原則をしっかりと定め、また強力に進めることが特徴である。

　対して日本外交の場合、とりわけ東アジア地域統合における外交は、他国（米国）との同盟への従属、他国（中国）の行動への牽制に終始し、東アジア地域統合における日本自らの国益認識、またそれに基づく戦略理念と戦略目標についての思考、決定、執行がみられず、自らのリーダーシップやイニシアチブを追求することももちろんなかった。日中、それに世界のメディアはよく東アジアにおける日中の競い合い、わたりあいを書き立てるが、実際は、日本は一貫して東アジアにおける自らのリーダーシップを断りながら、中国外交に対する「牽制外交」を行ってきただけであり、つまり日中のリーダーシップの競争は、実際には存在していなかった。このような日本外交は、東アジア地域統合において「物作り」をするというより、「物作り」をしない、その上他人にもやらせない、いわば「不作為外交」というものであり、結果的に東アジア地域統合のプロセスを牽制してきたことになり、日本の東アジアにおける地位の低下、アセアン諸国からの不満、不信を招いた。

　日本外交の「不作為」ないし「無戦略」に反論して、価値観外交や日米豪印連携や自由と繁栄の弧などを日本の外交戦略として論じる文字が多くあるが、実現の可能性のない幻想のようなものであり、外交戦略にはならない。

　次に、外交における非利益動機の面について考えてみる。

第2章　地域大国外交の主戦場・東アジア地域統合（1990〜2010年）

　江沢民時代以来の中華復興の外交及びその外交行動パターンは、近代以前の朝貢文化に遡る伝統的な大国行動パターンに色濃く染まり、その１つとして「兄分外交」と名付けることができよう。それは周辺における敵対政府の存在を容認せず、時々「懲罰外交」を講じるが、「弟分国」には「譲利外交」（利益を譲る）を施すことを特徴とする。

　日本の場合、「同盟従属外交」、また前者を要因の１つとする「不作為外交」は、日米同盟を最高価値とし、それに努める中でついに「今までややもすると米国に依存しすぎていた」（鳩山由紀夫首相）ことになったりする[68]。

　なお、「牽制外交」と「拡散外交」は、日本の国益というより、嫌中という感情上の好悪に基づくところが大きい。「牽制外交」と「拡散外交」から派生する「価値観外交」「日米豪印連携」「自由と繁栄の弧」「日本・アセアン・インドライン」などは、それにおける実現や国益などが見込めなくても、「毅然として」「頑張った」、「力尽き」て「桜が散った」といった哀情の美意識に満足感を得る。こういう感情的な「好悪外交」「桜外交」あるいは「サムライ外交」も日本の外交行動パターンである。

　「同盟従属外交」のアンチテーゼとしての「アジア主義外交」も、日本外交の１つの行動パターンだといえる。榊原英資、田中均等の「アジア派官僚」、宮沢喜一、福田康夫、鳩山由紀夫等アジア重視の政治家は、機会があればIMF（国際通貨基金）のアジア版「AMF」、日中韓FTA、東アジア共同体の構築に努めていた。

　この時期の米国の東アジア外交は、東アジアにおける日本のリーダーシップに反対したが、中国のそれへの反対はみられなかった。米国外交は大国として「大国の掟」に従うという面がある。いわゆる「大国の掟」は、パワー・シェアリングの相手として認め合い、周辺利益を認め合い、相手の周辺に敵対勢力を作ったり支持したりしないということである[69]。中華人民共和国成立時にあった「トルーマン声明」「アチソン・ライン」は、日本からフィリピンへという朝鮮半島、台湾、インドシナを除外した安全保障ラインを発表した。それは中ソ同盟の成立によってすぐにも米国より反故にされたが、ニクソン訪中の1972年から、米国は台湾、インドシナからの撤兵を約束・実行し、アチソン・

68) 同上紙夕刊、2009年10月10日。
69) 趙宏偉「東アジア地域間の融合と相克における中国の外交」『現代中国』日本現代中国学会誌第79号、2005年、18頁。

ラインに回帰するような行動を取った。そして 2003 年から「北朝鮮核問題六カ国協議」という形で中国に朝鮮半島及び東北アジア問題の主導権をもたせた。当時、中国にとって日本の小泉政権と台湾の陳水扁(ちんすいへん)政権は、周辺に存在する敵対政権であったが、米国は両政権の反中政策を支持せず、むしろそれを抑止してきた。2010 年まで、米中は大国関係の掟の尊重を礎に戦略的な関係を構築していた。

　総じてみると、外交は国益認識だけではなく、文化、文明の伝承からも影響される。すなわち、国益の視点だけではなく、文化、文明の視点からの外交行動パターンの分析も求められよう。

第 3 章

東北アジア集団協力メカニズムと北朝鮮核問題六カ国協議（2002年〜）

はじめに

　中国は上海協力機構、東アジア地域統合に続き、2002年からのジュニア・ブッシュ（George Walker Bush）米大統領の要請を受けて3つ目の地域集団協力メカニズム・東北アジアの集団協力メカニズムを2003年から取り組むことにした。そして、前2者と異なり、東北アジアの枠組みには米国を含む。中国、米国、韓国、北朝鮮、日本、ロシアは東北アジア集団協力メカニズムの想定メンバーである。東北アジアはかつての狭義の東アジアであり、中国にとっては、北京や上海を含む政治・経済・文化の中心が位置する最重要地域といっても過言ではない国際地域である。

　東北アジア地域秩序は、集団協力メカニズムの不在と安全保障の対立を特徴とする無秩序という秩序のようなものである。東北アジアは第2次世界大戦後から今日に至るまで、集団協力メカニズムを打ち立ててこなかった数少ない国際地域の1つであり、それがゆえに不安定であり続けている。

　東北アジアにおいては、集団協力体制形成の動きがなかったわけではない。早くは終戦前後にも、戦後の東北アジア集団協力メカニズムの形成についてさまざまな模索がみられたが、いずれも結実しなかった。その後1970年代からいくつかの動きがあったが、1990年代に北朝鮮核問題が浮上するのと並行して地域集団協力メカニズムの構築が再提起された。そして2003年前後に、北朝鮮核問題をテーマ、もしくは「口実」とする「六カ国協議」のプロセスが始まり、ほどなく各国の高官の間でその枠組みの恒久化、地域集団協力メカニズムへの発展が議論されはじめた。この時点から、東北アジア集団協力メカニズ

ムの構築の本格化が始まったということができる。しかし、六カ国協議枠組みの恒久化や東北アジア集団協力メカニズムの形成については、2019年現在も形がみえるような進展があったとはいえない。

そもそも、東北アジア集団協力メカニズムの構築は日本にとって、国益にかなうのか、日米同盟の相対化をもたらすのではないか、結局どのような東北アジア秩序が地域の平和と発展に資するのか。こういった問いは、日本にとってまさしく国家の基本問題であろう。

1990年代から、北朝鮮核問題、六カ国協議、安全保障、及び東北アジア開発、環日本海圏開発などについて、個別テーマの研究が盛んに行われたが、国内外のこういった研究は、東北アジア集団協力メカニズムの構築という課題に直接問うものではなかった。本章は東北アジア集団協力メカニズムの構築についての歴史像を解明し、現在像を示し、将来像を見通すことを目指す。具体的には、東北アジア集団協力メカニズムの形成の停滞と地域の不安定を問題意識にもち、その前史を踏まえた上、重点的に2002年以来の政治・外交過程を解明し、その政治・外交過程におけるダイナミズムとメカニズムを分析し、東北アジア集団協力メカニズムの形成の必要条件を究明して、地域の平和と発展の道を探ってみたい。

I　前史・大国間のパワー・シェアリング

東北アジアは、朝鮮半島を除いて日中露米といった大国が隣り合わせる国際地域である。大国間の利益調整、いわばパワー・シェアリングは、東北アジア集団協力メカニズムの形成にとって、より重要度と困難度を増し、複雑な政治・外交過程を示してきた。国際関係史上、大国が隣り合う国際地域は、かつての欧州もその1つに数えられ、2回の世界大戦を含めて幾百年間の戦乱の末、パワーの争いから今日のような平和と繁栄の共同体という地域集団協力のメカニズムに辿り着いた。いわゆるパワー・シェアリングは、大国が互いに国益をすり合わせて認めあうことであり、そのデッドライン、その破ってはならない「大国の掟」[1]は、大国が周辺をもち、その周辺に他の大国が敵対勢力を作ったり、

---
1) 本書第8章を参照。

第 3 章　東北アジア集団協力メカニズムと北朝鮮核問題六カ国協議（2002 年～）

支持したりはしないことである。さもなければ、戦争まで起こり得る。

1 回目の外交プロセス

　東北アジア集団協力メカニズムの構築の前史は、1920 年代初頭に遡られ、初めての外交プロセスがみられた。当時米国主導のワシントン会議で、四カ国条約や九カ国条約等が結ばれ、日英同盟が解消されて、ワシントン体制たるものが確立された。ワシントン体制は、第 1 次世界大戦後、東北アジアにおける日本パワーの突出、英パワーの低下と米パワーの上昇、および中国の大国復活への追求といった要素を織り込んだ上で、行われた大国間のパワー・シェアリングの結果であり、そして主に日本パワーを幾分抑制するための地域秩序であった。しかし、ワシントン体制は 1931 年からの日本の中国侵攻によって、早くも破綻した。複数の大国が隣り合わせる東北アジアでは、一国が覇権を求めると、集団協力メカニズムが成り立たなくなることが裏付けられた。

2 回目の外交プロセス

　第 2 次世界大戦後の東北アジア秩序を睨んだ米英と中華民国の同盟（カイロ会議）や米ソ英と中華民国の協調（ヤルタ会談）についての取り組みは、歴史上 2 回目の外交プロセスとして数えられるが、冷戦の開始と共産党中国の成立によって実ることはなかった。

3 回目の外交プロセス

　3 回目の外交プロセスは、1950 年前後、新生共産党中国に対応して発生した大国間のパワー・シェアリングである。ソ連崩壊後に公開された秘密文書である『ソ連文書』によると、スターリン（Joseph Stalin）ソ連は、早くも中国共産党（以下は「中共」）による中国の統一、来る大国化を見込んで、毛沢東にパワー・シェアリングを持ち掛けた。中ソ両党は 1949 年 1 月から 8 月まで密な交渉を繰り広げ、新中ソ関係にまつわる全課題を決めた。その中でソ連は社会主義国際主義の名の下で中国に外蒙古を除く東アジア地域における指導的地位を譲った[2)]。スターリンは訪ソに招かれた中共ナンバー 2 の劉少奇に、世界革命の問題に

---

2) 下斗米伸夫「戦後ソ連の東北アジア政策――アジア冷戦への一試論」法政大学法学志林協会編『法学志林』第 100 巻第 2 号、2003 年 2 月、27-61 頁。参照：沈志華『冷戦的起源――戦後ソ連対外政策及其転変』九州出版社（中国）2013 年 209-227 頁。下斗米伸夫『アジア冷戦史』中央公論新社 2004 年。趙宏偉「東アジア地域間の融合と相克における中国の外交」日本現代中国学会 2005 年度年報《現代中国》2006 年、15-37 頁。中共中央文献研究室、中央档案館編『建国以来劉少奇文稿』中央文献出版社、第 1 冊 56 頁。毛里和子『現代中国外交』岩波書店、2018 年、19-21 頁。

ついて両党は相談するが、ソ連は西方、中共は東方諸国の共産党に対する指導をそれぞれ担当するという役割分担の方針を伝えた。

その1カ月前の6月、中共首脳は南京に駐在しているスチュアート米大使からの北京訪問の申し入れを許可し、柔軟な外交姿勢を示した。結局、両者の接触は、米国国務省が禁止したことにより、実現はみなかった[3]。中共は社会主義の中国を建設する方針であり、それに米国との敵対関係の緩和も望めないため、ソ連を中心とする社会主義陣営に加わることが国際関係上唯一の選択肢であった。毛沢東は7月にソ連への「一辺倒」を新中国の対外基本政策として宣言して、ソ連をはじめとする社会主義陣営に属することを表明した[4]。そして50年2月に中ソは軍事同盟の取り決めを含んだ「中ソ友好同盟相互援助条約」を締結した[5]。

他方、遅きに1950年1月、トルーマン（Harry S. Truman）米大統領も、先のスターリンと同様に大国中国の出現を受けとめて中国にパワー・シェアリングを持ち掛けた。1月5日、トルーマンは台湾問題に対し、いかなる介入をも行わないという旨の大統領声明を発表し、1週間後（1月12日）、アチソン（Dean Gooderham Acheson）米国務長官は「アチソン・ライン」と呼ばれるアジア・太平洋における米国の防衛線を発表した。その防衛線は、アリューシャン列島から日本へ伸び、さらに琉球諸島に至り、フィリピン諸島に連なっていくラインであった[6]。朝鮮半島、台湾、インドシナといったシナ海域が、この防衛線に含まれなかった。アチソン・ラインは、米国がかつてカイロ宣言で認めた東アジアにおける中国の大国地位を再確認するものであったといえる。

しかし、翌月「中ソ友好同盟相互援助条約」が締結され、それは米国の目に中国が自主独立の大国というより、ソ連の周辺国に成り下がったと映ったのであろう。米国政界、学界では、中国が独立国、それともソ連の衛星国であるかとの論争が起こり、後者の主張が支配的な論調であった。米政府は台湾と朝鮮半島がソ連の勢力範囲に入ることを危惧し、「トルーマン声明」と「アチソン・

---

3) 中国外交部外交史編集室編『新中国外交風雲——中国外交官回憶録』、世界知識出版社、1990年、29-30頁。
4) 毛沢東「人民民主主義独裁論」（1949年7月1日）。毛里和子・国分良成『現代中国史・政治・上』岩波書店、1995年、30-32頁。
5) 太田勝洪・朱建栄編『原典中国現代史・外交』岩波書店、45-48頁。
6) 太田勝洪・朱建栄編1995年、50頁。日本国際問題研究所中国部会編『新中国資料集成』第3巻、36頁。

第 3 章　東北アジア集団協力メカニズムと北朝鮮核問題六カ国協議（2002 年〜）

ライン」に示された対中パワー・シェアリング政策も揺れるようになった 7)。

　中ソ朝は、相変わらず「トルーマン声明」と「アチソン・ライン」の有効性を信じ、米国が中国統一と朝鮮統一に介入しないと受け止めていた。1950 年 5 月、金日成(キムイルソン)は訪ソしてスターリンに自力で「祖国統一戦争」を行うので同意してほしいと求めた。スターリン・ソ連指導部は「朝鮮同志の計画に反対する理由はない」8) と認識しながら、毛沢東の同意が条件だと伝えた。前述のように、スターリンはすでに中共とパワー・シェアリングして東アジア革命の指導権を譲った。金日成は北京へ毛沢東に訪ね、毛沢東はスターリンに確認した上、同意した 9)。

　ところが、1950 年 6 月 25 日朝鮮戦争が勃発すると、米国は韓国への支援措置を直ちに取り、さらに、トルーマン大統領は 6 月 27 日の声明の中で台湾海峡に第 7 艦隊を派遣し、「台湾に対するどのような攻撃をも阻止する」と命じた 10)。

　米軍の参戦によって北朝鮮側が敗退し続けている中、中ソは参戦それとも放棄、様々な選択肢に検討を重ねた。後世の研究者や評論家の多くは、往々にしてスターリンや毛沢東等中ソの指導者に対し、政策検討中における時々の主張を引いて参戦派それとも不戦派とレッテルを貼ろうとするが、政策過程における最終決定こそ決定的な根拠になる。とりわけ、スターリンは空軍をもたない中国軍を援護するためのソ連空軍の参戦により、米ソ開戦で第 3 次世界大戦を誘発する可能性に終始苦慮し、それに三度の世界大戦が全世界から反対されるだけではなく、戦後の経済困難期にあって無理を押しても東欧や中国等の新社会主義国に大規模な経済援助を施しているソ連には、さらに世界大戦を戦う余力もない。10 月 11 日、スターリンはモスクワに来ている周恩来(しゅうおんらい)、林彪(りんぴょう)と検討を重ねた末に、周恩来との連署で「朝鮮を放棄してもよい」11) という趣旨の電報を毛沢東に送った。「連署」は周が自身でスターリンの最終決断を毛沢東に

---

7) 陶文編『美国対華政策文件集・第 2 巻・上』世界知識出版社（北京）、2004 年、1-43 頁。
8) ニキータ・セルゲーエヴィチ・フルシチョフ（タイムライフブックス編集部訳）『フルシチョフ回想録』タイムライフインターナショナル、1972 年、372-376 頁。
9) 沈志華『毛沢東・スターリンと朝鮮戦争』広東人民出版社、2004 年、190-193 頁。朱建栄『毛沢東の朝鮮戦争』岩波現代文庫、2004 年（単行本版、1991 年）、53-61 頁。
10) 太田勝洪・朱建栄編、前掲書 53 頁。
11) 沈志華、前掲書 240、244 頁。朱建栄、前掲書、336、345-352 頁。

伝えることの重責に恐れがあったためであろう。スターリンはまた、北朝鮮の金日成に中国領内への撤退をすすめる電報を送信した。

「ソ連は大国間バランスを中心に考え、中国は自国への脅威を重視した」[12]。毛沢東からは隔日の10月13日に「朝鮮戦争参戦電報」をスターリンと周恩来にそれぞれ送られた。毛電報はスターリン・周恩来電報への返電ではなく、相談という語気でもなく、自らの参戦決定を一方的にスターリンに通告するものであったと見られる[13]。毛沢東はソ連から譲り受けたばかりの指導地域の喪失、ましてやその大国意識から周辺における敵対国の存在、増加を容認することはできなかったと思われる。なお、中共党内では、毛沢東に朝鮮統一と台湾解放、劉少奇にベトナム独立戦争という指導責任の分担もあったと見られる[14]。それに、リーダー個人という要素も働いた。百戦百勝を自負する軍事家としての毛沢東は、むしろ米軍に挑むことに意気込み、「必勝」を狙い、後継者とみられる長男である毛岸英(もうがんえい)を朝鮮戦場に赴かせたことに表されたように、毛は戦勝しか考えていなかった[15]。ところが、毛岸英は11月25日に北朝鮮に設置されている中国人民志願軍総司令部(参戦の中国軍は「志願軍(義勇軍)」に名乗っていた)で、米軍による空爆に遭遇して戦死した。この日は中国軍が三十八度線までの北朝鮮を奪還した日でもあった。

スターリンはソ連空軍の参戦を拒否したわけではなく、参戦準備として1950年8月から12月まで、13の空軍師団を中国に派遣し、東北地域に主力を布陣しつつ、米中の直接戦争の可能性にも備えて東シナ海と南シナ海沿岸まで

---

12) 朱建栄、前掲書、360頁。
13) 『建国以来毛沢東文稿第1冊』中国人民出版社、556頁。朱建栄、前掲書、353-357、447頁。
14) 劉源『漫憶父劉少奇　与国防、軍事、軍隊』人民出版社、2018年。銭江『中国軍事顧問団赴越南征戦記』河南人民出版社、1992年、1-120頁。
15) 沈志華、前掲書236頁。筆者の見聞：朝鮮戦争の参加者である筆者の父趙金龍、母劉敏の語り：1950年5月、海南島解放戦役が終わった直後、休むこともなく、所属の解放軍第40軍は陸海両路から、中朝国境の遼寧省安東市(現丹東市)へ万里進軍をした。第40軍は1年半前に東北の遼寧省から進軍して海南島まで戦ってきたのである。毛沢東は金日成に朝鮮戦争への同意を出してからすぐにも参戦の備えに、数十万の兵力を中朝国境に結集させた。
　趙金龍と劉敏は8月に安東市で結婚式を挙げた。民間人の親戚からは戦争が終わってから結婚するものだと言われ、ようは夫婦だと一人が戦死したらまずいぞという。趙と劉は何それ、長年も戦ってきたもの、次も勝つと決まっているという思いであった。
　戦争を長年日常茶飯事としてきた軍人の感覚と士気、もちろんその統帥である毛沢東の戦争意識は、常識では語られないものであろう。10月19日、第40軍は第1陣として朝鮮戦争に突入、53年に休戦、趙と劉は帰国、54年に筆者が生まれた。

第 3 章　東北アジア集団協力メカニズムと北朝鮮核問題六カ国協議（2002 年〜）

も中国の対米防空のために配置した。そして 10 月 25 日に中国軍が参戦した後、戦争が朝鮮半島に限定されて米ソによる世界大戦に発展することはないことを見通したところ、7 日後の 11 月 1 日にも、ソ連空軍は中国軍を名乗って大規模に参戦し、当日 B29 を撃墜した[16]。米ソ空軍は朝鮮戦場で 3 年間も戦ったが、両国ともその事実を秘密にしていて、世論や政争からの煽りによる米ソ戦争、第 3 次世界大戦へのエスカレードの回避に努めた。朝鮮戦争は実質上、米中の戦争というより、米とその同盟国対中ソの世界戦争であった。

ちなみに 1965 〜 69 年、中国は英国を通して米国に通告した上、北ベトナムに延べ 32 万人の防空・工兵部隊を派遣したが、米中も中国軍のベトナム戦争参戦を秘密にしていた[17]。今日のネット社会では、到底あり得ないものであろう。朝鮮戦場で戦死したソ連軍パイロットは、ヒーローとしての帰郷ではなく、中国大連市にあるソ連軍墓地に埋葬され、202 名を数える。

朝鮮戦争は東アジアにおける北朝鮮と韓国、中国と台湾といった国家分断の長期化、冷戦構造の形成、今日に至る東アジア安全保障における朝鮮半島問題と台湾問題をもたらした。後の 1960 年代に米国は、ベトナムの国家分断をも狙い、ベトナム戦争に介入したが、失敗に終わった[18]。

パワー・シェアリングにおける 3 回目の外交プロセスは、戦争プロセスに発展し、それは前述の周辺権益における大国の掟のデッドラインの存在を裏付けたといえよう。中国の戦争はすべてこのデッドラインでの戦いであったといえる。

スターリン死後、1950 年代半ばから、毛沢東はソ連と共産主義運動の主導権を争い、それは実質上大国間のパワー争いになり、中ソ関係の敵対化をもたらした[19]。

---

16) 朱建栄、前掲書、346-348 頁。温鉄軍、華山「抗美援朝戦争中的中蘇空軍的戦略作用」『航空知識』（中国）2018 年 11 月号、1-10 頁。王海（抗米援朝戦闘英雄、元中国空軍司令官）『我的戦闘生涯』中共中央文献出版社、2000 年を参照。
17) 趙宏偉他『中国外交史』東京大学出版会、2017 年、第 3 章を参照。
18) 同上を参照。
19) 同上の他、左鳳栄「中蘇同盟破裂原因析」中国中俄関係史研究会編『中俄関係的歴史與現実』河南大学出版社、2004 年、543-556 頁。李丹慧編著『北京与莫斯科：従聯盟走向対抗』広西師範大学出版社、2002 年、282-389 頁を参考。

97

4回目の外交プロセス

それは、1972年2月のニクソン（Richard Milhous Nixon）米大統領の訪中で始まった。ニクソンと毛沢東は、中国の周辺権益についてパワー・シェアリングを話し合い、日米同盟が反中同盟ではなくソ連による東アジアへの進出、及び日本パワーを抑制する役割を担っていること、日本の台湾への介入をさせないこと、インドシナと台湾から米軍が撤退すること、共同でソ連の脅威に対処することなどを申し合わせた[20]。「アチソン・ライン」の復活を匂わせるニクソン・毛沢東合意は「米中1972年体制」とも呼ぶことができ、米国が南シナ海問題に本格的に介入する2010年まで歴代米大統領に引き継がれた。

5回目の外交プロセス

中ソ和解のプロセスが始まった。鄧小平（とうしょうへい）時代に、中国は1982年に「独立自主外交」を宣言した[21]。鄧小平の大国外交は、毛沢東時代の単の米中連携による反ソ外交ではなく、中ソ関係の正常化をも取り組むこととした。

その前の1979年2月に、鄧小平は自身がいう「ベトナム懲罰戦争」[22]を敢行した。ソ連とベトナムは、1978年11月に「もし一方が攻撃の対象になった場合には、ソ連とベトナムは、この脅威を排除し、平和と両国の安全の保障のために然るべき効果的な措置を講ずる目的で協議を開始する」[23]という軍事同盟条項を含む「ソ越友好条約」を締結したが、鄧小平としては、敢えて挑戦状を叩きつけた。結局、ベトナムからの支援要請に対し、ソ連は条約上に軍事規定があるわけではないと返事し、軍事行動をとらなかった。そこで鄧小平は、ソ連が中国に敵対する意思がないことを確認することができ、ソ連への不信感を解けたと思われる[24]。同年9月18日に鄧小平は、来訪のニクソン元米大統領との会見の席で、中ソ和解について、後に名付けられた「鄧小平3条件」を

---

[20] 毛里和子・毛里興三郎訳『ニクソン訪中秘密会談録』名古屋大学出版会2001年初版2016年増補版 7-8, 48-49, 102-103 頁。
[21] 中共中央文献研究室『鄧小平年譜 1975〜1997・上下』中央文献出版社、2004年、557、851、926 頁。
[22] J・カーター（日高義樹監修、持田直武・平野次郎・植田樹・寺内正義訳）『カーター回顧録』上、NHK出版、1982年、316-318、329-333 頁。
[23] 小笠原正明『外国学研究XI』興文社、1980年、38 頁。
[24] 筆者の見聞：父の趙金龍は1969年の中ソ国境衝突時にも、79年の中越国境戦争時にも、ソ連からの侵攻に防御するために瀋陽軍区の前線司令部メンバーとして軍隊を率いて黒龍江省に集結した。79年にはソ連軍がまったく動かなかった。当時、米国からも中国に同様な情報を提供してきたそうである。

初めて明言した。中ソ和解は、ゴルバチョフ（Mikhail Sergeevich Gorbachev）大統領が「中ソ国境とモンゴルからの撤兵、アフガニスタンからの撤兵、ベトナムの反中国政策を支持しないこと」という「鄧小平3条件」を了とし、モンゴルや後に独立した中央アジア諸国を含むあたりを実質上中ソ共同の周辺として認めたことで、1989年に実現された[25]。

このように、1989年の時点に東北アジアにおける米中ソのパワー・シェアリングは、大枠上完了した。

ところが、1990年代に東北アジア集団協力メカニズムの形成は、依然として進展がみられない。パワー・シェリングの完了のほかに、集団協力メカニズムの形成は、大国による明確な意志と努力が必要であり、この時期に米国はその意志と努力を欠いた。

東北アジアにおいて、1992年から北朝鮮による核開発が問題視されるようになったが、米国は単独で北朝鮮と交渉する方針を取った。李　鐘元（リージョンウォン）は戦後から1990年代半ばまで東アジア地域秩序の形成に対する米国の政策を体系的に研究し、米国が基本的に「単独主義に傾き」「一貫して消極姿勢に終始した」と結論付けた[26]。米国は日韓と別々に二国間同盟を結び、場当たりに東北アジアの有事に応対してきた。

この時期に、中国は地域集団主義に目覚め、主導して1996年にロシアと「上海ファイブ」を創立し、後の2001年に「上海協力機構」へと発展させていった。また、積極的にアプローチして中国・アセアンを主軸とする東アジア地域統合の構築を前進させていった。

II　始動・東北アジアの地域主義と北朝鮮核問題

1　地域主義の機運と「米朝枠組み合意」

超大国を頼りとする場当たりの有事対応という消極的な安全保障に相対して、

---

25)「ゴルバチョフ・ソ連書記長のウラジオストク演説（1986年7月28日）」『極東の諸問題』ナウカ発行、第16巻第2号、23、29頁。毛里和子、前掲書、170頁。
26) 李鐘元「戦後東アジアの地域主義の形成に対する米国の政策に関する研究」（平成7度～平成8年度科学研究費基盤研究（C）07620048）成果報告書」、国会図書館所蔵、1頁。同『東アジア冷戦と韓米日関係』東京大学出版会、1996年を参考に。

地域全員の協力という多国主義、経済や文化を含む全分野という多領域主義を包括する東北アジア地域主義の機運、地域主義に立脚する積極的な集団協力メカニズムの形成、積極的な平和の創出という機運は、冷戦の終焉と共に醸成されていった。

はじめは、1990年前後から日本は、経済分野を中心に地域主義の機運の醸成をリードしていた。「環日本海経済圏」は、大々的に持ち上げられ、1992年に経済企画庁が『環日本海時代と地域の活性化』の研究成果を公表したほどであった[27]。

また、国連開発計画（UNDP）は音頭を取り、1992年に中国、北朝鮮、ロシア、韓国、モンゴルの次官級委員会を立ち上げて、中国、ロシア、北朝鮮の3カ国が接する約620平方キロメートルの豆満江デルタを経済特区として開発し、世界第2の港まで作る構想をまとめあげた。国連の豆満江デルタ開発計画事務局は、北京に設置された。

ところが、同じ時期に北朝鮮核開発問題は発覚した。米国は単独で北朝鮮と交渉を重ねて、1994年10月に北朝鮮が核開発を凍結し後に解体すること、その代わりに米日韓が北朝鮮に原子力発電所を無償で2基建設すること、米朝の政治的経済的関係の完全な正常化への追求を内容とする「米朝枠組み合意」をまとめあげた[28]。合意を受けてKEDO（朝鮮半島エネルギー開発機構）は、翌95年3月に設立された。

しかし、その後建設工事がのろのろと進んでいる内、2002年10月、北朝鮮がウラン濃縮を進めていることを認めたことで、核兵器開発の疑惑は、再び深刻化し、工事の停止（2003年12月）、終了（2006年5月）は決定されていき、「米朝枠組み合意」は破綻した。

2　6回目の外交プロセスと六カ国協議

ジョージ・W・ブッシュ大統領は2002年10月に、訪米中の江沢民中国主席に北朝鮮核開発問題の交渉への参加を初めて求めた[29]。米国は単独での対北

---

[27] 経済企画庁編『環日本海時代と地域の活性化』1992年。
[28] 『日本経済新聞』1994年10月22日。
[29] ジョージ・W・ブッシュ『決断のとき（Decision Points）』日本経済新聞社、2011年、下巻296-298頁。

第 3 章　東北アジア集団協力メカニズムと北朝鮮核問題六カ国協議（2002 年〜）

朝鮮交渉の政策をやめ、米中日露と韓国からなる六カ国協議という多国間の交渉へと政策をチェンジした[30]。ブッシュの回顧録によると「北朝鮮との多国間外交で鍵になるのは中国だ」と考えて、江沢民に米中が協力すれば「見事なチームになる」と北朝鮮核問題の交渉への参加を要請したが、江沢民は「米朝間の問題」として断った。ブッシュは続けて 2003 年 1 月と 2 月、2 度にわたり江沢民に「北朝鮮が核開発を続ければ、日本が核開発を目指すのを止められない」、「外交的に解決できなければ、軍事攻撃を検討せざるを得ない」と協力を迫り、ようやく江沢民から交渉参加の同意を得た。これまでの時期に、中国は上海協力機構とアセアン・中国協力メカニズムへの取り組みに主な外交資源を注いでいるため、東北アジアのことには消極的であったと思われる。

米朝交渉の失敗は、米朝間に存在する極度の相互不信と根強い敵対意識が基本的な原因である。北朝鮮は「安全の保証」や「米朝国交の樹立」という米国の約束を信じきれず、ひそかに核開発を続けていた。対して米国も「核開発の放棄」という北朝鮮からの約束を信用しておらず、また北朝鮮の体制に強い嫌悪感をもち、北朝鮮を「悪の枢軸」と呼ばわりするなど、度々体制批判をした。それに 21 世紀に入り、米国はアフガニスタンとイラクでのテロに対する戦争に忙殺し、一方で中国はパワーを蓄えてきた。北朝鮮問題を中国のリーダーシップに任せ、東北アジア地域の集団的協力という枠組みをもって北朝鮮を共同管理するという新しいアプローチは、成り行き的に米中間で合意されていったと思われる。

この 6 回目の外交プロセスは、ワシントン体制から数えると、2 回目の東北アジア集団協力メカニズムの構築への挑戦であった。

江沢民はブッシュからの要請を承諾して直ちに動き出し、2 カ月後の 2003 年 4 月にも、北京で米中朝の三カ国協議を開催した。そして 6 月に、中国外相は日中韓外相会議で、日韓も参加してほしいと要請した[31]。その 2 カ月後の 8 月に、第 1 回六カ国協議の開催に漕ぎ着けた。

メディア、学界は北朝鮮核問題そのものに注目してきたが、前述の 2002 年 10 月のブッシュ・江沢民会談の前後、六カ国協議をもって東北アジア集団協

---

30)　春原剛『米朝対立』日本経済新聞社、2004 年、407-431 頁。
31)　『東京新聞』2003 年 6 月 18 日。

力のメカニズムを構築するという構想と取り組みも始めて本格化し、これこそ画期的な変化であった。

早くも 2002 年 8 月 25 日、平壌で開かれた日朝外務省局長級協議の席で、田中均アジア太平洋局長は、東北アジアの安全保障を話し合う六カ国の協議枠組みの創設を初めて直接提案した[32]。田中はこのとき日本国首相の初訪朝に取り組んでおり、後に 2 度も訪朝した当の小泉純一郎首相による日朝問題の解決への意気込みは、将来の東北アジア集団協力メカニズムの形成を戦略上、視野におさめていたためであろう。小泉は 8 月 27 日に訪日中のアーミテージ（Richard Lee Armitage）米副国務長官に突然、訪朝することを通告して仰天させた[33]。9 月 17 日の小泉訪朝はブッシュの背中を最後の一押しをし、翌 10 月の江沢民への提案、六カ国枠組みへの政策転換に繋がったと思われる。

さらに遡っていくと、韓国側は 1970 年代から、野党指導者であった金大中前大統領は、六カ国で朝鮮半島問題を話し合う構想を唱え、1988 年に盧泰愚大統領は、国連演説で正式にそれを提案していた。当時、ソ連と国交のなかった韓国の代わりに、日本外務省東北アジア課長であった田中均は、ソ連を訪問し、感触を探ったことがあった。田中ら一部の日本外交官における東北アジア地域主義の意識は、この時期から強められたと思われる。1998 年に北朝鮮が中距離ミサイル・テポドンを発射した後、小渕恵三首相は、米中露韓に六カ国枠組みの実現を働きかけていた。2003 年 8 月に 1 回目の六カ国協議が開かれることになると、田中均は「冷戦後の朝鮮半島をみれば六カ国の枠組みは必然」と感慨深く語った[34]。前述のブッシュ大統領の政策転換は、日韓の意思を組んだものともいえよう。

米国は 2004 年 11 月にライス（Condoleezza Rice）大統領補佐官を中国に訪問させて「六カ国協議枠組みの恒久化」の提案を公式に示し、そして 20 日にチリの APEC 会議の場でのブッシュ・胡錦濤会談で議題とした。米国の提案は、①北朝鮮の核問題が決着した時点で六カ国協議の機能を拡充し、安保協議体に格上げする、② 1953 年の朝鮮戦争の停戦協定に代わる新たな多国間平和合意の

---

32)『日本経済新聞』2002 年 8 月 26 日。
33) 春原剛、前掲書、391 頁。
34)『日本経済新聞』2003 年 8 月 20 日。

第３章　東北アジア集団協力メカニズムと北朝鮮核問題六カ国協議（2002 年〜）

締結を目指すという内容であった[35]。米国は日韓露とも非公式に意見を交わし、賛同を得た。

　米国の提案に対し、中国は「地域の安定に役立つ構想は一般的に歓迎する」との姿勢を示した。実は、第 1 回六カ国協議が開かれた 2003 年 8 月から、中国の研究者は、すでに公に「東北アジアの国際関係にとっての戦後の最大の転換点」、「新しい地域安保システムが誕生すれば画期的である」、「中国は六カ国からなる東北アジア集団安全保障メカニズムの構築を目的としている」と書きたてた[36]。そして 2004 年の時点に、中国はすでに自前の経験モデルに沿って将来の東北アジア集団協力メカニズムの形成を構想・行動し始めた。

　当時、中国は周辺においてすでに上海協力機構と中国・アセアン集団協力メカニズムを作り上げた。その形成プロセスにみえる共通の取り組みの 1 つは、経済統合を図り、共通の利益基盤を厚くして固めるというものである。そしてそのための重要な施策として、その地域に隣接する中国の省都に毎年開催の地域博覧会を必ず作り、将来の地域の経済・文化ハブ都市に育てることとしている。上海協力機構に向け、2005 年に新疆の省都ウルムチ市で「中西南アジア経済協力フォーラム」、2007 年に「新疆カシュガル・南アジア・中央アジア商品交易会」、2011 年にウルムチ市で「中国・ユーラシア博覧会」に取り組んできたが、中国・アセアン集団協力メカニズムに向けては、2004 年に「中国・アセアン博覧会」を広西省の省都南寧市に設置し、後に最も成功を収めている博覧会に育てた。そこで、中国は東北アジア向けに、吉林省の省都長春市に「東北亜投資貿易博覧会」を作った。この博覧会は 2004 年に中国政府が決定し、2005 年に開催され、2019 年現在毎年開いてきた。

　このように、中国は上海協力機構ないし中国・アセアン集団協力メカニズムの場合と同様の 3 番目となる東北アジア集団協力メカニズムの形成を構想・行動しているわけである。それは安全保障問題、とりわけ北朝鮮核問題の取り組みからのスタートであったが、東北アジアにおける経済統合、安保・政治協力、文化交流を含む全面的な協力メカニズムを目指しているのである。そして中国にとっては、米国を包括することが、東北アジア集団協力枠組みの最大の特徴

---

35) 同上、2004 年 11 月 19 日。
36)『朝日新聞』2003 年 12 月 11 日。金熙徳「東北亜構築集体安全」『中文導報』2003 年 8 月 28 日。

であり、狙いでもあろう。当時、米国はアセアン＋日中韓枠組みに加わりにくく、中国はそれと別にアジアにおける米国の居場所を設けることが必要だと考えたのであろう。とりわけ六カ国枠組みの中での米中露三大国の信頼と協調の確立、さらにその中で起りうる米韓・米日同盟の相対化は、中国が望むものであろう。

III　東北アジア集団協力メカニズムの形成を目指す

六カ国協議は2003年8月27日〜29日の第1回会議に続き、2004年2月25日〜28日と6月23日〜26日に第2回と第3回会議をもち、そして2005年7月26日〜8月7日、9月13日〜19日に第4回会議でようやく基本合意に達して「六カ国協議共同声明」を発表した。その後、2005年11月9日〜11日、12月18日〜22日の第5回会議を開いてから、一年以上の中断があって2007年2月8日〜13日の第6回会議は「共同声明実施のための初期段階の措置」、2007年3月19日〜22日、7月18日〜22日（団長会議）、9月27日〜10月3日の長丁場の第7回会議で「共同声明実施のための第2段階の措置」を定めた。

六カ国協議は5年余りかけて、途中2006年10月の北朝鮮による初の核実験がもたらした危機を乗り越えて、ついに全面的な合意をまとめ上げた。それは北朝鮮がすべての核開発、核計画を放棄すること、対して米国が朝鮮半島に核兵器を置かず、北朝鮮への武力行使の意思がないことを約束すること、米朝がステップ対ステップで朝鮮半島の無核化と対北朝鮮支援及び米朝関係の正常化を対等で着実に実現させることなどを要点とするものである。続く08年に、これらの合意は実施に移された。6月に北朝鮮は核放棄の第2段階の柱である核計画申告を実施し、10月に米国は、約束通り北朝鮮に対するテロ支援国指定を解除し、あわせて、「対敵国通商法」の適用除外の手続きもとられた。

六カ国協議は、合意の完全履行のために、5つの作業部会を設け、朝鮮半島無核化部会、米朝関係正常化部会、日朝関係正常化部会、経済とエネルギー協力部会、東北アジア平和・安全メカニズム部会であった。第5部会の設置は、東北アジア集団協力メカニズムの結成が六カ国間の合意として国際協定をもって定められたことを示したものであり、歴史的な成果であった。今後、六カ国協議が存続する限り、東北アジア集団協力メカニズムの結成は、共同目標とし

第3章　東北アジア集団協力メカニズムと北朝鮮核問題六カ国協議（2002年〜）

て維持されることになる。

　2007年7月に中国がまとめ上げた六カ国協議団長会議の共同コミュニケによれば、①8月に各部会は会議を開いて、六カ国協議の関係合意の実施案を作り、②9月上旬に第6回六カ国協議第2ラウンド会議を開いて、実施のロードマップを制定し、③できるだけ早いうち、北京で六カ国外相会議を開いて東北アジア安全保障協力の方式を協議するとある。

　ロシアは第5部会の座長を手に入れ、7月末にも北京のロシア大使館で部会を開いた。筆者は9月にモスクワでその座長であるラフマーニン・ウラジーミル・O.（Vladimir Rakhmanin）ロシア北朝鮮核問題担当大使にインタビューした。彼は集団協力メカニズム作りについてのロシア提案が全員一致の賛成を得たと自慢した。筆者は「将来、東北アジア集団協力メカニズムの事務局がロシアに置かれることを望んでいますか」と単刀直入に聞いたが、彼は「ロシアなら北朝鮮も日本も、どの国も嫌がらないだろう」と答えた[37]。

　六カ国協議の外相会議の開催について、2008年6月にライス米国務長官は、訪日中、福田康夫首相に「六カ国協議を外相級に格上げし、東北アジア安保の発足を宣言したい」と申し入れた。ブッシュ大統領とライス国務長官は、任期満了前に、東北アジア集団協力メカニズムを形にして政権のレガシーとして残しておこうとしたと思われる。

IV　停滞・日米の消極化と北朝鮮の抵抗

1　日米の消極化

　前述のライス国務長官の提案に対し、日本は六カ国からなる東北アジア集団協力メカニズムの形成についての困惑を初めて表明した。日本には、田中均ら一部の外交官からの積極論がある一方、消極論や抵抗情緒も強い。

　メディアや政治家は、度々かつての日英同盟解消のトラウマを喧伝する。「日本は20世紀初め、当時の超大国である英国と二国間同盟を組み、辛うじて日露戦争を乗り切った。ところが同盟は約20年間で消滅、多国間安保の世界に

37）筆者が参加した第5回日ロ学術・報道関係者会議訪露団とラフマーニン・ウラジーミル・O.ロシア北朝鮮核問題担当大使とのディスカッション、2007年9月17日。

入った日本は、やがて孤立し、戦争に突き進み、中曽根康弘曰く：日英同盟の解消という結果が戦前の日本の失敗につながった。」いま、「米国にも多国間安保をアジアに築き、同盟義務の負担を軽くしたいとの思いが働く。」そこでライスに対し、福田康夫首相は「アジアの安保問題への対応は、日米同盟が基軸になるべきだ」と六カ国間安保に抵抗した。するとライスは「（日米）同盟には、指一本触れさせない」と約束した[38]。

　日本では、かつて1920年代初頭に四カ国条約や九カ国条約などによって、ワシントン体制が成立して日英同盟が解消されたことを負の記憶として語り継がれ、恐怖のトラウマとなっている。そのため、中国主導の六カ国協議や東北アジア集団協力メカニズムの形成が、日米同盟の相対化をもたらすのではないか、そもそもそれが日本の国益にかなうものなのか、逆に北朝鮮核問題の未解決が、日米同盟の維持にとって好都合ではないかといった意識が強く存在する。東北アジア集団協力メカニズムが、目指す脅威と危機のコントロール、及び平和と発展の六カ国関係の制度化は、日本の国益に叶うものであるが、日米同盟という古巣から未知の新天地への飛翔には、日本が不安感を強く抱いている。

　それから、10年目の2017年、福田元首相は「あのときの、またとないチャンスを逃した責任を感じる」と回顧して悔いを公に語った。「金正日総書記（故人）が、拉致を謝罪し、宣言に署名したのだから、当時はまじめに核放棄を考えたのだろうと思った。その後、拉致問題を巡る日本国内での北朝鮮への反発などから合意は実現には至らなかった。六カ国協議など、さまざま努力したが、今や核の脅威は現実のものとなってしまった。あのときの、またとないチャンスを逃した責任を感じる。今はもう一度、北朝鮮が核放棄を約束し、関係国が北朝鮮の復興に手を貸すという合意にもっていくことが望む」[39]。

　当時の中国国家主席胡錦濤は、国内外で指導力が弱いと評され、東北アジア集団協力メカニズムの構築においても言動がみられない。日本の消極化に、中国からの積極的な後押しもなく、ライスが断念したと考えられよう。

　結局、六カ国外相会議が開かれずに、ブッシュからオバマ（Barack Obama）へと政権交代され、米国は政策の再検討のサイクルに入っていった。その中で、

---

38)『日本経済新聞』2010年1月22日、12月27日。
39)『毎日新聞』2017年9月18日。

第3章　東北アジア集団協力メカニズムと北朝鮮核問題六カ国協議（2002年～）

米国は再び東北アジア集団協力メカニズムの構築と自身のアジアプレゼンスにおける利害関係に困惑するようになったようである。クリントン（William Jefferson "Bill" Clinton）時代に米国は、単独で北朝鮮と交渉して東北アジアにおける自らのプレゼンスを高めようとしたが、ブッシュは北朝鮮核問題を解決し、かつその後にも米国のプレゼンスを恒久的に保つ方策として、東北アジア集団協力メカニズムの構築を選択した。オバマはアジア・太平洋への回帰、中国のリーダーシップに対するリバランスを掲げて、東アジア首脳会議に参加し、東北アジアで日韓との2国間同盟の強化に努めたが、北朝鮮核問題への対策については「戦略的忍耐」と称して、「忍耐」以上の動きが8年間もみられなかった。米日韓では、北朝鮮からの核兵器の拡散を封じ込めば、北朝鮮核問題を解決しないままで北朝鮮を干させておく消極化策がむしろよい、その北朝鮮を脅威とし続けて日米と米韓同盟の存続と強化に対しむしろ有用であるという声が強くなっていった。オバマ政権以降、2019年現在、六カ国協議と関連活動がすべて停止状態にある。

2　北朝鮮の抵抗

米中が想定している六カ国会議の恒久化は、北朝鮮の核問題が決着した時点から成立するものであり、そこで北朝鮮による核開発の放棄が前提となるわけである。いい換えれば、北朝鮮には、東北アジア集団協力メカニズムの構築への拒否権を実質上もたせたのである。

当の北朝鮮は、一貫して米朝単独協議を求め、六カ国協議の枠組みに抵抗してきた。北朝鮮は2009年5月、2回目の核実験を敢行し、それに合わせて六カ国協議の消滅を宣言した。金正日は、オバマが六カ国協議に消極的な姿勢を示しながら新たな政策構想も示していない隙に突いてこの2回目の核実験を行い、核実験の初成功を得た。

六カ国協議、それが目指す大国を中心とする東北アジア集団協力メカニズムは、北朝鮮からみると、恒久的に閉じ込められて共同管理される恐怖の将来図を示すものであり、なんとか抵抗しなければならなかった。北朝鮮は、核をカードにもち、米日との関係正常化、米越・日越関係並みの関係の実現を条件に交換しようとし、これが北朝鮮の外交目的であろう。北朝鮮は建前上、国家安全

の保証や経済制裁の解除を正当な要求として主張しているが、ここ70年余り中国から（ソ/露からも）国家安全の保証を得ており、それに2千万人口の北朝鮮は、西側から受け入れてもらえていなくても、今まで中国からの援助で生きてこられたし、そして豊かになりたければ西側がなくても14億人口の中国に開放するだけでも十分足りる。したがって北朝鮮の真の狙いは、安全保障や経済発展を西側から得なければならないためというわけではなく、西側の受け入れをもって中国の影からの脱出、中国からの自立というものであろう[40]。

　ある北朝鮮外交官であった脱北者は、回顧録に中国からの援助が金王朝を延命させていると批判しながら、毎年の中国援助の増減に泣いたり笑ったりした外交官達の心労、物乞い同然の交渉に感じた屈辱を随所に綴っていた[41]。このような矛盾の心理は「物乞い心理」といえ、施主への嫌悪やいつかに金持ちになってみせる反抗心を交じるものである。

　北朝鮮はオバマ新政権が北朝鮮核問題を再検討している最中に、2009年4月5日に「テポドン2号」ミサイルを発射、5月25日に核実験に成功したと発表した。北朝鮮の狙いは、オバマ政権による取り組みの消極化を避け、米朝単独交渉の実現を迫ることにある。

　中国外交は、基本的に2つの原則を貫いてきた。1つは六カ国協議を最も有効な道とし、東北アジア集団協力メカニズムの構築を目指していくこと、もう1つは北朝鮮に対し内政不干渉を堅持して説得を唯一の手段とすることである。北朝鮮による2回目の核実験の後、日米韓露から北朝鮮抜きの「五カ国会合」の主張が出され、ソウルで5カ国の大使討論会が開かれて程永華中国大使も「高い関心をもっている」と表明したが、結局、中国は五カ国会合の構想を了としなかった。

　北朝鮮の生きる道については、ある元中国外交官によると、六カ国協議が始まる2003年前後にも、中国外交当局の中でベトナム化を北朝鮮のモデルとして議論していた。中国と陸続きという地政学的な条件は、ベトナムと北朝鮮が同様であり、両国は中国からの自立があっても敵対を続けることがありえない。

---

40) 趙宏偉「脱『中華帝国』目指す・日米との国交樹立模索」共同通信社配信「『北』核実験・識者が分析」、『新潟日報』など各地方紙掲載、2006年10月16日。

41) 高英煥（池田菊敏訳）『平壌25時 - 金王朝の内幕　元北朝鮮エリート外交官衝撃の告白』徳間書店、1992年。

第3章　東北アジア集団協力メカニズムと北朝鮮核問題六カ国協議（2002年〜）

したがって、中国は北朝鮮核問題の解決について時間がかかるが、内政不干渉を貫くべきとしている。前記の元外交官によると、一旦内政干渉を敢行してしまったら、韓国をはじめとする中小の周辺国から信用を無くしてしまい、中国脅威論が噴出してしまうから、決してやってはならないことである。

　2009年8月、中国政府は「中国図門（豆満）江区域協力開発企画綱要—長春市、吉林市、図門市を開発・開放先導区」を採択し、北朝鮮を含む豆満江区域の開発・開放の道をアピールした。

　この時期に、北朝鮮は金正日が病み、三男金正恩（キムジョンウン）を後継者に立てる政治プロセスが始められていた。時間が自分側にないと悟ったためか、2010年に金正日は、脱中国も脱六カ国協議もやめることにし、5月、8月、11年5月と1年のうちに3回も訪中し、金正恩を1回同行させて中国に紹介し、そして北朝鮮開発を中国の東北大開発にリングしてもらおうとし、合わせて2009年に退出した国連開発計画（UNDP）が主導する豆満江流域の開発計画にも復帰すると表明した。かつて2005年に中国は北朝鮮に、援助による北朝鮮大開発を提案していたが、北朝鮮もはじめに乗る気を示したものの、後に中国のプレゼンスの向上を警戒して退いてしまった。

　2010年10月に、北朝鮮は六カ国協議に復帰する準備ができたと公式に表明した。武大偉（ぶだいい）中国六カ国協議代表は、各国との調整に乗り出したが、オバマは前述の「戦略的忍耐」を政策として唱え、日韓と共同で北朝鮮からの無核化についての具体的な措置をみせなければ、会談に応じないと拒んだ。金正日は2011年12月17日心臓発作で急逝し、三男金正恩は後を受け継いだ。

IV　韓朝主導の新しいアプローチ

　2019年現在まで、東北アジア集団協力メカニズムにおける取り組みは、全て挫折したが、それは大国主導の百年挫折だと総括できよう。挫折の原因は下記の3点挙げられる。東北アジアに複数の大国が存在し、それに大国間のパワー・シェアリングや集団協力メカニズムへの意志が所詮多変かつ多様で折り合いが難しいこと、さらに諸大国がリスクを直接負う朝鮮半島の国ではないので、取り組みを放棄してもそれほどリスクを負わないからであろう。このよう

な東北アジアの国際関係における構造的ジレンマの中で、近年の事例としては、オバマが北朝鮮核問題を8年間も放棄したことがあげられよう。

そんな中で、日々厳しい敵対環境に直面している当事者の韓朝両国は、自ら道を探らなければならず、2017年から徐々に大国主導のアンチテーゼとして韓朝主導の流れが現れた。

北朝鮮の新しい指導者金正恩は、絶対的権力を築きながら、2013年5月に先代金正日の先軍路線を国防と経済の併進路線に転換した[42]が、まず核と米国を射程内に収めるICBM（大陸間弾道ミサイル）の開発を急ぎ、諸大国、とりわけ米国が無視できないほどの最強カードを手に入れることにした。北朝鮮は2013年2月、16年1月、16年9月、17年9月新たに4回核実験を敢行しながら、ICBMの実験を重ねて17年11月29日に「火星15号」の発射に成功した。そして18年4月20日の労働党中央委員会総会で「経済建設に総力を集中する」新路線を発表した[43]。

この間に、米国ではオバマからトランプ（Donald John Trump）への政権交代が行われ、オバマはトランプとの受け継ぎにおいて北朝鮮核問題を「米国にとって最も大きく最も危険な問題だ」とし[44]、自ずと自身の8年間にわたる「戦略的忍耐政策」の失敗を認めた。オバマは北朝鮮核脅威の利用を弄んで米日・米韓同盟の強化と統合を目論んできたが、北朝鮮の核とICBMの開発成功によって、米国もその射程内に収められる危機事態に直面することになった。ハワイでは、誤報による北朝鮮ミサイル攻撃を避難する騒ぎまで起こった[45]。

トランプ大統領は北朝鮮のICBMの廃棄を優先課題、米国土の脅威にならない北朝鮮の核兵器と中・短距離ミサイルの廃棄を今後の課題とするという低レベルの政策目標を設定した一方、他方最大限度の経済制裁と軍事恫喝をもって米朝和解、米韓軍事演習の停止、駐韓米軍の撤退までの最高条件とディールする作法を取った[46]。経済制裁は北朝鮮の対外経済の9割以上を握っている中国の協力が必要であり、トランプは中国との交渉を密にした。

42）『産経新聞』2016年5月10日。
43）『日本経済新聞』2018年6月5日。
44）『産経新聞』2018年6月14日。
45）https://www.bbc.com/japanese/42685367。
46）https://www.sankei.com/world/news/180614/wor1806140021-n1.html。

第3章　東北アジア集団協力メカニズムと北朝鮮核問題六カ国協議（2002年〜）

　習　近平中国は、周辺における運命共同体化をその「人類運命共同体建設」[47]
という世界戦略の優先課題とし、その中で朝鮮半島の安定化、進んで日本まで囲む東北アジア運命共同体の建設を周辺外交における最後の難関としている[48]。そのような外交を志している中国は、北朝鮮核問題がオバマ曰く「最も大きく最も危険な問題だ」と同等な認識を有し、中国にとっても核事故による汚染、核兵器による恫喝という高レベルの脅威である。中国はオバマが「戦略的忍耐」と称して北朝鮮核問題をただ米日・米韓同盟の強化による対中牽制に利用する政策に反対してきた。オバマはイラン核問題に対しドル使用の禁止まで最高レベルの金融制裁を課してイラン核問題協定の妥結を導いた（イランと米中露英仏独の協定）が、対北朝鮮には同等レベルの制裁を講じなかった。トランプがかつてのイラン制裁と同等レベルの制裁を提案して北朝鮮核問題の解決に本気に取り組む姿勢をみせたので、中国は支持することにした。米中が作成した2017年12月の国連安保理による最終の制裁決議は、北朝鮮の石油輸入の9割を禁止したが、それまでに、中国は北朝鮮に半世紀以上石油を無償援助してきた[49]。

　2017年というタイミングに韓国において、朴槿恵（パククネ）大統領の弾劾・罷免に伴う5月の臨時大統領選挙に、一貫して韓朝融和を唱える野党の文在寅（ムンジェイン）は、当選した。他方で11月29日のICBMの実験成功で最強カードを入手した金正恩は、米国との和解交渉に舵を切った。

　まず、金は元旦の辞で2月に予定される平昌オリンピックの参加、韓国との対話を表明した。文在寅は迷わずに応じて、金の妹が率いるハイレベルの交渉代表団を歓待し、恒例の米韓軍事演習をオリンピック期間中という理由で米国に中止を申し入れ、ついでに早速南北軍事ホットライン再開を宣言したことなど、いままでの同盟従属や同盟忖度の行動パターンが一変して、主導する外交を施しはじめた。その後、6月の金正恩・トランプのシンガポール会談までの米朝事前協議の中で、トランプが突然金との会談の中止を言い出した時、文はトランプに唯々諾々ではなく、訪米して「トランプ大統領が世界史的な大転換

47）本章第6章を参照。
48）趙宏偉「従東北亜集体安全保障及発展合作機制的挫折論東北亜運命共同体的構築」『第二次山東論壇論文集』山東論壇、2018年、111-117頁を参考に。
49）『毎日新聞』2017年12月24日。

の偉業を成し遂げると確信する」、「米朝首脳会談が予定通り開かれると確信する」と説得に努めた50)。文在寅韓国の主導する外交は、戦後以来画期的な出来事だといえる。

　文在寅・金正恩は4月、5月の2回の板門店首脳会談、9月の文の北朝鮮訪問を行い、何より9月に「歴史的な『板門店宣言』履行のための軍事分野合意書」51) を結んで「一切の敵対行為を全面中止する」を決めたことが実質上米韓同盟の地位を二次的なものに格下げし、平和協定の締結を米国に迫った。

　朝鮮戦争後、休戦協定は結ばれたが、平和協定はなく、朝鮮半島はいまだに国際法上、戦争状態にあるともいえる。六カ国協議の取り決めの1つは、休戦協定に取って代わる平和協定の締結であった。2018年6月12日、金正恩・トランプのシンガポール会談は、予定通り開かれ、朝鮮半島の非核化とICBMの廃棄、そして平和協定の締結に合意を得た。トランプは自らの偉大な功績として「もはや北朝鮮からの核の脅威は存在しない」、「米朝対話の継続中にウオー・ゲーム（米韓合同軍事演習）を中止する」、「（在韓米軍を）できるだけ早く外に出したい（韓国から撤退）」等を発言した52)。

　平和協定の締結は、朝鮮戦争の主役である米中韓朝、あるいは日露も加わって行われるものであり、東北アジア集団安保ないし平和協力のメカニズムの形成につながるものである。金はトランプとのシンガポール会談の前後、3月の初訪中後に5月、6月も訪中し、2019年2月のトランプとの2回目の首脳会談（2月27日、28日にベトナムで）の前、1月にも訪中した。2月のトランプ・金首脳会談は、成果が出ず、駆け引きのきびしさを物語ったが、交渉プロセスは中断していない。

　これまでの大国主導と異なる朝鮮半島の主人公である韓朝の主導という新しいアプローチは、東北アジア集団協力メカニズムの形成における大国の都合による恣意な中断が回避されることに期待される。東アジアでは成功例がすでにある。本書第2章が論述したアセアン主導による東アジア地域統合は、中小国の主導により、1990年から模索され、2019年まで約30年間中断することなく

---

50)『中央日報・日本語版』（韓国）2017年5月24日、https://japanese.joins.com/article/j_article.php?aid=241655。
51) https://www.thekoreanpolitics.com/news/articleView.html?idxno=2683
52)『産経新聞』2018年6月14日。

第 3 章　東北アジア集団協力メカニズムと北朝鮮核問題六カ国協議（2002 年～）

進み、今日に RCEP というアセアンと日中韓印豪ニュージーランドからなる広大な自由経済圏が交渉されるようになっている。なお、本書第 1 章が論述した上海ファイブから上海協力機構まで 20 数年間のプロセスも、有志国が中断することなく漸進していったことで、大きく育った成功例である。

おわりに

　六カ国協議は日韓が提起し、米国が決断して中国を説得して始められたものであり、そして北朝鮮核問題のためだけではなく、初めから東北アジア集団協力メカニズムの構築を目指すものである。集団協力メカニズムの形成における必要要件は、大国による確かな意志決定、大国間のパワー・シェアリングの成立、さらに想定メンバー全員の意思疎通と信頼醸成が基本である。中国は六カ国協議の座長を担うようになってから、度々日米の消極化や北朝鮮の抵抗に遭ったが、息長く追求し続けてきた。

　六カ国協議は 2009 年から 2019 年現在まで停止している。2018 年 3 月、金正恩は執政 8 年間の初外国訪問で訪中の中、彼としては初めての無核化及び六カ国協議への復帰を約束した。北朝鮮核問題の解決、そして東北アジア集団協力メカニズムの形成は、時間がかかるとしても六カ国協議の枠組みがその唯一の選択肢であり、なお、六カ国はすでに東北アジア集団協力メカニズムの枠組みを六カ国の署名協定をもって定めた。六カ国からなる東北アジア集団協力メカニズムへの道は、東北アジアの平和と発展にとって避けられない道であろう。ロシアは一貫して東北アジア集団協力メカニズムの構築に積極的である。米国は単独で北朝鮮核問題を解決する能力も気力もないが、北朝鮮核問題をそのまま放棄しておくこともできない。米国は東北アジア集団協力メカニズムの構築と米日・米韓同盟の維持の両立を追求していかざるを得なかろう。

　新たな希望としては、韓朝が 2017 年から主導権を意識的に取って、朝鮮半島の自主平和、進んで韓朝の自主平和統一を主体的に果敢に進めるようになっており、東北アジア集団安保ないし平和協力メカニズムの構築に新しい地平を開いていることがみられたことである。

第4章
日中ソ・露トライアングルにおける史的法則とメカニズム（1945年〜）

はじめに

　トライアングル型の国際関係は、中国にかかわる国際関係の1つのメイン型と言っても過言にならず、中国外交を考察する1つの有効な視点である。前述した第1章の上海協力機構のプロセスは、米中露の三国間、第2章の東アジアの経済統合は、アセアンと日中間、及び日米中間、第3章の東北アジアの関係は、日米中と米中朝、そして第5章で考察する日中関係には、日米中だけではなく日中韓といったトライアングルもある。なお、ほぼ2010年代からグローバル的には、米中露三大国というトライアングルも語られる。このように中国外交のさまざまな局面でさまざまなトライアングルは、陽でも陰でも主役を演じている。

　東アジア地域は、ほぼ1980年代まで日本、中国、ソ連という三大国とそのトライアングルの中に位置する朝鮮半島を指す地域であり、1990年代から東南アジアを含む地域とされることになった。戦後東アジアでは、とりわけ中華人民共和国建国の1949年から今日に至るまで、主に米国のプレゼンスに目を奪われて、日中ソ・露という地域の三大国関係が人々の視線から、また研究者の注目からも外れてしまった。ここでは、1つの見方の提起として、戦後からの日中ソ・露三国関係のあらすじを描き、三国関係の史的法則やメカニズムを探ってみる。

　日中ソ・露は、各々の時期におけるそれぞれの国益認識が三国関係を左右するであろう。三国の国益意識は、一国として普通にある政治・経済・安全保障等の利益のほかに、大国意識から生じる国益認識も抱える。なお、三国は永遠

第4章 日中ソ・露トライアングルにおける史的法則とメカニズム（1945年～）

の隣国トライアングルであるだけに、地政学的な力学関係や文化・情緒のような非利益的要素も、三国関係に基本要素として働く。

三国関係の戦後からの流れは、米国要素を加えておよそ
① 米国・中華民国・日本とソ連の対立関係（1949年まで）から、ソ連・中華人民共和国同盟と日米同盟の対立関係へ（1960年代半ばまで）。
② 日米中による対ソ統一戦線へ（1980年代まで）。
③ 日中露の等距離三角関係に（1990年代）。
④ 中露関係の再緊密化と対中バランスのための日露関係の親近化への模索（21世紀の今日に至る）

というものであろうが、主な事柄としては、
① 1950年代にスターリン（Joseph Stalin）の対中パワー・シェアリングと中ソ対米日の東アジア冷戦、
② 1960年代に中ソ関係の悪化の中で日本の北方領土の主張への毛沢東による支持表明、
③ 1970・1980年代に日中国交正常化、日中平和友好条約の締結と反ソ連覇権主義、米中日蜜月関係、中国によるベトナム「懲罰」で起こった中越国境戦争、
④ 1989年天安門事件から、中ソ・露関係の改善、日露関係の改善と北方領土問題解決に対する日露間の取り組み、
⑤ 21世紀に中露関係の緊密化、朝鮮核問題六カ国協議をめぐる中露対日米の構図、対中けん制の一環としての日本による日露関係の親近化への努力等

があげられよう。

上述のプロセスの中、超大国米国が常に日中ソ・露三国関係にインパクトする主役であることはいうまでもない。

I　戦後東アジア冷戦秩序の形成―中ソ同盟対日米同盟（1950～65年）

1945～49年の東アジアでは、米・中華民国同盟とGHQの占領下にある日本からなる反ソ反共ブロックが築かれ、ソ連を封じ込む地域秩序が形成されつ

つあった。ソ連は孤立回避のために中華民国と友好条約を結び、できるだけの努力をしていた。そんな中、1949 年の中国共産党（以下「中共」と略す）による中華人民共和国の建国は、東アジア反ソ反共秩序の形成を打ち破った。

前章で検証したが、米ソ両大国は、新たな東アジア秩序の模索、中でも新生中国を巻き込む新たな大国間のパワー・シェアリングが試みられた。その結果、中ソ同盟が結ばれ、米ソ冷戦におけるアジア秩序が形成され、朝鮮戦争が起こり、日米同盟が生まれ、韓国と朝鮮、中国大陸と台湾の分断が固定化された。

そのような局面の中、1950 年から、中ソは共同で日本の軍国主義復活を批判し、その阻止を宣言した。1951 年に中ソは、米国を中心とした西側陣営諸国による「対日単独講和」に反対し、ソ連はサンフランシスコ講和会議に出席したものの、ポーランド・チェコスロバキアと共に対日講和条約への調印を拒否し、日本の国連加盟申請に対しても、ソ連は常任理事国として拒否権を発動して阻止した。

日ソ関係は、1956 年 10 月 19 日に鳩山一郎首相とソ連のニコライ・ブルガーニン（Nikolai Aleksandrovich Bulgan）首相が日ソ共同宣言を発表し、国交の回復、平和条約調印後の歯舞群島と色丹島の二島返還を決めたことでようやく打開された。ソ連は日本の国連加盟に対し支持に転換し、日本の加盟は実現した。しかし、このような日ソ和解は中国からみると、ソ連が同時に日中の講和を呼びかけはしたものの、安易に日米に譲歩して中国の利益を損なったものである。後、米国による日ソ関係改善への反対という圧力の下で、日ソ間の平和条約と二島返還についての取り組みは実らなかった。

1960 年から、新日米安全保障条約の締結に反対することで、中ソはまた共同で対日批判を強めた。1960 年 12 月に、ソ連は 1956 年の日ソ共同宣言締結時に表明した歯舞群島と色丹島の日本返還の約束を撤回し、日本はそれに抗議した。

日中ソ関係は、国際共産主義運動でのソ・中・日本共産党（以下「日共」と略す）という三党関係の局面もあった。東アジア諸国の共産党は、直接中共の指導を受けることになっている。1950 年、中・ソ共産党は一時日共の平和革命論を批判し、日共の中の武装闘争路線派を支持して日共の分裂を誘った。日共は党内の混乱で、当時に有していた国民からの高い支持率を失っていった。

第4章　日中ソ・露トライアングルにおける史的法則とメカニズム（1945年～）

　スターリン死後、1957年頃から、毛沢東はソ連と共産主義運動の主導権を争い、それは実質上大国間のリーダーシップ争いになり、中ソ関係の敵対化をもたらした[1]。1960年代半ばまでの中ソ論戦・決裂のプロセスの中、日共と北朝鮮、北ベトナム等東アジア諸国の共産党は、ほぼリーダーである中共を支持していた[2]。1963年に日共は中国と同様、米ソ英の3国間の主導で締結された部分的核実験停止条約を批判した。ソ連は日共の中の志賀義雄ら条約支持派を支援し、日ソ共産党の関係は冷却化した。

　1964年1月、毛沢東は日共訪中団との会見で、「修正主義に反対する問題で我々の矛先は、主にフルシチョフ（Nikita Sergeyevich Khrushchev）に向ける。帝国主義に反対する問題で我々は、力を集中して米帝国主義に向ける」と、外国共産党にソ連を、主敵である米国と同列にして非難し始めた[3]。

　続いて7月10日、毛沢東は日本社会党訪中団に対し、中ソの領土問題を初めて公に持ち出してソ連を非難したうえ、千島列島を「日本に返すべきだ」と突然に北方領土問題に関し日本支持を打ち上げた[4]。

　日共をはじめとする東アジアの北ベトナム、北朝鮮、インドネシア等主な共産党の中共への支持は、1965年まで続いた。3月1日に中国が反対してきたソ連主導の「各国共産党国際会議」の準備会は、ソ連が「協議会」という名に変更して招集したが、上述の諸党はそろって欠席した[5]。しかしその後、国内で文化大革命を推進して極左化していった中共は、日共と朝鮮労働党等をも修正主義と批判し始めたため、これらの党との関係も悪化した。中共と日共の党関係は、後の1998年にようやく回復した。

---

1) 左鳳栄「中蘇同盟破裂原因析」中国中俄関係史研究会編『中俄関係的歴史與現実』河南大学出版社、2004年、543-556頁。
2) 趙宏偉他『中国外交史』東京大学出版会、2017年、第3章を参照。
3) 朱建栄『毛沢東のベトナム戦争』東京大学出版会、2001年、82頁。
4) 鹿島平和研究所編『日本外交主要文書・年表 第2巻』原書房、1984年2月28日刊。「【8】日本の北方領土返還要求を支持する毛沢東中国共産党主席の日本社会党訪中団に対する談話　7月10日」517-518頁。
5) 趙宏偉他、前掲書、第3章を参照。

II 東アジア冷戦の雪溶け―日米中の反ソ協調（1972～89年）

　1972年2月、ニクソン（Richard Milhous Nixon）米大統領は訪中し、東アジアにおける米中のパワー・シェアリングは再構築された。ニクソンと毛沢東の秘密会談は、日米同盟が反中同盟ではなくソ連かつ日本そのものを抑制する装置であること、日本の台湾への介入をさせないこと、インドシナと台湾から米軍が撤退することなどを申し合わせた[6]。「アチソン・ライン」の復活を匂わせるニクソン・毛沢東合意は「米中1972年体制」とも呼べよう。冷戦体制は東アジアで先駆けて雪溶けが始まったともいえる。

　同年、田中角栄首相は、訪中して日中の国交正常化を実現させた後、翌年10月にソ連を訪問して、レオニード・ブレジネフ（Leonid Il'lich Brezhnev）ソ連共産党書記長と日ソ共同声明を発表したが、日米中対ソ連という対立の構図が形成されている中で、その後も日ソ関係は、首脳外交の長期間中断になるまで冷え込んだままであった。

　日中国交正常化後、日中平和友好条約の交渉は進められた。中国側は「ソ連覇権主義に反対すること」を書き込むことを強く主張し、ソ連はそれに強く反発していた。後の1978年に締結された友好条約は、ソ連を名指しせず一般論としながら「反覇権主義」の文言を書き記した。

　ちょうど、その12月にソ連の支持を得てベトナムは、カンボジアに対する全面侵攻を始め、翌年にソ連自らアフガニスタン内戦に参戦した。ソ連が攻撃性の強い軍事的脅威だと認識されて、東アジアにおいて日米中と東南アジア諸国の反ベトナム反ソの連帯が形成された。鄧小平は1978年10月から1979年1月まで東南アジア4カ国、米国、日本を訪問し、1つの仕事は彼がいう「ベトナムに対する懲罰戦争」のための支持獲得であった[7]。

　中国軍は中越国境で2月17日からほぼ1カ月の期限限定の軍事侵攻を行い、その後「実戦訓練」も必要だとして、年毎に2つの軍団をチェンジするという

---

6) 毛里和子・毛里興三郎訳『ニクソン訪中機密会談録』名古屋大学出版会、2001年初版、2016年増補版、7-8、48-49、102-103頁。

7) 益尾知佐子「鄧小平の対外開放構想と国際関係――1978年、中越戦争への決断」『アジア研究』2007年第4号、1-19頁。

「輪戦」と呼ばれる形で、国境での小競り合いを 10 年間ほど続けさせてベトナムに圧力をかけ続けた[8]。また、タイとマレーシアと組んでタイ・カンボジア国境地帯でカンボジアの反ベトナム勢力を支援していた。

　ベトナムのカンボジア侵攻、ソ連のアフガニスタン侵攻、中越国境戦争から、日米中アセアン対ソ越という対立の構図が形成され、日米中の蜜月関係と中国・アセアン関係の改善が進み、その流れは 1989 年 6 月までに続いていた。

　1989 年に冷戦は終結したが、2 年目の 1991 年に東欧とソ連といった社会主義国は一斉に崩壊し、社会主義陣営は消滅し、日米中の反ソ協調も終結した。1917 年からの初めての社会主義国ソ連、戦後に結成された社会主義陣営、インド、インドネシア、中東、アフリカそれにアフガニスタン等戦後から独立・革命を行った国々の殆どが、自称するほど一世を風靡した社会主義ないし共産主義イデオロギーは、全世界で破綻をしたが、その国際関係面での外部要素の 1 つは、毛沢東中国が働いた社会主義陣営の分裂、及び資本主義陣営との結託のほかにないであろう。

Ⅲ　ポスト冷戦期における日中ソ・露の対等三角関係（1990〜2011 年）

　1989 年からほぼ 2010 年までの間、日中ソ・露関係は、中国がロシアとの関係の親密化に努め、日本が対中牽制の思惑を強くしつつ対露関係の改善をはかり、ロシアが対日中両国関係のバランス外交を進めるといった対等三角形の関係で推移していた。

　日中露三国関係は、冷戦に代表されたイデオロギーと軍事集団の対立が消えた後、領土問題、歴史認識問題といった具体的な問題、それに近隣としての地政学的力学という意識が赤裸々に争点に浮上していった。

　第 3 章で論じたように中国では、早く 1982 年に鄧小平は「独立自主外交」を宣言し[9]、いい換えれば自ら提唱してきた日米中による反ソ統一戦線外交に固執せずに、中ソ関係の正常化をも取り組むこととした。鄧小平は 79 年 2 月

---

[8] 張鈺秀『軍旅生涯』解放軍出版社、1998 年、Pp.438-439。倪創輝《十年中越戦争》天行健出版社、2009 年。なお、下記の資料を参照：http://zh.wikipedia.org/wiki/1979%E5%B9%B4%EF%BC%8D1990%E5%B9%B4%E4%B8%AD%E8%B6%8A%E8%BE%B9%E5%A2%83%E5%86%B2%E7%AA%81。

[9] 太田勝洪・朱建栄編、前掲書、188-190 頁。

に自身がいう「ベトナム懲罰戦争」[10]を敢行したが、ソ連は78年11月に「もし一方が攻撃の対象になった場合には、ソ連とベトナムは、この脅威を排除し、平和と両国の安全の保障のために然るべき効果的な措置を講ずる目的で協議を開始する[11]」という条項を含む「ソ越友好条約」をベトナムと締結していたにもかかわらず、ベトナムからの支援要請に対し、条約上に軍事規定がないと答えて断った。鄧小平は、ソ連が中国と軍事衝突までする意思はないことを確認することができ、ソ連への不信感が解けたと思われる。それにしても、鄧小平は中ソ和解に「中ソ国境とモンゴルからの撤兵、アフガニスタンからの撤兵、ベトナムの反中政策を支持しないこと」という「鄧小平3条件」を付けた。1989年にゴルバチョフ（Mikhail Sergeevich Gorbachev）ソ連共産党書記長は、これらの条件を了とし、そして訪中して鄧小平と中ソ和解を宣言した。

中露は、後の1992年に国境協定をも妥結し、事実上中露国境、モンゴル、すでに独立した中央アジア諸国を含む地帯を中露共同の周辺としたことで、地政学的力学における安全保障上の中露の争点を解消して両国関係の親密化に道を開いた。中国はついに1972年に米国、89年にソ連と、中国周辺における大国間のパワー・シェアリングの過程を完了させたといえる。

1989年6月に、鄧小平が軍に発砲命令を下して学生と市民による民主化運動を鎮圧した天安門事件が起こり、中国は西側諸国から制裁を受けた。それまでに続けられてきた日米中の蜜月関係の雰囲気が残っている中、制裁が早いうちに解かれたものの、中国と西側の蜜月関係は終焉を迎えた。その時期から中国が置かれる地政学的な局面は、下記のような構造的な要素をもつものに変容した。

　①日米対中国の関係は、政治体制の相違や台湾問題等構造的な問題が存在し、国家利益の対立が激化し得る関係である。
　②中露関係は、構造的な問題がすべて解決済みなので、その親密化が可能である。
　③中露は陸続きの2つの巨大国であり、よい関係を強める以外の選択肢は国益上存在しない。

---

10) J・カーター（日高義樹監修、持田直武・平野次郎・植田樹・寺内正義訳）『カーター回顧録』上、NHK出版、1982年、316-318、329-333頁。
11) 小笠原正明『外国学研究 XI』興文社、1980年、38頁。

第 4 章　日中ソ・露トライアングルにおける史的法則とメカニズム（1945 年〜）

④米中露は世界の三大国であり、その中で中露連携による対米パワーバランスは宿命的な選択になる。

　この時期の中国指導者、江沢民(こうたくみん)国家主席、李鵬(りほう)首相等、多くは、1950 年代のソ連留学経験者であり、知ロシア派の彼らは、中露関係の親密化を積極的に取り組んだ。第 1 章で検証したように、江沢民は 94 年 9 月に鄧小平から全権力を委譲された直後から、中露をコアにユーラシア大陸を囲む恒久的な国際地域秩序を企み始め、一年間ほどエリツィン（Boris Nikolaevich Yeltsin）・ロシア及び中央アジアのカザフスタン、タジキスタン、キルギス諸国に根回しをし、合意文書を取りまとめた上、1996 年 4 月に上海に各国の元首を招待して「上海ファイブ」と名づけた首脳会合の立ち上げを成功させた。これは中国のリーダーシップで作られた初めての多国間の集団協力組織であり、中国が初めて取り組んだ集団主義外交であった。続けて毎年、首脳会合を重ねていき、2001 年に中国の主催に回ってきたとき、江沢民はウズベキスタンを誘い込み、そして「上海協力機構」という公式な名称、憲章、及び常設機関（北京）をもつ国際組織へと発展させた。

　中露は上海協力機構を通してテロリズム、民族独立運動、宗教原理主義、さらに西側の民主主義の浸透を阻むことにおいて利益の一致をみせ、中露関係の親密化を達成させてきた。また中露は上海協力機構をステップに 2003 年から中露印外相会議・首脳会議、進んで 2009 年に BRICS の創立を成功させ、インドのほかにブラジルと南アフリカといった新興大国とグローバル・パートナー集団を形成させた。

　日露は対中関係のバランスという思惑に一致し、それが 1 つの要素に関係の改善を常に求め合ってきたが、中露関係と異なって「牽制」以上の国際戦略面でのダイナミズムは存在しない。それに北方四島の領土問題という克服しがたい障害にも阻まれて中露関係の発展レベルには及ばない。

　1991 年 4 月、ゴルバチョフ大統領は、ソ連の最高指導者としては初めて日本を訪問したが、12 月 25 日にソ連が崩壊した。2 年後の 1993 年にエリツィン大統領は訪日し、後にエリツィンと橋本龍太郎(はしもとりゅうたろう)首相は、相互訪問を行って北方領土問題にも解決を取り組んだが、解決はできなかった。2000 年に就任したプーチン（Vladimir Vladimirovich Putin）大統領と小泉純一郎(こいずみじゅんいちろう)首相は、たびたび

会談をしたが、実りはなかった。

　この間に日露は、経済関係の発展に力を入れてきたが、その中でロシアの極東地域の石油を輸出するパイプラインの建設を巡って、日中は激しい争いを繰り広げた。中露首脳が結んだ2001年協定に基づき、2003年5月に両国の石油会社は、ロシア極東から中国の石油基地である大慶市までの中国ルートの建設契約を結んだが、その2日後の5月30日に、プーチン大統領は公に異議を唱えた。その背景に、日本が中国経由しない太平洋ルートの建設と、それに対する資金支援を提案してきたという競争があった。それにロシアメディアでは、中国ルートは人口が希薄であるロシア極東における中国のプレゼンスを増大させる恐れがあるといった報道も見られた。そこで、日本側が支援を打ち出した太平洋ルートは、中国に主導権を握られる心配もない上、日本海を通して日本、台湾、東南アジア、さらには米国西海岸に対し、石油を国際価格で輸出できるメリットがあるとも宣伝された。かくして2003年1月の小泉・プーチン会談は、太平洋ルートを申し合わせていた[12]。中国は、小泉首相によるこのような振る舞いが彼の靖国神社参拝に反対する中国に対する報復だとみていた。

　結局2年間ほどの競争の末、ロシアは日本側から期待ほどの豊かな資金提供、スピーディな工事の推進が得られず、一方中国側から60億ドルの融資が得られることで、中国ルートの建設を復活させた[13]。2008年に中国ルートは竣工・開通をみた。

　中国ルートの成功をみて、2009年6月、中露は「中国東北地域とロシア極東、東シベリア地域協力計画綱要」を締結した。筆者はモスクワで会ったロシア外交官や経済人たちも「極東と東シベリアは、東アジア経済に統合していく以外、生きる道はない」という認識を示した。ロシアは日本を含む中国以外の国から資金と労働力が期待できない以上、極東の経済振興と中国人アレルギーというジレンマをある程度克服し、とりあえず東部振興を資金と労働力を有する中国企業に任せることにした。

　この時期に、日中露は北朝鮮核問題の交渉を含む東北アジア集団安保メカニズムの構築においても外交戦を展開した。前章で検証したように、2002年10

12) 岩城成幸「東シベリア石油パイプライン計画と我が国の取り組み―現状と問題点―」『レファレンス』2004年10月号、9-33頁。
13) 『日本経済新聞』HP、2005年2月2日。

第4章　日中ソ・露トライアングルにおける史的法則とメカニズム（1945年～）

月からジョージ・ブッシュ（George Walker Bush）米大統領は、江沢民中国主席に3度も朝鮮核問題への介入を求め、東北アジア地域という枠組みをもって北朝鮮を共同管理するという新しいアプローチは、米中間で合意されていった。

　2003年8月に中国が座長を務める六カ国協議は開催された。そして、2004年11月にライス（Condoleezza Rice）大統領補佐官は、訪中し「六カ国協議枠組みの恒久化」の提案を公式に示した。米国の提案は、①朝鮮の核問題が決着した時点で六カ国協議の機能を拡充し、安保協議体に格上げする、②1953年の朝鮮戦争の停戦協定に代わる新たな多国間平和合意の締結を目指すという内容であった。

　ロシアも大変意欲的であった。六カ国協議が合意の完全履行のために設けた5つの作業部会の第5部会は、東北アジア平和・安全メカニズム部会であり、ロシアはその座長を手に入れた。ロシアは東北アジアにおける自身のリーダーシップの確立に戦略的に動いた。

　日本が消極的であった。2008年6月「六カ国協議を外相級に格上げし、東北アジアの平和・安全保障メカニズムの発足を宣言したい」と訪日・提案してきたライス米国務長官に対し、福田康夫首相は「アジアの安全保障問題への対応は日米同盟が基軸になるべきだ」と、東北アジア集団安全保障メカニズムが日米同盟の弱体化につながるとして抵抗した14)。

　結局、六カ国外相会議が開かれずに、ブッシュからオバマ（Barack Obama）へと米政権が交代された。オバマは北朝鮮を脅威とし続けることで、日米と米韓同盟の存続と強化に対し、むしろ有用であるという点において後の安倍晋三政権と共鳴し、六カ国協議と関連活動がすべて中止状態に陥った。

　日米が北朝鮮核問題の取り組みを中止しているところ、中露韓がそれぞれもつ日本との領土問題は、紛争が激化することになった。ただし、中露韓は、領土問題において連携して日本と争うことは一貫にしていない。中国は前述のように1960年代に毛沢東がソ連を非難する中で、北方四島が日本の領土だと一時発言したが、他国の領土問題に介入しないことが一貫した政策である。

　ところが、2010年前後、中露は領土の領有権主張の論理において認識を一致して対日圧力を強めるようにした。2009年、メドベージェフ（Dmitrii

---
14)『日本経済新聞』2010年1月22日。

123

Anatolievich Medvedev）大統領は、シンガポールを訪れ、同時に来訪中のロシアミサイル巡洋艦ワリャーグに登艦して国境などの「第2次大戦の結果」について「地政学的に見直すことは容認できない」と戦後秩序領土論を明確に打ち出した 15)。

翌年9月、尖閣諸島海域で日本の巡視船と中国の漁船の接触が起こり、日中関係が悪化している中、メドベージェフは訪中して胡錦濤中国国家主席と「第二次世界大戦終結65周年に関する共同声明」を発表し、「国連憲章およびその他の国際文書によってすでに第二次世界大戦への定論が決められ、その改竄は許されない」と訴えた 16)。中国はロシアから学習し、また促されたのであろう。後の2012年9月に、日本政府による尖閣諸島国有化とそれに対する中国からの強い反発が発生している中で、中国は初めて戦後秩序領土論を前面に打ち出した。中国はかつて古来の領土という固有領土論ないし歴史領土論に立っていたが、一転して日本の領土主張を「世界の反ファシズム戦争の勝利の成果を公然と否定し、戦後の国際秩序に直接挑戦するものであり」「国連憲章の主旨と原則に対する重大な挑戦である」と批判することにした 17)。

IV 安倍・プーチン友情外交対中露「特殊関係」（2012年〜）

2012年は、安倍晋三、習近平、プーチンが、それぞれ日中露の最高指導者に就任・再就任された年である。安倍は2007年の辞任からの再登板であり、プーチンは大統領から首相、そして再び大統領に再登板されたのである。

安倍は中韓よりも対ロシア外交を優先的に取り組み始め、そしてプーチンとの友情作りという友情外交アプローチに注力した。2012年から、日本と中韓との関係は、歴史認識問題と領土問題の悪化で史上最悪の状態にあり、首脳会談どころか閣僚級の外交も停滞に陥った。安倍は歴史認識問題と領土問題において、信条的に日本の最右翼にあるだけに中韓との関係の改善が見込めにくい。

---

15) 共同通信社、2009年11月18日。
16) 「人民網・日本語版」http://j.people.com.cn/94474/7154399.html。
17) 「楽玉成中国外相輔佐講演」『人民日報』2012年9月15日。「中国外相の国連総会発言」時事通信社、2012年9月28日。《釣魚島是中国的固有領土》白皮書（日文）、中華人民共和国国務院新聞弁公室、http://www.scio.gov.cn/zfbps/ndhf/2012/document/1225270/1225270.htm。

第4章　日中ソ・露トライアングルにおける史的法則とメカニズム（1945年〜）

それに北方領土問題という宿題もあって日露関係の取り組みは、東北アジアにおける日本外交の唯一の選択肢となった。

　ところが、安倍は対露外交にカードをもっているわけではなく、ロシアが最も必要としている極東地域への資金と労働力の投入に対し、日本は余力をもっていない。たとえ資金の投入が行われたとしても、労働力の調達は、ただでも人手不足の状態にある日本側からは見込めず、ロシアは結局中国や北朝鮮に頼ることになる。なお、日露友情外交は、日露関係の親近化を望まない米国からの牽制を待ち受ける。

　それらを見通しているプーチンは、安倍からの友情外交を利用して、2015年に開通が見込む石油パイプラインの太平洋ルートを通して日本をロシアの石油と天然ガスの大口消費者として確保しようとした。ソ連・ロシアは、石油・天然ガスパイプラインのネットワークを欧州地域に敷き、それは冷戦時代から今日に至って国際情勢や国同士の親疎等の変化があっても、ロシアに富だけではなく国際地位と外交力の維持に寄与してきた。ロシアはこの成功経験を戦略的に日中などアジア地域に広めようとしている。

　安倍は国際会議の場の利用を含めてプーチン大統領と頻繁に首脳会談を行い、日露関係は、史上最高レベルの友好関係になっているとまでいわれている。2013年4月29日、安倍はロシアを訪問してプーチンとの共同声明で「両国に受け入れ可能な最終的解決策の模索に向けて交渉を加速する」と宣言し、8月に両国は、平和条約交渉を話し合う次官級協議をはじめて開いた。そして14年2月8日のソチ冬季五輪開会式に、西側首脳の多くがボイコットする中、安倍首相は出席し、プーチンは安倍を高く評価し、大歓迎で応えた。

　ところが、同月にロシアは、ウクライナ内戦に関与し、クリミアのロシアへの回帰を成功させた。そんなロシアに対し、欧米は経済制裁を宣言し、日本も欧米に合わせてロシア制裁に参加せざるを得なかった。

　プーチン大統領は5月、日本がウクライナ問題で欧米の対露制裁に加わったことを「驚いて聞いた」と不快感を表明し、「我々には（平和条約交渉の）用意があるが、日本には用意があるのか」と疑問を投げかけて迫った[18]。

　しかし、7月に安倍は欧米諸国に合わせる形で、ロシアへの追加制裁にも加

---
18)『日本経済新聞』2014年8月5日。

えざるを得なかった。ロシア外務省は「日本は両国関係のあらゆる面に損害を与え、後退させることは必至だ」と批判した[19]。

その後、8月に予定された平和協定についての日露次官の再会談、10月に実現を目指していたプーチン訪日は立ち消えた。さらに8月12日、ロシア国防省は、同国が実効支配する北方領土（ロシア語で南クリール諸島）を含むクリール諸島で軍事演習を開始したと発表し、日本は抗議を行い、日露関係はまたも行き詰まった。

対照的に、習近平国家主席は、2014年7月9日に来訪中のロシア大統領府長官と会見して「中露関係は特殊関係だ」と性格付け、西側のいかなる対ロシア制裁にも参加せず、必要があればできるだけの支援を行うと表明した[20]。

前述したように中国は世界戦略上、米中露三大国関係における米国に対しての中露特殊関係というパワーバランスを追求し、そして他国の圧力を受け付けない「独立自主外交」を遂行してきた。習近平は2013年3月に国家主席に就任して一週間後に訪露を行い、米国の好悪をいちいち配慮しないリアリズムの姿勢を赤裸々に示した。中露共同声明は、主権と領土の保全、反覇権、反内政干渉、反独善的安全保障観、そして対等と分割不可の共同の安全保障を提唱し、アジア太平洋集団安保枠組みを創出すること等、習ドクトリンの基本形を示した。とりわけアジア太平洋集団安保枠組みは、かつてソ連が1970年代に提起し米中が直ちに拒絶したものであったが、ここでは、習が逆に連露対米の姿勢を鮮明にした。

2014年に、習の最初の外遊もロシアであり、中国の国家元首としてオリンピック開会式への初参加で2月にソチ冬季オリンピックに出向いてプーチン大統領と会談した。3カ月後の5月、習はアジア信頼醸成措置会議（CICA）第4回首脳会議でプーチンを上海で迎え、二本目の共同声明を発表した。両首脳はまた東シナ海沖で両国海軍の混合編成で行われる最大規模の実戦演習に発令式を催した。さらに5月21日に、中露は総額4000億米ドル、30年間の天然ガス契約を結んだ。

「アジア主導」は、この時上海で開かれるCICA首脳会議で、習近平が打ち出

---

19) ロシアNOW、2014年7月30日。
20) 新華社 2014年7月9日。

したテーゼである。習は「アジアの問題はアジア主導で解決すべきであり、アジアの安全保障もまずアジア諸国自身の協力強化を通じて実現すべきだし、それは完全に可能だ」と宣言した[21]。また「CICA 上海宣言」には、米国を念頭に「いかなる国も他国の安全保障の犠牲を対価に自身の安全保障を強化してはならず」「いかなる国も集団も組織も安全保障において特殊な優先的な責任を有さず」「安全保障における共同、分割不可、平等、全面的といった特性の重要な意義を強調する」文言が盛り込まれた[22]。これらは「習アジア主義」、「習安全保障観」と呼べよう。習が唱えた周辺諸国との「運命共同体」の構想は、アジア全体を射程に収めることにし、「アジア利益共同体、運命共同体、責任共同体」を訴えた[23]。

「中露共同声明」は「ユーラシア経済統合」を目指すと呼びかけ、シリア内戦、イラン核開発問題、ウクライナ内戦等についてのロシアの立場への支持を表明し、なお翌年の 2015 年に、対ドイツと日本ファシズム戦勝 70 年記念を、中露は共催し、「歴史の歪曲と戦後国際秩序の破壊の企みに固く反対すること」[24]とした。

中露の天然ガス契約は、それにより、中国はパイプラインを通して割安の価格で長期間、大量にロシアから天然ガスを購入することになり、このことは、世界市場の定価権に影響することになった。5月までLNG（液体ガス）の形でユーラシア大陸への輸出を夢見る北米とアフリカ産ガスの先物相場は、5割も下落した。中露はエネルギー権益と安全保障の面でよいポジションを確保した。

日露関係については、プーチン大統領の日本訪問は、2 年余り遅れて 2016 年 12 月にようやく実現されたが、トランプ（Donald John Trump）は、米大統領に当選し、米露関係の改善を訴えたものの、米国内の在来エリート層との全面対決の中で、逆に米露関係が新冷戦だとも呼ばれるような最悪の局面に陥った。安倍の日露関係親近化も、進む環境になかった。

独善が極まるトランプ米国は、同盟国が頼れるリーダーを続けようとはしないが、その分、同盟諸国も相応の自由度を得ることになる。2018 年、安倍首相は、

---

21)『人民日報』5 月 22 日。
22) 新華社 2014 年 5 月 21 日。
23)「李克強首相：2014 年度博鰲アジアフォーラム講演」新華社 4 月 10 日。
24) 新華社 2014 年 4 月 20 日。

日中関係の改善に努め、訪中を成功させて、日中関係の再正常化を宣言した。

年末に、北方四島の中の二島返還で「日ロ平和条約」を締結する決断を安倍がすると、日本メディアから連日報道された。安倍内閣は、日ロ間の新しい地平を拓いていくであろうか。いえることは、日本外交は日中露トライアングルにおいて、これまでの「牽制外交」をやめ、対等友好の関係を追求するようになった。

ちなみに筆者は、18年12月8日、ロシア外務省国際関係研究院副院長アレクサンダー・ルーキン（Aleksandr Lukin）氏と同席する機会があった。筆者の問いに対して、ルーキン氏は率直に答えてくれた。①ロシア国民は二島返還に対し、強く反発せず容認できる。②ただしこれで領土係争がすべて終わったことが条件である。③二島の非軍事化が保証されることがもう1つの条件であり、要は米軍が駐留することがないという保証である。かつて戦後、ソ連軍がオーストリアから撤退する条件として、オーストリアが永世中立を宣言した。

おわりに

1940年代末以来の日中ソ・露関係を俯瞰し、その大まかな推移は、戦後からの中ソ同盟対日米同盟の対立関係から、日米中連帯対ソ連の対立関係へ、続きに日中露の対等三角関係を経て、そして今日の中露関係の親密化・特殊化に対照しての日露関係の行き詰まりに、続きに三国対等の友好関係への追求になっているというものであろう。

日中ソ・露関係の史的法則やメカニズムについて何がみえるであろうか。

1990年代からの日露関係と対中関係の歴史を眺めてみると、①日露の対中牽制・パワーバランス、②日露の領土問題、③米国のコミットメントといった要素が働いてきた。①の日露の対中牽制・パワーバランスは、歴史の推移に伴ってその役割が低下し、今日にほとんど働かなくなったといえる。②と③は、日露関係にいつもマイナスに働き、むしろ中国に対し、日露連携がありえないことを繰り返して示すものであった。日露関係は結局「島はいくら」類の四島返還とその見返りという狭く浅い関係に止まり、日本のロシア外交は、対中牽制以上の何があるかとも問われる。

第4章　日中ソ・露トライアングルにおける史的法則とメカニズム（1945年～）

　中露関係における対日関係の歴史を眺めると、①世界大国にとっての周辺秩序と対日関係、②世界戦略中での中露関係と対日関係、③日中露の三国間の利益調整といった要素が働いてきたと思われる。

　①中ソ・露関係は、紆余曲折を経験したが、大国間のパワー・シェアリングという筋が一本貫いてきた。中露は試行錯誤をしたものの相手の周辺利益を犯さず共同の周辺利益を共同で擁護する地域秩序を築き上げた。このような中露関係は、日本の対中牽制外交に隙をほぼ残していない。

　②中露関係は、世界戦略上のパートナー関係であり、それは対米パワーバランスをはかる関係、上海協力機構、BRICS、APEC、東アジア首脳会議、G20、それに国連安保理等でリーダーシップを発揮するためのパートナー関係である。それに対し、中露における対日関係は、このような世界戦略上の意味がなく、基本的にそれぞれの対日業務を扱う対日関係である。

　③日中露三国間の利益調整は、さまざまな事柄があり、前述したロシアの石油輸出における中国ルートと太平洋ルートの競争は、その1つのケースであった。

　こうしてみると、日中露関係における日本外交の課題といえば、日露、日中の両国関係への注力だけではなく、三国間ないし多国間のパートナー関係の構築は、日本外交の新しい地平を拓くことに重要であろう。例えば、文中に述べた六カ国協議を手掛かりとした東北アジア集団協力メカニズムの構築は、日本がむしろ積極的に取り組み、国際戦略レベルでスケールと深みがある日本外交を発展させていくべきであろう。

第5章

地政学の罠・日中の敵視化と
日中韓トライアングル（1989～2010年）

　日中関係は、その全体を把握すると、①資本主義体制と社会主義体制という異なる体制をもつ国の関係、②日米同盟と巨大中国という相互に脅威とする関係、③第2次世界大戦における敗戦国と戦勝国の関係、④経済的相互依存の関係、そして⑤幾千年にわたる歴史と文化の同文関係、及び⑥近現代における国民国家としての地政学的近隣関係といった恒久性をもつ基本構造を有する関係である。本章でいう「地政学の罠」は、一般的な意味での地政学の応用ではなく、日中ないし日中韓が隣近所としてその掟に左右され、時々掟の罠に陥るという見方である。上述のような基本構造の中で、日中はそれぞれの国益意識ないし非利益動機を形成し、それは外交においてそれぞれの行動パターンに表して両国の外交を繰り広げていく。

　中華人民共和国と同年齢といっても過言ではない日本における日中友好運動、そして1972年の日中国交正常化から続く日中友好関係は、1992年の天皇訪中をもってその最高点に発展したといえる。ところが、その後徐々に悪化していき、1990年代半ばから、前述の基本構造のマイナス面の働きにより、日中関係における歴史認識問題と台湾問題は構造的要因化し、つい小泉純一郎政権期に、日中関係は友好から敵視へと突入していった。構造的要因は、構造をチェンジするような外交努力がなされなければ解消できない。日中関係は20年以上も停滞・後退・悪化していった。

　2007年秋からの福田康夫政権時、日中関係はようやく回復が始まり、後の民主党政権期に至り、マイナス面の構造的要因を引きずりながら、緩やかな発展を続けていたが、領土問題は新たな構造的要因として浮上し、野田佳彦政権末期と中国の習近平政権の成立期（2012年）に、尖閣諸島／釣魚島問題が著しく悪化した。続く安倍晋三政権期に、日中の外交戦はアジア太平洋地域、イ

第 5 章　地政学の罠・日中の敵視化と日中韓トライアングル（1989〜2010 年）

ンド洋地域へと広がり、国際リーダーシップの争いは、メインの構造的要因に上がり、日中関係は、歴史的な友好関係の終焉に伴って広域の、全面的な対決期に入っていった。日中関係がようやく改善への模索が始まったのは、ほぼ 2017 年、米トランプ（Donald John Trump）政権が成立してからであった。

このような日中関係の流れの中、日中韓トライアングルの合従連衡も、繰り広げられていった。

1989 年代から 2019 現在に至る日中関係は、大まかに 2012 年までの東アジア地域における日中関係とそれからのグローバルにおける日中関係という二段階に分けることができる。本章はその第 1 段階を検証するが、第 2 段階は第 7 章で分析する。

2012 年までの日中関係は、国家の外交という角度から俯瞰すると、1989 年からの中国における江沢民（こうたくみん）政権と胡錦濤（こきんとう）政権期の中国の対日外交は、日中友好運動の名残りを帯びながら、善隣関係としての「周辺外交」、及びアジア太平洋地域における大国間の協調外交に位置づけられてきた。中国は日本との協調を図りながら、アセアン＋3（日中韓）からなる東アジア地域統合を実現させいくことを政策目標としてきた。対して日本の対中外交は、日米同盟を基軸としつつ、対中「距離外交」としての性格を有する。日本は中国が押し進む日中友好外交や東アジア地域統合に巻き込まれないように、日中関係上の諸問題を外交問題化し、これらの「外交問題」の存続を防波堤として両国間の距離を作って保とうとしてきた。正にこのような「外交問題」からなる構造的な障碍が、存在し、さらにそれらの問題の作用をコントロールし難いことにより、日中関係は不安定、そして悪化がもたらされていった。

本章はこの時期における日中それぞれの外交の行動パターンを析出し、そして日中関係における日中それぞれの国益認識、及び歴史・文化・地政学的要素を含む非利益動機という両局面から説明を試みる。

I　構造的要因の顕在化と日中関係の停滞・後退（1989〜2000 年）

日中関係に存在する歴史認識問題と台湾問題は、次第に構造的要因化していき、両国関係は停滞・後退していった。

第Ⅰ部　地域大国論

1　歴史認識問題と台湾問題の構造的要因化（1989～97年）

(1) 天皇訪中の成功

　日中関係には、日中友好関係という特殊な一面があり、両国の外交においては、友好の行動パターンが存在する。1970年代初頭から、日中国交正常化の期成をめぐる日本の市民活動は、「日中友好国民運動」と呼ばれるレベルに発展し、全国レベルから県市町村までほとんど日中友好協会が結成された[1]。日本外務省も「日中友好会館」を外郭機関としてもっている。中国でも同様な状況であった。このような現象は、他国との間に存在しない。日中友好運動は、1990年代まで日中関係に強いインパクトを与えていた。

　1989年6月、鄧小平（とうしょうへい）の命令で軍が民主化を求める北京市民と大学生に発砲したこと、言わば「6・4天安門事件」が発生したことで、日本を含む西側諸国は、中国に対し経済制裁を発動した。海部俊樹（かいふとしき）（首相、1989～91年）・小沢一郎（おざわいちろう）（自民党幹事長）政権は、いち早く翌年にも西側諸国に制裁解除を提案し、91年の全面解除にもっていった。続いて1992年に宮澤喜一（みやざわきいち）（首相、1991～93年）・小沢一郎（自民党幹事長）政権は、政界と国民のコンセンサスを作り上げて天皇の訪中を実現させた。

　平成天皇と皇后は、北京入りのとき、市民から好意が示されるような雰囲気がみられなかったが、最後の上海訪問のとき、通り道に挟んで十数万人に上る市民は、自発的に集まって歓迎の意を表した。中国のテレビは連日天皇訪問のニュースを伝え、人間天皇と皇后の格調高い風貌、親しみやすい姿は、中国の人々の好感を得た[2]。天皇訪中は、1972年から続く日中友好関係を最高点に押し上げた。

(2) 歴史認識問題の再浮上

　ところが、沈静化したはずの歴史認識問題はしばらくすると再浮上した。日本の対中外交には「距離を取る」という行動パターンがあり、それは往々に正面から関係の親密化を拒むのではなく、両国関係に「問題」を作ってその「問題」をもって距離を取るという「問題外交」の行動パターンで動く。

---

1) 趙宏偉他（共著）『日中交流の四半世紀』東洋経済新報社、1998年。同上『日中交流団体名鑑』（笹川平和財団笹川日中友好基金によるプロジェクト「日中交流実態調査」（1995～97年））、東方書店、1996年。
2) 『朝日新聞』2018年10月12日。

第5章　地政学の罠・日中の敵視化と日中韓トライアングル（1989～2010年）

　1994年5月、永野茂門法相は「南京大虐殺」はでっち上げだと発言して罷免されたが、1994年8月、桜井新環境庁長官は、「日本も侵略戦争をしようと思って戦ったのではなかった……日本だけが悪いという考え方で取り組むべきではないと思う」と発言し、1995年8月、島村宜伸文部大臣は、戦争謝罪が不要の発言をした。1996年7月、橋本龍太郎首相は、中曽根康弘首相以来、10年ぶりに総理大臣として靖国神社参拝を行った。

　1995年前後、中国にとって第2次世界大戦並びに抗日戦争勝利50周年を記念する時期であり、そして江沢民政権は、それを機に政権の求心力を高めるために「愛国主義教育」を大々的に進めていた。

　この時期に起こった日本の大臣たちの問題言動は、中韓で報道されて両国国民の対日感情のマイナス方向への逆戻りをもたらした。一方、日本のメディアは、中国での抗日戦争勝利50周年にまつわるさまざまな行事、抗日戦争を題材とする映画、テレビドラマ等を反日教育として大々的に報道し、多くの日本人の対中感情も悪化していった。

　歴史認識問題がメディアによるクローズアップを通してもたらした国民感情の悪化は、日中関係史上かつてない事態であった。メディアと国民意識が相互作用してもたらされる先鋭化する興論という「メディア・ポピュリズム」は、この時期からメディアの発達と情報社会の到来に伴って発生し、日中関係にインパクトを与える1つの要素となっていった。

　以上の諸要素の働きにより、歴史認識問題は、再び日中関係を左右する構造的な要因として浮上してきた。

(3)日本政府による台湾問題への介入の始動

　この時期に、台湾問題も日中国交正常化以来、初めて日中間の外交問題として浮上してきた。冷戦終結後、日米同盟はソ連社会主義陣営への対峙という主な役割を失い、「同盟の漂流」といわれるほど脱力状態に陥った[3]。そこで同盟の維持そのものは、同盟の目的と化し、同盟における新たな役割の模索は、急がれた。1996年の日米安保の再定義とそれに基づく1997年の日米安保の「新ガイドライン」や後の日本の「周辺事態法」の成立は、その結果であり、日米同盟の適用範囲を「周辺事態」という概念をもって拡大した。この「周辺事

---
3) 船橋洋一『同盟漂流』岩波書店、1997年。

態」が指す地理的な範囲について明示されていないが、台湾と北朝鮮を念頭に置いていることは、明らかであり、実際は中国を唯一の仮想敵とすることにした。このように同盟の存続と同盟従属は、日本にとって日米同盟の目的と化し、日本外交の主な行動パターンであり続けている。

同じ時期、台湾（中華民国）の李登輝総統は、台湾独立の傾向を表し、中国は意思表示として台湾海峡でミサイル発射演習を行った。橋本首相はクリントン（William Jefferson "Bill" Clinton）米大統領に強く働きかけ、クリントンは2隻の空母艦隊を台湾海峡近くに派遣した[4]。中国は当時、米国空母艦隊の出動について日本からの要請があったことを知らなかったが、「周辺事態」をもっての日米同盟の適用範囲の台湾海峡への拡大を認識した。

日米同盟の適用範囲について、日本はかつて一貫して「朝鮮、台湾の巻き添えになることは困る」[5]として「専守防衛」に限定していた。他方米国も、米中和解を施した1972年のニクソン（Richard Milhous Nixon）訪中時、中国側に反中ではなく日本の再軍備とその台湾介入の抑制を日米同盟条約の重要な役割として説明していた。1990年代半ばから、日本による「周辺事態」の想定と台湾海峡への積極的な介入は、日米関係のより緊密化、台湾問題への干渉という日本の政策転換を示す出来事であり、それは日米同盟の反中化をもたらしていき、本書第3章で考察した「米中1972年体制」は綻び始めた。これにより、台湾問題は、日中国交正常化以来、初めて日中関係を左右する構造的な要因として浮上してきた。

2　日中韓トライアングルの始動と江沢民訪日の失敗（1998年）

江沢民は1994年秋、鄧小平から権力の完全移譲を受けてから、次第に「新安全（保障）観」を外交理念として唱え、「大国外交」「周辺外交」「発展途上国外交」「国連外交」を4本柱とする自らの外交政策の体系を形成させた。対日外交について、大国外交として日本との戦略的パートナーシップを作り、周辺外交として日本と協調して東アジア地域統合を図る集団主義外交を進めていくことを政策目標とした。

---

4)『朝日新聞』2002年3月23日。
5)「岸信介首相発言（1958年10月18日）」『日本経済新聞』2010年7月9日。

第5章　地政学の罠・日中の敵視化と日中韓トライアングル（1989〜2010年）

　江沢民は1998年11月に訪日を行い、これは中国の最高権力者かつ国家元首の初めての訪日でもあった[6]。江沢民は日本の台湾問題への積極的な介入を察せず、歴史認識問題のみを解決すべく課題とし、共同宣言をもって歴史認識問題を20世紀中に解決して、21世紀に向けて日中戦略的パートナーシップを樹立させることを使命とした。共産党中国は、「カリスマ」としての最高指導者が外国訪問なら必ず成功を収めるものであり、さもなければ訪問をしないという政治文化をもち、江沢民は訪日を必勝に期した。

　歴史認識問題の解決について、江沢民からみると、時の利にも恵まれた。元々9月に江が訪日し、10月に金大中(キムデジュン)韓国大統領が訪日するという日程であったが、8月からの長江流域の大水害により、江の訪日は11月に延期され、金大中大統領の訪日は10月に、江沢民より先に行われた。金大中大統領と小渕恵三(おぶちけいぞう)首相は、21世紀に向けて未来志向を唱え、結ばれた「日韓共同宣言」には、過去の植民地支配に対する日本政府からの「お詫び」が初めて明文化された。そこで、中国外交部は、江沢民訪日に向けての日本外務省との事前交渉の席で、「日中共同宣言」にも「日韓共同宣言」と同様に「お詫び」を書き込むように初めて求めるようになった[7]。1972年の国交正常化時の「日中共同声明」は、日本側の「反省」という言葉を述べたが、「お詫び」を用いなかった。今は、当時にしては国際法を違反しないかつての植民地支配に対しても「お詫び」をした以上、国際法の違反と認定された中国への「侵略」に対して「お詫び」を、日本側が行うつもりだろうと人々は、当然に思っていた。

　そして「戦略的パートナーシップ」を宣言することについても、江沢民はロシア・エリツイン（Boris Yel'tsin）、米国・クリントンとそれぞれ宣言してから、日本にも提案してきたものであり、喜ばれるものだと思っていた。訪日前に、江沢民は日本メディアの取材を受け、「21世紀へ向けた未来志向」を意思表示した[8]。

　ところが、両国の外務関係者の事前交渉は、つまずきが続いた。日本側は最重要事項である「戦略的パートナーシップ」と「お詫び」について、「戦略

---

6)　江沢民訪日の過程について、その直後の論文を参照。趙宏偉「現代中国の政治体制と日中関係――江沢民訪日の分析を兼ねて」『東亜』霞山会、1999年1月号、9-24頁。
7)　『日本経済新聞』1998年11月27日。
8)　『朝日新聞』1998年11月12日。

的関係は日米同盟に限るものであり、中国とはできない」、「歴史認識問題は1972年時と異なる新用語を使わない」というゼロ回答を繰り返した。

中国外交部は、江沢民訪日の成功のために必死に攻め続けた。「戦略的パートナーシップ」を日本が提案した「建設的平和発展友好協力パートナーシップに努めること」9) に同意したが、実質的な意味をもつ「お詫び」に攻めの焦点を合わせた。金大中韓国大統領にプレゼントした「お詫び」を江沢民に与えなかったら、それは中国の国家元首を見下ろして侮辱したとも受け止められる。ところが、日本側はそのような感覚を有していない。

当時外相補佐であった王毅(おうき)は、3日前の11月22日に来日して阿南惟茂(あなみこれしげ)アジア局長と交渉し、そして前日24日に、当時の唐家璇(とうかせん)外相は、ロシア訪問中の江沢民代表団から離れる日程変更までして日本入りして高村正彦(こうむらまさひこ)外相と会談し、さらに当日25日、江沢民が東京に訪れた夜、「官房長官」役に相当する曽慶紅(そけいこう)共産党中央弁公庁主任は、野中広務(のなかひろむ)官房長官に会って裏交渉を行った。しかし、結局「新中派」といわれる小渕内閣の重臣たちは、同じ「親中派」とも思われる小渕首相を説得することはできず、「日中共同宣言」に「お詫び」を書き込むことはできなかった。怒った江沢民は「共同宣言」の署名式をキャンセルし、外交史上類はみない署名のない「共同宣言」が公布された。

「共同宣言」には、歴史認識問題について次のように記された 10)。「過去の一時期の中国への侵略によって中国国民に多大な災難と損害を与えた責任を痛感し、深い反省を表明した。」「共同宣言」とは別に、小渕首相は記者会見で「お詫び」を口頭で表明するという形を取った。

「共同宣言」に「侵略」の2文字が入った。実はこれは日本政府が初めて国際公文書をもって「中国への侵略」を認めた瞬間であった。「お詫び」が不注意のミスの場合でも使うような気持ちを示す言葉であるのに対して、「侵略」は価値認識を示す概念である。日本政府は、中国に対して価値認識レベルで今までにない本質的な譲歩を行ったが、気持ちを示す「お詫び」を文字であらわすことを頑として拒否したわけである。

実は台湾問題においても、「共同宣言」に「改めて中国は1つであるとの認

---

9)『朝日新聞』1998年7月23日。
10)『日本経済新聞』1998年11月27日。

識を表明する」という文言が記され、小渕首相は口頭で「台湾独立を支持しない」と表明した。しかし、この「中国は1つである」という文言は「改めて表明された」日本の従来の認識ではなく、それまでは、日本政府は「台湾が中国の領土の不可分の一部という中国の立場を十分に理解し尊重する」とし[11]、台湾の地位そのものについて立場を示さなかった。明らかに「改めて」は、日本政府の勘違いであった。日本政府は「台湾の地位」という領有権のレベルで中国に本質的な譲歩を行ったわけである。

日本政府は「お詫び」を口ではいうものの、文字で表明しない代わりに、歴史認識問題と台湾問題において「侵略」という価値認識と台湾の領有権のレベルで文字をもって本質的な譲歩を行った。そういう政策決定のわけは、今日に至って謎であった。いえるのは、日本が対中と対韓の距離を差別化し、日韓の親密化と日中の距離開きをはかるためであった。この政策決定の結果としては、日本が「お詫び」を文字化する機会を逸したことになり、それによって日中関係の親密化が挫折し、中国との距離が保たれた状況が続くこととなった。

日本の外交は、気持ちや心情を重要視する行動パターン、距離感覚が常に働く行動パターン、それに距離を保つために「問題」を作り、そして解決しないように残しておくという「問題外交」の行動パターンを有し、日本外交の特徴として考えられよう。

なお、韓国との関係を親密化して中国に対峙するという対中対韓の距離の差別化の外交も、この時に初めて実行に移された。日本が日中関係を日中韓のトライアングルとして捉えて利用しようとする初めてのケースであったが、この時から日本外交の行動パターンの1つになっていった。

さらに、当時、米中も戦略的パートナーシップを宣言したのに、日本はそれを拒否の理由に日米同盟の優位性を挙げたが、それは日米同盟を利用した対中牽制の外交行動パターンの表れであった。

対して中国外交は、国益認識に基づく独善的な政策決定と執行、その裏返しとして相手の気持ちや心情への鈍感さが行動パターンとして示されたのであろう。また、江沢民訪日は、当時中国国内で「失敗」というより、「大成功」として宣伝され続けていた。「首脳外交は成功あるのみ」も、中国外交の1つの

---
11) 霞山会編『日中関係基本資料集』霞山会、1998年、429頁。

行動パターンであろう。その反面、中国の首脳は、成果が約束されない訪問を行わないか、延期させる。それが1つの要因に、中国の外交官僚は、来る首脳訪問を意識してひたすら外交担当の国といい関係を作ることに奔走し、いわば「友好外交」の維持と演出も、彼らの行動パターンの1つである。

II　全イシュー対抗に突入する日中関係と日韓シャトル外交（2001～06年）

小泉純一郎首相は、首相在任中（2001～06年）、個人の「心情」「信条」の自由として2002年、2004年、2005年、2006年繰り返して靖国神社を参拝した。江沢民は「日中関係は基本的に良好である」という公式見解を維持しながら、実際上両国間の首脳の相互訪問を行わないが、国際会議の場での首脳会談を行い、日中関係を維持していた[12]。2003年に胡錦濤政権は、スタートし、2004年1月に対日外交の再検討が行われ、その後日中関係は、全イシューにわたる対抗関係に突入していった。

1　胡錦濤の対日二原則

2004年2月11日、胡錦濤は神崎武法公明党代表との会見を利用して、自らの対日政策を公に示した。胡錦濤発言の第1段落は、日中関係の伝統として政党と民間友好交流の重要性を強調し、第2段落は、日中関係の「2つの重要原則、1つの政治基礎」という定式を示した[13]。ここで「胡錦濤二原則」と呼ぶ。定式の出現は、中共首脳部が公式会議を開いて、基本政策としての重要原則を定めたことを意味する。このような「原則外交」は、中国の外交行動パターンの1つといえる。

2004年正月、小泉首相が靖国神社を初詣という言い分で参拝した後、胡錦濤首脳部は1月に対日政策についての政策決定会議を開いたと考えられる。会議では、前記の2つの原則が提起され、そしてこの「二原則」の堅持を日中関係が成り立つ政治基礎だと定めたと推測される。かつて江沢民は、歴史認識問題だけを日中関係の政治基礎としていたが、胡錦濤は台湾問題を加えて二原

---

12)　唐家璇『熙風勁雨』商務印書館、2009年、18頁。
13)　『人民日報』2004年2月12日。

第5章　地政学の罠・日中の敵視化と日中韓トライアングル（1989〜2010年）

則論を打ち出した。それは2003年に1996年の台湾海峡危機時、米空母艦隊の台湾海峡付近への派遣が当時の橋本首相からクリントン米大統領への強い要請によるものは、日本のメディアによって暴露されたためであろう。胡錦濤は2003年から台湾問題を「中国の核心的利益に属する問題」だと規定した[14]。いわゆる「核心的利益」とは、政権の存在意味に関わるような決して譲ることのできない国益であり、「核心的利益外交」は、胡錦濤政権から中国の外交行動パターンの1つとなった。

　胡錦濤発言の2つの段落をあわせて読むと、「胡錦濤二原則」に反すれば日中関係の政治基礎が崩れることになり、そこで小泉首相を外交の相手としないこと、その代わりに政党と民間交流を強めることという二段政策は、胡錦濤の対日政策であることが分かる。この1月政策会議に、「党中央対日外交工作領導小組（対日本外交指導グループ）」の設立、今後も毎年1月に定例政策会議を開くことが決められた模様である。

　神崎は胡錦濤の発言を小泉に伝えたと思われる。この2月から、胡錦濤は公表なしで副首相と国務委員レベル以上の政府首脳の訪日をすべて止めた。

2　小泉による対中全イシュー対抗と対韓シャトル外交

(1)小泉外交の「心情」、「信条」

　小泉は靖国神社への参拝を個人の「精神の自由、心の問題」としながら、植民地支配と侵略に対してお詫びをし、自分が「日中友好論者」でもあると繰り返して発言していた[15]。小泉は後者についての姿勢をもって前者の問題をクリアしようとした[16]。小泉外交は「心情」、「信条」といった要素により、強く左右されているといえる。

　「胡錦濤二原則」は、中国の国民感情にかかわる歴史認識問題において小泉の「心情」、「信条」が受け入れられる余地はないことを示した。小泉外交の靖国問題は、歴史認識と国益認識というより、日中間に存在する「心情」と「信条」

---

14)「唐家璇　パウエルと会談」『人民日報』2003年1月21日。なお、同紙2003年2月24日、2004年9月21日、10月10日、11月21日。
15)『産経新聞』2006年1月5日。
16) この時期の対小泉外交は当時の中国外相唐家璇が後に書いた回顧録にも、詳細に記述されている。唐家璇、前掲書、14-22、32頁。

のぶつかり合い、いい換えれば文化レベルでの色彩が際立つ。

「胡錦濤二原則」が小泉に伝えられてから、日本の対中外交は、全シューにわたる対中対抗と思われるような行動を次から次へと繰り出した。小泉は、日中間にさまざまな問題があるので、靖国神社参拝さえなければよい日中関係になるものではない旨の発言を繰り返し[17]、中国の目には、小泉がそれを裏付けるためにさまざまな問題をイシュー化していったようにも映った。

(2)領土問題のイシュー化と国際化

まずは領土問題のイシュー化である。日中国交正常化以来、日中両国は尖閣諸島（中国で「釣魚島」）の領有問題の沈静化をはかってきたが、小泉は尖閣諸島問題に米国を引き入れて同盟対抗のイシューにし、国際化した。

2004年3月24日、日本側からの工作を受けてブッシュ（George Walker Bush）政権のエアリー（Adam Airly）国務省副報道官は、記者会見で尖閣諸島は、日本の施政下にある地域なので日米安保条約第5条に適用されるという旨を初めて公式に明言した[18]。前クリントン政権時に、駐日米大使モンデール（Walter Frederick Mondale）は「尖閣諸島は日米安保の対象ではない」と発言していた[19]。

24日早朝、香港民主派と台湾独立志向の陳水扁政府に反対する台湾人活動家は、前日に出漁という口実で香港警察の制止を振り切って尖閣諸島へ出航し、そして日本海上保安庁の巡視船の阻止を破り、7人は魚釣島に上陸した。反体制派の活動家たちは、中国と台湾の権力当局に困らせることを目的としていた。

小泉政権は「中国人」による尖閣諸島への侵入を口実に用いて、米国務省に意思表明を求めたわけである。

日本の外務当局は当初、尖閣諸島への日米安保条約の適用について消極的であった。それは自ずと外国に日本の領土問題の発言権をもたせることになり、尖閣諸島問題の国際化をもたらすことで不利益を蒙る恐れがあるためである。日本政府は1985年4月の安倍晋太郎外相による「中国との間に尖閣諸島の領有権をめぐって解決すべき問題はそもそも存在しない」との発言から、尖閣諸島に関する領有権問題が存在しないという立場を採ってきた。しかし当の米国

---

17)『産経新聞』2006年1月1日。
18) 春名幹男『米中冷戦と日本』PHP研究所、2013年、27頁。
19)『ニューヨーク・タイムズ』1996年9月15日、10月20日。『産経新聞』1996年11月2日夕刊。

は、尖閣諸島のことを口にすると、日本の施政権を支持するものの、領有権については立場を取らずに日中で対話するという公式を発言し、領有権を主張する日本の立場にとっては不都合である。

ところが、小泉はそれまでの外務当局の慣行を破った。それから、日本政府は米国による意思表明を頻繁に求めることにした。

中国政府は日米に批判と抗議を繰り返し、日米安保条約第5条の適用について、次の問題を指摘して批判した。

第5条に用いる「territories」は「領土」に訳されるが、日本政府はあえて「領域」に誤訳している。米国が尖閣諸島を日本の領土と認めていないので、第5条の適用はできない。では、第5条の英語と日本政府の日本語文を下記に記しておく。

ARTICLE NO.5：Each Party recognizes that an armed attack against either Party in the territories under the administration of Japan would be dangerous to its own peace and security and declares that it would act to meet the common danger in accordance with its constitutional provisions and processes.

第5条：各締約国は、日本国の施政の下にある領域における、いずれか一方に対する武力攻撃が、自国の平和及び安全を危うくするものであることを認め、自国の憲法上の規定及び手続に従って共通の危機に対処するように行動することを宣言する[20]。

(3)東シナ海ガス田の問題化

領土問題に続いて、5月28日から日本のメディアは、一斉に中国の東シナ海ガス田開発を書きたて、6月8日に日本政府は、中国に当該問題を公式に問い質してイシュー化した[21]。日本は中国と共同開発を行ってきた英米系石油メジャーのシェルとユノカルにも撤退を働きかけ、両社は埋蔵量が豊かでないことにも鑑みて投資を損失として処理し撤退した[22]。

中国の東シナ海ガス田開発は、1980年代半ばから20数年間行ってきたが、日本から問題提起されたことはなかった。中国の開発は、すべて日本が主張している日中中間線の中国側で行われ、むしろ日中中間線を黙認しているという

---

20) https://www.mofa.go.jp/region/n-america/us/q&a/ref/1.html。https://www.mofa.go.jp/mofaj/area/usa/hosho/jyoyaku.html。
21) 『中日新聞』(日本) 2004年5月28日、『朝日新聞』(日本) 2004年6月9日。
22) 『日本経済新聞』2004年10月1日。

既成事実を作った。日本の立場にとって有利な出来事であるため、日本の外務当局は黙ってきたが、小泉は政策を転換してイシュー化することにした。

日本側は中国側が海底から中間線日本側のガスを吸い取ってしまう恐れがあるというストローロジックを説いた[23]が、それはまさにかつてイラク大統領フセイン（Saddam Hussein）がクウェートへ軍事侵攻したとき、使った口実であり、クウェートのルメイラ油田が地下からイラク側の資源を吸い取ったという。世界で油田やガス田は、複数の国を跨ぎ、また複数の開発会社の所有領域を跨ぐ場合がいくらでもあるが、業界の常識は、間に100メートルの距離をとるものである[24]。中国の東シナ海ガス田は、日本が主張している日中中間線から5000メートルも離れている。

10月25日、日中は初めての事務レベル会談を行ったが、日本は中国からの共同開発の提案を拒否し[25]、問題化し続けるとした。

(4)「価値観外交」の始動と日韓シャトル外交

東シナ海ガス田問題が起こる同じ6月に、日本は国連安保理常任理事国入りを目指す政策を打ち出した[26]。「消極派」として知られている小泉首相は、突然積極派に転身して9月21日に国連大会で意思表示の講演を行い、同じ日にブッシュ米大統領と会見して「支持」の言質を引き出した[27]。小泉は敢えて国連常任理事国の地域代表としての性格を否定し、立候補に当たっての中韓等東アジ諸国との相談を拒否した。小泉は国連常任理事国入りを真剣に目指しているというより、個人の心情で中韓に反発しているのであろう。

また、2005年2月19日、町村信孝外相の強い求めがあって、日米安保協議委員会（日米の外相と防衛相からなる2＋2会合）は、日米同盟の共通の戦略目標に「台湾海峡を巡る問題の対話を通じた平和的解決を促す」という1カ条を盛り込んだ[28]。これは初めての日米同盟の台湾問題への適用の動きであり、かつ日本からのイニシアティブであった。

---

23)　薮中三十二『国家の命運』新潮社、2010年、147頁。
24)　進藤榮一『東アジア共同体をどうつくるか』筑摩書房、2007年、222-223頁。
25)　『日本経済新聞』2004年10月27日。
26)　『読売新聞』（日本）2004年6月29日。
27)　『読売新聞』2004年9月22日。
28)　『日本経済新聞』2005年2月20日。

第5章　地政学の罠・日中の敵視化と日中韓トライアングル（1989～2010年）

　さらに、日本はEUが検討している対中武器輸出解禁に強く反対すると同時に、「価値観外交」を打ち出して「日米豪印連携」やアセアンから東欧へ繋ぐ「自由と繁栄の弧」等の構築を唱えるようになった。中国の目には、中国包囲網でも企んでいるのではないかと映った。

　同時期に、小泉は「日韓シャトル外交」を韓国に持ち掛け、日本の首相と韓国大統領は、年1回相互訪問する計画であった。下の表のように2004年7月の韓国済州島、同年12月に日本の指宿市、2005年6月にソウル市で3回を実行したが、やはり靖国参拝問題、日本の国連常任理事国への立候補問題などに、韓国官民は強く反発するようになり、シャトル外交は中止になった。後の福田康夫首相は、2008年4月に李明博（イミョンバク）韓国大統領と3年ぶりにシャトル外交を復活させたが、2010年に竹島（韓国は実効支配、韓国語で「独島」）の領土問題について、島根県が「竹島の日」を制定したことで、韓国は強く反発してシャトル外交を拒否し、今日に至っている。

	開催日	開催地	日本	韓国
第1回	2004年7月21日	韓国・済州道	小泉純一郎	盧武鉉
第2回	2004年12月17日	日本・指宿市	小泉純一郎	盧武鉉
第3回	2005年6月20日	韓国・ソウル特別市	小泉純一郎	盧武鉉
第4回	2008年4月21日	日本・東京都	福田康夫	李明博
第5回	2009年1月12日	韓国・ソウル特別市	麻生太郎	李明博
第6回	2009年6月28日	日本・東京都	麻生太郎	李明博
第7回	2009年10月9日	韓国・ソウル特別市	鳩山由紀夫	李明博

出所：著者作成。

　靖国神社参拝から「自由と繁栄の弧」まで、この時期の日本外交のさまざまなアクションは、どれ1つも国益に利するものにはならず、またどれ1つも勝ち目が見込めないものである。小泉らは「心情」「信条」を曲げず、成敗を問わず、ただ「毅然とした姿勢を貫く」ことに拘った。そして彼らの政策の中身ではなく彼らの姿勢のほうが、メディアからも国民の多くからも支持、喝采を受けた。「毅然として」「頑張った」、「力尽き」て「桜が散った」といった哀情の美意識に満足感を自己陶酔し、このような日本外交の振る舞いは、「サムライ外交」、「桜外交」、「神風特攻外交」ふうの行動パターンと呼ぶことができよう。

3 中国:小泉首相を外交の相手としないことへ　戦後初の全国反日デモ

2004年9月21日、中国外交部の孔泉(こうせん)スポークスマンは、小泉が国連総会で安保理常任理事国入りへの立候補を演説する直前に、国際社会で第1号となる実質上の反対発言を行った[29]。彼は、国連は金を多く出しているから取締役になれるような株主総会ではない、といった侮辱的な言葉を吐いた上、日本の歴史認識問題の解決、それに立候補における発展途上国の優先を原則として強調した。

翌10月、温家宝(おんかほう)首相は時間がないことを理由に、ハノイで開かれたアジア欧州首脳会議(ASEM)での小泉首相との会談を拒否した。江沢民時代は、小泉が靖国神社の参拝を続ける限り、首脳の相互訪問は行わないが、国際会議の場では会うという政策ラインで動いた。胡錦濤はこのラインを破ったわけである。

後の11月、中国が小泉からの(靖国神社参拝のこと)「慎重に対処する」という言質を前向きの約束として受け止めたため、胡錦濤はチリで開かれたAPEC首脳会議で小泉との会談に応じることにした。

中国外交部は小泉が「胡錦濤二原則」に応じる可能性について判断して胡錦濤に進言することになるが、外交官僚出身でジャパニーズ・スクールの唐家璇国務委員・王毅大使チームは、外交官僚特有の「友好外交」の行動パターンで動きがちであり、関係改善という実績願望から、対日判断に常に甘かった[30]。

2005年1月に「胡錦濤二原則」の提出の1周年の2回目の対日外交工作領導小組会議で、胡錦濤首脳部は対日政策の総括を行い、小泉からの妥協の傾向を確認した上、後に温家宝総理が発表した「対日三建議」をまとめたと思われる。3月14日に発表された「温家宝三建議」は、首脳訪問のための雰囲気作り、関係発展についての戦略的会談、歴史問題の適切な対処からなっていた[31]。温家宝の建議は、次のようにいい換えられよう。「雰囲気作り」とは、小泉首相が靖国神社に行かないことにすれば、首脳訪問を行う環境が整ったことになり、「戦略的会談」とは、日本の安保理常任理事国入りと胡錦濤二原則で条件交渉を行うことを中心に、日中関係の長期安定の枠組みを作っていくというこ

---
29)『人民日報』2004年9月22日。
30) 唐家璇の回顧録には、数回中国首脳が小泉との会見に応じた経緯が記されている。唐家璇前掲書、19-20、30-31頁。
31)『人民日報』2005年3月15日。

第 5 章　地政学の罠・日中の敵視化と日中韓トライアングル（1989 〜 2010 年）

とであろう。

　ところが、温家宝建議の前後に後の 5 月に、起こった戦後初めての大規模な反日デモが醸成される雰囲気は、中国社会で広がっていった。

　2 月 19 日、前述したように日米安保協議委員会で日米同盟の戦略目標に「台湾海峡を巡る問題の対話を通じた平和的解決を促す」という 1 カ条が盛り込まれた[32]。中国外交部は、いつもの米日の主従関係の中で作られたものだと思って対日批判をしなかったが、たまたま 3 月 8 日午後、訪中中の筆者は清華大学国際問題研究所での研究交流会で、閻学通所長と劉江永副所長らに、日米同盟の戦略目標に台湾問題が盛り込まれたことについて、今回は日本が主謀者であると分析した。その後「日本主謀論」は 3 月 20 日、21 日を境に中国政府の基本認識となっていったようである。この 2 日間にライス（Condoleezza Rice）米国務長官は、北京を訪問した。ライスが中国側の問い質しに応対して「日本からの提起」を認めてしまったためか、22 日に中国外交部スポークスマンは、日本の安保理常任理事国入りに対して反対の姿勢をはっきりと表明し、23 日に中国の国際情報紙『環球時報』は、筆者の「日本主謀論」を論じる発言を時評として掲載した[33]。

　続いて 28 日、米国で 24 の華人団体は、日本の安保理常任理事国入りに反対するネット署名運動を宣言した。この米国発のネット署名運動は、中国国内でも大掛かりに行われ、明らかに中国当局から支持された[34]。ネット署名運動は、中国国内の反日の雰囲気を醸成し、高揚させていき、4 月に戦後初めての大規模な反日デモの発生につながっていった。

　小泉政権期の中国の対日政策は、戦略的協調関係としての「大国外交」と善隣関係としての「周辺外交」が基本であったが、その裏返しには、大国間の戦略的対抗と周辺国に対する「懲罰外交」というものに変わっていった。中国の大国意識と周辺意識は、現実の国益意識に基づくものだけではなく、文明史における中心大国という歴史意識の伝承よりのものでもある。かつて鄧小平はベトナムに対して国境戦争を発動する前に、それを「懲罰」と呼んだ。胡錦濤は「核

---

32)『日本経済新聞』2005 年 2 月 20 日。
33)『人民日報』2005 年 3 月 23 日。趙宏偉「日本の外交政策の特徴」『環球時報』（北京）2005 年 3 月 23 日。
34)『環球時報』（北京）2005 年 3 月 29 日。

心的利益」としての台湾問題への日本の介入に対する懲罰として、国連常任理入り問題に絞って日本に対し集中攻撃を発動した。

同じ時期に、日本とは対照的に盧武鉉(ノムヒョン)韓国大統領は「韓国の同意なしに駐韓米軍が東北アジア地域の紛争に介入すべきではない。これはいかなる状況下でも譲ることのできない原則だ」と公言し、ダウナー（Alexander Downer）オーストラリア外相は「台湾海峡の戦争に対して、オーストラリアには米国に協力して台湾を守る義務がない」と言明した[35]。後、米国も2007年の次回の日米安保協議委員会で「台湾条項」を取り消した[36]。米国はかつて1972年のニクソン訪中時に、中国との間に日本に台湾への介入をさせないことなど一連の合意を交わし[37]、それらはいわゆる「米中1972年体制」であった。中国は米国にそれらの合意への想起を促したと思われる。

日本政府は、05年4月にインドネシアで開かれるバンドン会議50周年記念首脳会議での小泉・胡錦濤会談を強く求めてきた。唐家璇国務委員は、来訪の町村外相に対して「歴史認識問題、台湾問題、東シナ海ガス田問題」への善処という三条件を示した[38]。東シナ海ガス田問題も小泉政権が中国に対抗するために作り出した問題の1つだと、中国はみている。

町村外相は台湾独立を支持しないこと、東シナ海天然ガスの共同開発を交渉の議題とすることに同意すると表明し[39]、また、小泉が閣僚に春の靖国神社大祭に行かないことを指示したこと、ジャカルタでの演説の中で、日本の首相として初めて国際会議の場でかつての植民地支配と侵略に対するお詫びを行うことを伝えたようである。

小泉は4月22日にジャカルタで106カ国の首脳と政府代表の前で次のような発言を読み上げた。

　「我が国は、かつて植民地支配と侵略によって、多くの国々、とりわけアジア諸国の人々に対して多大の損害と苦痛を与えました。こうした歴史の事実を謙虚に受け止め、痛切なる反省と心からのおわびの気持ちを常に心

[35] 『環球時報』（北京）2005年3月11日。『人民日報』2005年2月7日。
[36] 『中国時報』（台湾）2007年5月6日。
[37] 毛里和子・毛里興三郎訳『ニクソン訪中機密会談録』名古屋大学出版会、2001年初版、2016年増補版、7-8、48-49、102-103頁。
[38] 『人民日報』2005年4月13日。
[39] 『人民日報』2005年4月13、15日。『日本経済新聞』2005年4月22日。

第 5 章　地政学の罠・日中の敵視化と日中韓トライアングル（1989〜2010 年）

に刻み…」[40]。

小泉発言はかつての「村山発言」を超えるレベルものであった。

翌 23 日に、胡錦濤は小泉と会見した。胡錦濤は小泉に「いちいち議論したくない。行動を見せてください」と厳しい言葉を発した[41]。

中国外交部は三度小泉を甘く判断し、愛知万博の中国館の行事で訪日する呉儀副総理と小泉首相との会見を積極的にセッティングし、日中関係の改善を目指した。しかし呉儀が日本に着いた 5 月 17 日に、日本の新聞各紙に 16 日の小泉の国会での発言「いつ（参拝に）行くか、適切に判断する」「他国は内政干渉すべきではない」が伝えられた。呉儀は胡錦濤に次ぐ共産党中央外交指導グループ副長であるが、外交官僚出身ではないため、「友好外交」の行動パターンに馴染まず、直ちに胡錦濤に電話して小泉との会談をキャンセルすることを提案した。胡錦濤は呉儀の提案を受けて、会談中止を決断した。23 日、予定される小泉・呉儀の会談の数時間前に、中国大使館は日本外務省に会談のキャンセルを告げた[42]。

「呉儀ドタキャン」と呼ばれたこの攻めの外交は、中国外交部の迷いを断たせ、1 年ほど前に決定された「小泉を外交の相手としない」という胡錦濤の対日政策を徹底させた。

4　日本の国連常任理事国入りの企みと中国の対日敵視化

中国は日本の歴史認識問題を国際問題化する施策を進めるようになり、それは日本の国連常任理事国入りに反対する対日外交と呼応しあっていた。

在米華人・韓国人団体による日本の安保理常任理事国入り反対のネット署名運動は、日本の歴史認識問題を国際問題化するための最初の動きであり、5 月 19 日に中韓と東南アジア諸国の人々からの 4200 万人分の署名を国連事務総長に提出し、またその場で運動の重心を国連本部での日本の戦争犯罪の展示宣伝にシフトすることを宣言した[43]。

4 月に中国の主要都市で発生した空前規模の反日デモも、世界範囲内で日本

---

[40]『日本経済新聞』2005 年 4 月 23 日。
[41]『日本経済新聞』2005 年 4 月 24 日。『人民日報』2005 年 4 月 25 日。
[42]『日本経済新聞』2005 年 5 月 22 日。
[43]『環球時報』（北京）5 月 20 日。

の歴史認識問題を際立たせ、そして前述の呉儀ドタキャンは、日中関係の決裂を国際社会に見せ付けた。6月1日、2日に、迷いを断ち切った中国外交部は、安保理改革による常任理事国増員の場合、日本が立候補する案が出されたら反対票を投じ、最終段階に来たら拒否権を行使すると繰り返して言明した[44]。中国は韓国とロシアとも共同歩調をとり、日本の孤立化をはかった[45]。

また、インドネシアは2004年9月に国連総会で安保理常任国が増員になる場合、立候補する意欲を示していた。2005年4月25日、胡錦濤はジャカルタでインドネシアのユドヨノ (Susilo Bambang Yudhoyono) 大統領と両国の戦略的パートナーシップに関する共同宣言に調印した。この共同宣言の政治分野の中には、国連改革について言及した部分がある。そこには「今回の国連改革では、発展途上国の国連の政策過程における決定権、参加権を確保・保障することが重要だ」と書かれている[46]。つまり今後の国連における東アジアの代表格は、日本ではなく、中国とインドネシアであると確認しあった。

インドネシア大統領は、5月31日から日本を訪問したが、1800億円の円借款を手に入れたものの、日本の安保理常任理事国の立候補への支持表明を保留した[47]。そして6月8日、インドネシア外相は、日本に対して反対の立場を正式に表明した[48]。

その前日の6月7日、中国外交部は国連改革についての「ポジションペーパー」を発表し、日本の国連常任理事国志望を念頭に「地域の合意」を立候補の原則として強調してみせた[49]。

さらに、10月に中国はアフリカ連合に対して「中国と敵対する国の常任理事国入りを支持する投票をした場合は、中国はアフリカの代表国の常任理事国入りを支持するという今までの立場を変える」と伝えた[50]。中国の外交官は、小泉日本を「敵対国」とまで認定したわけである。アフリカ連合は結局、中立の立場に回った。

---

44)『日本経済新聞』2005年6月2日。
45)『日本経済新聞』2005年5月9日。『人民日報』2005年6月4日。
46)『人民日報』2005年4月27日。
47)『日本経済新聞』2005年6月3日。
48)『朝日新聞』2005年6月9日。
49)『人民日報』2005年6月8日。
50)『朝日新聞』2005年11月2日。

第 5 章　地政学の罠・日中の敵視化と日中韓トライアングル（1989〜2010 年）

　安保理常任理事国の増員は、米英が既得権益の固執から認めるはずはない。中国は日本の主張に反対しなくてもよいが、敢えて先頭に立って反対して、中国のいう正義、及び中国のパワーを見せ付けようとした。しかしその反面、日中の国民感情がさらに悪化した。

　日本の歴史認識問題について、つい米国も批判の声をあげるようになった。2005 年 7 月に、米上下両院総会は「対日戦勝 60 周年決議」を全会一致で採択し、10 月 17 日、小泉が靖国神社を参拝した翌日に、ハイド（Henry J. Hyde）米下院外交委員長の名で日本に抗議書簡を出すことに決めて、20 日に「公開書簡」という形で米国駐在日本大使宛に送付した。「ハイド書簡」は、靖国神社を日本軍国主義のシンボルとして批判した上、靖国参拝が米国の利益を害し東北アジアの安全保障にまでも支障をもたらしていることを指摘した[51]。ちなみに、日本の大新聞各紙は「ハイド書簡」をニュースとして即時に掲載せず、注目が集まらないように扱った。

　靖国神社への参拝について、かつて 1985 年の中曽根康弘首相が公式参拝の後、日中韓の間で口頭申し合わせとして、首相、官房長官、外相は参拝しないが、その他の閣僚、議員による参拝には不問という了解ができていた。中韓は日本の靖国文化に理解があるが、米国政治家は、むしろ靖国神社を軍国主義のシンボルとしてしか認識していない。中韓政府は、小泉が前述の「了解」を破ってから、日本の他の閣僚や国会議員たちの靖国神社参拝に対しても直ちに非難と抗議を行うようになった。

　11 月に日本に来ているブッシュ大統領は、日本の孤立化を懸念して小泉に中国についての認識を問い質し、日中韓の関係改善を促した。小泉は「私は日中友好論者だ」と答えた。12 月、1 月にゼーリック（Robert Bruce Zeellick）米筆頭国務副長官は複数回日本に、対中関係の改善に動くように強く求め、米中日 3 者による歴史共同研究まで提案した[52]。米中日による歴史共同研究になると、戦勝国米中は、歴史認識問題において日本を共同管理するようなことになってしまい、日本は応じなかった[53]、後の安倍内閣は、「日中歴史共同研究」を中

---

51)『東亜日報』（韓国）2005 年 10 月 24 日、『日本経済新聞』2005 年 10 月 27 日。
52)『日本経済新聞』2005 年 12 月 31 日、2006 年 1 月 24 日。
53) 趙宏偉「『日本問題』？米中共同管理へ？」中国研究所編『中国研究月報』2006 年 2 月号、44-47 頁。

国側に提案して、スタートさせた。米国はポスト小泉に見据えてその政策の変更を期待して圧力をかけ続けていた。

III 「入亜」の頓挫と領土問題の構造的要因化（2006～10年）

　小泉政権期に、日中韓関係は敵視関係にまで悪化したが、それは自ずと日中韓、東アジア地域、さらに国際社会にとって解決しなければならない課題に押し上げた。続く安倍晋三政権は、まず日中韓関係の緊張緩和を取り組んだが、「アジアの一員」という理念をもって日中関係の本格的な回復を取り組んだのは、次の福田康夫政権であった。この時期から、「入亜」ともいえる日本外交の新しいプロセスが始まり、2009年からの民主党政権も、入亜への道を一進一退に歩んでいた。

　中国は日本の入亜の傾向を歓迎し、大国外交としての日本との戦略的協調、周辺外交としての日本との善隣関係、及び東アジア地域統合への取り組みといった対日基本政策を再スタートさせた。

　ところが、この時期から、日本の政局は不安定を極め、自民党の安部晋三内閣（2006年9月～07年9月）、福田康夫内閣（～2008年8月）、麻生太郎内閣（～2009年9月）から、民主党の鳩山由紀夫内閣（～10年6月）、菅直人内閣（～2011年9月）、野田佳彦内閣（～2012年12月）まで年毎に政権の崩壊が繰り返される中、芽生えた「入亜」の「苗」も、早くも枯れ、オバマ米大統領が「アジア回帰」「アジア太平洋リバランス」を打ち出した2011年頃から、西側の一員、日米同盟への従属に籠ることになった。

1　安倍第一次内閣と「日米豪印連携」

　安倍は最右翼でタカ派に位置づけられる日本の政治家であるが、着任早々2006年10月に「雪解け」と呼ばれる訪中を行い、日中関係の緊張緩和に努めた。安倍は中国側に両国関係の性格付けとして「日中戦略的互恵関係」を提案した[54]。中国は安倍の提案を受け入れて安倍の訪中を高く評価して、日中関係

---

54) 当時の中国駐在大使は、後の回想録に書き記した。宮本雄二『これから、中国とどう付き合うか』日本経済新聞社、2010年、135-144頁。

第 5 章　地政学の罠・日中の敵視化と日中韓トライアングル（1989～2010 年）

をプラス方向へともっていこうとした。「戦略的互恵関係」は、それから 2019 年現在に至って日中関係を規定する用語として用いられた。

　ところが、「戦略的互恵関係」は安倍にとっては、1998 年の江沢民訪日時に日本側が拒んだ「戦略的」という用語の使用のかわりに、当時宣言された「日中友好協力パートナーシップ」をもなくすことにして、日中関係を「友好」によって拘束される特殊関係から、感情抜きでの利益に基づく普通の国同士の関係に降格するものであった。実は、安倍は 1998 年に訪日の江沢民が「日中友好人士二世」との会見の席で、若き衆議院議員として前記の意識を発言していた。安倍第一次内閣期に、安倍は「日中友好」の四文字を口にしたことはなく、歴史上両国の国民運動になるまで発展していた日中友好は終焉を迎えるようになったといえる。

　安倍は靖国神社の参拝をしないことにしたが、戦争責任を認める小泉と異なり、「戦後体制の脱却」を唱えて戦争犯罪の否認とナショナリズムの高揚に努めた。その中で、安倍は 3 月 17 日、26 日、国会で従軍慰安婦の強制動員への日本軍の関与を否定する発言を行い、それは国際社会で非難の嵐に晒された。EU や米国、カナダ等主要国の議会は、日本政府の謝罪と政府賠償を求める決議を次から次へと採択したほどであった。

　対中牽制外交として、安倍は当時の外務大臣、後の首相の麻生太郎と二人三脚で「価値観外交」、及び日本から東欧までとしての「自由と繁栄の弧外交」を掲げ、とりわけ「日米豪印連携」を作り上げようとした。当時、「スモール・ナトーの結成」だとも日本のメディアから喧伝されていた。

　ところが、2007 年 8 月 9 日に小池百合子防衛相が訪米してライス国務長官に「日米豪印共同安保体制」の構築を鼓吹したところ、ライスは「慎重にしたほうがいい。中国には誤ったメッセージを送ることになりますから」「印度は非同盟の国で、1 つの独立した存在です。印度とは個別の問題で協力関係を発展したほうが適切です」と話して否定の意思を告げた[55]。

　しかし、安倍は相変わらず 8 月 20 日にインドネシアで「価値観外交」を公式に提示し、続く 22 日に印度国会での講演の中で「日米豪印戦略対話構想」

---

55)『毎日新聞』2007 年 8 月 10 日。

を正式に打ち上げた[56]。ところが、その直後、安倍は支持率の低下による心労で持病が悪化して辞任を余儀なくされた。

2　福田内閣からの「入亜」とその頓挫

　2007年9月、福田康夫は首相に就任した。彼は記者会見と「所信表明演説」の中で「国連、日米同盟、アジアの一員」という順序付けを行い、「日米同盟とアジア外交の共鳴」を外交理念として語り、アジア政策について「中韓ロシアを含む東アジア経済共同体の構築」を訴えて、中国、韓国、アセアン、ロシアの順で4つの外交相手を取り上げた[57]。所信表明演説の中に印度やオーストラリアの国名はなかったが、ロシアを「アジア」にした。福田は安倍・麻生ラインの「価値観外交」「日米豪印連携」を放棄し、日本の首相としては、初めて「アジアの一員」という立ち位置で外交理念とアジア政策を打ち出した。後2009年からの民主党鳩山政権も、従属より対等な日米同盟関係や東アジア共同体の樹立を外交理念と政策として掲げ、日本は「脱亜入欧」から150年余り、ついに「入亜」へという歩みをみせ始めたといえよう。

　胡錦濤は2008年5月に訪日し、日中は国家レベルの第4の共同文書である「日中共同宣言」を結び、戦略的互恵と未来志向を定めた。日中間では、歴史認識問題、台湾問題、価値観外交等が沈静化し、残りの問題は小泉以来作り出されて国民感情に悪影響をもたらしてきた東シナ海ガス田問題が一番のトゲであった。福田と胡は、解決が難しい東シナ海ガス田問題について、両国のメンツを立てつつ、その非問題化、つまり棚上げにすることを目指したと思われる。

　6月18日、両国政府は、東シナ海ガス田問題についての「日中合意」を発表した[58]。「日中合意」は、両国の責任者の署名がないニュース文書という形を取り、これで両国内で起こり得る反対世論になんとか対応しようとした。合意の主な内容は、日中中間線を跨ぐ2700平方キロの「日中共同開発水域」の設定、及び中国側が開発済みの「春暁」(後に日本では「白樺」と名付け)ガス田に、中国法に従って日本企業が外資企業として資本参加する形での共同開発であった。

---

56) 同上、2007年8月21日、23日。
57) 『日本経済新聞』2007年10月2日。
58) 『人民日報』、『日本経済新聞』2008年6月19日。

第5章　地政学の罠・日中の敵視化と日中韓トライアングル（1989〜2010年）

東シナ海の開発海域はガスの埋蔵量が少なく、とりわけ「春暁／白樺」の推定埋蔵量は、日本の20日分の需要を満たす程度と推定されている[59]。中国の場合は、国有企業が投資しているが、日本の場合は、民間企業は収益が見込めない投資をするはずはなく、日本政府も税金を注ぎ込むことはできない。したがってこの「合意」は、はじめからもそれを実行して問題の解決を目指すためのものではなく、東シナ海ガス田問題をニュースの話題から消え去らせて、日中関係の中で非問題化して棚上げにするためのものであった。

ところが、2008年9月から福田政権の跡を継いだ麻生太郎政権は、中国側に共同開発の交渉入りを求めないものの、1月、7月、8月三度に中国の開発活動に抗議してニュースの話題を作ったりした。2009年9月からの鳩山民主党政権は、2010年5月、続く菅首相は、6月、7月に中国側に交渉開始を繰り返して求め、初会合まで開かせた。

東シナ海ガス田問題において、日本の与野党は国内の政争を目的に日本の対外関係までイシュー化する行動パターンが観察できよう。麻生首相の場合は、価値観外交から派生した「自由と繁栄の弧外交」の発明者として自負し、中国をその弧の包囲対象と位置付けているので、日中間の問題の沈静化よりも、逆にその問題化を好み、頻繁に東シナ海ガス田問題を取り上げていた。民主党の場合は、党として「中国包囲」を企んでいないものの、政争の中で日米同盟への忠誠の意思表示、そして国民には対中外交で決して弱腰ではないパフォーマンスを演じようとしていた。

政争に絡んで、与野党は領土問題を日中関係を左右する構造的要因にエスカレートさせていった。2008年12月8日、中国の公船は、初めて尖閣諸島の領海内に入った。後にそれは偶発の出来事であったことがわかったが、70日間も経った後に、2009年2月26日に野党民主党の前原誠司副代表は、この出来事を取り上げて、日米安保の尖閣諸島への適用について「米国側に確認してほしい」と求め、麻生首相は「近々に再確認する」と応じた。その後に、オバマ政権は日本側からの確認に肯定の見解を示した[60]。これは国内の政争を目的とする日本外交の行動パターンの表れであろう。

---

59)『毎日新聞』2010年7月28日。
60)『読売新聞』2009年3月5日。

その政治社会面での環境要因として、2010年前後からの情報化社会の形成に伴うメディア・ポピュリズムの勃興があげられる。伝統的なポピュリズムと異なり、メディア・ポピュリズムは、スマートフォンの普及に伴って今まで単なる受信者だった民衆が、誰でも発信者にもなり、手早く容易く作り出される世論の津波というものである。メディア・ポピュリズムは、日中関係の全面対抗の時期には、両国の対抗政策の支えになりうるが、関係回復期には、和解を阻む力にもなる。

メディア・ポピュリズムは、中国でもしばしば外交政策にインパクトを与え、日本のメディアも、中国の人々や政治家たちにおける親日と反日の話題を好んで伝える。ただし、日本と異なる点は、一党独裁がゆえに中国国家の自律性が強いこと、そして輿論に対し規制できることである。例えば、中共中央宣伝部は、小泉政権の任期満了と共に公共メディアに「日本についてのマイナスニュースを報道しないよう」という通達を出していた。中国国家は、外交政策の選択肢が輿論によって狭められることを許さない。もちろん、情報化社会の形成に伴って中国でもメディア・ポピュリズムが流行るようになった。「憤青（怒る若者）」と呼ばれるネット言論者たちは、メディア・ポピュリズムを煽り、中国の対日外交にしばしばインパクトを与える。

3 同盟の従属と同盟の忖度

日本の外交には同盟の従属という行動パターンがあると前述した。その場合は自ずと米国の好悪を忖度してから従属するというプロセスを辿り、そして同盟の忖度という思考様式をもつことになる。

麻生内閣の崩壊後に成立した民主党鳩山内閣は、東アジア共同体を提唱し、米中との「対等三角関係」を主張し、普天間米軍基地の国外または沖縄外への移設を求めることなど、入亜への外交姿勢を鮮明に示したが、官僚、野党自民党に加えて与党の主要閣僚からも、抵抗されて政権そのものが分裂・弱体化していった。鳩山首相は普天間基地の移設問題の対米再交渉を再三に指示したが、野党の自民党がともかく、与党の閣僚もそして官僚たちも、真剣に取り組むといった姿勢をみせず、最初から「米国が認めないから無理だ」と忖度していた。

日本の政官界には、米国に嫌われたら政権が続かないというジンクスがある。

第5章　地政学の罠・日中の敵視化と日中韓トライアングル（1989〜2010年）

鳩山首相が米国から嫌われていると忖度すると、当の米国からの作為の有無に関係なく、日本の与野党も官僚集団も、鳩山首相に対し非協力に転じ、そして権力争奪の政争を繰り広げるようになった。鳩山内閣の崩壊は、一米軍基地の移設の失敗によることが日本では常識のように語られてきたが、他国では理解しがたい非常識の部類になる。日本の「入亜」は、同盟への忖度が直接の原因となって頓挫した。次の菅直人内閣は、まさに鳩山内閣の教訓を銘記し、日米同盟を第一とし、対中国に決して弱腰をせずといった姿勢の顕示に心がけていた。そんな中で尖閣諸島水域での漁船接触事件は偶発した。

IV　「9.7 尖閣諸島／釣魚島水域漁船接触事件」（2010年）

1　「9.7 尖閣事件（略称）」の経緯

2010年9月7日、尖閣諸島から12海里の領海内で、中国漁船は、日本海上保安庁の巡視船から退去命令を受けて退去していったが、公海上で巡視船に船首を直近距離で回されている中で2回接触し、午前11時ごろ公海上で停船させられた。民主党の「代表選中の菅直人首相から対応を一任された仙谷由人官房長官は、官邸で2度、関係者を集め対応を協議し」、そして前原誠司国土交通相、岡田克也外相からの強い主張を受け入れて、海上保安庁が求めた通り、日本国内法に基づき公務執行妨害容疑での逮捕・裁判という政治判断を下し、15時間ほど経って8日早朝に、中国人船長と船員15人は、公海上で正式に逮捕された。

13日に船員14人は、釈放されたが、船長に対して石垣簡裁は、10日間の拘置を決めた。両国の関係筋の間には、「政治判断で19日に略式起訴と国外追放をする」という一致した予想があったが、それは外れた。今回、日本政府は、政治判断を避けることになり、検察は、中国人船長に対して29日まで10日間の拘置延長を請求し、裁判所は、それを認めた。

　船長が裁判にかけられると、一審、二審を辿っていくと長期間拘束されることになる。そうなると、日中関係は、領土問題で官民が長期間激しく対立し続け、取り返しがつかない最悪の状態に陥ることになる。中国は直ちに閣僚級以上の往来の停止等の強硬策を発表して強い圧力をかけ、速決戦に挑んだ。21日に温家宝首相は、ニューヨークで船長の「即時、無条件の釈放」を要求し、さも

なければ「さらなる強制措置」を取ると公言した。

9月24日、那覇地検は「今後の日中関係を考慮すると、これ以上身柄の拘束を継続して捜査を続けることは相当ではない」として中国人船長を釈放した。そして検察が行った異例の政治判断に対して、日本政府は「政治介入は全くない」と繰り返して表明した。

2 「日中漁業協定」の適用問題

(1)「協定」の中身とそのジレンマ

日中双方はそれぞれ尖閣諸島／釣魚島の主権を所有するという立場から、相手国による国内法の適用を自国の国内法への違法として拒否するが、1997年に結ばれた「日中漁業協定」[61] は、国会承認を経て発効したものであり、国際法規として国内法に優先すると理解される（日本国憲法第10章）。

国際協定はすべて締約国間の妥協の産物である。「日中漁業協定が適用される水域（以下「協定水域」）は、日本国の排他的経済水域及び中華人民共和国水域とする」（第1条）。日中両国は「自国の排他的経済水域において他方の締約国の国民及び漁船が漁獲を行うことを許可し」、「他方の締約国の国民及び漁船に対し入漁に関する許可証を発行し」、「妥当な料金を徴収することができる」（第2条）。

協定は漁船の取り締まりについて次のことを定めている。

第1、「各締約国は、暫定措置水域において漁獲を行う自国の国民及び漁船に対し、取り締まりその他の必要な措置をとる。各締約国は、当該水域において漁獲を行う他方の締約国の国民及び漁船に対し、取り締まりその他の措置をとらない」（第7条第3項）。

第2、一方の締約国は、他方の締約国の国民及び漁船が規制に「違反していることを発見した場合には、その事実につき当該国民及び漁船の注意を喚起する」（同上項）。

第3、「拿捕又は抑留された漁船及びその乗組員は、適当な担保又はその他の保証の提供の後に速やかに釈放される」（第5条第2項）。

第4、想定される違反行為は、乱獲行為及び越境行為こと「操業区域その他

---
61) 日本外務省 HP: https://www.mofa.go.jp/nofai/gaiko/treaty/pdfs/A-H12-343.pdf

第5章 地政学の罠・日中の敵視化と日中韓トライアングル（1989～2010年）

の操業の条件」の違反であり、そして、違反禁止の「操業の条件」は、日中漁業共同委員会が決定する（第3条）。

第5、日中漁業共同委員会が漁船の越境行為を定義することである。当該委員会は、第6条(b)項「北緯二十七度以南の東海の協定水域（著者注：尖閣諸島／釣魚島水域を含む）」「と第7条の規定である北緯二十七度以北の『暫定措置水域』に関する事項について協議し、各締約国の政府に勧告する」。両国政府は「勧告を尊重し」「必要な措置をとる」。

いわゆる北緯二十七度南北の水域は、協定第1条が規定した日中両国のEEZ全水域である。ようはEEZでの出漁も尖閣諸島／釣魚島の領海水域での禁漁も、日中漁業協定の文言ではなく、日中漁業共同委員会が決める形で施されることになり、言い換えれば行政機関の中というブラックボックスでの作業とされ、国会等に出さなくてもよいという非公表ができる扱いとされた。それは何のためであろうか。協定執行上の通常業務のためだけではなく、妥協の産物としての漁業協定に存在するジレンマを、運用の面でどう扱えばいいかといった課題もあると推測される。少なくとも下記の3点の課題があろう。

第1に、「日中漁業協定」には、尖閣の領海についての規定はない。日中とも領有という立場をとっている以上、自国民には漁業協定をもって領海で禁漁することができない。そこで漁業共同委員会によるEEZという操業区域に限るとの決定をもって、尖閣諸島／釣魚島領海を禁漁水域化することにした。

しかし、建前上、中国の漁船だけではなく、日本の漁船も、禁漁水域化された尖閣領海に入ってはいけないことになる。これは第2のジレンマである。

第3に、日本の巡視船だけではなく中国の公船も漁業協定の最大の目的である漁船の禁漁水域への越境行為を取り締まる職権を協定上もっており、越境した漁船を退去させる目的で、中国公船が禁漁とされる尖閣の領海に入るという施政行為を禁じる法規定が日中漁業協定にはない。

(2)日中漁業共同委員会と「非公表了解事項」

前述の3つのジレンマは、日本側にとって悩ましいことであろう。それらについては、日中漁業共同委員会でどんな運用上の申し合わせや了解などがあったか。情報の開示はないものの、1997年から30数年間の尖閣周辺海域での法執行の実態から幾分うかがうことができよう。

第1に、漁業協定の実質上の適用水域は、協定正文が決めている北緯二十七度以北の「暫定措置水域」だけではなく、正文で適用除外とされた北緯二十七度以南の（尖閣諸島／釣魚島水域を含む）水域も含む。日中漁業協定の締結日（1997年11月11日）に、小渕恵三外務大臣と徐敦信日本駐在中国大使は、書簡を交わした。両国政府はそれぞれ日本国民と中国国民「に対して、当該水域（著者注：同協定「第6条(b)の水域（北緯二十七度以南）」）において、漁業に関する自国の関係法令を適用しない」と伝えた[62]。日本政府がこのような尖閣諸島水域までの適用規定が目につきやすい日中漁業協定の正文には、書き記したくなかったためであろう。

第2に、実質上の禁漁水域は、協定から読み取れるEEZ外の尖閣諸島側にある12海里の領海に限るということではなく、領海外にあるEEZの36海里の接続水域を含み、合計48海里である。この取り決めは、日中漁業協定の交渉の結果であった[63]が、協定に書き記されず、後の日中漁業共同委員会の非公表了解事項とされたのであろう。ようは、外交交渉で合意した事項をすべて協定に書き記すとは限らない。

ちなみに、2013年4月10日の「日本・台湾漁業協定」は、前述の接続水域、さらに尖閣諸島／釣魚台列島（台湾の名称）と先島諸島との間の水域も、12海里領海を除けばすべて双方漁船の操業水域とした[64]。安倍首相は外務省の反対を押し切って、台湾に譲歩したと伝えられている。

第3に、中国の公船が日本の漁船の領海等への越境を問題視した報道はなかったことから、尖閣周辺48海里の水域の禁漁は、運用面で中国の漁船だけに適用されてきたと推測される。

第4に、中国の公船が日常的に尖閣周辺水域で漁船に対する法執行をしていないことから、日本海上保安庁との間に法執行の水域について職務分担があったとも推測されよう。

上記の4点は、日本による尖閣諸島とその周辺水域への独占的実効支配権を

---

[62] 同上日本外務省HP。
[63] 籔中三十二、前掲書、143-146頁。著者は「日中漁業協定」の交渉時の日本側責任者であり、著書は交渉、妥結のプロセスを披露した。
[64] 「日台漁業協定」田中明彦代表「データベース　世界と日本」政策研究大学院・東京大学東洋文化研究所 http://worldjpn.grips.ac.jp/documents/indices/JPTM/index.html。

第 5 章　地政学の罠・日中の敵視化と日中韓トライアングル（1989〜2010 年）

中国側が黙認したとも推論されるが、施政権上で中国公船の尖閣周辺水域における施政行為を日本側も認めたとも読み取られる。

　上記の了解事項が公にされたら、中国でも日本でも「売国条項」と世論から非難されるに違いない。したがって「日中漁業共同委員会」扱いという形で「非公表了解事項」（筆者の捉え方）という方式で措置したと推測される。

　だが、「非公表了解事項」方式は、脆弱性が高く、行政機関の中でも受け継ぎが難しく、なお、両側は反目すると了解事項をなしとしてしまうこともありうる。9.7 尖閣事件の過程でも、日中どちらも「了解事項」を口にせず、甚だしきは適用法律である「日中漁業協定」をも取り上げようとしなかった。それは日中漁業協定を話題に晒すと、やはり両国のナショナリストから「売国協定」と非難されかねないためであろう。9.7 尖閣事件の 2 年前の 2008 年に、東シナ海ガス田開発についての「日中合意」[65]も、日中両国のナショナリストからの非難の嵐に晒された。

　「非公表了解事項」の存在を裏付ける実例は、いくつか散見する。10 年 9 月 27 日に筆者が中国の『環球時報』で「日中漁業協定」の適用を論じてから[66]、仙谷官房長官は、当日の記者会見で「1997 年に中国と（漁業）協定がされている。これに基づいて両国の漁民の漁業の仕方について再確認することが行わなければならない」と語り[67]、9.7 尖閣事件について、日本の国内法よりも、日中漁業協定が適用されることへの意識を初めて表した。日本側による国内法適用は、両国間の協定、それに長年の取扱の中で蓄積されてきた慣行・了解・コンセンサスを反故にしたものであるが、政権経験のない民主党の大臣たちは、知識不足でそれらを知らなかったと思われる。

　また、10 月 25 日、仙谷は記者会見で、中国の漁業監視船が禁漁水域である尖閣諸島領海外にある接続水域を航行していることについて「当日漁船をほとんど視認できておらず、監視船が領海内に入ることを防ぐというケースではない。平たく言うと接続水域や領海内を徘徊する活動を何のためにしているか、そういう活動はよろしくないということだ」、「（中国）漁船を領海に入らせない

65）藪中三十二、前掲書、147-149 頁。著者は東シナ海ガス田問題の日中交渉の日本側責任者。
66）趙宏偉「論対日漁業協定」『環球時報』（中国）2010 年 9 月 27 日。
67）『日本経済新聞』2010 年 9 月 27 日夕刊。

活動ではないので、あまり気持ちよくない」と述べた[68]。この発言から次のことが読み取れる。中国の漁業監視船は、日中漁業協定に基づき、尖閣諸島の領海でも接続水域でも漁船の越境を取り締まるためなら進入する職権を有するが、前述の「非公表了解事項」に基づくと、領海と接続水域での取り締まりは主に日本の巡視船が分担する。そこで仙谷は「気持ちよくない」といいながら、「違法だ」、「主権侵害だ」とはいわなかった。

なお、中国公船の尖閣周辺水域への公式進入は、9.7尖閣事件後に発生し、それは正しく「非公表了解事項」方式の脆弱性、両側が反目すると了解事項もなしにされてしまうことを証明した。ただし、中国の漁業監視船は、中国人民が中国の宣伝報道で認識しているような「釣魚島水域」で中国漁船の操業を守る仕事をしているのではなく、その逆で中国漁船を尖閣水域に入らせないように取り締まりをし、日本の海上保安庁と同じ職責を担っているのである。

さらに、2004年香港・台湾の活動家たち（中国籍は一人）が主導した「釣魚台島／魚釣島上陸事件」も実例証拠になる。小泉内閣は活動家たちを速やかに国外追放した後、「日本側は勾留しない。中国側は活動家を出航させない」という「非公表了解事項」を交わして今後の危機管理の万全を期した。『アエラ』誌がこれを「密約」として暴露した[69]ところ、中国は直ちに口頭で否認したが、日本政府は黙認した。実は9.7尖閣事件後にも、香港から出航しようとする活動家の抗議船があったが、中国は出航を止めた。中国の行動は「非公表了解事項」の存在を裏付けるものであった。

9.7尖閣事件当時、これまで漁業協定が実行されてきた実態について、その前の自民党政権時の衆議院外交委員長だった河野太郎は、彼の公式サイトに「日中漁業協定」の適用について一文を書いた。彼によると「尖閣諸島を含む北緯27度以南の水域では、お互いが自国の漁船だけを取り締まる」、海上保安庁は「操業している中国船は、違法行為なので退去させる。操業していない中国船については無害通航権があり、領海外に出るまで見守る」。河野はこれまでの取り扱い方を「続けるのか、もっと具体的な主権の行使を行うのか、日本の最初の決断だ」と指摘し、菅内閣は基本政策面での検討・決断もなしに場当たり

[68]『日本経済新聞』web刊「日経QUICKニュース」2010年10月25日。なお、時事通信社、2010年10月25日。
[69]「日中『尖閣密約』あった」『AERA』朝日新聞出版、2010年10月25日号、12-15頁。

に勇み足を出して日中漁業協定を「続け」なかった行為を非難した[70]。

以上より、禁漁地域とされる尖閣周辺 48 海里の水域での越境漁船に対する取り締まりは、日本の国内法でも中国の国内法でもなく、日中漁業共同委員会が日中漁業協定に基づいて申し合わせた「非公表了解事項」に従うものである。そこで、9.7 尖閣事件は、中国漁民と日本国家が国際法規である日中漁業協定への違反事件である。中国は日本が偶発事件の対応についての今までの了解事項を破ったと怒り、日本は中国漁船が領海を犯したと非難したが、両国とも日中漁業協定への言及をできるだけ避けた。恐らく中国側は日本の実効支配に対する承認とも推論される対日譲歩、日本側は施政権上で中国公船の職権を認めたとも読み取られる譲歩を、それぞれ自国民に知らせたくないという事情もあったと推察される。

ちなみに、同年 12 月、黄海の韓国沖で中国漁船と韓国警備艇の衝突事件も起こった。中国外交部は 9.7 尖閣事件を教訓に、まっさきに「中韓漁業協定」の適用を主張し、日中漁業協定にもある「適当な担保又はその他の保証の提供の後に速やかに釈放される」という規定を持ち出して拘留された船員の釈放を求めた[71]。韓国は中国船員を速やかに釈放した。

3　事件の政治・外交過程と日中の再敵視化

事件の政治・外交過程において、「同盟従属」と「同盟忖度」の行動パターン、及び国内政争を外交目的化する行動パターンは、日本外交に大いに働いた。中国の場合は、日米同盟を警戒する行動パターン、周辺問題への第 3 者による介入を排除する行動パターンの働きがみられた。

まず、外交過程において、中国の目には、日本による漁業協定破りが米国と企んだ日米同盟の強化と中国包囲網の形成のための作戦だと映った[72]。したがって日本にはいい思いをさせてはいけないとした。前述のように早くも小泉内閣時、続いて麻生内閣時、日本外交は尖閣諸島への日米同盟条約の適用を企んでいた。そして当の菅直人内閣は、正しく鳩山内閣の普天間米軍基地移転の

---

70) http:://www.taro.org/2010/09/post-814.php。
71) 『日本経済新聞』2010 年 12 月 22 日。
72) 劉江永「釣魚島風波背後有美国影子」http://chinareviewnews.com2010-09-23。

失敗を教訓に忖度して親米へ方向転換し、そしてその意思表示としての抗中パフォーマンスを弄んでいた。麻生内閣時にも尖閣諸島への日米同盟条約の適用を麻生首相に米国への確認を提起して攻めていた前原は、国土交通相に就任すると6月と7月立て続けに東シナ海ガス田の共同開発について中国側を「消極的」と非難して交渉の開始を求めた。そして9.7 尖閣事件の外交過程の中、共同通信社9月23日報道によると、17日に外相に就任した前原はさっそくヒラリー・クリントン（Hillary Rodham Clinton）米国務長官との会談で、「尖閣諸島は日米安保条約第5条の適用対象範囲内だ」という言質を引き出した。前原をはじめ、日本の政治家たちは、「島嶼部への侵略」の場合は、日本が「自ら防衛し、周辺事態に対応する」という日米安全保障協議委員会の取り決め[73]を知らないわけはないが、安全保障や中国牽制が必要だと口では言うものの、親米愛国政治家としての意思表示のほうも必要だと忖度したのであろう。

　なお、中国からみると、ヒラリーは、同年7月に意図的に日本の共同通信社を通して中国との定例の経済＆戦略対話のオフレコ情報である中国軍人が南シナ海を「中国の核心的利益」と表現した話題を流して、米国としては南シナ海問題をはじめてグローバル問題化して介入し、中国に攻めの外交を仕掛けることにした。

　ただし、偶発であった9.7 尖閣事件については、中国側の推理とは正反対に、米国がかかわった事実はない。ヒラリーはむしろ日本側の国内法による裁判という立場に異議を申し立て、日中の仲介を申し入れた。中国は第3者の介入を排除するという既成方針があってヒラリーからの梯子掛けを断った。

　では、政治過程を検証してみる。

　対米関係の失敗で崩壊したとされた鳩山政権の後の民主党菅直人内閣は、メディア・ポピュリズムに迎合して再び東シナ海ガス田問題を蒸し返して親米抗中の姿勢を示そうとしている中、偶然に起こった9.7 尖閣事件を利用する節があったが、米国と反中陰謀を企むことはなかった。むしろ野党自民党と官僚集団は、国内政争を外交目的化する行動パターンを繰り返した。

　事件が起こった9月7日は、菅と小沢一郎が争う民主党党首選の投票日の1週間前であった。菅政権側は「中国漁船を拿捕しない」と指示を出したら、翌

---

[73] 松井芳郎『国際法学者がよむ尖閣問題』日本評論社、2014年、159頁。

第5章　地政学の罠・日中の敵視化と日中韓トライアングル（1989〜2010年）

日にも官僚からの情報リーク、野党自民党からの非難、世論からの「対中弱腰」、「売国」とのバッシングに晒されて、党首選どころか倒閣運動にもっていかれかねない。

とりわけ、前年12月にすでに「天皇の習近平国家副主席接見反対事件」は突発し、世論からは「官僚集団の反民主党政権の総決起」、「官僚集団と自民党の結託」とまで喧伝されていた。官僚集団の大御所とされる羽毛田信吾宮内庁長官は、天皇の習近平国家副主席接見を鳩山首相と決めてから、独自に記者会見をして自身が反対であったと暴露し、かつ辞任をせず、現役官僚として前代未聞の反政府行動に打って出た。外交上の国益までも犠牲にする仁義なき政争は、習近平の日本の政官界への不信、そして後日の「対日闘争」と呼ばれる強硬策への転換に決定づけるものであった。

9.7尖閣事件における官僚の行為を検証してみる。外務省、農林水産省、国土交通省、それに海上保安庁等の関係省庁は、数十年間にわたって日中漁業協定を制定・運用・海上執務を担い、数々の関係案件を中国の省庁と交渉・処理してきたのに、9.7尖閣事件が起こった後、民主党の大臣たちに日中漁業協定の存在、その適用、及び今までの慣行等についての情報を提供した気配がみられず、ただ「逮捕の判断」を求めただけであった。

前述したように仙谷官房長官は、その20日間後の9月27日にはじめて日中漁業協定の適用の必要に気づいた。前原、岡田ら関係閣僚たちは、国際協定及びその国内法より優先される法的地位を知らずに国内法に従う逮捕という政治判断を下したわけである。

1997年の日中漁業協定交渉時の日本側代表は藪中三十二であり、2010年に外務次官、外務省顧問の現役中であった。春名幹男の回顧によると[74]、9月末に前原外相は「同席した外務省幹部を指しながら、『この人たちは言ってくれなかったんですよ。尖閣の問題では日中間には黙契（暗黙の了解）があったんです』」。後の2012年7月7日「尖閣国有化方針」が野田内閣より打ち出された日に、「前原が語ったという『黙契』を、元中国大使宮本雄二が確認した」。

外務官僚の行動パターンには、変化がみられた。前述したように小泉政権時の尖閣諸島への日米同盟条約の適用、及び東シナ海ガス田問題をイシュー化し

---

74) 春名幹男、前掲書、37-40頁。『朝日新聞』2012年7月7日。

たことに当たって、外務官僚は日本による尖閣への実効支配の独占、及び東シナ海の日中中間線への主張等に対する中国側の実質上の認めを壊してしまうことを恐れて消極的であったが、9.7 尖閣事件時、逆に外務大臣に日中漁業協定の適用等を主張せず、事態の悪化を助長した。

後、9.7 尖閣事件一周年時に、当時の内閣府外交参与松本健一(まつもとけんいち)の証言は『産経新聞』より報道され、「那覇地検から首相官邸に証拠となるビデオテープが提出されたが、重大な瑕疵（かし）があり、（起訴しても）公判が耐えられない、有罪にもならないと官邸側が判断した」ことで、9月24日に中国人船長を釈放するとしたという[75]。

この証言からは、第1に、海上保安庁から速やかに証拠ビデオを内閣に提出したことはなく、事件の十数日後に那覇地検から提出されたこと、即ち、中国漁船拿捕の決定の9月8日に大臣たちが証拠ビデオをみていなかったこと、第2に、証拠ビデオによると、海上保安庁の巡視船側には公判で負けるほどの重大な瑕疵があったことという2点が裏付けられている。

この証拠ビデオは、後に海上保安庁の保安官により、ユーチューブ上に暴露された。当該保安官はメディア・ポピュリズムよりヒーローに祭られ、その違法行為も行政と法よりの処罰を受けなかったが、むしろ巡視船の重大な瑕疵の証拠を世に明かし、且つ海上保安官である彼自身も、海上法規の違反について知識を持たずにいることを世に晒したのである。

ビデオに写されている巡視船側による重大な瑕疵は、当時にも海外メディアで海事専門家たちより指摘されたが、日本の公私メディアは、それを黙殺していた。例えば海事仲裁の世界的なセンターである香港で、屈指の海事専門家である楊沛強(ようはいきょう)（英国支配時代からの香港政庁職業訓練局執行幹事代表・海事訓練学院理事）は、流出映像を分析するかぎり、事故原因は日本巡視船が突然方向を変えたためだと判定した[76]。それは映像で示された巡視船の航跡を証拠に、航行の速度、方向、漁船との距離等を認定した上、巡視船による故意の海上交通規則違反が接触事故を起こしたという判定を出したのである。

---

75) 松本健一「尖閣 中国人船長釈放で松本前参与『官邸側が判断した』」『産経新聞』2011年9月26日。
76) 『文匯報』（香港）2010年11月6日。米紙が最初に日本側の日中漁業協定違反を指摘。『ウォールストリート・ジャーナル』（WSJ）2010年9月12日。

第5章　地政学の罠・日中の敵視化と日中韓トライアングル（1989～2010年）

　9・7尖閣事件は、「日中関係を敵対的なものに変えたのは間違いない」[77]。その後、日中関係は後述の 2012 年「尖閣三島国有化事件」を経て、8 年間に及ぶ敵対期を辿り、2018 年 10 月の安倍訪中でようやく再正常化に戻った。中国海警船による尖閣諸島 / 釣魚島領海の進入も、2012 年の約週 2 回のペースから、安倍訪中の前月より月ほぼ 1 回のペースに減った[78]。

おわりに

　日中両国が表してきた外交行動パターンをまとめると、以下のようになる。
　中国の対日外交は、基本として「大国外交」と「周辺外交」の性格を有し、そのプラスの志向では、戦略的協調外交と関係の緊密化を目的とする善隣外交、その裏返しでは、戦略的対抗と懲罰外交といった行動パターンを示した。対日外交の中で譲ることのできない一線を定める「原則外交」「核心的利益外交」の行動パターン等も示された。
　日本の対中外交は、基本として「距離外交」と「問題外交」の性格を有する。日本外交は一貫して対米に近距離、対中に中距離、対ソないし対露に遠距離という距離外交を進める[79]。日本文化に由来する「距離感覚」がみられる。中国人は友好関係を作るとなると、親密関係にもっていくことになるが、日本人は友好といっても馴れ馴れしさを嫌がる。小泉政権時、日中関係が「政冷経熱」といわれたとき、それをよしとする論調もあった[80]。これは日本人の距離感覚を示す一例であろう。
　日米関係の「近距離」もゼロ距離ではない。「憲法 9 条」、日米同盟条約における「専守防衛」という日本の立場等は、まさに対米距離を保つための法的装置でもある。小泉、安倍、麻生外交は、日米の近距離をさらにゼロ距離にまで

---

77) シーラ・スミス（伏見岳人他訳）『日中　親愛なる宿敵──変容する日本政治と対中政策』東京大学出版会、2018 年、169 頁。
78) （社）中国研究所編『中国年鑑・2019』明石書店、2019 年、「動向・対外関係・日本」100-103 頁を参照。
79) 趙宏偉（中国語論文）「以和制勝、引日入亜──在日本看胡錦濤第 1 任期的対日外交」北京大学日本研究中心編『日本学』総 14 号、世界知識出版社、2008 年、257-270 頁。趙宏偉（ロシア語共著書）「日中関係と胡錦濤の対日外交（2003～2008）」アレクサンダー・ルーキン編『東アジアにおける日本：内外からの計測』ロシア外務省モスクワ国際関係大学出版、2009 年、177-204 頁。
80) 『日本経済新聞』2004 年 10 月 24 日。

縮ませようとしたため、日本外交のバランスを崩してしまい、日本外交は日米同盟に引きこもるオタク外交というものに成り下がってしまい、「同盟従属」、「同盟利用」、「同盟忖度」の行動パターンが強く働くようになった。

　日本は日中関係上の問題を口実に対中距離を作ってきたが、問題のインパクトをコントロールすることの難しさで、日中関係は、次第に全イシューをめぐる全面対抗まで陥ってしまい、非正常化ほどの遠距離関係になっていった。そんなプロセスの中で、日本外交は、「心情」や「信条」外交、好悪外交、価値観外交、「サムライ外交」ないし「桜外交」、「神風特攻外交」等の行動パターンをあらわした。

　また、国内政争の中で、外交を政争目的化する行動パターンや官僚の自己中心・省益中心的な行動パターンも、強く働いた。

　なお、この時期に、メディア・ポピュリズムが流行り、それへの迎合は、日中関係と両国の外交に強く作用した。福田政権と鳩山政権が進めようとする日米同盟とアジア重視のバランス外交やアジア地域統合外交も、国内政争のほかにメディア・ポピュリズムからの強烈な反発を受けて立ち往生した。

　2010年、偶発した9.7尖閣事件は、かつて国民運動にまで発展した日中友好運動を完全に終焉させた一方、事件における日本パワーの後退とは対照的に、中国パワーの優位を国際社会に示し、中国の超大国へ頭角をあらわせる出来事にもなった。

第II部　世界大国論

第6章

習近平思想と習近平外交（2012年〜）

はじめに

 習近平は、2017年10月の中国共産党（以下「中共」）第19回全国代表大会（党大会、以下「19大」）と翌2018年3月第13期全国人民代表大会（以下「全人代」）で、党総書記と国家主席に再選されただけではなく、「習近平党大会報告」（2017年10月18日、以下「習報告」）[1]の採決及び憲法改正を通して鄧小平以来築かれた2期10年までの任期制度をなくして、およそ2037年までの長期在任を意図している。習は長期政権の目的と正当性を示すことに「習報告」の中で「習近平思想と基本政策」（原文「基本方略」）を打ち出した。では、習近平思想とは何か、それに基づく基本政策における習近平外交とは何であろうか。このような習外交は、今後20年間も続いていくかもしれない。

I 習近平思想

 19大で「習報告」、及び加筆・修正された「党規約・総綱（前文）」に、「習近平新時代中国特色社会主義思想（習近平による新時代の中国の特色ある社会主義思想）」[2]（略称「習近平思想」）という固有名詞が記され、マルクス・レーニン主義、毛沢東思想、鄧小平理論、「3つの代表」思想（江沢民）、科学的発展観（胡錦濤）に並んで、党の行動指針とされた。中共史上、最高指導者の名を冠した「行動指針」は、毛沢東思想、鄧小平理論に次ぐものであるが、「思想」ではなくそのサブレベルの「理論」と控えめにした「鄧小平理論」の上をいって、毛沢東

---
1) 「中国共産党第19回全国代表大会における習近平報告」『中国年鑑・2018』一般社団法人中国研究所、2018年、403-424頁。
2) 『人民網日本語版』（中国）の翻訳文、17年10月24日。

思想に並ぶ「習近平思想」の「創立」となっている。

では、習近平思想の中身・性格・狙いは何であろうか。習近平の時代を思想ことイデオロギーという視角から、何がみえてくるであろうか。

1 習近平思想の構成

(1)「新主要矛盾」

「習報告」は、「中国の特色ある社会主義は新時代に入った」とし、「中国社会の主な矛盾は、人民の日増しに増大するよりよい生活への需要と不均衡・不十分な発展の間の矛盾に変化した」(以下、注がついていない引用は「習報告」より。訳文は趙宏偉による) 3) と指摘した。この「新主要矛盾」こそ、習近平思想の核をなし、そして「思想」としての質を保証するコンセプトである。

中共はマルクス主義系の「社会発展論」という固定観念、固有の思考様式をもち、原始社会、奴隷社会、封建社会、資本主義社会、共産主義社会、そして共産主義社会の初級段階としての社会主義社会というサブ段階もあるといった社会発展の段階をもって万国の歴史と現状の時代区分を行う。中国の場合になると、中共はかつてソ連のロジックを用いて、社会主義国は、すでに階級をなくしたためにその主要矛盾も、もはや階級闘争ではなく、「人民の経済と文化の迅速な発展に対する必要と、当面の経済と文化が人民の必要を満たせない状況の間の矛盾である」とした 4)。ほぼ1960年代から1976年まで、毛沢東は前記のソ連ロジックを否定して階級闘争こそ中国社会の主要矛盾だと捉えたが、後の鄧小平時代には、ソ連ロジックが復活し、進んで社会主義段階まで初級と高級にわけられて、中国がその初級段階にあり、そこで「発展は第一要務だ」と規定された。

この流れを踏まえて19大で、習は現状を依然として社会主義初級段階と位置づけつつ、初級段階であるものの中国はその「新時代」、即ち「新主要矛盾」という性格の新時代に入ったという説を打ち立てた。新主要矛盾の新時代説なら、マルクス主義系の社会発展論を踏まえればクオリティが高いとされる「思想の創立」として位置づけることができるようになり、それで「習近平思想」

---

3)『中国網日本語版』の翻訳文は「人民の日増しに増大するすばらしい生活への需要」、17年10月23日。
4)『中共第8回党大会政治報告』1956年、中国共産党公式Web。

の誕生が主張できるようになるわけである。

(2)「新時代」

新時代は、前述のかつての「主要矛盾」がいう「人民の経済と文化の迅速な発展に対する必要と、当面の経済と文化が人民の必要を満たせない状況」という矛盾から、「人民の日増しに増大するよりよい生活への需要と不均衡・不十分な発展」という「新主要矛盾」に変化した時代を指す。新時代において 「人民のよりよい生活への需要は、日増しに広範囲に広がり、物質と文化の生活へのより高い要求のみではなく、民主、法治、公平、正義、安全、環境等への要求も日増しに増加し」、「人間の全面的発展、社会の全面的進歩をよりよく推進していくものである」(習報告)。

習報告は「今、世界は未曽有の局面の大転換に直面し、そして中国の特色ある社会主義は新時代に入った」としている。このような「新時代は中華人民共和国の発展史上、中華民族の発展史上、重大な意義をもち、世界社会主義発展史上、人類社会発展史上にも重大な意義を有する」。なぜならば、新時代は「中華民族が立ち上がること、裕福になることから、強くなっていくという偉大な躍進を迎え、中華民族の偉大な復興が明るい見通しをもって迎えられるようになっていることを意味している」。

習報告は中華人民共和国史を毛沢東の立国、鄧小平の富国に時代区分し、これからの強国の実現を自らが背負う新時代の使命としている。そしてこの社会主義強国の実現は、「科学社会主義が21世紀の中国で強大な生命力・活力をもって甦り、世界で中国特色ある社会主義の偉大な旗を高らかに揚げていることを意味し、中国特色ある社会主義の道、理論、制度、文化の絶え間ない発展、発展途上国の近代化への道の開拓は、世界中の発展の加速と自国の独立性の両立を望む国と民族に全く新しい選択、人類が直面する問題の解決に中国の知恵と中国の方案によって貢献することを意味するものである。」この新時代はまさしく「中華民族の偉大な復興という中国夢の実現の時代であり、我が国は世界舞台の中央に登りつき、世界人類に更なる貢献を提供し続ける時代である」。

習報告が描いた世界の「未曽有の局面の大転換」は[5]、「東風圧倒西風」(東方は西方を圧倒する)、「社会主義戦勝資本主義」(社会主義は資本主義を戦勝する)と

---
5) 王文「如何理解"前所未有之大変局"」『参考消息』新華社、2018年5月17日を参考に。

いった古き毛沢東語録を用いていい表せば、分かりやすいであろう。前者は資本主義 500 年史、後者は社会主義 200 年史、における「未曾有の局面の大転換」を指すと思われる。そしてそこで、このような偉大な新時代を導く習近平思想は、世界人類レベルでの偉大な思想に位置づけられるということである。

(3)習近平思想と習近平政策

習報告は「習近平思想と基本方略」の章を設け、曰く「新時代にどのような中国特色ある社会主義を堅持・発展させ、いかに中国特色ある社会主義を堅持・発展させるか」といった「重大な時代の課題に」直面して、我が党は「……共産党の執政法則、社会主義建設の法則、人類社会発展の法則への認識を深化させ、……極めて困難な理論の探索を進めて重大な理論創造の成果を勝ち取り、「新時代中国特色社会主義思想」を形成した」。

そしてそれは以下の内容を含む。習近平思想は新時代の「総目標、総任務、全体配置、戦略的配置、及び発展方向・方式・ダイナミックス・戦略的ロードマップ・外部条件・政治保証等の基本問題、また経済、政治、法治、科学技術、文化、教育、民生、民族、宗教、社会、生態文明、国家安全、国防と軍隊、一国二制度と祖国統一、統一戦線、外交、共産党の建設等各方面に対して、新たな実践に基づいて理論の分析と政策の指導を行うものである」。

いわゆる「総目標」は「中国特色ある社会主義を堅持・発展させ」、「総任務は社会主義現代化と中華民族の偉大な復興」を、2035 年までに基本的に実現し、2049 年の建国百年に全面的に実現するという 2 つの段階をもって「富強、民主、文明、和諧（調和）、美しい社会主義現代化強国を打ち立てる」ことである。「全体配置」は「五位一体」といい、「経済建設、政治建設、文化建設、社会建設、生態文明建設を統括して推進する」ことである。「戦略的配置」は「4 つの全面」と言い、「小康（幾分ゆとりのある）社会の全面的実現、改革の全面的深化、全面的な法に基づく治国、全面的な党建設の厳格化を協調して推進する」ことである（党規約）。

続いて、14 項からなる基本方略を示した。第 1 に一切の仕事に対する党の領導の堅持、第 2 に人民を中心に据えることを堅持、第 3 に改革の全面的深化の堅持、第 4 に新しい発展理念の堅持、第 5 に人民が主人公を堅持、第 6 に全面的な法に基づく治国の堅持、第 7 に社会主義の核心的な価値体系を堅持、第

第6章　習近平思想と習近平外交（2012年〜）

8に発展の中で民生の保障と改善の堅持。第9に人と自然の調和と共生の堅持、第10に国家の包括的安全（保障）観の堅持、第11に党の軍隊に対する絶対的領導の堅持、第12に一国二制度と祖国統一の推進の堅持、第13に人類運命共同体の構築の推進を堅持。第14に全面的な党建設の厳格化の堅持である。

2　習近平思想の性格

　習近平思想は発展途上にあるものであり、いまのところ、思想というより政策体系である。本来、「思想」という言葉は「哲学」を指す（『広辞苑』）。共産主義の系譜の中で、マルクス（Karl Marx）、レーニン（Vladimir I. Lenin）はもちろん、毛沢東思想も「矛盾論」「実践論」「中国革命と中国共産党」等といった思想レベルでの研究があっての「思想」なのである。

　習の場合は、前述通り、1956年の第8回党大会から継承してきた中国における主要矛盾説がいう「人民の経済と文化の迅速な発展に対する必要と、当面の経済と文化が人民の必要を満たせない状況」という矛盾から、「人民の日増しに増大するよりよい生活への需要と不均衡・不十分な発展」という「新主要矛盾」に転換させ、それを思想レベルでの「創立」としているが、前者の論理はすでに後者を包摂しているともいえよう。「人民の経済と文化の迅速な発展に対する必要」という論旨は、当然「日増しに増大するよりよい生活への需要」を包摂するものであろう。それに主要矛盾説は、毛思想の「矛盾論」の中心論点である。

　前述した習報告第3章の「習近平思想と基本政策」の内容をみても、新時代の「総目標、総任務、全体配置、戦略的配置、及び発展方向・方式・ダイナミックス・戦略的ロードマップ・外部条件・政治保証……」も、それに「五位一体」、「4つの全面」、「14項」からなる基本方略も、思想ではなく政策である。

　確かに、中国モデル、「中国の道」、中国の成功と錯誤、中国の台頭及び持続可能性…は、いま世界的に注目されている研究課題でもあり、思想や哲学のレベル、社会科学や人文科学のレベルでの思想の創造や科学の創造が求められている。例えば、資本主義と社会主義、市場経済と国有企業、自由主義と国家主義、自由・民主・反腐敗と独裁、これら水と油のようなものを、中共があえて1つにして実験、推進を繰り返し、且つ基本的に成功してきた。その因果関係につ

いての思想レベルの研究が必要であることは、いうまでもない。

そして、習報告の中には、確かに下記のような民主の必要性についての言葉があった。人民は豊かになり、「民主、法治、公平、正義、安全、環境等への要求も日増しに増加している」。習はこれら普遍的価値観を認め、またそれに応えると公言している。

また、対外開放について、報告は「内国民待遇」、「ネガティブリスト」、「自由港」といった今まで口にしたことのない高度な自由主義の概念を並べ、地方の活性化についても「地方省・市・県政府への権限移譲」を明確に打ち出している。報告は世界でもトップレベルの開放度を目指す姿勢を示している。

ちなみに、目下の米中貿易・技術戦争について、国際世論から米中「両国の対峙は、自由主義対国家主義の様相であり」、「米中の覇権争い」であり、「中国は例外だ。世界第2位の経済大国になりながら一党独裁の共産党の号令で国有、民間を問わずに企業が目標実現へ一斉に動く新・開発独裁だ……、それでも海外の自動車・IT（情報技術）大手は中国に群がる」と熱く論じられている[6]。

研究課題は山積し、中国でも世界でも、その第一線で奮戦し続けている中共、習近平による本格的な理論、思想の営みに期待したい。

3　習近平思想の政治的意味

(1) 権威の装置としての「思想」

中共はイデオロギー政党として、思想を権力への権威付けの装置としている。習近平による個人名を冠した習思想の創立は、習の権力に権威を付与するためである。政治学一般は権力の正当性を重んじる。しかし政治プロセスの中で、選挙等のプロセス正義で正当性を有する権力をもっていても、権力の行使がままならず、正当性を失っていった場合も多々ある。そこで権力者には権威が必要になってくる。権威（Authority）は自発的に同意・服従を促すような能力や関係のことと一般的に認識される。そのような権威は権力の正当性を1つの条件とするが、カリスマ性、政治能力等もその必要条件になる。

党規約は習近平思想の「指導の下で、中国共産党は全国各民族人民を領導し、偉大な闘争、偉大な工程、偉大な事業、偉大な夢を総攬する」と規定し、新時

---

[6]「新・開発独裁　米と覇権争い」『日本経済新聞』2018年5月20日。

代としてこの4つの偉大なことを行うものだとしている。さらにこの4つの偉大なことの中で、「偉大な工程は決定的な役割を有するものであり」、それは「党の建設という新しい偉大な工程であり」、「全党は習近平同志を核心とする党中央の権威と集中統一の領導を固く支持し、全党の団結と統一及び行動一致を保証しなければならない」と規定している。中共は鄧小平時代から胡錦濤(こきんとう)時代まで「党中央の集団領導」を党是としてきたが、習報告からはその文言が消えた。

　習近平は2035年までの社会主義強国の基本的な実現という発展目標を新たに設定し、それは鄧小平による建国百周年の2049年での「基本的な実現」という設定を2035年に前倒しにし、そして2049年に「全面的な実現」と目標を引き上げた。そして習は時期と目標を具体的に明らかにすることで、第2の任期以降も権力を持ち続け、2035年までの第1段階を自らやり遂げる意志を示した。ちなみに2035年を跨る任期は2037年までである。

　2035年に習は82歳、当期の任期満了の2037年に84歳になる。鄧小平は毛沢東独裁と文化大革命の教訓を汲み取って集団指導制と任期制を敷き、江沢民と胡錦濤は、2期10年までの任期を守って制度化に努めていた。ところが、その間に中共は新たな教訓を覚えることになった。それは好青年、好中年、好老年の胡錦濤を後継者に選んだが、人の好い人物では強い権威をもつナンバーワンにはならず、カリスマ性に欠け、当時の政治局常務委員9人による「9人大統領制だ」[7]と中国国内の研究者から分析され、民衆から揶揄されるほど統制は取れずに、それを一因として10年間のうちに全党全国が腐敗しきってしまったという痛恨があった。中共と中国メディアは、習が党と国家を亡党亡国の危機から救ったと宣伝しているが、一理のあるものといえる。強いリーダー待望論は、米ロ欧日等でもみられるが、中国ではさらに強く現れているわけである。そこで中共は「習近平思想」まで「創立」して、イデオロギーによる権威付けの役割を最大限に用い、そして統治の安定のために習に任期破りの長期政権まで付与した。

　共産党政権を維持していくために、権力交代の制度化のみではなく、権力全般、即ち権威性、正当性、カリスマ性、政治能力を含めて再構築することが必要であり、それは今回の習思想の1つの内容と意味であろう。19大は権力全

---

[7] 胡鞍鋼「輝煌十年，中国成功之道在哪」『人民日報・海外版』2012年7月3日。

般の再構築という問題意識を共有し、再構築の 1.0 モデルを完成したといえるが、政策論以上の、どういう思想ないし論理があったかは示されず、習思想は確かに発展途上にあるともいえよう。

(2) 権威の論理への模索――鄧小平から習近平

鄧小平の世代は、社会主義が中国と世界で広く支持されていた時代であり、鄧は革命家、建国者として、そしてその後の 1970 年代後半から改革者として絶大な政治的権威を有し、カリスマとして君臨していた。しかし共産党政権を維持していく上、後継者たちに権威、いわば正当性、カリスマ性、せめて求心力をどのように付与すればいいかは難問であった。

1980 年代、社会主義の世界的な退潮に際して中国でもいわゆる「三信危機」、つまり共産主義を信仰せず、共産党を信任せず、社会主義に自信をもたずといった中共の正当性にとっての危機が進行した[8]。1989 年の「天安門事件」の後、鄧小平は応急策とはいえ、無名の江沢民上海市党委員会書記を党中央総書記に抜擢した時、中央指導部メンバーを集めて、「党には核心が必要だ」、「今は江沢民だ」、「核心」が最終決定権をもち、みんなが意識的に「核心」を支持しなければならないとの旨を指示した[9]。鄧小平は党内制度としての「党の核心」を設けるという方式を作り、いわば「核心機関説」をもって権威付けを与えることで、党権力における正当性と求心力を維持しようとした。

後の 1992 年に、鄧小平は江沢民を後継者に最終的に指名し、合わせて中央委員の胡錦濤を破格にも政治局常務委員に抜擢して 10 年後の後継者とした。胡錦濤は中共が育てた名門大学卒の好青年、好幹部といったタイプであり、知力と人格をもって正当性と求心力を獲得するという論理での選抜であった。」

中共は権威の論理をもう 1 つもち、革命烈士と革命家の子女から後継者を育てて選抜するものであり、その論理は人々からは「血統論」とも批判される。これらの子女たちは中国で「太子党」と俗に呼ばれる。鄧小平らは「太子党」なら党天下を守り抜く使命感があるであろうという論理を有する。1992 年当時、2 名の子女は 30 代ですでに地方政府で 10 年ほど経験を積んだ。劉少奇(りゅうしょうき)元国家主席の息子の劉源河南省副省長、習仲勲(しゅうちゅうくん)元副首相の息子の習近平福州

---

8) 胡耀邦「形勢、理想、紀律和作風――在 1985 年中央党校学員畢業典礼上的報告」胡耀邦史料信息網。
9) 鄧小平『鄧小平文選』第 3 巻、人民出版社、1993 年、309-311 頁。

市党書記である。そのほかに、薄一波元副首相の息子の薄熙来大連市副市長がいるが、1982年から地方の基層政府に腰を据えた劉と習と違って、薄は1984年に大連市金県党副書記に赴任したのであり、最初から見込まれた後継者候補ではなかったのは明らかである。

　1980年代初め、鄧小平指導部は第1世代の党・国家レベルの指導者に限って子女の1人を中央の部レベル、地方の省レベルの副長に任命する申し合わせをした。文化大革命中に迫害を受けた指導者とその子女たちへの償いでもあり、後継者育成の計画でもあった。「太子党」の中での「大兄貴」とされる党長老の陳雲の息子陳元が平党員から北京市西城区党副書記に任命されたことは、その典型的なケースであった。

　ところが、文化大革命後の1980年代に、中共党内でも毛沢東による終身制及び妻の江青や甥の毛遠新の権勢のような特権に対する拒絶感情がとりわけ強く、陳元は後に北京市党常務委員に任命されたものの、1987年の市党代表大会で党代表たちの投票で落選した。1980年代のこのような政治環境の中、多くの「太子党」は政界進出を諦め、任命制の機構である中央省庁、軍、国有企業に移っていき、陳元も中央銀行である中国人民銀行の副頭取に移った。

　そんな中で、劉と習が北京等ではなく権力の末端である県政府に腰を据えて勤め続けていたことは、例外的なケースであった。劉と習は当時、中共中央とその中央組織部によって「第三梯隊」[10]と呼ばれる次次期後継者候補として見込まれていると推測される。

　ところが、習はその後、前述した中共党内での拒絶感情によって、党大会で「候補中央委員」に落選したり、最低の得票数で末位に滑り込んだりして、後継者どころか、出世にも後れを取っていた。それでも、習は政界を諦めず、地方で黙々と勤めていた。習が党総書記と国家主席になった2013年に、筆者はたまたまその理由になる事実を1つみつけた。

　劉源の回顧によると、1992年に鄧小平の「劉源は政府だけではなく、軍での経験も積んだほうがいい」という意向により、楊尚昆軍事委員会副主席の命令で、劉は武装警察水力発電部隊指揮部政治委員（軍団長階級）に任命され、

---
10)「第三梯隊」。中国では、1980年代に現役中の鄧小平指導部を「第一梯隊」とし、次世代の後継者メンバーを「第二梯隊」と呼ぶ。鄧小平はその次の後継者候補メンバーという「第三梯隊」を育成せよと指示した。

政界を離れた[11]。後、約20年後の習近平による反腐敗運動は、劉源が軍隊で突破口を切り開いて習政権を支えた。

1992年に、鄧小平は江沢民、胡錦濤に継ぐ三代目の後継者を習一人に絞り、劉を軍隊から習を支える役回りに、軍へ配置したということであろう。つまり一般に思われていた江沢民、胡錦濤までではなく、習近平も鄧小平が決めた後継者である。もちろん、鄧小平は1997年に死に、胡錦濤の着任まであと5年間、習近平まであと15年間もあり、鄧の望みが実現できるかどうかは、後の政局によるところが大きくなる。

習近平は地方で30年ほど黙々と勤め、評価につながるパフォーマンスもみせてこなかった。薄熙来の競争的なパフォーマン作りと比べて大違いであった。ずっと目立たずにしてきた習の我慢強さ、粘り強さ、その精神力の陰には、中共長老たち、中でも「太子党」によるバックアップがあったのではないか、と推測される。前記の陳元のほか、「太子党」の中で「大兄貴」と呼ばれるのは、江沢民を支えていた政治局常務委員・国家副主席曽慶紅（そけいこう）と葉剣英元帥の次男葉選寧（ようせんねい）である。後者の葉選寧は文化大革命中、唯一政権内で生き残っていた軍長老である父葉剣英によく使われて、打倒された指導者たちとその子女たちに内密に接触し、慰め、情報伝達に努め、とりわけ毛の死去前後に鄧小平らの安全確保と復権工作に奔走していた。その中で、葉選寧は長老と子女たちから信頼が集まっていた。葉選寧、陳元、曽慶紅、劉源たちは、先代が切り開いた天下を守り抜く使命を共有し、この血統論の論理に従って習を支える力になっていたと思われる。ちなみに、客家人の都と呼ばれる広東省梅県出身の葉家父子は、世界の客家人のカリスマ的な長老でもある。

習近平による権威の論理の模索は、薄熙来の重慶モデルを巡る論争に初めてみられた。

今日の「中国モデル」という言葉は、一言で言い表せば、市場経済を基盤としながら自律性が強い国家権力をもって、経済と社会に対して民主主義体制の代替として効率的なガヴァナンス（中国の政治用語では「社会管理」）を施すというものである。昨今の国際社会では、新自由主義の放任は経済の危機、格差の拡

---

11) 劉源「憶楊尚昆」『中国共産党網』2009年4月8日。http://dangshi.people.com.cn/BIG5/144956/9094621.html

大を招き、その後の公正公平主義は、多党競争を民に媚びるポピュリズムの競い合いに変形させていき、結果的に自律性の弱い国家と安定性に欠ける社会をもたらしてきた。当の中国も迷いが深く、前述の「三信危機」に直面している中国社会で、どうすれば「党国」に対する民の信任を取り戻すことができ、統治の正当性が保てるかは難問である。

そこで良くも悪しくもガヴァナンスの「試点」（実験区）として、2008年末に重慶市党書記に就任した薄熙来は、率先して「重慶モデル」を走り出させた。やがて、ライバルの汪洋広東省党書記も煽られて「広東モデル」と呼ばれるものを打ち出して、モデルについての百家争鳴が巻き起こった。薄は人口3500万の大重慶市でカリスマ性の強いトップを演じながら、主に「分配」、「打黒」（政官財匪複合体の一掃キャンペーン）、「唱紅」（毛沢東時代の革命歌を歌わせる宣伝キャンペーン）を動員方式で驀進させた。

「分配」について、2010年、薄と汪の間で有名な論争が起こった。薄はパイを大きくしてからではなく、パイを作ると同時に分配を重んじると唱え、それに対して汪は、常識的にはパイを大きくしてはじめて分配を良くすることができると反論してきたが、汪のいう「常識」論は、明らかに不人気であり、薄の重慶での取り組みは、庶民から絶大な人気を勝ち取った。当時、分配重視を自負していた温家宝首相も真っ先に重慶視察に駆け付けた。

「打黒」は、重慶で深刻化している政官財匪複合体を一掃するものであった。万人単位の逮捕者を数え、死刑にされた官僚の筆頭は、元公安局長・現役司法局長の文強であった。官僚叩きで人気を得ることも世界共通の手法である。古来、苛政の下では民が生きづらいという熟語「民不聊生」が中国にはあるが、薄氏治下の重慶では「官不聊生」が流行語となった。薄は民から拍手喝采を受けた。

「唱紅」について、薄のフレーズでは「唱紅歌、読経典、講故事、伝箴言」というものであり、かつての綺麗事の革命理想と伝統的な儒学の価値観を庶民に植え付けようとしたものだが、「唱紅」だけがメディアに喧伝されて争点化された。重慶の庶民たちは「唱紅」を強く支持し、革命理想の宣伝を政官財に対する戒めだとみていたようである。

薄熙来政治は、ワンフレーズ政治の類であり、小泉純一郎、バラク・オバ

マ（Barack Obama）、安倍晋三が弄んできたものである。その根底にあるのは、「愚民」という意識であろう。民は愚かでカリスマのワンフレーズに惹かれるが、説明を詳しくすればするほどかえって民心は離れ、治まらなくなるものである。

民を治める「社会管理」の方法で頭を痛めていた中共首脳達は、薄熙来モデルの大成功に驚愕し、9人の政治局常務委員のうち、胡錦濤、李克強を除いて7人が重慶を訪れて褒め称えた。習は2010年12月に重慶視察に訪れ、真っ先に「打黒」の成果を見学し称えた。

薄熙来失脚のプロセスからも、重慶モデルへの批判を党が禁止したことが見て取れる。2012年3月14日午前、温家宝首相が記者会見の場を利用して「倒薄」の狼煙をあげた 12)。温は記者会見の司会を担当している李肇星全人代スポークスマン（前外相）から、再三時間オーバーを伝えられても、会見を続け、最後にロイターの記者から重慶副市長の王立軍が米国総領事館へ駆け込んだ事件を聞かれ、それに応えて薄熙来批判を打ち上げてから、席を立った。つまり「温家宝の狼煙」は、党首脳部の既定方針ではなかった。温は指導部員の中で薄熙来批判の第1号であった。

会見で温氏は常套句である「胡錦濤総書記」や「党中央」という言葉をまったく使わず、終始「私」という一人称で自己顕示をし続けた。また会見の中で「私の独立した人格が人々に理解されないことに苦痛を感じざるを得ない」と、愚痴にしか聞こえない発言をし、一個人としての政治改革の信念や、任期最後の年ゆえの怖いものなしの決意を打ち上げた。「私の独立した人格」云々の表現は、共産党の掟を破るような自己誇示である。共産党の政治文化では、共産党員は「党性」、言わば「党の人格」を重んじ、党から「独立した人格」を決して主張してはならない。

温が会見の中で示した薄熙来批判の論理も、中共中央の既定見解に反するものであった。温は重慶モデルを批判して文化大革命の再来がありうると強調したが、「文化大革命」はここ30年間中共指導者たちがタブー視する用語である。さらに、温はその場で、あえて中共中央が毛沢東の功罪を総括した1981年の「若干の歴史問題に関する決議」が1978年の改革開放決議よりも、「重要だ」と毛沢東批判ともとれる発言をした。こうした温の主張は、中共の定説に逆らうも

---

12)「温家宝の記者会見」『人民日報』2012年3月15日。

のである。温は辞任を覚悟で胡錦濤に薄熙来の解任を迫ったと考えられる。

翌3月15日に中共は薄の罷免を決断したが、挙げられた犯罪事実はただ1つ、妻が企業家から400万米ドル相当のフランスにある一軒家をもらったという汚職の罪であった。温家宝は自ら数回強調してきた「文化大革命の再来の危険性」をこの日を境に二度といわなくなった。党中央から発言は禁じられたのであろう。

共産党、習近平にとっては、イデオロギー、カリスマ性、そして政治による大衆動員が必要であり、それは権威の論理の1つである。

総じていうと、習報告で示されている習近平思想は、思想というより、政策論であり、政策体系である。なお、習近平思想、いや社会主義中国における最高指導者名を冠した思想は、最高指導者の権力に権威を付与する装置でもある。

II 習近平外交の理念と基本政策

前述の習報告、とりわけ「習近平思想と基本方略」における外交にかかわる理念、政策を検証してみる。

第1に、世界認識について。習は「今、世界は未曽有の局面の大転換に直面している」。それは「科学社会主義は21世紀の中国で強大な生命力・活力をもって甦り、（中国は）世界で中国特色ある社会主義の偉大な旗を高らかに揚げ」、「世界舞台の中央に登りつき、世界人類に更なる貢献を提供し続ける時代である」としている。

前述したように、習が描いた世界の「未曽有の局面の大転換」は、「東風圧倒西風」（東方は西方を圧倒する）、「社会主義戦勝資本主義」（社会主義は資本主義を戦勝する）といった古き毛沢東語録を用いて言い表せば、わかりやすい。習は資本主義500年史以来の世界の「未曽有の局面の大転換」を時代認識としている。

第2に、自国認識について。習報告は1949年からの中華人民共和国史を毛沢東の立国、鄧小平の富国、と今日の強国へ邁進する新時代だとし、そして「その実現にこれまでになく近づいている」と認識し、いい換えれば、世界大国ないし超大国の中国という意識を有しているのであろう。

第3に、国際使命について。前記の「第1に」にも記されたように「世界舞台の中央に登りつき、世界人類に更なる貢献を提供し続ける」といった超大国としてのグローバル・リーダーシップを講じるようになることは、「習近平新時代」の国際使命だといえる。

　第4に、中国外交の基本政策。習報告が示した14の基本方略の第13項は、外交の項であり、「人類運命共同体の構築の推進を堅持すること」を題とし、これは習近平外交の世界戦略であろう。中国当局は「戦略」という用語を好まないが、国際社会における中国国家の目的を、キーワードを用いて示してくる。中国外交を認識する上で、そのようなときのキーワードを中国外交の世界戦略として理解することができる。

　「人類運命共同体の構築」という習外交の世界戦略を推進する諸政策は、第13項のほかに、関連する安全保障政策の第10項、軍事政策の第11項、台湾・香港・マカオ政策の第12項、及び過去5年間の実績を総括する第1章に記され、キーワードとしては「国際秩序とグローバル・ガヴァナンス体制の改革」、「新型国際関係の構築」、「一帯一路イニシアティブ」、「持続可能な包括的安全保障観」、「必然的な条件としての国家統一と領土保全」等が注目される。習近平外交のドクトリンとして総じてみれば、次のように構成されよう。

　習近平外交は超大国の外交として「人類運命共同体の構築」を世界戦略とし、そのために「国際秩序とグローバル・ガヴァナンス体制の改革」と「新型国際関係の構築」を推進し、その中で「一帯一路イニシアティブ」の遂行を中心ルートとし、そして国家の「持続可能な包括的安全保障」を確固たるものにし、また「必然的な要求として」の台湾の統一を完成して「中華民族の偉大な復興」という国家目標を実現するというものであろう。

III　中国外交の変容と習近平外交の形成

1　変容のメカニズム

　2019年現在、中国は国際社会において地域大国から世界大国、超大国に転換を遂げたといえよう。では、この「世界史上未曾有の巨大国の超大国化」[13]は、

---
13) 五百旗頭真「2014年アジア政経学会東日本大会共通論題・論点提示」防衛大学にて、2014年10

郵便はがき

料金受取人払郵便

101-8796

537

神田局承認

8080

差出有効期間
2020年1月
31日まで

切手を貼らずに
お出し下さい。

【受取人】

東京都千代田区外神田6-9-5

株式会社 明石書店 読者通信係 行

お買い上げ、ありがとうございました。 今後の出版物の参考といたしたく、ご記入、ご投函いただければ幸いに存じます。			
ふりがな お名前		年齢	性別
ご住所 〒　　－			
TEL　　（　　）　　　FAX　　（　　）			
メールアドレス			ご職業（または学校名）
＊図書目録のご希望 □ある □ない	＊ジャンル別などのご案内（不定期）のご希望 □ある：ジャンル（　　　　　　　　　　） □ない		

書籍のタイトル

◆本書を何でお知りになりましたか?
　　□新聞・雑誌の広告……掲載紙誌名[　　　　　　　　　　　　　　]
　　□書評・紹介記事……掲載紙誌名[　　　　　　　　　　　　　　]
　　□店頭で　　□知人のすすめ　　□弊社からの案内　　□弊社ホームページ
　　□ネット書店 [　　　　　　　　　　　] □その他[　　　　　　　　]
◆本書についてのご意見・ご感想
　　■定　　価　　□安い（満足）　　□ほどほど　　□高い（不満）
　　■カバーデザイン　□良い　　　　□ふつう　　　□悪い・ふさわしくない
　　■内　　容　　□良い　　　　　　□ふつう　　　□期待はずれ
　　■その他お気づきの点、ご質問、ご感想など、ご自由にお書き下さい。

◆本書をお買い上げの書店
　[　　　　　　　　市・区・町・村　　　　　書店　　　　　店]
◆今後どのような書籍をお望みですか?
　今関心をお持ちのテーマ・人・ジャンル、また翻訳希望の本など、何でもお書き下さい。

◆ご購読紙　(1)朝日　(2)読売　(3)毎日　(4)日経　(5)その他[　　　新聞]
◆定期ご購読の雑誌 [　　　　　　　　　　　　　　　　　　　　]

ご協力ありがとうございました。
ご意見などを弊社ホームページなどでご紹介させていただくことがあります。　□諾　□否

◆ご 注 文 書◆　このハガキで弊社刊行物をご注文いただけます。
　　□ご指定の書店でお受取り……下欄に書店名と所在地域、わかれば電話番号をご記入下さい。
　　□代金引換郵便にてお受取り…送料＋手数料として300円かかります（表記ご住所宛のみ）。

書名	
	冊
書名	
	冊

ご指定の書店・支店名	書店の所在地域	
	都・道　府・県	市・区　町・村
	書店の電話番号 （　　　）	

第6章　習近平思想と習近平外交（2012年～）

いつ、どのようなメカニズムが働き、そして政策プロセスを起こしたのであろうか。それはおよそ巨大国としての国力の成長、国益のグローバル化、国際環境の変化、国際地位の向上、国際責任の増大、国際意識の転換、そして外交政策の形成といったメカニズムにおける作用と反作用が働き、もたらしたものである。

中国は経済発展を国家目的の中心に据えて、40年間も続く経済の高度成長を成し遂げ、GDPは2014年に日本の2倍以上になり、世界銀行の購買力平価（PPP）による統計では米国を超えて世界一に付けた。国際貿易総額もナンバーワンであり、中国人の年間出国者数も1億人を突破してナンバーワンである。

その中で中国国家と中国人の利益は、世界規模に広がり、かつ人間社会の全分野にわたって多様化し、中国人の権利意識と高揚感も、国際社会に向かって強く表れるようになった。それに応えて、中国外交は全世界で多岐にわたる中国の利益を追求し、世界各国及びさまざまな国際組織と利益の協調または争いを繰り広げ、またその強大な総合国力に相応しい国際責任の分担も求められるようになった。

一方ハイスピードで超大国に台頭してきた中国、米軍と同世代の兵器も装備されるようになった中国の軍は、他者にとっては圧力、脅威を感じる相手となり、仮想敵とみられたりする相手にもなっている。

かくして中国をめぐる国際環境は、質的に変わり、中国の国際的地位は質的に変わり、中国国際責任も質的に変化した。中国の総合国力は世界的パワーのレベルに達し、国際社会は中国をもはや発展途上国というよりも超大国とみなすようになった。世界的パワーの地位に着いた中国の国際環境は、かつてのような発展途上中国対先進諸国または発展途上国同士という国際関係ではなくなり、他の世界的パワーとの協調と競争、世界各国にとっての主要な外交相手といったような関係に変化した。中国外交も、改革開放以来のただ自国の発展のため、そして地域大国としてのものではいられなくなり、国際責任の増大に伴ってグローバル・リーダーシップを行使する世界大国の外交への転換が課題となった。

中国外交は内外環境の変化に対応しながら、学習・論争・模索をし、国益認

月18日。

識、国際認識、自己認識を修正し続け、ほぼ 2006 年頃から、そして 2012 年秋から 2013 年春までの首脳部の交代を経て、国益の再規定、攻めの外交への転換、地球規模への戦略的展開を目指すようになり、2014 年の「党中央国家安全（保障）委員会」の設立等をもって外交理念、戦略、行動方針及び外交体制の再構築を行い、そして 15 年に世界戦略の設計が完成されて世界大国外交への質的な変化をなしたとみることができる。

　2012 年 11 月、最高指導者に就任した習近平は、外交の面では世界大国としてグローバル・リーダーシップを追い求めるようになった。中国外交は毛沢東時代にも世界戦略を語り、世界共産主義革命などを唱えたりしたが、外交の戦略というよりは、中国内外に向けた国家イデオロギーの宣明という性格が強かった。習近平外交は、理念、戦略、政策、行動指針が完結するように構成されている。2015 年 9 月の習近平の米紙ウォールストリート・ジャーナルへの寄稿と国連 70 周年総会での演説は、国際社会に自らの世界戦略を示す完成文書である。それによると、「偉大な復興」のための中国の世界戦略は「人類運命共同体の建設」であり、そのために「新型国際関係の構築」、「国際秩序の改善」と「グローバル・ガヴァナンス体系の改善」を追求するというものである[14]。

　一方、習は「中華民族の偉大な復興」を「中国夢」とし、「その実現にこれまでになく近づいている」と宣言しながら[15]、2016 年に台湾の統一を「中華民族の偉大な復興の必然的な要求」と規定した[16]。

　このように 2016 年をもって習近平外交のドクトリンにおける諸要素は揃えられ、そして 17 年の党大会で若干の修正を加えて習報告をもって党議決定した。では、習外交の形成までの政策プロセスを具体的に検証してみる。

2　国益の再規定と攻めの外交への転換

(1)「主権・安全（保障）・発展の利益」と「奮発有為」

　2006 年ごろから、中国外交には国益の再規定とそれに伴う攻めの外交への質的転換の動きがみられた。1970 年代後半からの改革開放の時代、中国は一

---

[14] 新華社 2015 年 9 月 22 日、29 日。
[15] 『人民日報』2012 年 11 月 30 日。
[16] 習近平「建党 95 周年講話」新華社 2016 年 7 月 1 日。

第6章　習近平思想と習近平外交（2012年〜）

貫して「経済発展をすべての仕事の中心とし」、外交について「発展のために奉仕する」と規定してきたが、2006年に、胡錦濤は「中共中央外事工作会議」を招集し、「国家主権・安全（保障）・発展の利益を一体として守る」と講演し[17]、「発展」と並んで主権と安全の利益をも掲げることにした。「主権・安全（保障）・発展の利益」という新しいテーゼは、翌年に開かれた第17回党大会とその後の第18回（2012年）・19回（2017年）党大会での中央委員会報告に明記された。「主権」は台湾、チベット、新疆、東シナ海と南シナ海における島礁と海域、インドとの国境紛争を含む国家統一と権益保全を指す。「安全」は「安全保障」のことであるが、中国では政治体制の保持を主に意味する[18]。「安全保障」はポスト冷戦期に唯一生き残った共産党大国にとって日々に晒される欧米日による執拗な体制批判、それに2006年から強められた日本による対中価値観外交[19]に対応して「核心的利益」として取り上げられた。

なお、2006年から、それまでの守りの外交から攻めの外交への行動指針の転換も始められた。中国外交は、1989年より鄧小平が指示した「韜光養晦、有所作為」（目立たず力を蓄え、できることを行え）という守りの外交に徹してきたが[20]、2006年の前記の中央外事工作会議で胡錦濤は、「対外関係の主導権の掌握」を提起し[21]、続いて2009年7月に開かれた「第11回対外使節会議」で「堅持韜光養晦、積極有所作為」（目立たず力を蓄えながらも、できることは積極的に行え）という攻めの色彩を帯びる外交の行動指針を示した[22]。さらに2013年に政権を受け継いだ習近平は、10月に「周辺外交座談会」を招集して「韜光養晦、有所作為」を語らず「奮発有為」（奮って行えよ）を行動指針とし攻めの外交への転換を完成させた。これは中国外交の質的変化の1つであった[23]。

中国外交の質的変化は、一筋で進められたものではなく、1990年代からの江沢民、2003年からの胡錦濤、12年からの習近平という3人の最高指導者と、その個人的特質がファクターとしての役割を果たした。

---

17)『人民日報』2006年8月24日。
18) 戴秉国「堅持平和発展的道路」『人民日報』2010年12月6日。
19) 日本外務省ホームページ http://www.mofa.go.jp/mofaj/press/enzetsu/18/easo_1130.html。
20)『鄧小平文選』第3巻、人民出版社、1993年、363頁。
21)『人民日報』（中国）、2006年8月24日。
22) 同上、2009年7月18日。
23) 同上、2013年10月26日。

江沢民は、1995年にも「韜光養晦、有所作為」について、「中国は行動することが必要だ」と積極外交への意欲を示した[24]。その後、彼はロシアとの戦略的パートナー関係の樹立、上海協力機構の創出、アセアン＋3と東アジア首脳会議の形成、アセアンと中国FTAの締結、中露印協調枠組みの立ち上げ、北朝鮮核問題六カ国協議の開催決定、WTO加盟、北京オリンピックと上海万博の誘致、安保理常任理事国首脳会合の初開催、ロシアと中央アジア諸国及びベトナム等との陸上国境協定、歴史認識問題での日本への攻めの外交等について、主動的に外交を進めた[25]。

　次の胡錦濤は、言葉では「主導権」や「積極的」を語ったが、ロシアに協力してBRICS首脳会議を創設したことを除いて江沢民が開いた局面を受け継いで無難にこなしただけであった。胡は在任中にも体制内エリートの大方の認識として「受動的外交」「守成外交」等と公に批判され、外国首脳からも「棒読みするのみ」「権力の掌握に疑問」とみられ続けた[26]。

　対照的に習近平は、最高指導者に就任して1年目にして「奮発有為」を宣言して攻めの外交へと行動指針の転換に舵を切った。

(2) 「核心的利益」の再規定

　2003年に、中国の外交フレーズに「核心的利益」が生まれ、その後意味の再規定も進められたが、そのプロセスは、中国外交の質的変化を裏付けるようなものである。

　「核心的利益」は、初めは台湾を統一することのみを指していた。この用語は最初、2000年に北京大学副教授李義虎（りぎこ）が時評の中で「台湾の統一は中国の核心的利益だ」と言い出した[27]。2003年1月、唐家璇（とうかせん）外相はパウエル（Colin Luther Powell）米国務長官との会談の中で「台湾問題は中国の核心的利益に属し、その善処は両国関係の安定と発展のカギを握る」と述べ、初めて「核心的利益」を用いた[28]。それ以来、中国首脳は外国首脳との会談時、たびたび「互いの核心的利益を尊重し合うべきだ」という決まり文句を述べるようになった。

---

24) 同上、2006年9月30日。
25) 本書第1部を参照。
26) ヒラリー・ロダム・クリントン『困難な選択・上』日本経済新聞社翻訳・出版、2015年、124-136頁。
27) 李義虎「両岸時局與増量改革」『大地』（中国）第21期、2000年12月、1-5頁。
28) 『人民日報』2003年1月20日。趙宏偉「中国外交における核心的利益」趙宏偉他『中国外交の世界戦略――日・米・アジアとの30年』明石書店、2011年、273-275頁。

「核心的利益」は最初、台湾独立を断じて許さないという意思表示であり、主に米国を相手にデッドラインを示すために用いられた。共産党政権は台湾の独立を許したら、自らの存立を危うくしてしまうと認識している。その後、「核心的利益」は、さまざまな国益の中で台湾問題のような政権の存亡にかかわると認識される諸利益を指す概念に発展していった。

台湾で台湾独立を綱領に掲げる民進党（民主進歩党）主席の陳水扁は、2000年の総統選挙に勝利して総統に選ばれた。翌年にブッシュ（George Walker Bush）大統領は就任早々「台湾の自衛を助けるために何でもする」と表明したが、同年9月11日以降、反テロ戦争や中東民主化を大義に掲げてアフガニスタン戦争、イラク戦争に入っていったこともあって中国との協力を重んじる方に傾斜していった。米国からの相矛盾するメッセージは、台湾独立に対する中国の危機感を増幅させ、前述した中国による「核心的利益」の提起につながった。

2005年からの陳水扁の第2任期に、中国は台湾独立派が政権末期に独立宣言に打って出る可能性に危機感を強め、それを封じるために「反国家分裂法」を制定した。米国は「反国家分裂法」に反対の意思を示しながら、米国が独立を支持せず、中国が平和的解決に努めるというところに中国とのコンセンサスを見出し、米中は台湾政権の独立への試みを封じ込むことに協調するようになった。とりわけ2006年以降、米中は台湾独立志向の民進党政権に対しトラブルメーカーとまで声を合わせて批判して抑えにかかった。

2008年に台湾独立反対の立場をとる国民党の馬英九が、総統に就任し、中台関係が改善されるようになった。そして2009年にオバマが米国大統領に就任し、同年11月に訪中して「米中共同声明」をもって「中国の領土保全を支持する」と初めて明言して [29]「台湾が中国の一部分であることを認識する」という「米中国交樹立共同声明」における合意より、一歩進んだ意思表明を行った。

習近平は2013年に国家主席に着任すると、10月6日に台湾の前副総統 蕭萬長との会見で「両岸間に長期間存在してきた政治的相違…の解決は、ただ次世代にまた次世代へと先送りにすることはできない」として政治交渉の開始を求めはじめた [30]。これまで、習の前任者たちが次世代に任せるといい続けて

---

29)『人民日報』2009年11月18日。
30) 同上、2013年10月7日。

いたこととは、好対照であった。そして 2016 年 7 月 1 日に習は、「中国共産党創立 95 周年講話」の中で「祖国統一は中華民族の偉大な復興の必然的な要求」というロジックを初めて公言した。台湾を含む内外のメディアは、「偉大な復興」が宣言される共産党創立百周年の 2021 年までの「習近平台湾統一スケジュール」の存在を推測していた。

中国がいう「核心的利益」は、後に台湾問題から非伝統的安全領域へ、とりわけ分離独立・宗教原理主義・テロ活動が繰り返し発生するチベット・新疆問題等へと対象範囲を拡大していった。主権問題だけではなく国内安全と体制安全も「核心的利益」とされ、諸外国からの関与を一切許さないとした。

チベット問題においては、インド亡命中のノーベル平和賞受賞者であるダライ・ラマ（14th Dalai Lama）は、チベット人居住地域の高度な自治を求め、欧米先進諸国を遊説して中国に圧力をかけ続けてきた。2008 年に北京オリンピックの聖火リレーが、欧米先進諸国を回ったとき、亡命チベット人と欧米人支持者たちは、暴力的な妨害活動まで繰り広げた。中国国内でも、チベット区都ラサで暴動が起こり、他民族に対する無差別殺傷事件まで発生した。また、2012 年からチベット人による焼身自殺の抗議が続き、立て続けに百人以上の自殺抗議者が出た。

中国はダライ・ラマが暴力事件に反対するどころか、その黒幕として企んできたと批判し、外国首脳のダライ・ラマとの会見に反対する政策を取ってきた。中国は米大統領のダライ・ラマとの会見に抗議を意思表示することにとどめてきたが、他の西側諸国国首脳の場合には、首脳や閣僚の相互訪問の停止や経済制裁等で対抗するという異なる対応策を取っている。イギリスのキャメロン（David William Donald Cameron）首相が 2012 年 5 月にダライ・ラマと会見したことで、中国首脳は彼との会見を拒否し続け、2013 年 12 月にようやくキャメロンの初訪中を受け入れた。

ノルウェーでは、2010 年に中国の反体制派知識人 劉 暁波（りゅうぎょうは）がノーベル平和賞に選出されたことで、中国はノルウェーとの FTA 協定の締結を中止し、またノルウェーの主な輸出品であるサケの輸入を禁止した。劉暁波は 2017 年に肝臓癌で獄死した。

2006 年から、核心的利益の対象範囲は、「党中央外事工作会議」での胡錦濤

第6章 習近平思想と習近平外交（2012年～）

総書記の講話という形で、「国家主権、安全（保障）、発展の利益を一体として守る」こと、全領域に拡大した。2010年7月13日に、中国外交部スポークスマンは、記者会見で「主権、安全（保障）、発展は、中国の核心的利益である」と公式に言明した[31]。

上記の中国外交部の公式発言は、外国記者が「複数の国による係争地域を抱える南シナ海も中国の領土保全にかかわる核心的利益に属するのか」という質問に対する答えであった。その前の7月3日、日本の共同通信社は、中国軍高官が5月に南シナ海が中国の核心的利益に属すと米国務省・国家安全会議責任者に初めて表明したと伝えた。後の2015年に、2010年当時のヒラリー・クリントン（Hillary Rodham Clinton）米国務長官は、回顧録に前述の事実を記した[32]。米中両国の「戦略・経済対話」の場でのディスカッションが米政府より日本のメディアを通してリークされたことで、中国は米国に対する戦略的不信を覚え、ほぼ同じ時期から強められた米国による南シナ海係争への介入を断じて許さないとして厳しく対抗することとした。

中国の目には、南シナ海問題へのヒラリーによる介入の後、9月に尖閣海域で日本の巡視船と中国の漁船の接触事件が発生し、その前後に黄海海域で朝鮮と韓国との軍事衝突が起こり、中国近海全域にわたる緊張状態が生じたと映っている。なお、前年11月に米国はTPP（環太平洋経済連携協定）の締結を中国排除の上で積極的に交渉し始め、翌2011年に、「アジア回帰」・「アジア太平洋リバランス」というアジア戦略を公式に打ち出した。中国は米国のアクションを、形成しつつある東アジアにおける中国リーダーシップへの挑戦として受け止めた。

かくして中国外交当局は、2010年に南シナ海問題等の個別問題が中国の核心的利益に含まれるか否かについて否定も肯定もしないものの、「主権・安全（保障）・発展」にわたるという形で「核心的利益」の対象範囲を無限大に拡大した。ちなみに後の2016年に中国海軍司令官は、来訪中の米国海軍トップである作戦部長との会見で公に「南シナ海での主権は中国の核心的利益だ」と初めて表

---

31)『人民日報』（中国・海外版）、2006年8月24日、2007年10月25日。新華社（中国）2010年7月13日。
32) ヒラリー・クリントン、前掲書、124-136頁。

明した[33]。

「核心的利益」の対象範囲の無限大の拡大は、中国外交全般の積極化、また強硬化をもたらしたが、いわゆる「核心的利益」がイコール台湾・チベット・新疆問題のような妥協なしのデッドラインを示すものでなくなったことも意味しよう。

3 持続可能な包括的国家安全（保障）観の形成

習近平政権は1年目の2013年11月の「第18回党中央委員会第3次全体会議」（三中全会）で、「党中央国家安全（保障）委員会」の設立を決め、翌年4月に習を主席とする同委員会を発足させた。また、2月に習は「党中央インターネットと情報安全指導小組」を設立してその長に就任した。習は「国家安全（保障）委員会」について、次のような説明を行った[34]。

「中国の国家安全（保障）は、歴史上のいかなる時にも増して内包と外延が豊富になり、時空領域が広がり、国内外の要因が複雑に絡み合っている」

したがって、「包括的国家安全（保障）観」を唱える。「外部の安全（保障）と共に内部の安全（保障）」、「国土の安全（保障）と共に国民の安全（保障）」、「伝統的安全（保障）と共に非伝統的安全（保障）」を重視し、「政治の安全（保障）、国土の安全（保障）、軍事の安全（保障）、経済の安全（保障）、文化の安全（保障）、社会の安全（保障）、科学技術の安全（保障）、情報の安全（保障）、生態の安全（保障）、資源の安全（保障）、核の安全（保障）等を一体化した国家安全（保障）体制を構築し、発展の問題と共に安全（保障）の問題を重視しなければならない」。そして「自国の安全（保障）と共に共同の安全（保障）を重視し、運命共同体を築き、各国には互恵互利と共同の安全（保障）という目標に向かって歩むよう促さなければならない」。

このような「国家安全（保障）が直面する新たな情勢、新たな課題に、より良く適応し、集中的、統一的、効率的、権威的な国家安全（保障）体制を築き」、「国家ガヴァナンスのシステムと能力の近代化を推進し、国家の長期的安定を実現するために」、国家安全（保障）委員会が設立されたという。

習近平は、中国の建国当初からの革命（社会主義革命、イデオロギー）や発展（社

---

33) 新華社 2016年7月18日。
34) 『人民網日本語版』2014年4月16日。

会主義建設)、それに時の外圧由来の主権・安全保障問題に対応するためという伝統的な外交意識を乗り越えて、欧米スタンダードの国家安全保障観をもつようになったといえよう。

　これまでは、中国は巨大な国土と人口を擁する自国が侵略されるような安全保障上の事態をほぼ想定しなかった。とりわけ毛沢東は、ベトナム戦争中の1965年、中ソ国境紛争の1969年を除けば米ソからの侵入の可能性を想定はしていなかった[35]。毛沢東時代に、中国は社会主義世界革命の責任と安全保障を含む国民国家としての国益との葛藤を抱えながら、時には安全保障面での利益を危機に晒しても世界革命に努めていた。

　「安全保障」は、1996年まで中国外交の中で用語として用いられるようになった。江沢民は「新安全(保障)観念」を使い始め、翌年から「新安全(保障)観」というコンセプトを用いるようになったが、それも国民国家としての自国の安全保障というより、世界秩序のあり方への主張として打ち出されていた[36]。

　中国は伝統的に自国の国益という「私益」を公に唱えることを恥じて、世界の公益をモラルや価値観と祭ってきた。世界の「公益」は、毛沢東時代に階級利益としてのプロレタリア国際主義、世界革命とされ、ポスト毛沢東期に国際社会における南北関係についての「公平な新国際秩序」が唱えられた。1990年代半ばから、米国留学帰りの国際関係学者たちが中心になって、米国流のナショナル・インタレストの議論を持ち込み、とりわけ閻学通清華大学教授は、『中国国家利益分析』を出版して国益議論のブームを巻き起こした[37]。以後、国益意識は急速に普及した。

　国益研究と共生して安全保障研究もあつくなっていった。その1つの到達点は、日本研究者でもある劉江永清華大学教授が、2004年から研究し続けてきた「持続可能安全(保障)論」であり、彼の『可持続安全(保障)論』は、世界の学界でも初の専著とされる。習近平は習報告に「持続可能安全(保障)」を用い、「共同・包括・協力・持続可能を旨とする新安全(保障)観を確立」と記した。それは米国の同盟安全保障観の独善性と排他性のアンチテーゼとして共同

---

35) 趙宏偉他『中国外交史』東京大学出版会、2017年、第3章を参照。
36) 本書第1章のIを参照。
37) 閻学通『中国国家利益分析』天津人民出版社(中国)、1996年。

の安全保障こそ持続可能であるという論理である[38]。

習は国益を国際と国内の全分野に広がる総合的国益として捉え、そしてそのような総合的国益を安全保障に収斂して包括的国家安全保障の問題として認識し、さらに伝統的な外交機能を含む国家機能全般を、党中央国家安全（保障）委員会主席として統帥して総合的国力を生かして包括的国家安全保障に当たる指導体制を構築した。中国の安全保障意識は、毛沢東時代の外敵の侵入を防ぐシンプルなものから、国内外にわたる総合的国益を擁護する包括的国家安全保障観へ外延と内含が量的質的に変化した。

このような安全保障観の中で、中国が唱えてきた「平和的発展の道」は、条件付きのものに変わった。習は国際社会に次の論理を宣言した。「われわれは平和的発展の道を堅持するが、われわれの正当な権益を放棄するわけには断じていかず、国家の核心的利益を犠牲にするわけには断じていかない。いかなる外国も、われわれが自らの核心的利益を取引対象にすることを期待してはならない。われわれがわが国の主権、安全（保障）、発展上の利益を損なう苦々しい果実を飲み込むことを期待してはならない。中国は平和的発展の道を歩む。他の国々も平和的発展の道を歩まねばならない。各国がともに平和的発展の道を歩んで初めて共同発展が可能になり、国と国との平和共存が可能になる」[39]。習がいう「平和発展」は、他国次第で平和共存ができないこともあるというものに変わった。「中華民族の偉大な復興」は、近代以前における天下の中心としての地位の復興ともいえよう。中国の核心的利益とされる領土の保全・回復もそれに含まれるであろう。

かくして中国外交の構造的要因は、建国以降、主に革命と発展との葛藤から、1970年代末から発展を中心に据えてきたが、2006年から変わりはじめた。その直接の要因は、台湾の初めての独立派政権が2期目も続き、政権末期に独立宣言に打って出る可能性に対する危機感であった。そこで外交理念は「発展のため」のみではなく主権と安全保障のためでもあると質的に転換した。この外交理念の質的転換は、後のチベットと新疆の民族問題の先鋭化、2005年からの日中関係の敵視化と2010年からの米中関係の悪化、それに中国の総合国力

---

38) 劉江永『可持続安全論』清華大学出版社、2016年、12頁。
39) 『人民日報』2013年1月29日。

第 6 章　習近平思想と習近平外交（2012 年～）

の急速な増強があって「主権、安全（保障）、発展」を核心的利益と認定することに発展した。

　そして 2012 年秋からの習近平政権期に、下記の諸要素の協働により、転換のメカニズムが構成されて働き、グローバル・リーダーシップを競い合う世界大国ないし超大国へと中国を動かしていった。とりわけ中国外交は、イデオロギー面で明確に「中華民族の偉大な復興の中国の夢」というナショナリズムを結束力と原動力、また究極な目的に据えることにした。そして偉大な復興及び発展と主権と安全保障を総合的国益とし、包括的国家安全保障という意識から、総合的国力を運用して総合的国益を実現させるという認識に発展していった。上述のプロセスと併走して、中国外交は、受動的な守りの外交から主導的な攻めの外交へ、地域大国外交から世界大国ないし超大国外交へと転換していった。ちなみに中国の社会科学者の中の西側留学経験者たちは、このような中国の外交理念、及び国際認識と自己認識等の欧米スタンダードへの転換、そして国際関係学における「中国学派」の生成・発展に一役を果たしているといえる[40]。

おわりに

　習近平思想は、思想というより、政策論であり、政策体系であると同時に、習にカリスマ性、習の権力に権威を付与する装置でもある。習は「習近平思想」という装置をもって中国のカリスマ、絶対的な権力者、そして今後 20 年間にも及ぶ長期政権の正当性を求めているわけである。

　外交の局面では、自ずと中国外交を地域大国の外交から、世界大国ないし超大国の外交へ引き上げていくこと、その中で台湾の統一を実現することが必然的な要求と位置付けられていくことになり、さもなければ中華民族の偉大な復興が主張できるところか、習近平思想、習近平カリスマの正当性まで問われることになる。そこで、習近平思想における中国外交の基本政策、いい換えれば習近平外交のドクトリンが設計され、そして今後 20 年間進められていくことになる。習外交の成敗にかかわらず、国際社会は中国外交の「今後 20 年間」を意識することが必要であろう。

---

40) 毛里和子『現代中国外交』岩波書店、2018 年、259-265 頁。

第7章

地域大国から世界大国への外交転換と日米中トライアングル（2006年〜）

はじめに

　前章で指摘したように中国外交の理念と政策は、2006年から地域大国から世界大国への質的転換の兆しがみられたが、胡錦濤（こきんとう）時代には、外交行動上、地域大国としての周辺外交に終始した。そして、2012年秋からの習近平（しゅうきんぺい）時代に中国外交は、グローバル・リーダーシップを本格的に追い求めるようになった。本章では、外交行動上、中国が関係諸国とどのような合従連衡、攻守転換を繰り広げ、どのように世界大国・超大国外交への道を歩んでいったのかについて、検証していく。

　胡錦濤時代に、周辺外交における東シナ海方面では、日中関係の敵視化（第5章を参照）、北朝鮮核問題六カ国協議の頓挫と東北アジア集団安全保障メカニズムの構築の失敗（第3章を参照）、南シナ海方面では、島嶼と海域の領有係争の悪化（本章と第8章を参照）、並びに日米の介入による係争の国際化等、太平洋側における中国の周辺関係が悪化した。地域大国外交から世界大国外交への転換始めのところでの周辺関係の悪化であっただけに、いわゆる「主和派」と「主戦派」ないしハト派とタカ派の論争まで中国の政治・外交界で繰り広げられた。とりわけ日米中トライアングルの戦いが激化する中で、中国外交は「戦え」と「主戦派」色に染められていき、習近平政権の登場に伴って攻めの世界大国・超大国外交へと驀進することになっていった。

第 7 章　地域大国から世界大国への外交転換と日米中トライアングル（2006 年〜）

I　日米中のアジア太平洋外交戦

1　日中それぞれの周辺外交

　中国は伝統的な地域大国であり、近隣諸国を周辺とみなし、「周辺外交」というカテゴリで括って対周辺諸国外交を重んじてきた。「周辺外交」という用語は、自ずと一種の大国意識を無意識のうちにも表している。即ち中国は、地域の中心国であり、周辺諸国を優遇する義理があるが、敵対国、とりわけ他大国と結託して中国に対抗する国の存在を許さないという縄張り意識の持ち主である。

　中国は伝統的に周辺諸国との二国間関係を重要視するが、第 1、2、3 章で論じた通り 1990 年代半ばから、①北方面の「上海協力機構」、②南方面の「アセアン＋3（日中韓）」と「東アジア首脳会議」、そして③東北方面の「北朝鮮核問題六カ国協議」（2003 年から）と、3 つの多国間組織、協議体に外交資源を重点的に投下して多国間外交を展開してきた。

　中国の対周辺諸国外交は、経済を中心とする地域統合とパートナー関係の形成を政策目標としてきた。習近平は日米同盟を含む米国による独善的排他的な同盟外交を理念上、価値観上そして国益上でも否定し、そのアンチテーゼとしてパートナー・ネットワークを国際社会にあるべき「新型国際関係」として唱えてきた。

　国際社会をガヴァナンスする世界大国外交を志す習近平ではあるが、周辺外交を重視することには変わりはなく、ただしそれを世界大国外交の起点とし、周辺を中国が世界へ羽ばたく根拠地としている。習近平政権以前に第一位に重要視される周辺外交は、習時代に世界大国・超大国外交に従属する一分野に変わった。習は 2013 年 10 月に「周辺外交座談会」を開いて、「周辺運命共同体の建設」の基本政策と「親、誠、恵、容」（親密、誠実、互恵、包容）の四字指針、及び正確な義利観」（先に義理、次に実利）の理念を示した。ただし習講話にあるように「ともに平和的発展の道を歩んで初めて共同発展が可能になり」[1]、即ち「ともに平和的発展の道を歩んで」いないとみなされる周辺国を服従させる

---
1)『人民日報』2013 年 1 月 29 日。

外交戦も想定内にあろう。

　日本外交は「周辺外交」という用語を用いらず、1990年代半ばまでは、経済利益を中心に、「善隣外交」として平穏に施すだけの消極外交であったといっても過言ではない。第2章で検証したように、東アジア地域統合においてリーダーへの意欲があらず、それよりも地域外への拡散を求め続け、「東アジア」をオーストラリア、ニュージーランド、インドへの拡散、進んで米国の参加を主張し、その結果、東アジア首脳会議は、米露を加えてアセアン＋8規模の巨大さにはなったが、当時のマハティール（Mahathir bin Mohamad）マレーシア首相が語ったようにフォーラムのような組織に過ぎなかった。

　日本の目的は、東アジアにおける米国のプレゼンスを強め、中国の東アジアリーダーシップ及び台湾統一の企みを牽制することであった。同様な目的で同じく1990年代半ばから、日本は、日米同盟の適用範囲を「専守防衛」から「周辺事態」（「周辺事態法」1998年）へと第1次拡大、さらに集団的自衛権の行使による世界の安全保障（「集団的自衛権関連法案」〔日本政府の公式用語は「平和安全法制」〕2015年）へと第2次拡大していった。第1次拡大は、1995年の「ナイ・イニシアティブ」（ジョセフ・ナイ〔Joseph Samuel Nye, Jr.〕国防次官補による「東アジア戦略構想」）、第2次拡大は、「アーミテージ・レポート」（ナイ〔ハーバード大学教授〕は参加、2000年）、「第2次アーミテージ・レポート」（ナイは署名、2007年）、「第3次アーミテージ・ナイ・レポート」（ナイは署名、2012年）といった米国発の政策提言によって促されたが、日本の政策関係者は密にかかわり、3つの「アーミテージ・レポート」の場合は、むしろ日本側による発案・主導の痕跡がみられる[2]。

2　安倍晋三のリーダーシップ外交とトランプ・ショック

(1) オバマをリードする安倍外交

　「第3次アーミテージ・ナイレポート」の3カ月後の12月、予測されていた安倍晋三の首相の再登板が実現され、そして日本外交は、地域中心から、安倍が自称する「積極的平和主義」、「地球儀外交」へ転換し、アジア太平洋に重心を置きつつ世界的展開に努めるかつてないほどの規模と主動性を示した。日本外交は地域外交から世界外交へ打って出たといえる。前述のように日本外交は、

---

2)『読売新聞』社説、2012年8月17日。

第 7 章　地域大国から世界大国への外交転換と日米中トライアングル（2006 年〜）

ほぼ 1990 年代半ばから「中国牽制」を中心課題としてきたが、東アジアのリーダーになることに意欲を示さなかったことから、中国とのリーダーシップ競争があったとはいえない。安倍は日本がリーダーシップをとると公に宣言した初めての首相であり、東アジアないしアジア太平洋・インド洋域における日中のリーダーシップ競争が本格的に始まった。そして日本外交は、「中国牽制」から「中国抑止」へと、日米による秩序に中国を閉じ込めること、または参加を拒否することを政策目標とすることにした。ただし日本が目指しているアジア太平洋ないしインド太平洋リーダーシップは、日本独自のリーダーシップというより、米国のリーダーシップを強化するための中国抑止策に限るものである。

　安倍外交は、①日米同盟を基軸とし、②米国の同盟諸国と同盟のネットワークを結成し、③非同盟諸国とパートナー・ネットワークを形成して、三層からなる対中安全保障のネットワーク、「アジア太平洋版スモール・ナトー」とも一時呼ばれたものを構築しようとし、さらに、④日米欧先進国による自由経済圏に基づく国際経済ルール、普遍的価値観に基づく国際関係ルールをもって、揺らいでいる日米欧による世界中心を再構築し、その国際秩序 2.0 版に中国及び他の新興国を閉じ込めることを外交戦略としている。

　ヒラリー・クリントン（Hillary Rodham Clinton）米国務長官は、2010 年 1 月の政策演説で前述の「安倍外交」と同様な主張を並べ[3]、翌 2011 年 11 月にオバマ（Barack Obama）大統領は、米国のアジア回帰とアジア太平洋リバランスをキーワードとする当該政策を公に打ち出したが[4]、安倍が 2006 年第 1 次内閣時、さまざまな形で前述の安倍外交を取り組み、当時のブッシュ（George Walker Bush）政権から断られていた経緯に鑑みると、日本の政治家と官僚集団は、米国を牽引し、ついオバマ政権時に牽引できるようになったほど政策形成におけるリーダーシップを発揮したといえる。確かに、前述の「第 3 次アーミテージ・レポート」、そしてヒラリーとオバマの演説は、日本の自民党政権時ではなく、民主党政権時の出来事であったが、日本の官僚集団は、持続的自己完結的な政策集団であるため、与野党の政権交代と関係なく同じ志の政治家や学界人を率いて、米国の政策集団への工作を断たれることなく施し、政策準備を進めたものであ

3）Hillary Rodham Clinton, "Remarks on Regional Architecture in Asia: Principles and Priorities", (January 12, 2010). http://www.state.gov/secretary/rm/2010/01/135090.htm。
4）White House, "Remarks by President Obama to the Australian Parliament," November 17, 2011.

る。

　外務省ホームページにある2015年11月19日の安倍・オバマ東京会談録は、日本が政策過程において米国をリードしていたことを証している。
「安倍総理から、日本の『積極的平和主義』と米国の『リバランス政策』の連携、この盤石な日米同盟をアジア太平洋地域、ひいては国際社会の平和と安定、繁栄のために有効活用していく新たな日米協力の序章としたい旨述べた。

　オバマ大統領から、日米同盟は米国の安全保障の基軸でもある旨述べ、平和安全法制の成立に祝意を表し、日本、地域、世界において日米連携をさらに広げていくことが可能となった旨の発言があった。

　安倍総理から、日米協力をさらに進める上で、自由・民主主義・法の支配等の基本的価値を共有する国々との連携が不可欠であり、日米同盟を基軸とする平和と繁栄のためのネットワークをアジア太平洋地域において共に作っていきたい旨述べた。

　オバマ大統領から、平和安全法制の成立は歴史的業績であり、TPPは地域における貿易のあり方を一変させるものである。日米は海洋法を含む国際規範と法の支配を地域において確立するために努力する必要があると指摘し、ネットワークを作っていくとの安倍総理の考えを支持する旨の発言があった」[5]。

　会談では、安倍が日本側の意志のままでリードし、オバマが完全に迎合していた。何より、安倍は日米の秩序に中国を閉じ込めること、または参加を拒否することを意図して「日米同盟を基軸にアジア太平洋に…」と言い、オバマは「日米同盟は米国の安全保障の基軸でもあり、」「地域、世界で…ネットワークを作っていくとの安倍総理の考えを支持する旨の発言」で迎合した。安倍・オバマは日米同盟を基軸に世界をリードしていくとまで合意した。

(2) ポスト・オバマ工作に挫折

　安倍外交は政策過程だけではなく、進んで米国の政権作り、高官人事まで工作を施した。五百旗頭 真 元防衛大学校長は、トランプ（Donald John Trump）が2016年11月に米大統領に当選した翌月に次の事実を振り返った[6]。「私は2016年9月〜10月の1ヶ月間、米ハーバード大学に滞在していたのですが、

---
5) http://www.mofa.go.jp/mofaj/na/na1/us/page4_001565.html
6) 五百旗頭真「2016年は人類史の転換点　国際秩序の中軸が"自壊"した」『週刊ダイヤモンド』2016/12/31・2017/1/7、68-69頁。

第 7 章　地域大国から世界大国への外交転換と日米中トライアングル（2006 年～）

その際に……ジョセフ・ナイ教授とカート・キャンベル（Kurt M. Campbell）元国務次官補が組み、ヒラリー・クリントン政権の誕生を見越して、ブレーン 120 人を集めるリクルートが始まった。」五百旗頭真は生涯の友であるナイ教授の大学に 1 カ月ほど滞在したので「ブレーン 120 人を集めるリクルート」に貢献されたと思われよう。ところが、「(トランプは) 逆転となった。まともな政治・外交センスを持つ人々が、反既成勢力の機運の中で駆逐された。」「これまでの国際秩序を支える中軸が自ら瓦解する姿を目の当たりにした。」「米国が世界の警察官を務められないから…などというメッセージを送れば、日本の安全保障政策は根底から崩壊する。」

　その翌月にトランプは着任し、まさに「米国は世界の警察官を務めない」と言明した。米国外交におけるトランプイズムとして、3 点総括できよう。第 1 に「米国第一」（同盟無視の絶対的経済ナショナリズム）（economic nationalist agenda）であり[7]、第 2 に「無価値観外交」（オバマ時の普遍的価値観外交のアンチテーゼ）であり、第 3 に宗教・人種イズム（キリスト教系白人主義）である。

(3) トランプ誘導に失敗

　安倍外交は、米国官僚集団への工作を強め、官僚主導によるトランプ誘導をはかった。日本の官僚集団は長年、米国官僚集団との連携の中、厚みのある人脈を形成してきた。日本政治はかねてから「包括的官僚主導体制」と定義されるほど、官僚主導のテクニックに長ける。とりわけ、日米官僚は協力して政策用語をトランプの講演や政策文章に押し込む手法を駆使した形跡がみられた。

　安倍は 2013 年から 3 つの方向で具体的な対中抑止策を進めてきたが、その持続をトランプ政権に求めた。①国際社会において、先進国集団による世界の中心を再構築する。具体的には TPP（環太平洋経済連携協定）と日本・EU 経済連携協定の締結に努め、TTIP（EU・米国貿易投資協定）の妥結を促し、進んで三者の融合を目指す。②東シナ海域における尖閣諸島問題での日米協働、日米同盟と米韓同盟の融合、台湾支持等の施策を施す。③南シナ海域における島礁と海域の係争への日米を基軸とする先進国集団による共同介入と主導を実現する。

　②と③は次節から検証するが、①の場合は、TPP については、安倍は首相就

---
7) スティーブン・バノン（Stephen Bannon）大統領上級顧問・首席戦略官は米保守政治行動会議 CPAC 年次総会で講演、2017 年 2 月 23 日 (http://www.theguardian.com/us-news/2017/feb/23/steve-bannon-cpac-donald-trump-media-campaign-pledges)

199

任後直ちに交渉参加を決断し（2013年）、中国に規則を書かせないというオバマとの合言葉の下で、日本は最後の局面で自ら大幅な譲歩を決断した上、米国の背中を押して妥結に持ち込んだ（2016年）。ほぼ同時期に日本・EU経済連携協定も妥結できた。TTIPだけは、オバマ在任中の妥結はできなかった。安倍が築き上げたネットワークは、太平洋から、インド洋へ、大西洋までの先進国を中心とする三洋連携であり、中国の一帯一路を分割・包囲し、先進国による世界支配の秩序を維持していくものになろう[8]。

　ところが、トランプは着任早々オバマのアジア太平洋リバランス戦略を始め、TPP、TTIPをすべて破棄した。日本は早速リバランス戦略の代わりに「インド・太平洋戦略」を米国に持ちかけた。それは、2016年8月にケニアで開かれた日本とアフリカの第6回アフリカ開発会議で安倍が中国の「一帯一路」に対抗して打ち出した「自由で開かれたインド・太平洋」というキーワードが出所であった。日米の官僚集団は、2017年11月トランプが日本訪問からスタートする中韓ベトナムフィリピンを歴訪するタイミングに、大統領演説で「インド・太平洋戦略」をキーワードとする「トランプ新外交戦略」を打ち出すことを画策した[9]。日本のメインメディアは、トランプが日本に到着する前にも「インド・太平洋戦略が宣言される」と喧伝し[10]、事後に日本外務省は「インド・太平洋戦略」を表題に日米首脳会談の成果としてホームページに公表した[11]。

　しかしトランプは、日本での発言にも、ベトナムでのAPEC（アジア太平洋経済協力会議）首脳会議での演説にも、「戦略」の2文字を省き、「インド・太平洋地域」しか言及しなかった。実はトランプは外交分野で「戦略」を一貫して語らず、同盟の価値に拘束されない「米国第一」を貫いてきた。APECでのトランプの公式発言は「独立した主権国家がそれぞれの夢を追求する、自由で開かれたインド・太平洋地域を目指す」[12]というものであり、多国間連携よりも、自国第一を普遍的価値として主張した。そして、その後にトランプは、二度と

---

8)　趙宏偉『為抗"一帯一路"　安倍搞起来三洋連網』中国人民大学重陽金融研究院WEB、2017年11月28日。
9)　薬師寺克行「トランプはインド・太平洋戦略を曲解している　日本が中国への対抗策を提案したのに……」『東洋経済』2017年11月14日。
10)　「トランプ大統領：新アジア戦略「インド太平洋戦略」提示か」『毎日新聞』2017年11月3日。
11)　日本外務省HP、https://www.mofa.go.jp/mofaj/na/na1/us/page4_003422.html。
12)　『毎日新聞』2017年11月11日。

「インド・太平洋」を口にしなくなった。米国務長官と国防長官だけは「インド・太平洋戦略」を用語として使い続け、日本による工作の成果はここまでであった。

(4)「基軸」から「礎」に逆戻しにされた日米同盟

より強烈なトランプ・ショックは、むしろ日米同盟の質的後退であった。トランプは「戦略」のみではなく、「同盟」も語ろうとしなかった。安倍はトランプ当選の 2016 年 11 月から、電話や訪米、複数回日米同盟の再確認に努めたが、2017 年 2 月安倍訪米まで、トランプの口からは「日米同盟」という言葉が出てこなかった。2 月の安倍・トランプ共同声明は、日米同盟の定義と位置づけを「日米同盟は太平洋地域における平和と安定の礎になるものである」と規定し、後の共同記者会見でトランプは、さらに「太平洋地域」を省いて「日米同盟は平和と繁栄の礎だ」とだけ話した [13]。

前述したように安倍・オバマは、日米同盟を基軸に世界をリードしていくことまで合意した。トランプは日米同盟の定義を「基軸」から「礎」にし、その位置づけを地域や世界におけるものとしなかった。「基軸」は、1996 年に周辺事態法制を取り組んでいる橋本龍太郎首相が最初「日米関係はわが国外交の基軸だ」という言い方で用いたキーワードであり [14]、「専守防衛」から周辺、世界へ日本が踏み出すことを説明するコンセプトである。「基軸」と「礎」は、英語では同じ「cornerstone」であるが、トランプ米国側は日本語訳に、いつもの「基軸」ではなく「礎」に訳すことを日本側に押し付けたと推測される。要は、トランプはオバマ政権期までの「基軸」として世界をリードする日米同盟を、前世紀の日本の専守防衛に限定される「礎」としての同盟に逆戻しにした。

米国のリーダーシップを強化して中国を抑止するための安倍のリーダーシップ外交は、2017 年に終わった。2012 年から 2017 年までの日本外交は、前述通り行動パターンとして同盟従属、同盟忖度、同盟利用、さらに日米同盟をリードする行動パターン、その反面、同盟の仮想敵中国を牽制・抑止する行動パターンを繰り広げてきた。

(5) 自主自立に向かう安倍外交

ところで、2017 年から日本はトランプ・ショックをバネに、まず、TPP に

---

13) 日本外務省 HP、http://www.mofa.go.jp/mofaj/na/na1/us/page4_001565.html。
14) 「第百三十九回国会における橋本内閣総理大臣所信表明演説」1996 年 11 月 29 日、https://www.kantei.go.jp/jp/hasimotosouri/speech/1996/shoshin-1129.html。

第Ⅱ部　世界大国論

おいて米国の脱退後に進んでリーダーを担い、残りの11カ国からなる「CPTPP協定」の締結を成功に導いた。これは日本史上初となる日本がリーダーとして多国間組織を創立・運営する画期的な出来事であった。

次に、2018年に、日本・EU EPA協定も締結された。なお、日本は2017年まで米国に追随してTPP交渉を優先にし、RCEP（「東アジア地域包括的経済連携」、メンバーはアセアン、日中韓、印豪ニュージーランド）交渉に消極的にしていたが、2018年から積極的にリードするようになった。

第3に、安倍は最悪な状態にある日中関係の改善に主動的に取り組むようになり、2018年10月25日、日本の首相として7年ぶりの中国公式訪問を成功させ、「日中関係は正常化した」と自ら公言できるようになったレベルまで、日中関係が改善された。安倍は「日中関係三原則」：①「競争から協調へ」、②「脅威ではなくパートナー」、③「自由で公正な貿易体制の促進」を中国に提示し合意を得たと語った。第5章と本章で検証した日中関係の経緯からすると、安倍の対中外交は、①競争を起こしたことから協調へ、②「パートナー」それに「日中友好」を日中関係の定義から外したことから再定義へ、③については、彼が北京で語ったように経済発展と自由で公正な貿易体制を中心に「日中両国が世界の平和と繁栄のために共に貢献する」日中関係の「新段階」、「新時代」、「新次元」が来たと、地域と世界における日中協調のリーダーシップへという転換に舵を切ったとも思われる[15]。

日中協調の行動として、安倍は、中国側に「インド・太平洋戦略」を「インド・太平洋構想」に改めること、中国が唱える「一帯一路イニシアチブ」への参加を口では言わないものの、第三国でのインフラ建設の共同事業を行うことを表明した。実のところ、前者は前述のようにトランプが拒否した「戦略」であった。後者の場合は、日本の国家と企業は、資金難とマンパワー不足で、インフラ力が低下しているため[16]、中国との協働を必要としている。それに中露日企業による北極ガス田開発など「第三国事業」の成功例も、複数あった。実は、11月からも日本企業は、トルコと英国の原発、及びタイ首都圏の高速鉄道の建設を放棄した。インド新幹線からの撤退も時間の問題であろう。

15) ttps://www.kantei.go.jp/jp/98_abe/statement/2018/1025jpncn40.html。https://www.kantei.go.jp/jp/98_abe/statement/2018/1026daisangoku.html。
16)「インフラ輸出、進む劣化・人材難、技術力が低下」『日本経済新聞』2018年11月8日。

第 7 章　地域大国から世界大国への外交転換と日米中トライアングル（2006 年～）

　このように 2017 年から、日本外交は日米基軸より独自のリーダーシップとしての自主自立の外交への進みがみられたといえよう。

3　習近平のグローバル・リーダーシップ外交
(1)習近平外交の全体像
　中国は毛沢東（もうたくとう）時代から大国意識の条件反射で「新国際秩序」をスローガンに掲げてきたが、2010 年頃からは、本格的な政策討議がみられ、既存の国際秩序に対する見方について、順応派と新秩序派に分かれて熱い論戦が展開された。2014 年 11 月 29 日に開かれた共産党中央外交工作会議での習近平発言は、新旧秩序のどの派よりも、世界情勢に対し「国際秩序の争い」という認識を示し、そこで「国際秩序の変革」を追求し、中国の「発展の機会と空間を維持する」ために「人類運命共同体を建設する」ことを世界戦略として決断した[17]。習近平が用いた「発展の機会と空間の維持」は、近代国際関係史上、勢力範囲の確保を意味する用語であり、初めて中国の外交ワードに用いられた。

　傅瑩全人代外交委員会主任は、国際社会に向けて「国際秩序の改革」という中国首脳の世界認識を次のように説明した[18]。①「既存の世界秩序は米国が主導するものであり、3 つの柱をもち、米国ないし西側の価値観、米国主導の軍事同盟、国連である」。②「米国主導の世界秩序は、中国を完全に受け入れたことはない。……政治体制を理由に中国を排斥し、米国の軍事同盟は中国の安全保障の利益に無関心であり、甚だしきは中国の安全保障への圧力を構築している」。③「既存の世界秩序に生じた亀裂は、中国からの挑戦によるものではなく、既存秩序に欠陥があって世界的な難題に解決を提案するどころか、より多くの難題を作り出しているからである」。④「中国が言う国際秩序は、国連を中心とする秩序である。……中国はその創立者、受益者、貢献者であり、改革者でもある」。

　明らかに、中国は国際秩序における米国主導の部分の改革ないし改善が必要と認識し、中国が目指す国際秩序は、中国の完全参加とグローバル・リーダーシップの発揮ができるものである。2015 年 9 月の国連創立 70 周年総会での習

---

17) 新華社 2014 年 11 月 29 日。
18) 傅瑩「在英国皇家国際問題研究所的講演」2016 年 7 月 7 日、新華社同日。

近平演説によれば、「グローバル・ガヴァナンス体系は、どの一カ国によってコントロールされるものではなく、万国は共同で建設し、ともに恩恵を受けるものであり、……より公正、合理、効率という方向への発展は、世界各国の願いであり」、そのような「協調とウィンウィンを中核とする新型国際関係を構築すべき」である[19]。

中国が示したグローバルビジョンの「人類運命共同体」について、中国はかつて 2013 年に主にアセアンとの関係を意識して「周辺運命共同体」という概念を打ち出し、そして 2014 年に「アジア運命共同体」、「中国・欧州運命共同体」を用いた。

「新型国際関係」について、習は前記の国連での演説の中で「中国特色ある大国外交」を唱え、それは中国型の外交として「ゼロサムはせずに協調とウィンウィンを信奉し、強権政治はせずに国際関係の民主化を提唱し、利己主義的にはならずに義理と利益の調和を実践し」「結盟はせずにパートナーを結ぶといった新しい道を歩む」と立派な言葉を並べているが、その一句一句は米国型の外交を批判するものである。

2013 年から、中国は「一帯一路」こと「新シルクロード経済ベルト」と「21世紀海上シルクロード」の構築を世界戦略の中心ルートに据えている。「一帯一路」は、経済を中心にアジア欧州アフリカという旧大陸を中国がいう運命共同体に統合する野心的なプランであり[20]、そこには米国が存在しない。かつて 2010 年前後、米国の「アジア回帰」、「アジア太平洋リバランス」に対して、北京大学教授王緝思（おうしゅうし）らハト派とされる学者は、「東進」をせずに米国との対峙を避け、ユーラシア・ルートへの「西進」を主張していたが[21]、習近平政権は「奮発有為」を外交の行動指針とし、「一帯一路」の如く東西併進を選択した。

習近平外交の全体像は、次のように描かれよう。

中国外交にしては、初めて対米を中心とせず、「人類運命共同体の建設」という世界戦略をもち、「国際秩序の改革」においてグローバルパワーとしてリーダーシップを追求し、主権、安全保障、発展という核心的利益の実現を戦略目

19）新華社 2015 年 9 月 22 日、29 日。
20）中国国家発展改革委員会、外交部、商務部『一帯一路的愿景与行動』新華社 2015 年 3 月 28 日。
21）王緝思「"西進"，中国地縁戦略的再平衡」『環球時報』2012 年 10 月 17 日。

的とするが、そのために、①米中新型大国関係の構築を重要視しながら、②日米同盟という唯一の脅威を抑止し、③中露と中韓との特殊関係での連帯形成を優先事項とし、④周辺地域の運命共同体化、アジア主義の推進、欧州との東西二大文明の連携、アフリカとのパートナーシップの強化で、旧大陸規模の運命共同体の形成を推進し、さらにカリブ・ラテンアメリカとの連帯を強めていくという世界ビジョンである。

(2) 受動的守りから主導的攻めの外交へ

習近平国家主席と李克強首相は、2013年3月に選任されてから年末までの間、4大陸22カ国を訪問、外国首脳64人の訪中を接待、外国要人300人余りと会見、各国と800件ほどの協定を締結、史上空前規模の外交活動を展開した。ほぼ周辺地域で活動、かつ受動的応対が多かった中国外交は、世界的パワーとしての攻めの外交、総力戦外交に一変した。

中国は旧来の超大国のような同盟外交に与しないものの、代わりに集団的または多国間、二国間のパートナーシップを追求し、「グローバル・パートナーネットワークの構築」を目指して、前後にして百余りの国と共同声明等の形で「パートナー関係」を結んでいる。その中で中露と中国・パキスタン関係は、最高位の「全面的戦略的協働パートナー」と「全天候型戦略的協力パートナー」である。中国は2010年に米国が南シナ海問題に介入し始めてから、中露関係を格上げした。中独関係は独特の「全方位的戦略的協力パートナー」という表現で第2位にランキングされている。EUとの関係を含めて最も多く使われているのは「全面的戦略的協力パートナー」という用語である。米日だけは中国の「パートナー」から降りた。米国は1997年クリントン（Bill Clinton）大統領時の「建設的戦略的パートナー」からジュニア・ブッシュ大統領時の「建設的協力関係」、そして2013年からの中国のみが一方的にいう「新型大国関係の構築」に後退した。さらに2017年にトランプが米国大統領になってから、中国は前記のキーワードも口にしなくなった。米中関係は表裏とも定義なき関係となった。日中は1998年の小渕恵三内閣時の「建設的平和発展友好協力パートナー」から2006年に安倍が提案した「戦略的互恵関係」という「友好」と「パートナー」抜きの関係に移った[22]。

---

22) 宮本雄二元中国大使の著書は交渉のプロセスを記述した。『これから、中国とどう付き合うか』日

習近平は世界における大国外交が三大国、つまりG3だと考え、なお、米中関係が最重要な二国関係、つまりG2だとも認識しているが、中露の特殊関係をもってはじめて米とパワーバランスがはかられ、米中が対等に世界をガヴァナンスすることになるとも意識している。

第4章で検証したように、習は2013年3月に国家主席に就任して一週間後に訪露を行い、米国の気持ちをいちいち配慮しないリアリズムの姿勢を赤裸々に示し、連露対米の姿勢を鮮明にした。

そして翌2014年、ロシアがウクライナ内紛を機にクリミアを併合し、対露制裁を発動した米欧と厳しく対立している中、習近平は来訪中のロシア大統領府長官に中露関係を「特殊関係」と言い表して、ロシア支持を表明した。両国海軍は、2015年に地中海、黒海、2016年に南シナ海で共同軍事演習を行い、相互支持を意思表示した。さらに、プーチン（Vladimir Vladimirovich Putin）は習近平の「一帯一路」戦略に支持を表明し、中露は上海協力機構、ロシアが率いるユーラシア経済同盟及びアセアンを包括するユーラシア・パートナーシップを立ち上げることに合意した[23]。

習は「一帯一路イニシアティブ」を最重要外交として推し進め、上海協力機構、ユーラシア経済同盟、EU発展計画、そしてアセアン、アフリカ、中東欧16カ国などと一帯一路について協力関係を結び、また、上海にBRICS新開発銀行、北京にAIIB（アジアインフラ投資銀行）、及びシルクロード基金などを創設し、中国・ロシア・欧州経済ロード、中国・中央アジア・西アジア・欧州経済ロード、中国・モンゴル・ロシア経済ロード、中国・パキスタン経済回廊、中国・ミャンマー・バングラデシュ・インド経済回廊等のプランを推し進めている。なお、中国はオーストラリア、韓国、スイスとのFTAを発効させ、アセアンとFTAグレードアップ協定を完成させ、アセアン＋6の広域自由経済圏であるRCEPの締結に努めている。

中国は、「アジア運命共同体」を唱え、李克強首相は2014年度博鰲アジアフォーラムで「アジアの利益共同体、運命共同体、責任共同体」の形成を訴え

本経済新聞社、2011年、136-145頁。
23）新華社2016年6月26日。

た[24]。習はさらに「アジア主導」を前面に打ち出している。2014年に上海で開かれたアジア信頼醸成措置会議（CICA）第4回首脳会議での習の議長講演は「アジアの問題はアジア主導で解決すべきであり、アジアの安全保障もまずアジア諸国自身の協力強化を通じて実現すべきであるし、それは完全に可能である」と公言した[25]。翌日に発表された「CICA上海宣言」には、米国を念頭に「いかなる国も他国の安全保障の犠牲を対価に自身の安全保障を強化してはならず」「いかなる国も集団も組織も安全保障において特殊な優先的な権利を有さず」「安全保障における共同、分割不可、平等、全面的といった特性の重要な意義を強調する」という習の文言が盛り込まれた[26]。習は自らのアジア観と安全保障観を推し進めたわけであり、その安全保障観は後の2017年の十九回党大会で「共同、協力、持続可能な包括的安全保障」というコンセプトとして記された。このCICAはカザフスタンが提唱し、アジア大陸の20数カ国が4年に一度集まる目立たないフォーラムであった。中国は議長国に自薦し、会員国を26に増やして上海で華やかな首脳会議を招集し、習のアジア政策を推し進める場とした。

近隣国以外の広域の新興国・発展途上国との連帯外交は、中国外交の伝統であり、習近平は新たに「真、実、親、誠」の四文字指針、つまり「真心、実用、親交、誠意」をもって連帯を強化しようとした[27]。中国外交はかつて米ソ2大陣営が競い合う冷戦時代に、広域の新興国・発展途上国を米ソ間の「中間地帯」と呼んで友好外交に努めていたが、今日は中国の研究者の間で、近隣の周辺と区別して「大周辺」と呼んでパートナーに位置づけている。

中国はアラブ諸国、アフリカ、カリブ・ラテンアメリカ、中東欧16カ国の4つの地域に分け、地域フォーラムという形で地域外交を進めてきた。中国は地域ごとの会議体等の形をとってさまざまなパートナー協力体制を設けていった。中国・アラブ諸国協力フォーラム、中国・湾岸協力会議フォーラム、中国・アフリカフォーラム、中国・カリブ海諸国とラテンアメリカフォーラム、中国・中東欧16カ国首相会議、それに中国・太平洋島国フォーラム、中国・ポルト

24）新華社2014年4月10日。
25）『人民日報』2014年5月22日。
26）新華社2014年5月21日。
27）新華社2013年3月26日。

ガル語圏フォーラム、そして四大陸を代表する新興大国の BRICS 首脳会議等が挙げられ、毎年首脳会議ないし閣僚会議、実務者会議が開催される。

　中国首脳はできるだけ多くの国の指導者と会うことにしている。その効率化かつ中国の国際地位の向上に資するために、中国外交は 2013 年から中国古代の春秋時代に慣用された「会盟」方式を好んで取り入れた。習と李克強は訪問地域の主要国でその地域諸国の首脳を招いて首脳会議外交を繰り広げた。習は 2013 年にタンザニア、南アフリカ、コスタリカ、2014 年にブラジル、李首相はケニアで、それぞれその国と共同で周辺諸国の首脳を招き、全体会議や二国間会談を繰り広げた。このような「会盟」方式は、地域のホスト国が地域のリーダーの役を誇り、中国も自然と主役になり、パフォーマンスがよりよくなるという。

　中国は広域の新興・発展途上国との関係が概ね良好であり、アラブ、アフリカ、ラテンアメリカとの貿易額はそれぞれ 2000 億米ドル台、対アセアンは 6000 億ドル台、対インドとロシアも千億ドル台に乗っている。

　2012 年からスタートした中国・中東欧 16 カ国首脳会議は、相互関係の急速な改善をもたらした。中東欧諸国は、脱ソ連支配かつ脱共産党政権の諸国であり、かつて共産党中国に対して強い反感をもっていたが、「一帯一路」の西欧への経済回廊に中東欧が位置していることで、中国は 2013 年に「100 億ドル特定借款」と「中国・中東欧投資協力基金」を設けて貿易と投資の拡大に努めた。中東欧 16 カ国は、11 カ国が EU メンバー国、5 カ国が加盟申請中であり、かつて EU・中国関係の発展に消極的なグループであったが、いまは支持勢力に変わった。2016 年に EU が南シナ海問題について中国を批判する声明が出せなかったことは、ハンガリーとギリシャによる反対にあったためとされる[28]。

　中国・EU 関係は 2008 年の米国発金融危機、2011 年の EU 発金融危機とそれによってもたらされている今日に至る世界経済の低迷の中で、ほぼイデオロギーと価値観の相違を乗り越えて経済を中心とする互恵関係にある。習は、EU とは「二大パワー、二大市場、二大文明の連携からなる平和、成長、改革、文明の四大パートナーの関係」「東西二大文明の全面的戦略的協力パートナー関係」であると性格づけている。中国・EU 首脳会議は毎年開かれ、EU は中

---

[28]『日本経済新聞』2016 年 7 月 21 日。

国の「一帯一路」に支持を表明し、また米国の背中を押し続けて、2014年と2015年に中国の地位向上につながるIMF改革や人民元のSDR（特別引出権）入りを実現させた。ただし中国・EU投資協定とFTA、及び武器禁輸の問題は、進展が一向にみられず、EUは社会主義国とはやらないという暗黙のルールがあってまだ乗り越えられていない。

中国はドイツとイギリスを重点国に定めて外交を施してきた。中国は経済大国ドイツを最重要な産業パートナーとしている。メルケル（Angela Dorothea Merkel）首相も年に複数回も訪中し、両国は「中独製造業連帯」での世界制覇に努めている。

中英関係は習政権とキャメロン（David William Donald Cameron）政権の時期に双方が「黄金時代」と呼ぶほどであった。英は米日からの反対を振り切って先進国で率先して中国が創設を企図するAIIB（アジアインフラ投資銀行）に参加し、西欧各国の参加を牽引した。2015年10月に、習は英王室による最高位の接待を受けて訪英し、両国のメディアには、新超大国中国に対して旧超大国英国が知恵を貢献するであろうとの議論まで喧伝された。2016年6月に英国はEUを脱退することを決めたが、英国外相は7月の訪中時、EUからの制限がなくなったのですでに中国とのFTA交渉に着手したと表明した[29]。

2017年5月、習は北京で第1回「一帯一路国際協力サミットフォーラム」を催し、29カ国の首脳、日米を含めて130カ国の閣僚級代表団、国連をはじめ100ほどの国際組織を集めて、いわゆる「万邦来朝」で国威を顕示した。

(3) リスク管理から対等大国を目指す対米外交へ（オバマ政権時）

中国の対米外交は2006年前後から、それまでの米国からのアクションに受動的に応対し、米国の気持ちを最重要視して、できるだけ折り合ってよい関係を維持していくというリスク管理の行動パターンから徐々に変化していった。それは習の時代に主動的に自らの望む国際秩序を追い求めながら、対米関係の対等且つ安定を図るという行動パターンに移っていった。

中国の対米外交という視点から、前述の中国のグローバル外交を眺めると、習外交はかつてのソ連のように米国との争奪、米国が作ってきた国際秩序の破壊を図るのではなく、まずは米国との正面衝突をできるだけ避けるが、「場外戦」

---

29) BBC、2016年7月25日。

で中国を中心とする国際関係と国際秩序の構築に努めて、対等の多極共存を目指すという構図がみえてくる。

　オバマは 2011 年 11 月にアジア太平洋のリバランスを政策宣言したが、習は着任 1 年目の 2013 年に「一帯一路イニシアティブ」を打ち出して世界規模のリバランスを図り始めた。その前の2009年頃、米国研究者から米中二大国の「G2 時代」が熱く論じられていたが、偶然にも同じ年に、ロシアのリーダーシップではあったが、中露インド・ブラジルからなる BRICs という地域を横断する新興大国の国際組織が作られ、そして 2011 年に中国は南アフリカを誘い込んで世界四大陸を覆う BRICS に仕上げた。上海協力機構が東ユーラシアを囲む国際組織だとすれば、BRICS は中露が初めて取り組んだ米国の国際秩序の外にあるグローバルの国際組織である。

　「米中新型大国関係の構築」は、習が米国にのみ提案したものであり、つまり米中は他大国と同列ではない超大国同士という意識である。G2 時代は、別に米中の合意や中国のパワー等を条件とするようなものではなく、かつての米ソの G2 時代は、むしろ米ソ反目の冷戦時代であった。米中の G2 時代の到来は、唯一の超大国の米国に対し、中国が受けて立ってもう 1 つの超大国と自認するかどうかにかかり、オバマやトランプの承認を待つというよりも、習近平が自らその役を演じるか否かによるものである。習はその意思、自信、そして行動力を示したわけである。習は米中新型大国関係を「不衝突、非対抗、相互尊重、ウインウイン協力」と簡潔に定義し、非敵視と対等を求めたわけである。

　習・オバマ外交は、2013 年 6 月 7 日と 8 日に米カリフォルニア州サニーランズのアネンバーグ荘園でマラソン・ディスカッションの形でスタートした。習は米国入りの前、訪露、そしてアフリカ歴訪と南アフリカでの BRICS 首脳会議に出席して BRICS 開発銀行設立の合意を取り付け、南アフリカに招かれてきたアフリカ 15 カ国の首脳とも会談を行った。その後に中国でブルネイ、ミャンマー、フランス、パレスチナ、イスラエル等の首脳を接見した。習はまた 6 月 1 日からカリブ海 3 カ国を歴訪し、地域の他の 8 カ国首脳をコスタリカに招いて会合をもち、続いてメキシコ訪問を経て米カリフォルニアに入った。習としては、グローバル・リーダーシップを発揮して独自のグローバル戦略を進め、そんな中で米国に乗り込んでいったことを示した。

第 7 章　地域大国から世界大国への外交転換と日米中トライアングル（2006 年～）

　習・オバマの荘園会談は，2 日間、延べ 10 時間ほどの討議を繰り広げたが、米中不信の高まりもあり、首脳同士の意思疎通、米中関係のリセットが必要であった。かつて 2009 年 11 月、オバマは米大統領として初めて就任 1 年目に訪中し、「米中は 21 世紀を形作る」と公言し、「米中共同声明」は「核心的利益の相互尊重」、「戦略的信頼」の醸成、「より重要な共同責任を担う」ことを宣言した。当時、米国は対中政策に「戦略的保証」という新たな性格付けを行い、国益に対する相互保証を礎にグローバル的に協調していくとした。

　ところが、翌年米中関係は、急速に対抗へと基調が変わっていった。ヒラリー米国務長官は、前述の 2010 年 1 月の政策演説の後、非公開の意思疎通の例会である米中戦略・経済対話で一人の中国軍人が「南沙諸島の主権は中国の核心的利益に属す」と発言したという情報を、7 月に日本のメディアにリークし、その直後にベトナムで開かれる ARF 会合で用意した文書を読み上げて「米国の国家利益に及ぼし」、中国による「威嚇に反対する」と中国を激しく批判した。中国の楊潔篪外相は、ヒラリーの背信に激しく怒って、南シナ海は米国がいなければ至って平和だと鋭く反論した。後 2014 年にヒラリーは「当時米国の国益をもって中国の核心的利益に対抗しようとした」と回顧録で記した。

　続いて前述の 2011 年 11 月のオバマによる「アジア太平洋リバランス」の演説が出た。中国からみると、2010 年 9 月の尖閣沖の漁船衝突事件、2012 年にエスカレートし始めた南シナ海での紛争は、いずれもヒラリーが争点を作って後ろ盾となってから、日本、フィリピンが次から次へと挑発してきたものであった。

　なお、2013 年の習・オバマ荘園会談の前に、米国は突然中国軍による米国へのネットハッキングについて非難キャンペーンを張り、ネット安全が会談の最重要課題の 1 つだと課題設定をし始めた。中国の目には、米国こそ官民問わずに国際社会における世界一のネットハッキング超大国であり、いま何かの勢力が米中首脳会談を邪魔しようとして突然攻撃を仕掛けてきたと映った。偶然そのとき、米国家安全局と中央情報局勤務のエドワード・スノーデン（Edward Joseph Snowden）は、香港に脱出した後ロシアに亡命した。彼は米情報機関が長年にわたって世界各国政府・企業・研究機関、及び米国民に対する大規模なネットハッキングを秘密の裏に繰り広げてきたことを暴露した。このことがあっ

て習・オバマ会談は、ようやく戦略対話という主題がぼかされずに進められた。ちなみに習・オバマ荘園会談は、オバマの第2任期の初年度、ヒラリーからケリー (John Forbes Kerry) へ国務長官が変わってから行われた。

　しかし、米中の信頼醸成は進まなかった。中国は米国に中国の周辺利益を認め、とりわけ日本、フィリピン、ベトナムの反中行為を煽らず、支持せず、領土問題に介入しないことを求めた。中国からすると、それは毛沢東・ニクソン (Richard Milhous Nixon) 会談以来の「米中72年体制」と呼ばれる約束であり、特に日本についての場合は、日米同盟が中国を対象としないこと、米国が日本を管理することが約束され、そして2009年までほぼ守られてきたが、2010年のヒラリーによる突然の中国批判の時から、完全に反故にされてしまった。オバマは、閣僚の制御ができておらず、日本に引きずられて、反中を意図とする日米同盟の強化、日米豪印連携と価値観同盟の構築、尖閣諸島への日米同盟条約の適用、米軍のフィリピンへの再配備等は「アジア回帰」や「リバランス」といったオバマ・フレーズの下で次から次へと進められていった。

　2011年に東アジア首脳会議は、米露の参加を得て、アセアン＋6から＋8という18カ国会議体になったが、米国はRCEP（地域包括的経済連携〔Regional Comprehensive Economic Partnership〕）と称されるアセアン＋6による東アジア経済統合の交渉に参加せず、別個にシンガポール、ニュージーランド、チリ、ブルネイが作った「TPP」（環太平洋経済連携協定）に参加表明をし、またオーストラリア、ペルー、ベトナム、マレーシア、メキシコ、カナダ、日本を集めて「TPP」という自由経済圏の構築を主導し、RCEPとAPECによる経済統合を取り組もうとしなかった。前述したように、オバマは中国に決して規則を書かせないと繰り返して強調した。

　中国はオバマと安倍が仕掛けてきたTPPという攻めには、対応策が出せなかった。習は2014年にAPEC首脳会議の北京開催の機会に、APEC全メンバーによるFTAについての共同研究を提案して決議させた。日米からの賛成は、ただホスト中国のメンツをつぶしはしないだけのものであり、この決議は無意味なものであった。

　総じてみると、オバマ政権時、米中関係は安全保障面での競争が時々激しくなるが、両国と世界の経済問題、及びイランや北朝鮮の核問題、反テロ問題、

気候変動問題等、基本的に協力関係にあった。とりわけ 2015 年 12 月のパリ気候変動枠組条約締約国会議（COP21）において、米中のリーダーシップとフランスの努力があって国際社会ではじめて 196 加盟国全てが条約に調印した。「米中関係がよくなるのも悪くなるのも高が知れている」、「喧嘩するが喧嘩別れをしない」と両国のエリートは、よく語ったが、そのリスクのコントロールは、常時の課題であった。

II　外交総力戦・南シナ海エリア

1　政策目標：パクス・チャイナ

　2012 年、中国外交は習近平政権への移行に伴い、先に南シナ海エリア、続いて東シナ海エリア、そして台湾統一工作へのアクションを積極化し、早くも外交総力戦の形勢を現してシナ海全域、進んで西太平洋を制す意欲が観察された。習は「太平洋は米中両国を相容れる十分な広さがある」と、あたかも米国と太平洋を分割しようとオバマに、次のトランプにも説き続けた[30]。

　南シナ海エリアの国際関係は、中国・アセアン関係であり、中国とアセアンは 2002 年に「FTA 枠組協定」と同時に「南シナ海における関係国の行動宣言」（DOC）を結び、続いて 2004 年に「物品貿易協定」、2006 年に「サービス貿易協定」、2008 年に「投資協定」にそれぞれ合意し、双方のゼロ関税率が 9 割以上になり、2010 年 1 月 1 日にアセアン・中国自由経済圏の完成を宣言し、順調満帆であった。

　まさに同じ月に、前述のヒラリーによるアジア政策の演説がみられ、7 月に共同通信社を通したヒラリーによる情報リーク（ある中国軍人が「南シナ海は中国の核心的利益だ」といったこと）があった上、同長官は ARF（アセアン地域フォーラム）閉幕に際して、フォーラムで話題になっていない南シナ海問題を突然持ち出して記者団への発言という形で「米国は、すべての関係国が強制されることなくさまざまな領海紛争を解決する、協力的な外交プロセスを支持する」、「いかなる国の軍事的圧力にも反対する」と強調した。米国の対中国外交は、初めて南シナ海問題をテーマに設定して介入し、中国・アセアン関係の攪乱による中国

---

30)「習近平・ケリー米国務長官を接見」新華社（中国）2015 年 5 月 17 日。「習近平とトランプの共同記者会見」『日本経済新聞』2017 年 11 月 10 日。

抑止策に打って出た。中国楊潔篪外相はヒラリーがあげた狼煙に「公平なように見える発言は、南シナ海の状況が憂慮すべきものだという錯覚を作り出すことによって中国を攻撃することを狙っている」と怒りの批判を声明した[31]。

第2章で検証したように、米国外交は長年、中国・アセアン関係及び南シナ海問題に対し無関心であった。むしろ日本がアセアン＋3に加わってリーダーになることを脱米の企みとみなして強く反対していた。さらに遡ってみれば、1974年1月に中国海軍は西沙諸島を南ベトナム海軍から奪取したが、南ベトナムと軍事同盟を組み、第7艦隊が南シナ海を制海しているベトナム戦争期なのに、米国は無言であった。中国がいま南沙諸島で実効支配している7つの島嶼は、1988年、1994年にベトナムとフィリピンから奪取したものであったが、当時米国も無関心であった。2010年1月、ヒラリーは中国・アセアン自由経済圏の成功を目の当たりにして、クリントン大統領時代からのアジア政策を反省したと思われる。翌2011年、オバマは米国大統領として初めて東アジア首脳会議に参加し、そして会議の準備段階に自ら主催国インドネシアのユドヨノ（Susilo Bambang Yudhoyono）大統領に電話をかけて「南シナ海問題を議題に入れてほしい」と要請した[32]。

前述のARFで韓国哨戒艦撃沈と核兵器・弾道ミサイル開発等朝鮮問題がメインテーマであったように、2010年に朝鮮半島で緊張が高まっていた。そして同年9月に尖閣諸島海域で日本の巡視船と中国漁船の接触事件、続いて2012年9月に「尖閣三島国有化事件」も発生し、中国東部の周辺の国際関係が悪化した。中国は東部での日韓朝そして米との攻防がより困難だとみて、そこでまず南シナ海問題を取り組み、米日の介入を抑えてアセアンとの関係を安定させることを選択したと思われる。

2　政策手法：中小国のパートナー化

南シナ海問題における中国外交の行動パターンは、米軍が名付けた中国軍の「領域支配軍事戦略（Area Control Military Strategy）」としての「接近阻止・領域拒否

---

31) http://jp.wsj.com/layout/set/article/content/view/full/8527。
32) 「前インドネシア大統領インタビュー」『朝日新聞』2017年8月5日。

第7章　地域大国から世界大国への外交転換と日米中トライアングル（2006年〜）

(Anti-Access/Area Denial,「A2/AD」)」というコンセプトをもって言い表せる[33]。「接近阻止・領域拒否」は、本来戦争時に中国周辺に米軍を近付かせない戦力を整備するという意味であるが、中国外交は、中国・周辺関係への域外大国による介入、及び域外大国と結託する周辺国による中国敵視を許さないという行動パターンを示している。第3章で「大国の掟」を議論したが、それは周辺利益を認めあい、相手の周辺に敵対勢力を作ったり支持したりすることをしないものである。中国外交はそのような大国意識をもっている。ただし中国は同盟国や衛星国を作ることはしない。

中国は日米に南シナ海エリアにおける中国の権益を認めさせることは見込めないが、日米を頼りに中国に対抗してくるフィリピン、ベトナム、シンガポールを、アメとムチを駆使して日米からの中立化ないし中国の友好国化へ取り組む。日米の追随国がなくなれば、南シナ海域は中国のパートナー圏に発展するわけである。

2012年4月に、中国はフィリピンが黄岩島（スカボロー礁）で中国漁船を拿捕したことを新たに実効支配域の拡大として認定し、またこれをチャンスに多くの公船を派遣して24時間の警備体制を敷いた。そして同時に1999年に廃棄軍艦を座礁させて廃船を利用して仁愛礁（セカンド・トーマス礁）に居座って実効支配しようとしてきた案件に対して、公船による包囲を施した。このアクションは、中国外交が今までの守りの外交から攻めの外交に転換した証とみることができる。2013年4月26日に中国外交部スポークスマンは、フィリピンが実効支配してきた8つの島の名を読み上げて、フィリピン軍の全面撤退を求めた。一時、中国がフィリピンの挑発をチャンスに捉えて全島嶼を奪いに来るのではないかと国際メディアは熱く議論していた。中国はフィリピンに対し援助の停止、バナナ等の輸入の実質的禁止等の経済制裁も施した。

2014年5月、ベトナムでは、中国が西沙諸島沖合に石油リグを設置したことに抗議して大規模な反中暴動が起こり、在ベトナム中国人の死傷者が100名ほどにのぼった。

他方2013年9月、中国とアセアンは、南シナ海の「行動規範」策定に向け、

---

[33] 米国会米中経済安保調査委員会が2011年11月に発表した年次報告書で「領域支配軍事戦略（Area Control Military Strategy）」を使用。

初の公式協議を行った。2014年7月に王毅外相は、アセアンに対し中国・アセアンが共同で南シナ海の平和を維持、中国と紛争国が2国間で対話解決に努めるという「双軌式」をブルネイと共同提案してコンセンサスを得た。

フィリピンは日米のバックアップの下で、2014年3月30日オランダにある常設仲裁法廷（PCA）に仲裁を申し立てたが、中国は拒否した。後の16年7月12日に常設仲裁法廷は裁定書を出した。裁定書は中国の権利をすべて否定した。

中国は、南シナ海の紛争をチャンスに平和の防衛を口実に、軍事面で米日に対する「接近阻止・領域拒否」における絶対的優位を南シナ海で構築する行動に出た。2014年1月から中国は、南沙諸島で世界史上でも空前規模の岩礁の埋め立てをはじめ、2015年6月までの18カ月間、実効支配の全島嶼7つ、合計12km²余り、千代田区を超える面積の土地を埋め立てた[34]。これほどの作業スピードは、技術開発を含めての戦略的な準備を長期間施してきたことがうかがえる。その後、中国は安全保障上の必要として埋め立て用の技術と大型専用船の輸出禁止を決めた。

中国は南シナ海で南沙諸島の3つの島に3本の3000メートル前後の滑走路、西沙諸島に1本、合計4本をもち、嘉手納とグアム2本ずつの米軍基地の合計規模に相当する。中国の行動は周辺国への威圧よりも、明らかに南シナ海における米軍のプレゼンスを圧倒し、そしてグアムまでも「グアム宅急便」という「愛称」付きのDF-26ミサイルによる精密攻撃圏の構築を狙いとしている。

米国は軍事プレゼンスを維持するために2015年10月から「自由航行作戦」として数カ月毎に軍艦を中国の埋め立て島の12海里内を航行させ、2016年7月に空母2隻が率いる艦隊も南シナ海を巡航した。米軍のプレゼンス強化に対抗して、中国は同7月に南シナ海に大艦隊を結集して連日実弾演習を繰り広げ、また戦略爆撃機が率いる航空隊による南沙諸島の定期巡航を始めた。

米中は、南シナ海イシューをテコに東南アジアでのリーダーシップを争っていることが明らかである。中国は一歩も引かずに地域のことについて誰のワードパワーが有効かに勝負をかけた。中国にとっては、2016年6月に米国生まれ育ちのアキノ三世（Benigno Simeon Cojuangco Aquino III）フィリピン大統領の任期満了に、ドゥテルテ（Rodrigo Roa Duterte）が大統領になったことが勝負の転機が

---

[34]『日本経済新聞』2015年8月21日。

見えた。ドゥテルテは米国と距離をおき、親中政策に回帰した。

　ベトナムの場合は、社会主義政権の維持で中国に頼り米国を警戒するという体制上の要素があって、中国との紛争に対し、自らコントロールしている。中国による政権安定の支持という政治利益の供与で味方を確保する手法は、非民主主義体制や政情不安のミャンマー、ラオス、カンボジア、タイにも有効であった。

　2016年6月から、フィリピンが中国との関係改善に動き、南シナ海紛争が沈静化していく中、それまで目立たなかったシンガポールは、リー・シェンロン（李顕龍）首相自ら国際仲裁裁定書の法的拘束力を主張し、米国に関与の継続を要請し、非同盟諸国会議の最終文書に南シナ海問題への記載を要求することなど活発に動くようになった[35]。リーはアセアン諸国がみな黙っていたら、ノーといえなくなってそのまま中国のリーダーシップ下に入ってしまうと危惧していたと思われる。

　同年11月、中国はシンガポール軍が恒例の台湾での演習の後、例年同様に香港経由で運び返す戦車を香港で差押えた。突然な事変に、シンガポールは驚いたが、中国がいう台湾との軍事関係を認めないという口実よりも、シンガポールを反中国的とみなして強く警告してきたことが分かる。2カ月後に、中国は戦車をシンガポールに返したが、2017年5月の第1回北京一帯一路サミットフォーラムに李首相に招待状を出さずに冷遇し続けていた。シンガポールは二度と南シナ海仲裁のことを口にしなくなり、9月に、両国関係の何らかの合意ができ、中国は李首相の訪中を受け入れて、両国関係がようやく正常化した。中国は南シナ海攻防の勝利を収め、東南アジアで域外大国と結託して中国に挑戦する国がなくなったと自認している。

　習近平政権は、アセアンとの経済統合を中心とする中国・アセアン関係の推進という基本政策を続けている。アセアンとの戦略的協力パートナー関係10周年の2013年に、中国は中国・アセアン自由経済圏のグレードアップを提案し、新協定は順調に合意されて15年に調印された[36]。双方は2020年までに相互貿易額を2015年の5000億ドル台から1兆ドルに拡大することとした。

---

35)『産経新聞』2016年9月28日。
36)『人民日報』日本語版2015年11月24日、http://j.people.com.cn/n/2015/1124/c94476-8980833.html。

第Ⅱ部　世界大国論

　米国の南シナ海政策は、トランプ大統領の関心事にならず、「自由航行作戦」は、国防省からの強い要請で 2017 年 5 月 25 日に再開されたものの、中国語に「自由航行行動」(freedom of navigation operation) に訳し、低調していった[37]。ただし、翌 2018 年に米国は、激化した米中貿易戦争において中国に圧力をかけるために、南シナ海での「自由航行」を再強化した。中国の駆逐艦は米国駆逐艦の航行を阻止する強制手段を取り、衝突の危機まで発生した。

　日本に対し、中国は「南シナ海」に言及しないことを関係改善の条件とし、安倍首相は 2016 年 9 月に中国杭州市で開かれた G20 首脳会議で該当発言をしなかった。G20 閉会日の夜 10 時から、安倍・習は 20 分余りの会見が実現され、後の日中関係の改善の第 1 歩となった[38]。

Ⅲ　外交総力戦・東シナ海エリア

　東シナ海エリアの国際関係は、まずは日中韓の三国関係であり、中国にとっては日韓とのパートナー関係をいかに取り組むことが課題である。

1　国家副主席習近平の訪日の失敗

　親中国とされる鳩山由紀夫政権から始まる民主党政権期に、逆に中国首脳の日本政治への不信が深刻化した。習近平は次期国家元首としての主要国表敬歴訪に、前例破りで日本を第 1 号に選び、そして胡錦濤訪日の翌年 2009 年に設定したが、日本国内の政争のイシューに利用されてしまって失敗に終わった。

　習は国家副主席としての初めての外国訪問を成功させるために訪問を周到に設計した。彼の訪日に先立って、まず 11 月 8 日に国民的歌唱家である夫人の彭麗媛は、軍歌劇団を率いて来日し、彼女の主演の「ムーラン」を公演した。中国軍の演出団体の訪日公演も史上初であった。彭はファーストレディになることですでに舞台を離れたので、東京で「ムーラン」を自ら演じなかったが、その代わりに学習院で音楽会を行い、皇太子は観劇し、彭は献歌した。彭が最後の舞台を皇太子に贈ったのである。先に彭が日中親善の雰囲気を盛り上

---

[37]　「自由航行行動如何重要」http://big5.ftchinese.com/story/001072944?full=y&archive。
[38]　当日、筆者は BS フジ・プライムニュース夜 8 時～ 10 時に出演し、安倍・習会見を見守った。

第7章　地域大国から世界大国への外交転換と日米中トライアングル（2006年〜）

げ、続いて37日後に習近平が訪日し（12月14日）、天皇を表敬して日中関係を熱くしていこうという計画であった。

　しかし皇太子の観劇も、後の天皇の習との会見も、日本の政・官・メディア界を巻き込んだ大バトルのイシューにされ、「皇室の政治利用」云々とバッシングされた。政界の野党自民党はともかく、官界の大御所とされる羽毛田信吾宮内庁長官は、天皇と習の会見の日程に同意した後に、独断で記者会見を開いてまで自分が反対であったと表明した。辞任もないままでの現役官僚による反政府行為にしては、日本政治史上未曾有であった。理由にしているのは、日程調整上1カ月前までに宮内庁に要請するという「1カ月ルール」があるのに、習のケースでは1カ月弱前であったという。天皇と習の会見日に、右翼団体も総動員し、皇居を包囲するようなデモンストレーションまで大規模に行われた。

　首脳訪問の時間帯は、通常数カ月前から関係国間で取り決められ、習の訪日は、37日前にその計画の一環としての彭夫人の来日もあって、明らかにより早い時期に決められたものである。具体的な訪問日は、双方の都合を事務当局間で2、3日の調整がよくあることであり、「1カ月ルール」に反することにはならない。それにその1カ月前の11月のオバマ大統領の訪日は、1週間前に米国内の事情で1日遅らせることを知らせてきたために、天皇との会見日も急きょ調整されたが、「1カ月ルール違反」云々の抗議騒ぎが起こっていない。

　習の目には、日本の政治家と官僚集団が政権反対のような国内の政争に日中関係をイシューに使い、日中友好や中国首脳と夫人まで侮辱するのも厭わないことと映ったのであろう。対照的に習が後の2012年2月に副主席として米国を初訪問した際には、19発の礼砲の発射という破格の礼遇で接待された。

　そして翌年に、中国にとってまたも日本国内の政争に日中関係が利用・犠牲にされた事件をみせられ、前述の「9・7尖閣漁船接触事件」が起こった。中国首脳は、菅直人内閣を反中政権とみることはなかったが、習近平訪日のケースと同様に対外関係までをネタにして仁義なき政争をする日本の政治家と官僚集団に対する不信感が一層強められた。

2 「尖閣三島国有化事件」

(1)習近平外交の初戦

　2012年に3度目のケースもみせられた。4月に石原慎太郎東京都知事は、ニューヨークで民主党政権を非難した上、東京都が国民から募金して尖閣諸島を購入すると表明した。石原は長男の石原伸晃自民党幹事長が来る自民党総裁選に立候補し次期首相を目指すことを盛り立てるために、ニューヨークを場に選び話題を作って国民の目を石原家に引こうとした。こういう国内政争に動かされて野田佳彦首相は、7月に尖閣諸島のうちの魚釣島等3つの島についての国有化方針を示し、9月11日に執行した。

　中国側の最初の政策決定とその後の政策変更を示した資料が1つみつかった。尖閣三島が国有化された9月11日夜、中国中央テレビで中国外交部国際問題研究所長曲星（2019年現在、ベルギー駐在中国大使）は、「日中関係は短期的に動揺する」との見通しを示した上で、次のように解説した。

　「日本政府が釣魚島諸島（日本語名、尖閣諸島）をコントロールすることは、石原（慎太郎）などの過激派の挑発の余地が狭められ、排除されることを意味する」「もし日本側がここで踏みとどまり、報道されたように『いかなる人物の上陸も許可せず、いかなる建築物の建設も許可せず、現状を維持する』ならば、日中国交正常化当時に双方の約束した共に棚上げするという状況に戻ったにほぼ等しい」[39]。

　曲星の解説から、中国側は日本側の「平穏かつ安定的な維持管理」のための尖閣諸島国有化という対中説明を理解していることが分かる。

　ところが、日中関係は曲星が解説したような「短期的に動揺する」に止まらず、長期化する敵対関係にエスカレートしていった。9月12、13日の間に、中国の対日政策は質的な変化が起こった。9月14日に、「党中央護持海洋権益工作領導小組」が新設され、習近平国家副主席は、その長に就任し、海洋権益の護持において軍、外交部、公安部、農業部、国家海洋局等関係省庁を統括するようになった。同日午前、北京釣魚台国賓館で「団結奮闘・主権保衛」をテーマとする「釣魚島問題座談会」が急きょ設定された。曲星所長は司会をし、楽玉成外交部長補佐は、基調発言で初めて「戦後国際秩序への挑戦」という視

---

[39]『人民網日本語版』2012年9月12日 http://j.people.com.cn/94474/7946229.html。

第 7 章　地域大国から世界大国への外交転換と日米中トライアングル（2006 年～）

点を用いて日本政府を非難した。そして午後に国家海洋局は、初めて定期巡航として公船を釣魚島 / 尖閣諸島の領海に派遣し、また今後常態化することを宣言した[40]。

その後中国は『釣魚島白書』の公布[41]、釣魚島領海の基線の設定、東シナ海全域を覆う防空識別圏の設置、空軍と海軍の巡航等、いままで講じてこなかった主権者を示す行為を次から次へと実行した。要は 9 月 12 日から、習は対日外交を主導するようになり、日本政官が信用に値しないこと、むしろ尖閣の国有化をチャンスと捉えて中国公船による定期巡航をもって日本の実効支配を日中の同時支配に変えるという攻めの政策を決定した。

これを機に中国外交の行動指針は、「韜光養晦」（目立たず力を蓄えよ）と呼ばれる守りの外交から、チャンスに突いて攻めていくという形の攻めの外交へと舵を切ったといえる。なお、中国当局の領有権主張の論理も、『釣魚島白書』が示した通り、古文書を用いた固有領土論、歴史領土論から、戦後国際法や国際秩序を用いる戦勝領土論、戦後秩序領土論へと重心が移った。

同年末に、中国外相による恒例の外交の年度総括は、「大国外交」の括りから日本を外し、そして周辺外交のところでの対日外交の総括に「対日闘争」[42]という日中国交正常化前の用語を用いた。

この時期から日中関係は、最悪の状態に陥り、世論調査では両国民間の嫌悪感も 8 割、9 割のレベルで続いた。中国は 2015 年に安倍政権が集団的自衛権行使のための「新安保法制」を成立させたことを批判し、朝鮮半島有事、東シナ海と台湾有事、南シナ海有事が日本の軍事力行使の想定範囲であることに警戒心を強めている。

(2) 丹羽大使とキャンベル米国務次官補の勘

尖閣三島国有化が引き起こしうる日中関係の危機について、警鐘を鳴らした外交官は、当時の丹羽宇一郎中国駐在日本大使とキャンベル米国務次官補 2 人のみであった。丹羽大使は石原慎太郎の尖閣諸島の東京都による購入の言動に対して「購入が実行されれば、日中関係に重大な危機をもたらす」と公に発言

---

40)『人民日報』2012 年 9 月 15 日。
41) 同上、2012 年 9 月 25 日。
42) 中国研究所『中国年鑑　2013』毎日新聞社、2013 年、97-99 頁。

した[43]）。彼は本国メディア、政界からのバッシング、及び見込まれる更迭を覚悟して発言し、そして同年に更迭された。

　キャンベル米国務次官補（東アジア・太平洋担当）は、7月の来日会談、8月、9月の日本外務省高官との電話会談で、複数回「国有化したら非常に厳しい局面になる。日中関係のみならず東アジアを不安定にする」、「あらゆる代替策を検討すべきではないか」と強く求めていたことを退職後に回顧した[44]）。丹羽とキャンベルは、日本政府と同じ「中国は理解している」といった情報を共有しているが、優れた外交の勘は、彼らに強烈な危機感を持たせたのであろう。

　領土問題における日中間のわたりあいについて日本での一般論としては、1992年の中国の「領海及び接続水域法」制定で釣魚島/尖閣諸島の領有を法定化したことが、現状変更の行為であった。2008年12月に海監船がはじめて尖閣諸島の領海に入り、これも現状変更の行為であった。つまり、いつも中国側が先に仕掛けてきて日本側が対策せねばならず、日中関係が悪化していったという。

　中国研究者は正反対の時系列を論じてきた（清華大学教授劉江永へのインタビュー、2019年1月5日）：日本政府が繰り返して、日中間に釣魚島問題の棚上げの事実もなく、領土問題も存在しないと主張してきて、日本の国際法学者からも、「誠実の原則に背くものだ」と指摘され[45]）、現状変更の行為であった。これに鑑みて、中国は領海法制定時に釣魚島を明記することが当然の対策であった。それに、領海法等の関係法規の整備は、日中とも1996年からの国際海洋法公約の批准と発効を目指して施した事業であり、両国とも国連の規定に従って96年にそれぞれ完成した海洋権益関係の法規集を国連事務総長に提出した。日本が係争の存在を否認している状態の中で、中国はその法規集に釣魚島を記入しなかったら、交渉もせずに国連事務総長に領有権の放棄を一方的に通告することになる。日本の政官界、学界は、このような事実を知っていながら、言いがかりをつけて日中関係を悪化させている。

　なお、2008年の中国の海監船による釣魚島/尖閣諸島への初進入は、1回限

---

43) 丹羽宇一郎『北京烈日』文藝春秋、2013年、16頁。
44) 『日本経済新聞』2013年7月16日、9月8日。
45) 松井芳郎『国際法学者がよむ尖閣問題』日本評論社、2014年、171頁。

りの偶発事であった[46]が、同年6月に釣魚島水域で起こった日本の巡視船が台湾漁船に故意に体当たりして沈没させた事件[47]に怒った中国海監船船長がとった単独行動であった（劉江永）。日本の巡視船の暴走は、以前にも（2001年12月）公海しかも中国側EEZでの北朝鮮船への追撃、先制攻撃があり、以後にも2010年9月の中国漁船との接触事件を起こし、それに前述した09年12月の羽毛田信吾宮内庁長官と12年4月の石原慎太郎東京都知事といった官僚と政治家の暴走もあった。そこで、中国指導者は、日本の政官に信用がおけず、「対日闘争を行う」と決心したのであろう。

3 日中韓のトライアングルと習近平外交
(1)中韓特殊関係の構築

日中韓は、東アジアにおける3つの地域大国であり、経済・文化関係や地域の安全保障における共通利益を有し、三国協調の構想も存在するが、うちの両者が連帯すると、後の一国は孤立に陥る恐れも常にある。中韓は日本との間に歴史認識問題と領土問題の争議が存在して共通の立場を有するが、安全保障上、日韓はそれぞれ米国と同盟条約を結んでいる。

安倍政権は北朝鮮脅威や中国脅威への対処として価値観外交や積極的平和主義を掲げ、米韓同盟と日米同盟を生かして、日米韓3カ国の同盟統合、進んで米国と同盟関係をもつフィリピン、タイ、オーストラリアを含む「同盟のネットワーク」や「東アジア版スモール・NATO」を形成しようとするが、韓国は米韓同盟を対北朝鮮安全保障上の命の綱としているものの、日本との歴史認識問題と領土問題の争議のほかに、北朝鮮脅威への対処、進んで祖国統一の悲願の実現、さらに経済的相互依存において、中韓協調に重大な国益を見出している。日中韓のさまざまな国益の葛藤は、集中的に日韓の対米同盟と対中友好のバランス問題に帰結している。

中韓は2012年に第2次安倍内閣が成立してから、反安倍連帯を積極的に組むようになった。かつて1997年から三国首脳会議も催されてきた。日中韓友好の雰囲気の中で、中国は2001年からの小泉純一郎首相による靖国神社参

46）益尾知佐子「中国海洋行政の発展——南シナ海問題へのインプリケーション」アジア政経学会『アジア研究』第63巻第4号、2017年10月、15-16頁。
47）『八重山毎日新聞』2008年6月15日。

拝の問題が発生した時でも「中韓の反日連帯」と疑われることはないように気遣っていた。むしろ日本側は1990年代からすでに対中・対韓関係を差別化して日韓関係の親密化を意図的に進め、日米同盟と日韓同盟の統合を目指してきた。

日韓関係の親密化は、小泉内閣の時の2004年に「日韓シャトル外交」と呼ばれる首脳の毎年の相互訪問が定例化されたほど進んだ。しかし翌2005年からシャトル外交は、小泉首相が毎年靖国神社参拝を続けたこと、また菅内閣期の2010年に竹島領有権争議の激化で頓挫し続けた。

中韓は、小泉政権期の2004年から対日政策の協調を始めた。とりわけのイシューは小泉内閣が推し進める国連安保理常任理事国入り政策への中韓協力での全面反撃であった。

中国の対韓国協調は、長年「対北朝鮮よりも積極的だ」とみられないように自制するという「障害物」があった。それは北朝鮮を気遣い、北朝鮮工作を進めるためであったが、2011年の金正日（キムジョンイル）死去に伴う金正恩（キムジョンウン）の世襲と3回目の核実験、2012年の中韓における習近平と朴槿恵（パククネ）への政権交代、日中関係の敵対化等の環境変化の中で、中国はこの長年の自制を解き、中韓連帯の形成に積極的に動くようになった。

中国首脳は金正恩の初訪中も実現させていない中、2013年から2016年まで朴大統領と相互訪問を含めて15回も首脳会談を行った。2014年7月に習近平は訪韓し、朴大統領と共同で、①日本の歴史修正主義と集権的自衛権解禁の憲法解釈を非難し、②朝鮮による核実験が強化される中で、拉致問題の交渉次第日本が対朝鮮制裁を解除する可能性について憂慮を表明し、③中韓FTAの年内締結を決断した。なお、習は中韓両国がアジアドリーム、アジア振興を主導せよと訴え、朴は韓国が習提唱の新シルクロード経済ベルトの玄関口になると発言して応じた[48]。

韓国側が北朝鮮政権よりも韓国政権に正統性がある証しとして、長年設立を求めてきた中国にある抗日独立運動時代の大韓民国臨時政府、安重根（アンジュングン）、光復軍等の抗日史跡の記念碑の設置については、習の指示で中国が予算を計上して格上の記念館、記念公園まで作った。また、日中韓FTAと中韓FTAの交

---

48)『日本経済新聞』2014年7月5日。

第7章　地域大国から世界大国への外交転換と日米中トライアングル（2006年～）

渉において、中国は韓国の意図に応じて中韓FTAを先行させて2014年の北京APEC首脳会議時に協定を結んだ。日韓企業は中国市場で競争関係にあり、中韓FTAの先行は、韓国企業にとって有利なものである。

　戦後70周年の2015年に、朴は9月3日に中国が初開催の反ファシズム・抗日戦争勝利記念式典に出席し、かつて朝鮮戦争で戦った中国軍を観閲した。習は北朝鮮による挑発を一切認めないこと、朴の平和統一政策を支持すること、韓国が提案した「東北アジア開発銀行」の設立に賛同すること等を表明した。

　ところが、2016年に北朝鮮が5回目の核実験を敢行した後、中国が韓国に安全保障を提供するわけではないため、韓国は安全保障上の必要なものとしてついに米軍による高高度防衛ミサイル（サード・THAAD）の韓国配備に同意した。中国とロシアは、サードが自国の安全保障をも脅かすことになるとして強く反対し、中韓関係の「蜜月」が終わった。中国は実質的に韓国に対する経済制裁まで発動し、2017年に文在寅（ムンジェイン）政権になってからも続けられていた。このことは、中国が米韓同盟のあり方に拒否権を要求し、米国を相手とする韓国争奪戦を始めたとみることもできよう。

　2017年11月に、康京和（カンギョンファ）韓国外相は訪中し、①サードの追加配備をせず、②日米のミサイル防衛システム（MD）に加わらず、③日米韓協力を軍事同盟に発展させず、それに④米国からも確約されて配備済みのサードの運用が中国の安全保障に害を与えないの「4つのノー」を中国に約束し、そして12月に文在寅大統領の訪中が実現されて中韓関係は正常化した[49]。米韓同盟への発言権まで中国に持たせた事態であったが、トランプ米国は、むしろ韓国に「4つのノー」を確約した。

(2) **日中共同リーダーシップへの模索**

　他方、安倍は2015年に中国が初めて開く戦勝式典への招待を拒否したが、「終戦70周年談話」では「侵略」「植民地支配」「お詫び」といったキーワードを用いた。安倍でも否定できなかったこれらのキーワードが自ずと以降の首相たちにとって否定できないデッドラインになることから、今後、歴史認識問題が日中関係に悪影響を与えることは抑えられよう。

　2015年から、中国の外交首脳は、歴史認識問題、台湾問題、釣魚島問題、といっ

----
[49]『朝日新聞』2017年12月12日夕刊、https://www.asahi.com/articles/ASKDD2BV9KDDUHBI002.html。

た在来の政策事項よりも、日本政府の中国認識を糾弾するようになった。彼らの発言は、中国首脳の対日認識を表すものであろう。王毅外相の発言では「日本は中国の復興を受け入れる心の準備はまだできていない。これは根本的な問題だ。だから日本政府は世界のあちこちで中国と張り合っている」、「病根は日本指導者の中国認識にある。結局のところ中国を友人と見なすのか、敵と見なすのか……日本の指導者は日中関係を改善すると公言するが、他方では絶えず至る所で中国を挑発する。これは典型的な「双面人」(2つの顔) だ」[50]。同じ趣旨の言葉は唐家璇元外交担当国務委員、傅瑩全人代外交委員会主任も語っている。このように中国首脳部は、安倍政権が中国を敵国と見なしているのではないかとみている。

　安倍・習は前述した2016年杭州G20サミットでの会談の後、2017年7月のドイツG20サミットでも会談した。17年の会談時、安倍は小泉政権時からたびたび中断をした年度の日中韓首脳会談の日本での開催と李克強首相の訪日、自らの年内訪中、そして翌2018年の習の訪日を要請し、日中関係の改善を本格的に取り組む姿勢を示したが、習は「日本が信義を重んじ約束を守り、ルールに基づいて物事に対処するよう (守規矩)」と叱責ともとれる言葉を吐いた[51]。「規矩」は「ルール」と訳せるが、「おれ様の掟」のような意味合いの中国語である。

　注目すべき点は、中国の「対日闘争」はすでに従来の二国間の課題ではなく、地域、世界における日本とのリーダーシップ競争に移っていった。日本が米国の反中国政策を促し、リードすることまで施しているので、それは関係改善の約束という「信義」を守っておらず、福田康夫・胡錦濤「日中共同宣言」による「互いに協力パートナーとなり、互いに脅威とならない」というコンセンサスに従っていないと、習近平は認識している。中国首脳と外交高官は、安倍首相、及び日本の外交高官に会うたびに前述の福田・胡コンセンサスを取り上げて攻めていた。

　安倍はトランプ米国との日米同盟によるリーダーシップ及び中国牽制・抑止がもう期待できないと認識し、日中関係の改善と日本外交の再構築を企むよう

---

50) 王毅「在北京世界平和論壇上的発言」新華社2015年6月27日、王毅「記者会見」『人民日報』2016年3月9日。
51) 『人民網』日本語版、2017年7月9日。

第7章　地域大国から世界大国への外交転換と日米中トライアングル（2006年〜）

になったと思われる。トランプは北朝鮮核問題への対策、日米同盟・日韓同盟の在り方等についての日本の利益と主張を聞き耳もたずにすべて無視してきた。

日本の対中外交は、2019年に日本で開かれるG20サミットと2020年東京オリンピックでの習近平来日に照準を合わせて動き出した。2017年7月の習訪日の要請に続いて、9月に安倍は中国大使館主催の日中国交正常化45周年・中華人民共和国成立68周年記念レセプション、また2018年1月の中国春節パーティーに日本の首相として初めて出席し、日中韓首脳会議の日本での開催、自らの中国公式訪中、及び2018年中の習近平の訪日を繰り返して要請して関係改善の誠意を示した[52]。実際のところは、2019年のG20日本サミット前後の習公式訪日の確定を狙いとした。

2018年1月、河野太郎外相の初訪中が受け入れられ、続いて4月、8年ぶりに王毅外相は訪日、日中ハイレベル経済対話は再開、そして5月に安倍の求めで安倍・習は初の電話会談、同月に日中韓首脳会議と李克強首相の初訪日が実現された。訪日中の李克強首相は、日中韓FTA交渉の加速を表明した。中韓FTAは2015年にすでに発効し、輸出物の同質性が高い日本は、中国とFTAを持たずに不利な地位に置かれている。みずほ銀行の試算によると、2015年1月1日に対中輸出の加重関税率は、日本に6.2%、韓国に5.7%であるが、当年中韓FTAの発効により、韓国の場合は10年目と完成年度の20年目に2.8%と2.2%に下がる[53]。

中国は日本の最大な輸出先であり、米欧やアセアン、どの輸出先よりもFTAがもたらす利益が当然に最大になる。日本外務省によると、「我が国にとって主要な貿易相手国である中国（第1位、約21%）及び韓国（第3位、約6%）、3カ国のGDP及び貿易額は、世界全体の約2割、アジアの約7割を占める。我が国が経済成長を維持・増進していくためにも不可欠。」[54]である。それに自由経済圏のより重要な役割は、その超大規模市場がもつ資源の最適化配置の能力であり、企業、産業にとっては死活問題である。最大市場での研究開発、製造販売、基準構築は、世界を制するための必須条件になる。

---

52) https://www.kantei.go.jp/jp/97_abe/actions/201709/28reception.html。
53) https://www.mizuhobank.co.jp/corporate/world/info/cndb/economics/insight/pdf/R208-0118-XF-0105.pdf、2頁。
54) https://www.mofa.go.jp/mofaj/gaiko/fta/epa_seminar/1301/pdfs/betten1.pdf、20頁。

韓国は中韓 FTA 締結後、日中韓 FTA に対し消極的になっているが、北朝鮮の核問題と発展問題、それに半島の統一に視野を広げると、日中韓の共同市場があってはじめてそのリスクとコストに対応する能力をもつようになる。かつてアセアンはベトナム、ラオス、カンボジア、ミャンマーを受け入れたが、それは成功例であろう。日中韓朝の共同市場も目指されるべきである。

2018 年 10 月、安倍の公式訪中は実現され、習近平の 2019 年の訪日及び 2020 年の東京オリンピック出席も見込まれるようになった。第 1 節で述べたように日中の政治関係は、再正常化した。安倍がいう「日中両国が世界の平和と繁栄のために共に貢献する」「新時代」[55]は、地域と世界における日中共同のリーダーシップが見込められるものであろうか。10 月 26 日、北京で安倍と習も立ちあって日中の企業家による「第三国市場協力フォーラム」が開かれ、両国企業が第三国でのインフラ共同投資の 52 件の覚書を締結し、世界市場での共同ビジネスを開拓する新時代をスタートさせた。

4　習近平による台湾統一の始動

習近平は政権の一年目に、2013 年 10 月 6 日、台湾の前副総統 蕭萬長（しょうばんちょう）との会見に「先を展望すると、両岸間に長期間存在してきた政治的相違は、結局逐一解決していかなければならない。これらの問題の解決は、ただ次世代にまた次世代へと先送りにすることはできない」「1 つの中国の枠組みのあり方について」「両方の部門責任者が会って意見交換をすべきだ」と胡錦濤政権時に進めてきた経済統合の交渉に続き、統一のための政治交渉の開始を求め、圧力をかけはじめた[56]。これまで鄧小平からの習の前任者たちが次世代に任せるといい続けていたこととは好対照であった。それから中台間で、政治交渉、及び習近平と馬英九（ばえいきゅう）による中台初の首脳会談の取り組みについて、双方の責任者が交渉するようになった。

政治交渉の正式な開始はできなかったが、2015 年 11 月 7 日に習近平と馬英九総統は、シンガポールで両岸の首脳によるはじめての会談を行った。習と馬は「1 つの中国原則」を含む「九二コンセンサス」(1992 年) を再確認した。台

---

55) https://www.kantei.go.jp/jp/98_abe/statement/2018/1025jpncn40.html https://www.kantei.go.jp/jp/98_abe/statement/2018/1026daisangoku.html.
56) 『人民日報』2013 年 10 月 7 日。

第 7 章　地域大国から世界大国への外交転換と日米中トライアングル（2006 年～）

湾では、翌 2016 年の総統選挙で民進党蔡英文(さいえいぶん)主席の当選が確実視されており、習は発言の中で蔡の当選を念頭に、馬との会見が（内戦という）「歴史の悲劇が再演されないようにするためだ」と強く警告した。

　2016 年に総統に当選した蔡英文は、中国にも米国にも両岸関係の現状維持を約束したが、「九二コンセンサス」の継承を口にしなかった。中国は経済面で台湾に圧力を強め、政治面で政府間窓口を閉じた。そして 7 月 1 日に習は「中国共産党創立 95 周年講話」の中で「祖国統一は中華民族の偉大な復興の必然的な要求」というロジックを初めて公言した。台湾を含む内外のメディアは、「偉大な復興」が宣言される共産党創立百周年の 2021 年までの「習近平台湾統一スケジュール」の存在を推測した。

　2017 年の第 19 回党大会報告の中で、習近平は「祖国の完全たる統一は中華民族の偉大な復興の必然的な要求である」とのテーゼを再言明し、党議決定とした。では、「偉大な復興」が宣言される日、イコール「祖国の完全たる統一」が宣言される日は、いつに設定されているのであろう。「偉大な復興」は「2 つの百年計画」の中で実現されると設定されてきたが、「19 大報告」はそのスケジュールをさらに三段階に細分化した。第 1 段階は、一番目の百年計画としている 2021 年の中国共産党建党百周年である。第 2 段階は、習が「19 大」で新たに打ち出した 2035 年までの「偉大な復興の基本的実現」であり、習が目指している長期政権の最終任期と推測される時期である。最後の第 3 段階は「偉大な復興の完全たる実現」と規定されている 2049 年の中華人民共和国建国百周年であり、「祖国の完全たる統一」の最終期限であろう。

　習の台湾統一政策は、台湾を含む外部要素や条件に左右されずに、我がスケジュールで諸政策を進めていくという志向がみられる。

　党大会後の第 1 ステップであろうが、台湾に対して、2018 年 2 月 28 日に中共と政府の 29 省庁は連署で、「恵台 31 カ条」こと『両岸経済文化交流合作の促進についての若干措置』を公布した[57]。その主旨は台湾人に中国の国民待遇を付与することであり、例えば中国人の「身分証」と同等権利を有する「居住証」を台湾人に発行する。中国の政策手法は、台湾側の政府窓口を無視して

---

[57]『関于促進両岸経済文化交流合作的若干措施（両岸経済文化交流合作の促進についての若干措置）』新華社（北京）2018 年 2 月 28 日。

一方的に進めるものである。その狙いは法理と実質の両面で統合を進め、実態上の統一を形成させていき、最終解決のための基盤を築くことである。その政策の発想は、台湾独立派が進めている法理独立や実態独立を逆手にとって法理統一や実態統一を進めようとするものであり、また 1997 年の香港帰還から統合政策を怠ったこととして、昨今に「香港独立」を叫ぶ若者まで現れたことへの反省に由来するものとされる。

　第 2 ステップは、2019 年 1 月に踏み出した[58]。台湾に対する平和統一政策に舵を切った 1979 年 1 月の「告台湾同胞書」の 40 周年記念として、習は「民族の偉大な復興、祖国の平和統一のために共に奮闘せよ」との講話を発表した。「講話」のキーポイントは、「第二、『両制（一国二制度）』の台湾方案を探索する。」…「両岸各政党、各界は、代表を推挙し、両岸関係と民族の未来について広く且つ深入りの民主協商を展開し、両岸関係の平和発展についての制度的方式を達成する」という語句である。即ち、中国の政治協商会議のような形式で台湾の政府を排除し、香港回帰前の「香港基本法起草委員会」が担っていた類の仕事を行い、一国二制度における「台湾基本法」を作ってしまうという政策であろう。その狙いは「台湾基本法」をもって台湾の人々に統一後の制度をみせておき、万全な準備をしておいてから、時機をまって強制力の行使を含めて台湾統一を実行するというものであろう。習は中国が主導権を完全にもち、中国のスケジュールで統一問題を解決することを行動指針としている。

　米国は、中国にとって唯一の阻害者としての外国勢力であるが、習は米国との武力衝突を想定していないようである。中国は平和的方式による統一を想定している。ただし、中国にとっては、平和解放も平和統一の一方式であり、習政権がそれを意識しはじめたと思われる。中共は戦後の内戦期に中華民国軍側の抵抗放棄による北平（北京）平和解放、上海平和解放、雲南平和解放、新疆平和解放、それにチベット平和解放……国土の大半を平和解放によって獲得し、平和解放が慣用方式であった。習は我がスケジュールと我が平和方式を決め、台湾でも米国でも左右されずに我が道を行く志向である。2018 年に入って、米中貿易戦争の勃発に伴って、トランプ米国はたびたび台湾カードを弄び、台湾への武器売却、台湾海峡への軍艦による自由航行等を施したが、中国はむし

58）新華社 2019 年 1 月 2 日。

ろ以前のように強く抗議したりはしなかった。

　総じて、習近平中国は総力戦外交を施して、南シナ海から東シナ海を中国の平和エリア（パクス・チャイナ）にし、それに台湾統一を取り組み、超大国としての「偉大な復興」を目指している。

IV　「史詩級の戦い」　トランプ米国と習近平中国

　2018年に起こった米中経済戦争は、中国の言論界で「やるなら、いっそのこと史詩級の戦いをしようではありませんか」という一句が流行った。

1　「G2」による安全保障の協力

　米中関係は従来、経済の互恵と安全保障の対立が基本構造であったが、トランプ政権が成立してからの2年間、逆転になって安全保障の互恵と経済の対立に変わった。

　前述のように2017年に、米トランプ政権は登場した。トランプイズムがあるとすれば、①「経済ナショナリズム」としての「米国第一」、②無価値観外交、③キリスト系白人優位の米国の維持といったものであり、戦後以来の米国の価値志向、その国内政策と対外政策を根底から引っくり返したといえる。

　トランプ米国は、超大国として戦後から担ってきた国際責任をできるだけ放棄しようとする。米国はパリ気候協定やユネスコ等複数の国際条約や国連組織から脱退したが、トランプはWTOからの脱退、甚だしきは米国も発展途上国だから対外援助をすべて止めると明言している。トランプは自分が世界の大統領ではなく、米国も世界の警察官をやらないといい、米国の戦争から、アフガニスタン、イラク、シリア……からの軍の撤退、そして米国の同盟から、NATO、韓国、日本……からの撤退、また相手国による駐在費用の全額負担、米国兵器の大規模な購入を主張している。

　在来の米国政治家たちや官僚集団は、トランプの主張が政策にならないように懸命に阻んできたが、次から次へと政権から追われた。2018年12月19日に、トランプが突然米軍のシリアからの完全撤退を命じ、事実上ロシアに地盤を手渡したことで、マティス（James Norman Mattis）国防長官も抗議の辞職をし、トラ

ンプを誘導する人は、政権内にもはやいない。

　中国に関わる外交政策においては、トランプは中国に対抗するものとして取り組んできたオバマの諸政策を次から次へと取りやめていき、TPP からの脱退、アジア・太平洋リバランス政策の放棄、普遍的価値上の中国非難の中止とその関係活動に従事する団体への金銭支援の減額や停止等は、一方的に行われた。また、前述のように日米同盟と日韓同盟におけるオバマ政権期の強化とトランプ政権期の無関心、後退という変化も現れ、南シナ海問題並びにアセアン、東アジア首脳会議、APEC への無関心もみられる。前述したが、中国抑止を目的に日本側が持ち出し、米国官僚集団が持ち上げた「インド・太平洋戦略」も、トランプが全く関心を示さなかった。

　前記の諸点は、中国にとっては好都合である。トランプ政権の誕生に、習近平は世界リーダーへの意欲を早速明確に示した。2016 年 11 月 9 日、トランプの当選への祝電に「米中両国は世界の平和と安定の維持，発展と繁栄の促進において，特殊な重責を背負っている」と習は世界における米中両大国の特殊な地位を唱えてみせた。翌 2017 年 2 月 9 日に、中国外交部スポークスマンは「まさに習主席が指摘したように、中国と米国は世界の平和と安定の維持、グローバルの発展と繁栄等の促進において、特殊な重責を背負い、広範な共同利益を擁している」と再言明し [59]、習が本気であることを表した。そして同月の国家安全保障工作座談会で、習は「仁者、以下天下為己責也」(仁者、天下を己の責とし)、中国は「国際社会を、より公正・合理の国際新秩序の共同建設へ先導する」、「国際社会を、安全保障の共同維持へ先導する」と「二つの先導」を公言して国際社会をリードする意欲を示した [60]。2017 年に、習は持論の「米中新型大国関係」というテーゼを用いなくなったが、自らの訪米とトランプの訪中を取り組み、米中 2 つの超大国による世界ガヴァナンス、いわゆる「G2」の在り方を模索した。

　北朝鮮核問題は、国際安全保障における米中協力のケースとなった。第 3 章で論述したが、米中とも北朝鮮核問題を自国に対しての脅威だと認識し、とりわけ米国は、米国を射程内に収める ICBM（大陸間弾道ミサイル）を最大な脅威

---

59) http://world.huanqiu.com/exclusive/2017-02/10095917.html。
60) 『人民網』17.2.20、http://politics.people.com.cn/n1/2017/0220/c1001-29094518.html。

としている。トランプ米国は、かつてイラン核問題に対する経済制裁と同等レベルの制裁案を国連安保理に提示し、中国は本格的な取り組みを始めた米国を支持し、米中協力で北朝鮮を封じ込む制裁システムを構築した。

　このような米中協力の下で、2018年のトランプ・金正恩シンガポール会談、金正恩の3回の訪中、韓国・北朝鮮の複数回の首脳会談は成功した。2019年に金の1月訪中と2月のトランプとの2回目の首脳会談が行われた。その成果として北朝鮮がICBMの開発を中止したことで、米国の安全保障にとっては北朝鮮核兵器の無害化が達成され、中露韓にとっても朝鮮半島の緊張緩和によって安全保障上の利益が得られ、韓国にとっては米国による同盟の無関心と米朝関係の緩和が、逆に朝鮮半島問題における韓朝による主導の機会の現れ、民族の悲願である自主統一への可能性の出現をもたらした。

　しかし日本にとっては、北朝鮮の中短距離ミサイルからの脅威等の安全保障上の利益が米国より完全に無視され、置き去りにされた。トランプはオバマが進めてきた米韓軍事演習、及び安倍と取り組んできた米韓日演習、日米・米韓同盟の統合を中止し、在韓・在日米軍の削減まで言い出した。こうした局面に対応して、前述したように安倍は、独自に対中関係の再構築に乗り出し、それに日朝関係の改善を模索するようになった。

2　史詩級の米中経済・技術戦争

　ところが、トランプは政権2年目の2018年に入ってから、「経済ナショナリズム」としての「米国第一」を第一要務として本格的に取り組むことにした。その政策は米国の製造業の復興を目標とし、鉄鋼、アルミ、車産業の復興を国家の安全保障問題として優先し、関税を武器とし、米国にものを輸出しているすべての国に無差別に関税攻撃を仕かけるものであり、中で中国を「戦略的競争相手」と位置付けた。

　2017年12月、米国は国家安全保障戦略（National Security Strategy）[61]を発表し、歴代大統領と異なるのは、安全保障の最大の脅威を「大国間の戦略的競争」とし、そして中国とロシアを名指すこととした。中露が既存の秩序を覆そうとし、国際社会における米国の影響力の弱体化を目指しているという認識を示した。さ

[61] https://www.whitehouse.gov/wp-content/uploads/2017/12/NSS-Final-12-18-2017-0905.pdf

らに中国については、軍事力の増強だけでなく、「対象国を食い物にするような経済活動」を続けていると強調した。

トランプ米国による「経済ナショナリズム」としての「米国第一」は、中国を主敵とした。第1に、米中の年間貿易総額（2017年）6,200億ドル（中国統計）における米国側の赤字は、約3,700億ドルに達している（米国の公表数値）。第2に、中国は製造業の全業種を擁する世界唯一の国であり、生産指数は米国の1.7倍に達している。第3に、中国が取り組んでいる製造業2025ビジョンは、7年後に全ハイテク業種で世界一を制するというものである。これでは米国にとって、赤字の低減、製造業の復興どころか、中国経済に完敗し、兵器製造の能力の低下を含む安全保障上でも死活問題に直面することになる。そこでトランプは第1に、関税の引き上げを武器に赤字の低減、第2に、華為（ファーウェイ）をはじめとする中国のハイテク企業を封鎖する手段をもって、中国にその2025ビジョンの中止を強要してきた。

中国は貿易黒字の低減、貿易不均衡の緩和が必要と認識し、2017年11月のトランプ訪中時、総額2,500米ドルの貿易・投資案件を示した。しかし、トランプは既定政策を堅持し、2018年3月に第1弾として中国と日本の鉄鋼とアルミに対し25％の制裁関税をかけた。EU、カナダ、メキシコ、インド、トルコ等に対しては、3カ月の猶予後の6月に制裁関税を発動した。中国は率先して、EU、カナダ、メキシコも米国に報復関税をかけたと同時に、WTOに米国の違法行為を提訴した。日本は措置をとらず、インドは報復関税をかけると声明しながら実行を延期して米国と条件闘争を繰り広げた。

日本・EUは、トランプに「共同で中国に対抗する話だったのではないか」、そしてそのために米国のTPPとTTIPへの復帰による日欧米間のゼロ関税圏ないし新たな先進国共同市場をもって先進国による世界経済の支配的地位を死守し、中国の台頭を抑えることを提案して工作し続けたが、取り合ってもらえなかった。トランプは米国の車産業の救済を優先事項とし、25％の関税をかけると主張し続けている。車産業の競争相手は、中国ではなく日本、EU、カナダ、メキシコであり、トランプはEUの解体、NAFTAの再交渉また脱退まで公言した。

2018年9月、米国、メキシコ、カナダによるNAFTAの新協定はまとめられ、2020年に発効する見込みであるが、日本とEUをはじめとする域外国に損害

第 7 章　地域大国から世界大国への外交転換と日米中トライアングル（2006 年～）

を押し付け、かつ WTO ルールに違反する新協定である。とりわけカナダとメキシコに対し、2017 年の車輸米のそれぞれ 170 万台という実績に、各 90 万台を足したそれぞれ 260 万台の数字規制に決めた。この合計 180 万台の増枠は、協定中の製造の 4 割が高賃金地域で行う規制によって、米国に移される仕事とほぼ同量である。つまりカナダとメキシコの既得利益は、保障されたが、180 万台の増枠の仕事量は、日欧の対米輸出から奪って米国に製造が移される部分と見込まれる。

　ところが、3 カ国の新協定は、米国の製造のコスト増と市場の萎縮をもたらすことになった。2018 年に外資による直接投資は、世界最大市場の中国に移動することになり、中国への直接投資額は、初めて米国を超えて世界一になった。

　2018 年 4 月 8 日、中国への制裁関税の第 2 弾に、米国は 500 億米ドル商品に 25％関税のリストを公表し、トランプは中国が報復すると 1,000 億ドル・2000 億ドル・5000 億ドル商品に 10％・20％・25％関税をかけると数日間隔に数字を変えて恫喝した。中国は直ちに同額 500 億ドル、同率 25％、そして米国と同日に報復関税を発動すると声明し、後に 7 月 6 日 340 億ドル、8 月 23 日に 160 億ドルと、両国は関税合戦を繰り広げた。

　その前の 5 月までの間に、両国の経済閣僚全員は参加し、ワシントンと北京で交渉を行った。米国側は中国に、日欧等の他国からの輸入品をすべて米国から買えと求め、中国側は米国が輸出できるものをすべて出せと答えたが、結局製造業空洞化が進んでいる米国からは穀物と食肉、石油と天然ガス及び半導体というビックスリー以外に大口の商品はなく、2020 年まで 700 億ドルの対中輸出しか増やせないことが分かった。トランプは両国の閣僚がまとめた協定案を蹴って関税戦に打って出た。

　9 月 24 日、米国は関税戦の第 3 弾を発動し、2,000 億ドル商品に 10％関税をかけ、中国は報復として 600 億ドル商品に 5％と 10％と 2 つのレベルの関税をかけた。トランプはまた、中国が報復すると、2019 年 1 月に 25％に関税を引き上げ、さらに新たに 2,650 億ドルに 25％関税をかけ、つまり米国に輸出するすべての中国商品に制裁関税をかけると脅かした。

　米国は中国からの輸入総額の 5,150 億ドルに制裁関税をかけるといっているが、中国は同様に米国からの全輸入品に報復関税をかけるとしても 1500 億ド

235

ルしかならない。中国側は損失が大きいようにみえるが、中国企業は 25％関税にせよ 10％関税にせよ、米国との貿易の不確実性、それに愛国心から、もう米国からは輸入をしないことになる[62]。前述の米国の対中輸出ビックスリーに対し、中国の農産物最大手の国有中国糧食社は、米国との買付契約を一枚も結んでいないとわざわざ声明し、国有石油天然ガス大手は、予定される米国との契約をやめてカタールと 20 年間の長期契約を結んだ。そして半導体について、中国は自給自足を目標に官民数千億米ドルほどの投資を決行し、その必要な半導体工作機も、世界シェアの半数を占める米国よりも、韓国、日本、オランダ、台湾からの調達を急いでいる。結局、米国に対して 100％関税をかけたのに等しく禁輸したようなものである。

　中国にとっては、米国の生産物はほぼすべて他国からも買えるが、米国は多くの場合は、高関税でも中国から輸入するしかない。その結果、2018 年の米中貿易における米国側の赤字額は、中国の公表数値によると、17％増の 3,233 億ドル[63]、米商務省の発表で 11.6％増の 4,192 億ドルとなり、いずれも過去最大を更新した。

　経済面での損得で中国は、米国に屈服することはまずない。共産党、その「カリスマ」であるはずの最高指導者にとっては、資本主義の米国、何しろ「低俗」のトランプに屈すべからず、戦勝して政治体制と権力の正当性及び自身のカリスマ性を証明しなければならない。

　一方、改革開放は、中国の国策であり、中国政府は 2018 年 9 月 25 日に白書『米中経済貿易摩擦の事実と中国側の立場』を発表し、下記の政策を示した。「中国は日中韓 FTA 交渉を加速し、中国・EU 投資協定の交渉の早期妥結に努力し、それを礎に FTA 課題も日程に載せる。」「中国は平等、互恵の前提の下、米国と投資協定の交渉を再開し、適時に米中 FTA 交渉を起動する。」[64]

　実際は、米欧側はジレンマに直面している。中国と投資と市場の相互自由化を作ったら、中国資本と商品に席巻されかねず、かといって自国市場を壁で囲んでいったら、市場の縮小、コストの高騰、経済力の衰退が見込まれる。とり

---

62)『日本経済新聞』2018 年 6 月 1 日、9 月 21 日。
63) 同上、2019 年 1 月 15 日。
64)『人民網・日本語版』http://j.people.com.cn/n3/2018/0925/c94476-9503485.html。

わけ今すでに起こっていることは、世界の資本は自国市場を壁で囲んでいる米国よりも、中国という世界一の消費市場、世界一の製造業大国、世界一の産業集積地、世界一の国際貿易大国、米国と同レベルのイノベーション大国[65]を選んでいる。米国ないし西側先進国を通さない、中国を中心とする世界経済のネクサスまでも、すでに形成されている今日[66]、それに抵抗する米国のほうが弾き出されていくことになろう。

なお、米国の他国に対するすべての関税制裁は、WTO規則に違反するものであり、そのうち裁定が次から次へと出されてくる。米国がWTO規則に従うか、脱退していくかになるが、後者を選んだ場合、中国はWTOを率いる唯一の超大国になる。

トランプは2018年11月の国会中間選挙や2020年の大統領選挙の票数のために、米国のヒーローを演じているともいわれているが、中国は「持久戦」を戦う世論が強い。「やるなら史詩級の戦いを」といった高揚感か悲壮感さえ漂わせている。リベラル派とされる朱鋒（しゅほう）南京大学教授は、トランプ米国対習近平中国について、トランプ当選時にも、下記のように論じた。

「中国にとっては、グローバリゼーションを推進していくことが核心的な命題であり、それは欧米中心主義、白人優越論を打破するという世紀の命題である。グローバリゼーションこそ東西融合、精神と価値の世界的均衡を真に実現させるものであり、この歴史的な使命は初めて中国人に託された。中国人は過去150年ほど米国による道標を認めるべきだが、トランプ・ポピュリズムをどう阻止するかを思考すべく、これは中国の未来のみではなく、世界の未来のためである。」[67]

いつものことではあるが、米国は勝てない戦争を休戦する。12月、トランプと習はG20サミットで会談をもち、2019年3月2日まで休戦し、交渉を行うことを申し合わせ、その後、多くの経済協定で合意に達し、休戦が続くことになった。トランプは大成功を喧伝して、大統領選に励み、中国は外圧を借りてさらなる改革開放と再びの高度成長に努めていくことになろう。

---

65) 『日本経済新聞』2018年7月2日、12日。
66) 末廣昭・田島俊雄・丸川知雄編『中国・新興国ネクサス　新たな世界経済循環』東京大学出版会、2018年。
67) http://nanhai.nju.edu.cn/ba/1e/5320a178814/page.htm。

では、2019年現在、国際社会における米国像と中国像をみてみる。米ピュー・リサーチ・センターの世論調査（2018年度、米中除外の25カ国）は、グローバル・リーダーシップ、指導者の信頼度、安全保障の脅威について、米中のリーダーシップへの支持度において、日本は81％と8％、チュニジアは26％と64％…平均値は60％と19％であるが、次項のトランプと習近平の国際問題の対応への信頼度の平均値は27％と34％、ちなみに独メルケル52％、露プーチン30％である。安全保障の脅威については、米中露を対象に、日本は66％と69％と48％、英国は37％と29％と45％、カナダは46％と31％と32％、米は中露に48％と50％、露は米中に43％と20％で、日本以外いずれも中国への脅威感が最低であり、興味深いことに各国の中、日本と韓国（67％）は米国への脅威感が最高である[68]。

おわりに

第6章と本章の検証により、中国外交は2006年頃から変化がみられ始め、2012年秋からの習近平時代において日米と競い合う超大国外交へと質的な転換を遂げたのである。習近平は2037年まで政権を運営し続く意志のようであり、超大国へ、超大国外交へと驀進し続けるであろう。

超大国外交は、まず周辺におけるリーダーシップの確立を目指すが、シナ海域での外交総力戦を戦って、2018年12月、王毅外相は、恒例の年末総括講演で「周辺諸国との関係の全面的改善と発展を実現させた」と勝利宣言をした[69]。超大国外交は、進んでグローバルにおけるリーダーシップの確立に挑戦することが宿命であるが、それは自ずとリスクを背負うことになろう。

まず、「一帯一路イニシアティブ」という世界経済の成長プランを世界戦略の中心ルートとしている以上、本家中国の経済成長の維持こそ至上命題であろう。こういう視点からみると、中国外交は、依然「経済がすべての仕事の中心」、「発展こそ第一の要務」という鄧小平のテーゼを掲げている。

ところが、中国経済は下降局面が7年間も続き、失われた7年といえる。「失

---

68) http://parstoday.com/ja/news/world-i51622（ピュー・リサーチ・センターは2019年2月15日からの第55回ミュンヘン安全保障会合で公表）。
69) 中国外交部HP、https://www.fmprc.gov.cn/web/w.jbz_673089/zy.jh_673099/t1620761.shtml。

第 7 章　地域大国から世界大国への外交転換と日米中トライアングル（2006 年～）

われた 7 年」は、たかが 1 年のトランプによる経済・技術戦争とは無関係であろう。中国のエコノミスト界でも、「習ノミクスの失策」、「経済音痴の無策」が学派を問わずに共通認識となっている。それにしても、7 年間も続く失策は、改革開放 40 年間に類を見ず、「学費」だといっても、先代によりかかりすぎだとも揶揄されている。成長の失速を止めて反転させない限り、「一帯一路」が成功するどころか、習政権の正当性まで問われることになろう。

　習政権は 2019 年初頭から、それまで 7 年間に及ぶ不覚だった金融緊縮政策をやめ、アベノミクスの如く、金融緩和による経済刺激を急いでいる。ライバルのトランプ米国は、経済ナショナリズムを唱えて経済の「米国第一」を外交戦略の中心に据えて、なりふり構わずに追求している。グローバルレベルの米中を中心とする経済競争は、外交の主戦場であり続けていくであろう。

　次に、米国がトランプイズムに暴走している中、中国外交は「一帯一路」をその世界戦略の中心ルートとして、アフリカを含む旧大陸の経済統合と新大陸への延伸を目指し続ける。この局面が続くと、中露は準同盟といわれるほどの連携を緊密化し続け、日韓は米国が責任を放棄する分で自由度を得て、自立自主の外交へ歩み出し、そして対中関係改善、朝鮮半島の緊張緩和、日中韓 FTA と RCEP による東アジア経済統合、及び「一帯一路」への参画等の取り組みを積極化していくであろう。EU は中国をパートナーとする「ユーラシアリンケージ・EU の戦略構想」を打ち出して旧大陸の経済連携の構築に乗り出しているところである[70]。脱米自立の世界大変動の流れは、現れているわけである。米国は生き方が問われている。

　リーダーとして世界規模に展開していく中で、中国外交のリスクコントロールは、政権の執政能力を問うことになる。中国外交はハードパワー、ソフトパワー、スマートパワーを競争相手、とりわけ米国以上にタイミングよくバランスよく運用することができるであろうか。それに、中国は戦争のリスクが伴う台湾問題も抱えている。

　中国外交は結局のところ、その夢よりは何ができ、どこまでできるであろうか、問われることになろう。

---

70)『参考消息』新華通信社、2018 年 9 月 19 日。

第8章
米中ソ・露トライアングルの国際秩序における掟と法―シナ海外交戦（2010年～）―

はじめに

　2010年頃から米日と中露は、時々相手を国際秩序、または国際ルール・規範、国際法に違反・挑戦していると声高く非難し合う。では国際秩序とは何か。とりわけ中国外交が意識している国際秩序とは何か。

　前章で述べた傅瑩中国全国人民代表大会外交委員会主任による説明は、次に抜粋される。「西側が言う国際秩序は三本柱からなる。1つは米国または西側の価値観、1つは米国主導の軍事同盟、1つは国連である」、「中国を部分的にしか受け入れていない」[1]。みるには、国際秩序はまず米国によるものであり、そしてイコール国際法ではない。米国の価値観と同盟は、さまざまな法外ルールを構成し、ここで法的ルールと区別して「掟」という分かりやすい和語をもって表現し、国際法に対して「国際掟」とする。

　ただし、戦後以来の国際秩序は、国連の創立を含めてソ連・ロシアと中国も時々そのメイン行為者であったので、実質上米中ソ・露を中心とする大国による国際統治の秩序であり、大国のリーダーシップによる国際掟と国際法から構成されるものである。国際掟はともかく、国際法体系の立法とその有効性も大国間の取引によるところが大きい。中小国や民間セクターは、副次的な役割をもつ。ちなみに国家間協定も国際法体系に含まれる。

　国際掟の存在は国際学の理論上論証ができる。例えば序章で提示したように、国際学におけるコンストラクティヴィズムは、「間主観性」という「共有され

---

[1] 傅瑩在英国皇家国際問題研究所演講《探討失序抑或秩序再構建問題》2016年7月6日，http://bbs1.people.com.cn/post/1/1/2/157116125.html。

第 8 章　米中ソ・露トライアングルの国際秩序における掟と法―シナ海外交戦（2010 年～）―

た認識」の役割を重んじ、そしてパス依存論は、前例や慣行の働きを説く。また「新制度論」は、成文の法規からなるルールだけではなく、繰り返して出現することによってその存在ないし有効性が証明されたルールをも制度とする。ここでは、国際掟は無意識の中にも働くという特性が論証される。さらに、国際地政学は、時空こと歴史と地理による「地政」という宿命性を帯びる要素に着目している。そのような地政学的要素は、無意識、非理性、非利益動機といった特性をもつ国際掟まで生み出すと思われる。なお、序章で述べたように、本書は各々のアプローチより複合的アプローチ、とりわけ国際文化・文明論の利用を唱える。

　国際掟は、歴史と地理の時空の中で形成された文化・文明現象であり、成文の法規と区別して間主観性、パス依存、地政学的要素を有し、時空により意識、理性、利益動機のみではなく無意識、非理性、非利益動機の特性まで表す国際関係のルールである。

　そして、国際掟における大国の掟は、大国が周辺をもち、その周辺に他の大国が敵対勢力を作ったり、支持したりはしないことをデッドラインとし、そこで周辺権益のパワー・シェアリングを必要条件とする大国関係のルールである。そのような性格をもつ大国の掟は、国際関係学における「従属論」、「世界システム論」の中央・周辺説に論理上の根拠を求めることができる。大国の掟、パワー・シェアリング、それに従属論、世界システム論は、良し悪しの価値観上、決して良しという価値観ではなく、決して国連憲章上の正義ではないが、国際関係の現実には、大国の掟の「正義」、大国による国際秩序の「正義」が存在している。

　本章でいうシナ海外交戦は、21 世紀 10 年代の東シナ海の尖閣諸島／釣魚島と南シナ海の島礁・海域をめぐる日米中の外交戦を指し、国際秩序、国際ルール、国際法の遵守または違反が争いの焦点に祭られた。本章はシナ海外交戦を国際秩序における大国の掟と国際法という視点から検証する[2]。

---

[2] 関係する公文書と史料についての主なリサーチ書：井上清『「尖閣」列島―釣魚諸島の史的解明』第三書館、1996 年。苫米地真理『尖閣諸島をめぐる「誤解」を解く・国会答弁にみる政府見解の検証』日本僑報社、2016 年。明治期の資料研究に、村田忠禧『日中領土問題の起源――公文書が語る不都合な真実』花伝社、2013 年、『史料徹底検証尖閣領有』花伝社、2015 年。米国公文書の検証に、大島隆『アメリカは尖閣を守るか激変する日米中のパワーバランス』朝日新聞出版、2017 年。国際法の視点から、松井芳郎『国際法学者がよむ尖閣問題』日本評論社、2014 年。台湾での研究書、林

第Ⅱ部　世界大国論

Ⅰ　大国の掟によるシナ海秩序

　2010年代のシナ海外交戦は、ただの島礁と海域の領有権係争ではなく、中国による地域大国としての周辺戦略、そして超大国としての世界戦略といった3つの局面をめぐる大国間の外交戦である。本節は大国の掟によるシナ海域秩序の形成とその性格を検証し、シナ海外交戦のダイナミズムとメカニズムを探る。

1　無意識のうちの掟の働き（1950～60年代）

　シナ海域における大国の掟の働きは、第3章で分析した東北アジア秩序作りの歴史に示されたように、戦時から米英ソと中華民国、及び共産党中国が成立した1949年から米ソ中による周辺権益のパワー・シェアリングから確認された。まず、1949年7月にスターリン（Joseph Stalin）は、毛沢東(もうたくとう)に対し、革命の指導権という名義で中ソがそれぞれ東アジアと欧州を指導することを決定として告げた3)。次に1950年1月に出された米トルーマン（Harry S. Truman）声明とアチソン・ラインは、朝鮮半島、台湾、インドシナを米国の安全保障ラインの外に置いた。このパワー・シェアリングは、スターリンが意識的に施したと思われるが、米中は無意識のうちに体が動いたようである。後に米国による朝鮮戦争の参加、台湾出兵、ベトナム戦争の遂行によって、米中ソによる1回目のパワー・シェアリングは崩壊した。ただし、ベトナム戦争時、米国が北ベトナムに地上侵攻をしないことを中国に約束したことは、中国の周辺権益を意識するようになったことを示した。

　田富『再論　釣魚台列嶼主権争議』五南図書出版、2002年。任天豪『従正統到生存：中華民国対琉球、釣魚台問題的因應與東亜冷戦政局』国史館、2018年。米国での研究書、ロバート・D・エルドリッヂ（吉田真吾・中島琢磨訳）『沖縄問題の起源』名古屋大学出版会、2003年。同上、『尖閣問題の起源』名古屋大学出版会、2015年。南シナ海域について、浦野起央『南シナ海の領土問題　[分析・資料・文献]』三和書籍、2015年。中国での代表的な研究書、呉士存（朱建栄訳）『中国と南沙諸島紛争』花伝社、2017年。劉江永『釣魚島列島帰属考——事実与法理』人民出版社（中国）、2016年。
3)　沈志華『冷戦の起源——戦後蘇聯対外政策及其転変』九州出版社（中国）2013年、209-227頁。下斗米伸夫『アジア冷戦史』中央公論新社2004年。趙宏偉「東アジア地域間の融合と相克における中国の外交」日本現代中国学会2005年度年報『現代中国』2006年。中共中央文献研究室、中央档案館編『建国以来劉少奇文稿』中央文献出版社、2005年、第1冊56頁。

242

第8章　米中ソ・露トライアングルの国際秩序における掟と法―シナ海外交戦（2010年～）―

　このプロセスから、大国とは何かも示された。1949年の中国は、国土と人口以外、大国にふさわしいパワーをもっているわけではないが、米ソはただ大国の現れが見込まれるとみて、条件反射的に中国を対象とするパワー・シェアリングを取り始めた。つまり「大国」とはただパワーによるだけではなく、歴史と文化・文明への認知を含む間主観性によるものでもある。ソ連崩壊後のロシアは、パワーが大きく低下したにもかかわらず、今日も米中露と世界三大国に並び、それは大国文化における間主観性の存在を示すものであろう。

　なお、中国は1950年代から1980年代まで、朝鮮戦争、中印国境戦争、ベトナム戦争、中ソ国境衝突、西沙諸島争奪戦、中越国境戦争、南沙六島争奪戦とさまざまな時の理屈を掲げて7回もの武力行使を行い、それらはすべて自身の周辺での戦いであった。さらにそのすべては、まさに周辺における敵対勢力の存在、他の大国が敵対勢力を作ったり、支持したりすることを許さないという大国の掟のデッドラインで戦ったものである。

2　イデオロギーを超越した掟の作用（1970～80年代）

　数々の戦いの結果でもあるが、1972年のニクソン（Richard Milhous Nixon）訪中がみられた。ニクソンと毛沢東の秘密会談録によると、ニクソンと毛沢東は、中国の周辺権益についてパワー・シェアリングを話し合い、日米同盟が反中同盟ではなくソ連による東アジア進出、及び日本の再武装を抑制する役割を担っていること、日本の台湾への介入をさせないこと、インドシナと台湾から米軍が撤退すること、米中共同でソ連の脅威に対処することなどを申し合わせた[4]。1950年の「アチソン・ライン」の復活を匂わせるニクソン・毛沢東合意は、シナ海域における米中のパワー・シェアリングの成立、米中によるシナ海域秩序の形成をなし、「米中1972年体制」と呼ぶことができ、米国が南シナ海問題に介入する2010年まで歴代米大統領に引き継がれていた。大国の掟は、資本主義と社会主義のイデオロギー闘争を超越した。

　ニクソン・毛沢東秘密会談を通して、中国首脳は大国の掟を自覚するようになったといえる。1974年1月に、鄧小平（とうしょうへい）の主導で中国海軍は、西沙諸島を占

---

4) 毛利和子・毛里興三郎訳『ニクソン訪中機密会談録』名古屋大学出版会、2001年初版、2016年増補版7-8、48-49、102-103頁。

拠している南ベトナム海軍に攻撃して全島を奪取した。ベトナム戦争中の当時、南ベトナムは米国の同盟国であり、米空母艦隊が南シナ海を制海している中でも、米国は介入しなかった。

　そして後の 1978 年 11 月に発生したベトナムによるカンボジア侵攻とソ連・ベトナム友好互助条約の締結は、米中シナ海秩序に対する挑戦であり、米中 1972 年体制に穴を開けた。1972 年にニクソンは、毛沢東に対し米軍が台湾とベトナムから退いてもいいが、権力の空白にソ連が進出してくると話したが、毛はそれでも撤退しなさいと言葉を返した。結局、ソ越盟約とベトナムによるインドシナ支配が現実になった。中国の最高権力者となった鄧小平は、中国の国際責任として「ベトナム懲罰」をいって中越国境戦争を仕掛け、戦前に米国、アセアン、日本を回って支持と支援を獲得した[5]。

　中越国境戦争は、中国が事前に公布した通り 1979 年 2 月から 3 月までの 1 カ月ほどで終了したが、その後 1988 年までの 10 年間、鄧小平は実戦訓練が必要として、「輪戦」と称して輪番でほぼ年 2 つの軍団を中越国境に派遣して小規模戦闘を戦わせてベトナムに軍事圧力をかけ続けた。それと同時に米国の支持の下、タイを通してタイ・カンボジア国境地域の反ベトナム勢力に武器と金銭の支援を続けていた。

　1988 年に中国海軍は南沙諸島でベトナム海軍と衝突して無人島礁を 6 つ占有し、太平島を実効支配してきた台湾（中華民国）とは別に、初めて南沙諸島で実効支配の島礁を獲得した。事件の経緯は次のとおりであった[6]。1987 年 3 月、パリで開かれたユネスコ政府間海洋学委員会第 14 回会議で、「グローバル海洋観測システム」に第 74 号と 76 号海洋観測ステーションを南沙諸島に設置するプロジェクトに合意し、南沙諸島の主権国である中国に委託した。ベトナム代表もこの会議に出席したが、当該合意書に同意した。ところが、1988 年 2 月から中国の艦船が南沙諸島で当該プロジェクトを取り組み始めたところ、ベトナム側は、抗議・阻止行動に出た。つい 3 月 14 日に両軍は衝突するようになり、28 分間の戦闘があってベトナム海軍は敗退した。この事件に対し、国際社会は無関心であった。

---

5) J・カーター（日高義樹監修、持田直武・平野次郎・植田樹・寺内正義訳）『カーター回顧録』上、NHK 出版、1982 年、316-318、329-333 頁。

6) 呉士存前掲書、145-149 頁。

第 8 章　米中ソ・露トライアングルの国際秩序における掟と法―シナ海外交戦（2010 年～）―

　1994 年に、中国海軍はフィリピンも領有を主張している南沙諸島の美済礁（ミスチーフ礁）に軍を駐在させた。米国を含め国際社会は、相変わらず無関心であった。これで中国は、南沙諸島で合計 7 つの島礁を実効支配し、数的にベトナム、フィリピンに次ぐ 3 番目である。

　他方、ソ連は 1978 年 11 月に「もし一方が攻撃の対象になった場合には、ソ連とベトナムは、この脅威を排除し、平和と両国の安全の保障のために然るべき効果的な措置を講ずる目的で協議を開始する」[7] という軍事同盟条項を含む「ソ越友好条約」を締結していたが、鄧小平としては敢えて挑戦状を叩きつけた。鄧小平は「経済発展をすべての仕事の中心とし」、中国の「改革開放」に舵を切ったばかりであるが、ソ連との軍事衝突のリスクを覚悟して周辺権益を守り通ろうとした[8]。

　結局、ベトナムからの支援要請に対し、ソ連は条約上に軍事規定があるわけではないと返事し、軍事行動をとらなかった。そこで鄧小平は、ソ連が中国に敵対する意思がないことを確認することができ、ソ連への不信感を解けたと思われる。同年 9 月 18 日に鄧小平はニクソン元米大統領との会見の席で、中ソ和解についての「鄧小平三条件」を初めて明言した[9]。「中ソ国境とモンゴルからの撤兵、アフガニスタンからの撤兵、ベトナム軍のカンボジアからの撤兵をさせることとベトナムの反中国政策を支持しない」ことであった。「鄧小平 3 条件」は、1986 年にゴルバチョフ（Mikhail Sergeevich Gorbachev）ソ連共産党書記長が受け入れる旨の発言をし [10]、1989 年に中ソ関係は正常化した。

　1990 年 9 月、中越首脳は中国成都市で秘密会談を行い、和解を申し合わせた [11]。

　このように、中ソもイデオロギーの対立を超越して大国の掟で折り合った。1950 年代、1960 年代、1970 年代、1980 年代、40 年間の戦いが終わってか

---

7) 小笠原正明『外国学研究 XI』興文社、1980 年、38 頁。
8) 筆者の見聞。父の趙金龍は 1969 年の中ソ国境衝突時にも、1979 年の中越国境戦争時にも、ソ連からの侵攻に防御するために瀋陽軍区の前線司令部メンバーとして部隊を率いて黒龍江省に集結した。結局ソ連軍はまったく動かなかった。スパイ衛星をもつ米国はソ連軍の動静を中国に伝えていた。
9) 中共中央文献研究室『鄧小平年譜 1975-1997・上下』中央文献出版社、2004 年、557、851、926 頁。
10) 「ゴルバチョフ・ソ連書記長のウラジオストク演説（1986 年 7 月 28 日）」『極東の諸問題』ナウカ発行、第 16 巻第 2 号、23、29 頁。
11) 李家忠（元ベトナム駐在中国大使）「中越成都秘密会晤」http://www.cnki.com.cn/Article/CJFDTotal-DSZH200601006.htm。

ら、1989年の時点に米中ソ間のパワー・シェアリングは、ついにでき上がった。その後は1990年代と2000年代の20年間の地域平和であった。

3 「大国の掟」による平和の20年間（1990年代～2010年）

　第2章で論述したように、1990年からアセアンは東アジア経済統合を提唱しはじめ、真っ先に日本にリーダーを求めたが、米国より、太平洋にラインを引いて米日を分断するものだと強硬に反対されて、日本は米国が参加しない国際組織に日本も参加しないと約束して退いた[12]。対照的に1995年から、中国は東アジア経済統合に進んで関与し始めたが、米国はまったく反対しなかった。米国は日本より中国を大国としてその周辺におけるリーダーシップを条件反射的に当たり前としたのであろう。

　中国は速いテンポで2002年にアセアンと「FTA枠組協定」を妥結し、同時に「南シナ海における関係国の行動指針」をも締結して「南シナ海問題」を安定させた。南シナ海の島と海域の権利については、中国がその全部、ベトナム、マレーシア、フィリピン、ブルネイ（海域のみ）がそれぞれその一部に対する領有を主張し、中国は一貫して当事国間の係争問題としてきたが、ここで譲歩してアセアンを関係者として認めた。それは中国・アセアン関係の長期的安定と発展を中断することがないように保っていくことという戦略上の決断だったと思われる。

　翌2003年に、中国は「東南アジア友好協力条約」（TAC）に調印し、アセアンと「戦略的パートナー」関係の位置づけに合意した。日本はこの時TACにある「武力手段の放棄」条項が日米安保条約に抵触するから、調印しない態度を取って不評を買った（翌年に加入）[13]。

　2010年1月1日をもって中国とアセアンの自由経済圏は、過渡期を終えて完成し、11カ国による盛大な祝賀行事は、広西省都南寧市で催された。南シナ海域はいたって平和安定であった。これまでの20年間、米国は中国の周辺権益に介入したことはなく、大国の掟に従った。

---

12)『毎日新聞』1991年11月29日。
13) https://www.jcp.or.jp/akahata/aik2/2003-12-03/1203faq.html。

4　オバマはイデオロギー第一　大国の掟を反故（2010～16年）

　2010年より、米国外交はイデオロギーカラーに濃く染められていき、ナトーのロシア国境までの東方拡大、ウクライナの反露化の支援等、ロシアにおける周辺を認めないようになり、第7章で論述したように中国の周辺に対してもヒラリー・クリントン（Hillary Rodham Clinton）の1月講演をもって介入する意思が示された。米国は普遍的価値観の旗を掲げて大国の掟を反故するようになった。

　7月にヒラリーはARF（アセアン地域フォーラム）ベトナム会議の閉幕時に突然、南シナ海の係争に対する（中国の）軍事圧力を非難し始め、中越関係に挑発した。翌2011年、米国は東アジア首脳会議にはじめて参加し、オバマ（Barack Obama）は、会議の準備段階に自ら主催国インドネシアのユドヨノ（Susilo Bambang Yudhoyono）大統領に電話をかけて「南シナ海問題を議題に入れてほしい」と要請し[14]、そして会議後にオーストラリア訪問中「アジア・リバランス政策」を公式に打ち上げた。オバマは任期満了まで「中国には規則を書かせない」、「米国の世界的リーダーシップの堅持」と口癖のように語った[15]。米国は南シナ海係争の激化を作り出して、米日を基軸にアセアン諸国に対し中国と対抗するように工作し続けた。

　中国の立場からすると、米国の豹変は1972年米中体制を破り、朝鮮戦争とベトナム戦争に次いで三度目アチソン・ラインを越境して、中国の周辺権益を犯してきたのにほかはない。中国は2010年から12年までの間に世界大国としての意識に完全に悟り、習近平政権の登場に伴って大国の掟を主動的に説くようになった。

　習近平はロシアと特殊関係を築き、2014年7月9日に来訪中のロシア大統領府長官との会見時にウクライナ危機を念頭に「中露関係は特殊関係だ」と性格付け、必要があればできるだけの支援を行うと表明した[16]。米国には国際社会における対等責任論ないし米中例外論を説いた。「中米両国は世界の平和と安定の維持、発展と繁栄の促進において特殊な重要な責任を背負っている」（トランプ〔Donald John Trump〕の大統領当選への祝電（2016年11月9日））といい、「太

---

14) 「前インドネシア大統領ユドヨノインタビュー」『朝日新聞』2017年8月5日。
15) The U.S. Department of Defense, Sustaining U.S. Global Leadership: Priorities for 21st Century Defense, January 2012, at http://www.defense.gov/news/Defense_Strategic_Guidance.pdf(lastaccessedon12/12/2012).
16) 新華社（北京）2014年7月9日。

平洋は米中両国を相容れる十分な広さがある」と、習はあたかも米国と太平洋を分割しようと、オバマにもトランプにも説き続けた。

シナ海域においては、中国外交は守りから攻めの外交への転換が2012年を境に顕著にみられた。前章で述べたように南シナ海で2012年4月に、中国はフィリピンが黄岩島（スカボロー礁）と仁愛礁（セカンド・トーマス礁）に実効支配を拡大しようと認定して、直ちに多くの公船を派遣して24時間体制で巡航した。後の2014年1月から中国は、実効支配の全7島礁の大規模な埋め立てを一斉に行い、米国の軍事プレゼンスを圧倒する軍事インフラを整備した。2014年3月にフィリピンは、常設仲裁法廷（PCA）に仲裁を申し立てたが、中国は仲裁を拒否した。そして東シナ海でも、12年9月から、日本政府による尖閣三島の国有化を機に、中国は一気に攻め込み、日本による単独実効支配を日中の同時実効支配に持ち込もうとした。中国は大国の掟を反故にした米国を相手にパワー・シェアリングの代わりに実力行使で米国の同盟を無効化し、中国の周辺権益を確保する総力戦外交に出た。2017年の習による第19回党大会報告は、「海洋強国」というフレーズを初めて書き記し、その実現を訴えた。

5　トランプ米国は米国第一　大国の掟に回帰（2017年〜）

米国では、2016年11月に意外にもトランプが大統領に当選し、彼は米国第一をドクトリンに「世界の大統領ではなく米国の大統領だ」と宣言して、アジア太平洋域においてオバマのリバランス政策を破棄し、米国のイデオロギーと同盟を問わずに「経済ナショナリズム」と称して米国一国の経済利益を追求することにした。トランプ米国のシナ海での台湾問題や自由航行についての言動も、いままでの中国の周辺への攻めというより、中国との経済・技術戦争を睨んでディール・カードにする色が強いとみられる。

トランプの2019年1月の「一般教書演説」は、終始米国一国の国益を訴え、普遍的価値観や世界戦略や米国の同盟など、一言も口にしなかった[17]。

2019年現在、シナ海域で大国の掟の「正義」で中国が優位に立ち、中国によるシナ海域秩序が形作られたと、中国がみているようである。中国によるシナ海域秩序の形成は、大国の掟の「正義」がダイナミズムとなり、イデオロギー

---
17)『讀賣新聞』2019年2月7日。

よりパワー・シェアリングがメカニズムとなって働いた。

中国によるシナ海域秩序は、周辺に他の大国が敵対勢力を作ったり、支持したりはしないという大国の掟のデッドラインを規範としており、中国による周辺諸国の同盟国化、周辺諸国の実効支配地の奪取を追求していない。中国は1988年を最後にシナ海域で島礁の奪取を手段としてこなかった。

中国の海洋安全保障政策は、古来の権原と第2次世界大戦の戦勝結果としての島礁と領海の主権、及び1994年から発効された国際海洋法公約に基づくEEZと大陸棚の管轄権の護持である。国際法上、領土と海域の領有権の係争と無関係の場合の新領土を求める行為は、拡張の性格を帯びることになるが、係争に限っての領有主張は拡張に当たらない。

II 領有権係争としての尖閣諸島/釣魚島問題と国際法

領土と海域の領有権の是非は、国際法に照らしてみるしかない。では、領有権の係争としての尖閣諸島問題に関わる既存の国際法規をリサーチしてみる。その前に日中両国の主張を下記に記しておく。

1 日中それぞれの主張

日本の主張：尖閣諸島は無主地であり、「1895年1月14日に現地に標杭を建設する旨の閣議決定を行なって正式にわが国の領土に編入することとしたものである。同諸島は……1895年5月発効の下関条約第2条に基づきわが国が清国より割譲を受けた台湾及び澎湖諸島には含まれていない。従って、サンフランシスコ平和条約においても、尖閣諸島は、同条約第2条に基づきわが国が放棄した領土のうちには含まれず、第3条に基づき南西諸島の一部としてアメリカ合衆国の施政下に置かれ、1971年6月17日署名の沖縄返還協定によりわが国に施政権が返還された。」[18] そして中国がいう1972年の国交正常化交渉時に「釣魚島」の領有権問題の棚上げにおける両国の首脳の合意について、日本政府は、1975年から「棚上げ」の合意は存在しないこと、1985年から領有権

---

18) https://www.mofa.go.jp/mofaj/area/senkaku/kenkai.html。

問題は存在しないこととして否認し[19]、対話による解決を拒否し続けた。

中国の主張：「釣魚島は中国に属し、…国際法における無主地ではないことは、日本の多くの政府文書で証明されている。日本が…『無主地』としてその版図に編入したことは、中国の領土を占拠した不法行為であり、国際法上効力を有さない。…日本は『下関条約』を通じて、釣魚島を含む『台湾全島およびすべての付属島嶼』を割譲したが、『カイロ宣言』『ポツダム宣言』などの国際法律文書は、日本が窃取した中国の領土を無条件に返還すべきであるとしている。…『サンフランシスコ講和条約』に規定された信託統治の範囲には釣魚島が含まれていない。米国が勝手に委任管理の範囲を拡大し、中国領である釣魚島を不法にその管轄下に編入し、その後、釣魚島の『施政権』を日本に『返還』したことは、いずれも何ら法的根拠がなく、国際法上いかなる効力も有さない。」「両国の先代の指導者たちは、両国関係の大局に目を向け、『釣魚島の問題を棚上げし、将来の解決にゆだねる』ことについて諒解と共通認識に達した。」[20]

2　連合国軍総司令部（GHQ）訓令（SCAPIN 第 677 号）[21]

SCAPIN 第 677 号は、尖閣諸島にかかわる国際法の中、第一号である上、効力上でも日本を除いて異議を申す国はない。国際法上、講和条約前の GHQ 命令は最高位の国際法規である。敗戦国は固有領土をもたず、戦勝国、第二次世界大戦の場合は「連合国」、即ち国連は宣言や議決、および敗戦国との講和条約を通して敗戦国の存続及びその領土を決める。日本政府は尖閣諸島においても竹島（韓国で「独島」）、北方四島においても「固有領土」を領有主張の唯一の根拠に掲げているが、国際法上では、敗戦国日本の歴史上の固有という領土の権原が消滅している。したがって、SCAPIN 第 677 号は、戦後日本の領土の最初の国際法根拠と歴史根拠である。ちなみに、2019 年 2 月 8 日、安倍首相は「北方四島」について国会答弁ではじめて「固有領土」と「不法占拠」を使わなかった（時事通信社）。

---

19) 苫米地真理、前掲書、17 頁。
20) 中華人民共和国国務院報道弁公室『白書・釣魚島は中国固有の領土である』2012 年 9 月 25 日。http://www.scio.gov.cn/zfbps/ndhf/2012/Document/1225270/1225270.htm。
21) https://ja.wikipedia.org/wiki/SCAPIN，https://en.wikisource.org/wiki/SCAPIN677?uselang=ja。大田昌秀・佐藤優著『徹底討論　沖縄の未来』芙蓉書房 2016 年 137-166 頁。

第 8 章　米中ソ・露トライアングルの国際秩序における掟と法―シナ海外交戦（2010 年～）―

連合軍総司令部訓令（SCAPIN）第 677 号（1946 年 1 月 29 日）（原文）

「1　日本国外の総ての地域に対し、又その地域にある政府役人、雇傭員その他総ての者に対して、政治上又は行政上の権力を行使すること、及、行使しようと企てることは総て停止するよう日本帝国政府に指令する。
　2　日本帝国政府は、已に認可されている船舶の運航、通信、気象関係の常軌の作業を除き、当司令部から認可のない限り、日本帝国外の政府の役人、雇傭人其の他総ての者との間に目的の如何を問わず、通信を行うことは出来ない。
　3　この指令の目的から日本と言う場合は次の定義による。日本の範囲に含まれる地域として日本の四主要島嶼（北海道、本州、四国、九州）と、対馬諸島、北緯 30 度以北の琉球（南西）諸島（口之島を除く）を含む約 1 千の隣接小島嶼、日本の範囲から除かれる地域として(a)欝陵島、竹島、済州島。(b)北緯 30 度以南の琉球（南西）列島（口之島を含む）、伊豆、南方、小笠原、硫黄群島、及び大東群島、沖ノ鳥島、南鳥島、中ノ鳥島を含むその他の外廓太平洋全諸島。(c)千島列島、歯舞群島（水晶、勇留、秋勇留、志発、多楽島を含む）、色丹島。
　4　更に、日本帝国政府の政治上行政上の管轄権から特に除外せられる地域は次の通りである。(a) 1914 年の世界大戦以来、日本が委任統治その他の方法で、奪取又は占領した全太平洋諸島。(b)満洲、台湾、澎湖列島。(c)朝鮮及び(d)樺太。
　5　この指令にある日本の定義は、特に指定する場合以外、今後当司令部から発せられるすべての指令、覚書又は命令に適用せられる。
　6　この指令中の条項は何れも、ポツダム宣言の第 8 条にある小島嶼の最終的決定に関する連合国側の政策を示すものと解釈してはならない。……」
　とりわけ、GHQ 訓令は「北緯 30 度以南の琉球（南西）列島（口之島を含む）、伊豆、南方、小笠原、硫黄群島、及び大東群島、沖ノ鳥島、南鳥島、中ノ鳥島を含むその他の外廓太平洋全諸島」を日本の「管轄権」から除外した。琉球の管轄権まで失った日本は、尖閣諸島の領有権を主張する権利があるわけではなく、当時、主張もしなかった。

3　サンフランシスコ講和条約

　今日、日本政府は、GHQ 訓令第 6 条による効力の限定もあり、何より「1952

年4月28日、サンフランシスコ講和条約の発効に伴い、一部の特別な協定の結ばれたものを除きGHQ訓令が失効した」ことを主張している。では、サンフランシスコ講和条約に照らして、GHQ訓令の有効性を検証してみよう。

ポツダム宣言は日本の存続、本島及び連合国が決めた諸小島嶼に対する領有権を承認している。そこで、サンフランシスコ講和条約の発効前に国連機関としてのGHQが伊豆諸島とトカラ列島の管轄権を日本に返した上、後にサンフランシスコ講和条約が両島を信託統治地としなかったことで、その領有権はポツダム宣言が日本の領土とした「諸小島嶼」というカテゴリに帰属することになった。周知のとおり主要戦勝国であるソ連と中国は、サンフランシスコ講和会議に参加していないし、講和条約をも承認していない。当該講和条約はソ連と中国に対して法的効力はない。ただし、ソ連と中国は後の日本との国交正常化の共同宣言と声明において、伊豆諸島とトカラ列島の帰属に異議を示さなかった。よって両島の日本への帰属は、国際法上で最終的に確定された。

残りの琉球諸島等は、サンフランシスコ講和条約が次のように決めた[22]。
「第2条(d)　日本国は、国際連盟の委任統治制度に関連するすべての権利、権原及び請求権を放棄し、且つ、以前に日本国の委任統治の下にあった太平洋の諸島に信託統治制度を及ぼす1947年4月2日の国際連合安全保障理事会の行動を受諾する。

第3条　日本国は、北緯29度以南の南西諸島（琉球諸島及び大東諸島を含む。）、孀婦岩の南の南方諸島（小笠原群島、西之島及び火山列島を含む。）並びに沖の鳥島及び南鳥島（筆者、以下「琉球諸島等」とする）を合衆国を唯一の施政権者とする信託統治制度の下におくこととする国際連合に対する合衆国のいかなる提案にも同意する。

このような提案が行われ且つ可決されるまで、合衆国は、領水を含むこれらの諸島の領域及び住民に対して、行政、立法及び司法上の権力の全部及び一部を行使する権利を有するものとする。」

上記の条文は、信託統治制度が国連憲章に規定されている国連の専権事項である旨、及び米国が琉球諸島等を「合衆国を唯一の施政権者とする信託統治」を国連に提案することを約束したことを記し、そして日本の権原所有を特約し

22）https://www.mofa.go.jp/mofaj/gaiko/treaty/pdfs/B-S38-P2-795_1.pdf.

第 8 章　米中ソ・露トライアングルの国際秩序における掟と法―シナ海外交戦（2010 年～）―

なかった。信託統治地の領有権は、国連が預かるという国際法上の地位にある。つまり琉球諸島等の領有権と権原は、まさにサンフランシスコ講和条約によって正式にポツダム宣言がいう日本の領土である「諸小島嶼」に含まれず、剝奪されて信託統治地として国連の預かりとされた。

　米国による信託統治は、法理上 GHQ の管轄権を受け継ぐことであるが、米国は国連による議決なしで沖縄返還の 1972 年まで信託統治を施し、それは国連憲章に違反する行為であった。米国は国連憲章における信託統治の法規定を知らないわけはなく、戦前に日本が統治していた南洋諸島は、1947 年 4 月 2 日の国連安保理決議という手続きを取って、1945 ～ 85 年の 40 年間米国の信託統治地に決定された。国連による議決なしでの米国による信託統治は法理上、国連機関である GHQ の管轄権を受け継いだことにはならない。GHQ が終了したとしても、その国連機関として施していた訓令等は、失効したものではなく、国連及び戦勝国の対日講和条約、中ソと日本の共同宣言と声明という他の措置による受け継ぎや変更等の行為がなければ、その権原が国連に存続し続けることになる。琉球諸島等の領有の権原もその管轄権こと施政権も、信託統治期において国際法上、国連にあるということである。

　米国の信託統治期に「琉球等に対し日本は潜在主権 (residual sovereignty)（または訳「残余主権」）を有する」とダレス (John Foster Dulles) 米国務長官が話したという説もある[23)]が、一行政官の言葉は、国際法的効力があるわけではなく、「潜在主権」や「残余主権」といった造語は、むしろ日本が琉球諸島等の領有権を確かに失ったことを言い表したものである。

　なお、米国の信託統治期に、領有権も施政権も有しない日本は、琉球諸島等に対し、もちろん尖閣諸島に対して領有権を主張する権利はなく、そして主張もしなかった。

4　日米沖縄返還協定 [24)]

　米国が国連の議決なしで 1952 年から琉球諸島等を信託統治したことも、そ

---
23)「ダレス米国講和交渉代表の講和会議での演説」1951 年 9 月 5 日、『サンフランシスコ平和会議関連資料集』http://www.ioc.u-tokyo.ac.jp/~worldjpn/documents/texts/JPUS/19510905.S1E.html。
24)　琉球諸島及び大東諸島に関する日本国とアメリカ合衆国との間の協定 https://www.mofa.go.jp/mofaj/gaiko/bluebook/1972/s47-shiryou-4-1.htm。

して 1972 年に日本にその施政権を返還したことも、国際法上の権利はなく違法行為であった。米国は返還時に国連での手続きを取ればよいのにそれを取らずに、米国一国から私的に沖縄を日本に返還した。そのわけでもあって、沖縄の領有権をもっていない米国は、1971 年の返還協定から今日に至って、日本に沖縄の施政権を返しただけなので、尖閣諸島の領有権を日中の対話による解決を望むと言い続けてきた。米国は、この点において国際法に従う位置に立ち返ったが、沖縄を日本に返還した米国なのに日本の尖閣諸島に対する領有権を認めないことで、日本は 1972 年からも尖閣諸島における国際法上の権原を有しないことになり、また 1985 年からの中国との間に「領有権問題は存在しない」[25] という係争の存在を否認する立場も、法的根拠をもたない。

実は米国の施政権返還説により、日本の沖縄主権の権原も問われることになり、良いことにソ連と中国は、共同宣言と共同声明という形で日本と講和し、日本の沖縄の領有権に異議を示さずに承認することになっている。

ただし、中国は日米沖縄返還協定が発効される前、国際社会に向けて 1971 年 12 月 30 日に尖閣諸島に対し領有権を公に主張し、その施政権の日本への引き渡しに反対の態度を表明した。中国は戦勝国として、そして日本との国交正常化の共同声明による講和の前という時効期間に、国際法上、敗戦国日本に対し領土の領有権を主張する権利を有する。

では、米国の施政権のみの返還という状況下、尖閣諸島の領有権は、国際法上どこにあるのか。「日米協定で 1972 年に沖縄の施政権が日本に返還されると、尖閣諸島の領有権は別人の手にわたった」[26]。尖閣諸島の領有権は国際法上、まずは施政権の返還しか受けていない日本の手にはあらず、琉球諸島等の信託統治時の地位に残されていることになり、つまり国連預かりという地位にある。そして尖閣諸島の領有権について、日本が権原を有していないのに対して、戦勝国中国は権原をもっている。

5 「決定的期日」と「先請求」

「決定的期日」は、「これをもって領域係争が具体化したと見なされるべき日付」

---

[25] 苫米地真理、前掲書、15 頁、79 頁。
[26] 毛里和子『現代中国外交』岩波書店、2018 年、142 頁。

第 8 章　米中ソ・露トライアングルの国際秩序における掟と法―シナ海外交戦（2010 年〜）―

であり、その日付より「先請求」をした当事国は、いく分優位性をもつ。日本は次のような優位性をよく唱える。尖閣諸島の領有に対し、愛知揆一外相は 1970 年 9 月 10 日に「日本国の領有権のあるものである」と初めて明言した（以下「愛知明言」）[27] が、中国外交部は翌 1971 年 12 月 30 日に初めて声明した。即ち中国は先に請求したのではないので、領土主張に正当性はない。しかし、「先請求」はそもそも国際法上、価値はない。

なお、琉球諸島等の場合となると、まず、前述のとおり敗戦国日本は、戦前にある権原をもって領土の領有を請求する権利はない。次に、信託統治期、つまり琉球諸島等の施政権が日本に返還される前の時期に、尖閣諸島どころか琉球の領有を請求する権利も、日本が有しない。その時期に米国ないし国連は国際法上、琉球諸島等を日本に返還しない権利まで有する。実際は前記の国際法上の要件があって、1970 年 9 月の愛知明言は、日本の対外表明ではなく日本国会に向けての答弁という形をとったわけであり、そしてそれ以前、敗戦時に遡って 25 年間、日本政府は、尖閣諸島どころか琉球諸島等の領有権も主張したことはなかった [28]。

愛知明言もあいまいさが残る言葉遣いであった。

まず、苦米地真理がリサーチした通り「国会答弁の変遷をみていくと、1955 年 7 月の時点では島名も認識しておらず、1970 年 4 月までは政府として尖閣諸島が日本に帰属することを表明していない。……1970 年 9 月からは、『領有権問題は存在しない』とまでは言わないものの、『どこの国とも交渉するという筋合いのものではない』との強い表現が、政府見解で用いられたのであった。」[29]

次に、10 日と 12 日の 2 回の答弁に愛知外相が用いる日本の領有権の根拠は、ただ「尖閣諸島は明確に（米国の）施政権の範囲内にある」という一点のみであり、戦前に遡る権原を口にしなかった。国際法上、信託統治の施政権は領有権の法的根拠にならない。それに周知のとおり、当の米国も施政権の返還が領有権に影響を及ぼすものでないので、日中の対話による解決を望むという立場を示し

---

27) 苦米地真理、前掲書、32-34 頁。
28) 同上、22-32 頁。
29) 同上、34 頁。

た。愛知外相が用いる「施政権の範囲内」という根拠は、法的価値のないものである。

ちなみに9月の愛知明言は、8月に琉球米国民政府立法院が、中華民国（台湾）が「米国のガルフ社に対し、鉱業権を与え、さらに、尖閣列島の領有権までも主張している」ことについて、米日両政府に「措置」を求める「決議文」を送ってきたこと[30]を受けてからの国会答弁であった。

当時、国連常任理事国の座に居座っている中華民国は、沖縄返還の日米交渉が正式に始まる1969年6月の翌7月に、釣魚台列島／尖閣諸島及び隣接大陸棚に対する領有権の行使を宣言し、翌1970年7月に、米国のパシフィック・ガルフ社に石油探査を許可して、国際社会に向けて領有権行使の行為を示した[31]。そして同時期から、米国に対して尖閣諸島の日本への引き渡しに反対する工作を展開した。同年8月26日に、中華民国は、外交部名義で「釣魚台列島は中華民国の一部だ」と声明し、米国国務省報道官は9月10日に、尖閣諸島の主権問題で中立を保つと言明して対応した[32]。翌71年2月24日に、「中華民国外交部は、台北駐在日本大使に公式に釣魚台列島に対する主権主張を伝えた。」[33]

中華人民共和国の場合は、釣魚島列島の主権に関して、1970年12月に「新華社評論員文章」の形で初めて領有を表明し、翌71年12月30日に初めて外交部名義で領有声明を発表した[34]。

日本側は、うち向けの愛知外相の1970年9月10日国会答弁ではなく、外務省による対外の正式な領有声明は、1972年3月8日であり[35]、前記の2月24日の中華民国からの照会への対策であった。その前に日米沖縄返還協定の締結日の1971年6月17日という日付もあったが、それは沖縄の領有権より施政権に限っての意思表明であった。したがって厳密に規定すると、台湾どころか、中華人民共和国外交部よりも遅く1972年3月8日に、日本外務省による基本

---

30) 同上、31-32頁。
31) 松井芳郎、前掲書、43頁。
32) ロバート・D・エルドリッジ『尖閣問題の起源』名古屋大学出版会、2015年、128-129頁。
33) 松井芳郎、前掲書、13頁。
34) 同上。
35) 同上、前掲書、97頁。

第8章　米中ソ・露トライアングルの国際秩序における掟と法―シナ海外交戦（2010年～）―

見解の公表がみられ、この日付が決定的期日となって国際法上で尖閣諸島の領有権係争が成立したと判定される。

　中国外交部の場合は、かつて 1950 年 5 月 15 日の内部文書「対日講和条約における領土部分の問題と主張に関する要綱草案」に「尖閣諸島及び海域を台湾に組み込むべきかどうかについて検討する必要がある」といの記述があった。この草案があって、中国外交部は、早い段階で日本より琉球の一部に編入されてきた尖閣諸島が琉球の他の部分と異なり、台湾の一部に組み込まれるべきだと認識したことが裏付けられたのである[36]。ところが、その後中国が対日講和会議に参加できないことが分かってから、外交部は当該問題の検討を放棄し、後に忘れてしまったと推測される。このことは、尖閣諸島の領有権問題における中国側の国際法上での唯一の弱みである。ただし前述のように、中国による領有主張は、遅かったが、沖縄返還日、何より日本との共同声明による講和の前という時効期間に行われたために、国際法上請求権が有効である。

6　「無主先占」

(1)日本には「無主先占」を主張する権利があるのか

　今日における尖閣諸島の領有権における権原について日本政府系の公式論述は、前記の愛知明言と異なり、「無主先占」を唯一の権原上の根拠とした。その論理は下記の通りである。「① 1895 年に日本の領土に編入されるまで、同諸島は無主の地であったのか、それとも中国の領土であったのか、②閣議決定による日本の領土編入は有効に行なわれたのか、③領土編入以降、日本は同諸島に対して継続的かつ平穏に主権を行使しているか、に大別される。特に、継続的かつ平穏な主権の行使の有無は、領土の帰属をめぐる過去の国際裁判においても、重視されている（国会図書館外交防衛課）」[37]。そして日本の尖閣諸島の領有は、前記の 3 点を完全にクリアしたので、「先占によって我が国の領土に編入したものだ」とある[38]。前記の「先占」の句は、1972 年 3 月 8 日に日本

---

[36]『朝日新聞』2012 年 12 月 28 日。
[37] 国会図書館外交防衛課（濱川今日子）「尖閣諸島の領有をめぐる論点―日中両国の見解を中心に―」『調査と情報』第 565 号、2007 年 2 月 28 日、1-11 頁。https://web.archive.org/web/20120716132558/http://www.ndl.go.jp/jp/data/publication/issue/0565.pdf。
[38] 苫米地真理、前掲書、65 頁。

外務省が初めて無主先占を権原上の根拠として用いたときの表現であった[39]。これは1880年代以来はじめての日本政府による無主先占の主張でもあった。

　前述のとおり敗戦国日本は、戦前にある権原をもって領土の領有を請求する権利はない。それがあって愛知明言が用いる日本の領有権の根拠は、ただ「尖閣諸島は明確に（米国の）施政権の範囲内にある」という一点のみであり、戦前に遡る権原を口にしなかったわけである。それに1972年3月8日に、琉球諸島等がまだ返還される前の信託統治地の身なので、なおさら国際法上、日本には領有の権原もなく、請求権もない。

　では、あえて1972年から日本政府が唯一の領有根拠としている先占の真相を検証してみる。

(2)無主の地であったのか

　国会図書館外交防衛課：「1885年…山縣有朋内務卿は『無人島久米赤島他外二島ニ国標建立ノ件』を…10月9日に井上馨外務卿と協議した。10月21日の外務卿の回答は次のような内容である。これらの島嶼は、清国国境にも近い小島嶼である。また、清国はその島名もつけていて、清国の新聞に、我が政府が台湾付近の清国領の島嶼を占拠したなどの風説を掲載して、我が政府に猜疑を抱き、しきりに清国政府の注意を促す者もいる。ついては、『公然国標ヲ建設スル等ノ処置有之候テハ、清国ノ疑惑ヲ招キ候間、…（中略）…国標ヲ建テ開拓ニ着手スルハ、他日ノ機会ニ譲リ候方可然存候。』この回答を受けた内務卿は、国標建設の件を太政官会議に上申するのを見送った。上記の井上外務卿の見解は、尖閣諸島が清国に属することを認める趣旨であろうか。これについては、当時小国であった日本の、大国清に対する外交上の配慮であり、朝鮮問題及び琉球処分という重大問題が介在する中、このような小さな問題で、今清国と事を構えるのは得策ではないという、外務省としては当然の発想であると指摘されている。」[40]

　前述のわけで明治政府は、魚釣島等の領有を1885年から10年間放棄した。前記の文章に明治政府の当時の行為が「小国日本が大国清に対する外交上の配慮をした」という言い訳をしたが、「外交上の配慮」も明治政府の外交行為で

---

39) 高橋庄五郎『尖閣列島ノート』青年出版社、1979年、111頁。
40) 国会図書館外交防衛課、前掲。毛里和子、前掲書、142頁。

第 8 章　米中ソ・露トライアングルの国際秩序における掟と法—シナ海外交戦（2010 年～）—

あり、魚釣島等の無主の認定について、明治政府が当時少なくとも自信をもたず、そして認定はしなかった事実を裏付けた。

　最新の史料研究は、日本帝国海軍省製、外務省認定の地図を発掘した。それは明治期における最も権威的な地図であった[41]。1875 年の『清国沿海諸省図』は釣魚嶼、黄尾嶼、赤尾嶼を中国名で記入した。1892 年の新版『支那水路誌』にある「台湾島及台湾北東諸島」の表に「Hoa-pin-suisland（釣魚島）」、「Raleigh Rock（赤尾嶼）」を記入した。日本帝国外務省と海軍省は、釣魚島諸島を日清戦争まで一貫して清国台湾領と認定してきた。無主地とはしていなかった。

　中国の古文書証拠なら、その多さで右に出る国は存在しないであろう。ここで日本で注目されていない 2 点を挙げておく。1555 年明代嘉靖三十四年の『日本一鑑』は、訪日宣諭史鄭舜功（ていしゅんこう）が記した「報告書」という公文書があり、中の図集『滄海津鏡』は、日本で得た図集を参照して描いたものとし、その巻首図の右下から左へ「小東島（台湾）…釣魚嶼、黄麻嶼（黄尾嶼）、赤坎嶼（赤尾嶼）…」と釣魚島列島を記し、そしてその文集『萬里長歌』は「釣魚嶼、小東小嶼也（台湾の小島也）」と記してある[42]。『日本一鑑』は、明代にも日本で釣魚島が台湾の小島だと認識されていたことを示す史料である。

　中国第一歴史档案館所蔵乾隆帝「坤輿全図」（1756 年－1767 年製）とその木版及び銅版「乾隆内府輿図」[43] は、乾隆帝がフランス宣教師蔣友仁（Michael Benoist）に命じて、康熙帝皇輿全図を元に製図してもらった国家地図である。蔣友仁はこの図集をフランスでも出版し、後に英国にも伝わり、清国の版図は国際的にも承認された。この地図にある台湾、釣魚島等は、中国大陸と同じ黄色に染められている。前述の日本帝国海軍省と外務省の地図は、「乾隆内府輿図」を受け継いできた英国海軍地図を元に製図したものであり、日本帝国政府は、国際常識でも日本常識でも魚釣島等を清国領として認識していたのであろう。

(3) 閣議決定による日本の領土編入は有効に行われたのか

　日清戦争は 1894 年「年末には勝敗がほぼ決定していた。そのような情勢下…1885 年当時とは事情が異なるとして、『久場島及び魚釣島へ所轄標杭建設の

---

41) 劉江永、前掲書、図 4-38、4-39、4-40、4-41、4-48（原図はいずれも国会図書館蔵）。劉江永による論考は、222-224、301-310 頁。
42) 林田富、前掲書、116-119 頁。井上清、前掲書、148-149 頁。
43) 林田富、前掲書、147-148 頁。

件』…は、1895年1月14日の…閣議決定がなされた。」[44]

　前述は1つの事実を用いなかった。前記の魚釣島等の領有についての閣議決定は、閣議秘密決定としてなされたのである。無主先占は、一国の政府が万国に無主先占を公布し、他国から異議が出なかったことを国際法上の成立要件とする。なお、その閣議秘密決定文書は、そもそも「無主先占」を書いていなかった[45]。

　1895年1月の閣議秘密決定は、まず明治政府が少なくとも相変わらず魚釣島等の無主の認定について自信を持たないことを裏付けた。さらに決定的な失敗は、当該閣議秘密決定を今日に至って日本政府の外交行為として公布したことはなかった[46]。もちろん明治政府は国会への報告と領土編入の立法も行わなかった。明治政府の官僚たちは、当時閣議秘密決定の公表を忘れ、歳月が経つと秘密を知る人もいなくなったのであろう。なお、閣議秘密決定の題でもある「久場島及び魚釣島へ所轄標杭建設の件」は、全く執行されず、標杭建設がなされなかった。閣議秘密決定は、沖縄県庁にも通知されなかったと思われる[47]。

　それに、翌1886年の沖縄郡制についての天皇第13号勅令にも、魚釣島等が記されなかった[48]。天皇第13号勅令は、日清戦争の戦勝で琉球処分から琉球所有という完全達成までの最終措置であったが、官僚たちは魚釣島等の書き入れを忘れたのであろう。

　さらに日清戦争後の日本の地図を調べてみると、1895年新版「大日本管轄分地図・沖縄県内全図」と、1908年「台湾及琉球諸島地図」は、その沖縄県内全図と琉球諸島図のいずれにも魚釣島等の記入はなく[49]、しかし、魚釣島等の立地点が台湾図の海域に含まれていた。ちなみに、「尖閣」という名は1900年以降現われたのである。

　戦後、戦禍への反省のためでもあって、明治以来の外交公文書を秘密解除・編纂出版している中で、1950年と1952年に出版された『外交公文書』に、前

---

44) 国会図書館外交防衛課、同上。
45) 日本外務省編纂『日本外交文書第18巻』日本国際連合協会、1950年、573-576頁。同前『日本外交文書第23巻』同前、1952年、531-532頁。
46) 井上清、前掲書、124-127頁。
47) 松井芳郎、前掲書、102頁。
48) 井上清、前掲書、128-129頁。
49) 劉江永、前掲書、図4-67、4-76。

記の 1885 年と 1895 年の魚釣島等関係の外交公文書が、はじめて日本そして万国に公知されるようになった[50]。

中国政府は『釣魚島白書』において次のように叙述した。「日本の公文書は、日本が 1885 年に釣魚島への調査を開始し、1895 年に正式に窃取するまでの過程は、終始秘密裏に進められており、一度も公表されたことがないことをはっきりと示している。このことは、釣魚島の主権に対する日本の主張が国際法に定められた効力を持たないことをさらに証明している。」[51]

以上より、魚釣島等の領有について、日本政府の閣議決定による日本の領土編入は、有効に行われず、それに閣議秘密決定の執行も行われず、国際法上では無効であった。

(4)日本は尖閣諸島に対して継続的かつ平穏に主権を行使してきたのか

日本が尖閣諸島に対して継続的かつ平穏に主権を行使していないことは、いうまでもない。

第 1 に、前述通り、日本は敗戦によって 1945 年 8 月から琉球諸島等の主権を失った。日本は尖閣諸島を沖縄に含まれる島としているので、沖縄と一緒にその主権を失った。

第 2 に、1972 年から米国より沖縄の施政権は日本に返還されたが、主権は返還されず、とりわけ尖閣諸島の主権について日中による対話解決は言い渡された。日本は尖閣諸島の主権を有していないので、継続的かつ平穏な主権の行使がいえるものではない。

第 3 に、尖閣諸島の施政権の日本による継続的かつ平穏な行使も、国際法上成り立っていない。1952 年と 1953 年に、琉球米国民政府は『琉球政府章典』と「琉球列島地理界線」を発布して尖閣諸島を初めて施政範囲に含めた。ところが、国連の許認可なしで、かつ一地方政府による信託統治地の拡大は、違法行為であり、国際法上無効である。また、1969 年、沖縄返還がニクソン（Richard Milhous Nixon）大統領の当選で日米間の政治日程になってくると、琉球米国民政府石垣市政府は、5 月 5 日に尖閣諸島に施政の標識を立てた[52]。1895 年以来、

---

50) 日本外務省、前掲書。
51) 中華人民共和国国務院報道弁公室、前掲白書。http://www.scio.gov.cn/zfbps/ndhf/2012/Document/1225270/1225270.htm。
52) 井上清、前掲書、126-127 頁。

尖閣諸島に初めて標識が立ったのである。ただし、これらの施政行為は、地方政府かつ琉球米国民政府による行為であり、国際法上領有権においても施政権においてもその所有について法的効力はない。

　前記の行為について、中国政府は前記の『白書』において「指摘しなければならないのは、同講和条約で規定された米国が委任管理する南西諸島には、釣魚島は含まれていなかったことである。1952年2月29日、1953年12月25日、琉球列島米国民政府は、前後して第68号令（『琉球政府章典』）と第27号令（「琉球列島の地理的境界」に関する布告）を公布し、勝手に委任管理の範囲を拡大し、中国領の釣魚島をその管轄下に組み込んだ。これにはいかなる法律的な根拠もなく、中国はこの行為に断固反対するものである。」と表明している。

　第4に、沖縄返還後、同年に行われる日中国交正常化交渉の中で、日本側から尖閣諸島の領有権についての初めての日中対話がもたれ、係争の「棚上げ」という両国の了解がなされた。後の1975年から「棚上げ」の合意は存在しないこと、85年から領有権問題は存在しないことは、日本政府が唱え続けた[53]。ただし2014年、英国の外交公文書の機密解除によって、新しい資料が出た。それによると、1982年に鈴木善幸首相は首相官邸で訪日のサッチャー（Margaret Hilda Thatcher）首相に対して、鄧小平と日本の指導者は尖閣諸島について「棚上げ」に合意したと説明した。NHKがこの新資料を報道した同日に、外務省は、「鈴木首相の発言の有無は確認できない」と有無を言明しない回答を伝えた[54]。「紛争の存否に関する国際裁判所の判断に照らせば、上記のような日本の立場は、支持しがたいことが理解される。」[55]

　中国は日本の主張の変更に反論し続け、まさしく尖閣諸島の領有権と施政権は、話題になり続け、その係争も絶えることなく続いていった。そして2012年9月14日から、中国政府は公に布告した上、尖閣諸島の主権と施政権を行使することとして公船による尖閣諸島領海での恒常化の巡航を開始し、日本の単独実効支配から日中の同時実効支配へという実態の変更を作ろうとし、2019年現在に至っている。

---

53) 苫米地真理、前掲書、17頁。
54) NHK2014年12月31日14時29分報道「尖閣は現状維持で合意・機密解除の英記録」、http://www.3.nhk.or.jp/news/20141231/k10014374941001.html。
55) 松井芳郎、前掲書、8頁。

第8章 米中ソ・露トライアングルの国際秩序における掟と法—シナ海外交戦（2010年〜）—

1972年に尖閣諸島の領有について日本側から日中対話が持ち上げられた以上、日本による施政権は、国際法上暫定性を有するものとなる。そして1975年から日本側が係争の「棚上げ」の了解を否認した以上、係争は「棚卸し」にされて実態として進行し、時々激化し、2012年から日中の同時実効支配という実態の変更も、中国側より持ち込まれた。国際法上、尖閣の領有権と施政権は、係争が存在している。

III　領有権係争としての南シナ海問題と国際法

南シナ海問題に関わる既存の国際法規をリサーチしてみる。

1　清仏『続議界務専条』[56]

清仏両国は清仏戦争の終戦で、1886年の清国と仏領インドシナ間の陸上国境線を画定する『議界務専条』に続き、1887年6月26日に『続議界務専条』という中国と仏領インドシナ間の南シナ海国境協定を結んだ。「清と仏領インドシナは、清仏両国勘界大臣が引いた赤線（ほぼ東経108度線）をもって南方向へ垂直に書いていき、双方の海上国境線とする」。その赤線は仏領インドシナ（現ベトナム）の海岸から一定距離を保ちながら南方向へ延伸していき、後の「断続線」こと「11段線」と今日にいう「9段線」の起源であり[57]、南シナ海の島礁と海域をほとんど中国領に定めた最初の国際法規である。

当時、海上で国境線を書いてはいけないような国際法規はなく、列強は清仏協定と中国による南シナ海の全島礁と海域の領有に異議を唱えずに承認した。フランスは、海洋権益の意識が薄い大陸国として、それに当時「遊勇」と呼ばれる両広（広東省、広西省）の民間武装からの襲撃の阻止を清国に責任を負ってもらうために海上国境線の画定を求めたと思われる。

『続議界務専条』は、後1930年代に起こった南シナ海係争時に用いられ、そ

---

56) 王鉄崖編『中外旧約章彙編』第一冊、生活・読書・新知三聯書店、1957年、512頁。「中法（清国とフランス）続議界務専条」（Convention relative to the Delimitation of the Frontier between China and Tokin）1887年6月26日。http://www.weixinla.com/document/28725573.html を参照。浦野起央前掲書、192頁。趙宏偉監修「清仏両国勘界大臣が引いた赤線」中国研究所編『中国年鑑・2017年版』中国研究所、2018年、裏見返し頁。

57) 陳謙平「近代中国南海九段線的形成」南京大学、http://t.cn/Rtu35Ev、2016年7月15日、1頁。

の有効性が裏付けられた。フランス軍は 1933 年 4 月に南沙諸島主島の太平島を含む 9 つの島礁（「九小島事件」）を占領し、1938 年 7 月に西沙諸島を占領したが、中華民国政府は『続議界務専条』をもってフランス政府に対し抗議・交渉を繰り返した [58]。日本は中国への侵略を遂行しているところであったが、フランスの侵略行為に対して抗議を行った。1933 年に日本の中国駐在大使は、発言と文章の発表でフランスによる中国領南沙諸島の占領を批判し、「8 月 15 日に日本政府はフランス政府の先占は認めない方針を閣議で決定し、19 日にフランス政府に通告した [59]。38 年に日本外務省は、フランス大使を呼びつけてフランスによる中国領西沙諸島の占領に抗議した。上記の事件は『読売新聞』がいずれも第 1 紙面にトップニュースとして報道した [60]。

2　連合国軍命令

　1945 年 9 月 2 日の連合国軍総司令部（GHQ、マッカーサー（Douglas MacArthur）司令官）と連合国軍中国戦区総司令部兼中国軍総司令部（蔣介石司令官）の命令に従って、中国の領土とされる南シナ海諸島にいる日本軍は、中国海南島楡林港に集められて中国軍に降伏した。ちなみに南沙諸島の脇に位置する北緯 16 度以南の南ベトナムは、英軍が仏領植民地として受降・接収を担当した [61]。

　軍艦をもっていない中国軍は、1946 年に米軍より軍艦 4 隻を提供されてから、10 月に南シナ海諸島の接収を遂行した [62]。2015 年に王毅中国外相は、次のように振り返った。「中国と米国は当時同盟国であり、中国軍は米国の軍艦に乗って南沙諸島を接収したものであり、米国友人はこの点がはっきりわかっているはずである。」[63] 米軍は操縦し、中国軍は乗艦し、米中両国の軍隊は、連合国軍として、日本が 1939 年 3 月に南シナ海の全島礁を占領して台湾高雄市に編入したいわゆる「新南諸島」を正式に接収し、中国の国標を改めて打ち立てた。

---

58) 同上論文、3 頁。
59) 浦野起央、前掲書、89 頁。
60) 「仏国の占有島嶼　軍事上は無力　長岡大使から報告」夕刊、『讀賣新聞』1933 年 7 月 21 日。「仏の西沙島占有認めず　我方厳重なる覚書手交」朝刊、「我方仏国に抗議"西沙島は明かに支那領"」夕刊、『讀賣新聞』1938 年 7 月 8 日。
61) 石井米雄、桜井由躬雄編『東南アジア史Ⅰ　大陸部』山川出版社、1999 年、339 頁。
62) 呉士存前掲書、53 頁、93 頁。
63) 「王毅談南海」『中国新聞網』2015 年 6 月 27 日。

第 8 章　米中ソ・露トライアングルの国際秩序における掟と法―シナ海外交戦（2010 年〜）―

そして国土光復の記念として 4 隻の軍艦の中国語名は、南沙と西沙諸島の主島等 4 つの主な島の再命名に冠された。今日の南沙主島「太平島」の名は、接収艦隊の旗艦の名であった。中華民国は 1946 年の接収時より今日に至って太平島に軍民が住み、南沙諸島の領有と実効支配の証としてきた。

　ポツダム宣言、及びその執行としての GHQ と連合国軍中国戦区総司令部の命令は、最高位の国際法規である。GHQ の上位政策決定機構は、米ソ中英の代表団から構成される国連極東委員会である。戦勝国はポツダム宣言と国連の執行機関である連合国軍総司令部の命令といった最高位の国際法規に基づいて、日本軍の受降、領土の接収・返還の決定を行い、それは第二次世界大戦の結果、戦後国際秩序として国際法上も国際政治上も変更不可とされる。国際法上、ポツダム宣言と国連・連合国軍の決定は、絶対的なものであり、対日講和条約の上位にある最高位の国際法規である。いかなる国際司法も国際仲裁も、連合国軍総司令部命令を立案・裁判・仲裁することはできない。

　ちなみに、世には講和条約は日本が新南諸島、台湾を放棄するとしか規定しておらず、その帰属が記されていないということで、「地位未定論」類の主張もあるが、まず、対日講和条約は有志国によるものであるために有効性が限られており、未参加国からは承認しないと異議が唱えられている。それに、日本が放棄したと認めただけで、誰に引き渡すかを表明していないという言い方もみられるが、領土の領有、日本に残す領土を含めて、敗戦国は主張する権利をもたず、講和条約等での敗戦国側による意思表示の有無も、国際法上効力はない。

3　『中華民国行政区域図』[64]「南海諸島位置図」、「十一段線」

　1947 年に中華民国内政部は標記の公文書を公式に公布した。「十一段線」は、中国民国の行政区域線、即ち海上国境線として公布され、後に中華人民共和国は、それを「九段線」に改めて「断続線」と公式に称呼して継承してきた。「断続線」の国際法上の有効性は、次の 2 点から検証すべきである。

(1)「十一段線」こと「断続線」の制定は違法だったのか
　海上国境線としての南シナ海にある断続線は、「国際海洋法公約」が発効さ

64）中華民国内政部方域司（傅角今主編、王錫光他編絵）『中華民国行政区域図』商務印書館（中国）、1947 年 12 月。

れる 1994 年まで、そして中国が批准した 96 年、及び発効させた 2000 年まで、それを違法とする国際法規は存在しない。1994 年に発効された国際海洋法公約は、その発効以前の万国におけるさまざまな実態としての海洋権利を「歴史的権利」というコンセプトを用いて規定・承認している。1887 年の「清仏統議界専条」から百十数年の形成史が数えられる南シナ海の断続線は、当然中国の歴史的権利に属する。もちろん各国がもつ歴史的権利と国際海洋法公約の整合性は、改めて取り組まなければならない。そしてそれについての係争が生じた場合は、係争処理についての国際法規に従うことになる。

　南シナ海の断続線の形成史は、主に下記の通りである[65]。1887 年の清仏「続議界専条」から、1914 年の『中華民国地理新図』(上海亜東書館出版)、1927 年の『中華最新形勢図』、1930 年の『中華民国領域地図』(中華民国政府制作)、1933 年の『中国模範地図』、1934 年の『新制中国地図』、1935 年の『中国南海各島嶼図』(中華民国政府『水陸地図審査委員会刊』第 1 号)、1936 年の『中華建設新図』(中学校教科書)、最後に前記の 1947 年の『中華民国行政区域図』にある「南海諸島位置図」(中華民国政府内政部) が列挙される。上記の中、1935 年の中華民国政府制『中国南海各島嶼図』は、今日の「曾母暗沙」を囲む北緯 4 度を中国の最南端とする南シナ海領有図を完成した。そして、最後の 1947 年「南海諸島位置図」だけは断続線であったが、それ以前の海図は、すべて一本の連続線を引いた。1947 年の断続線は、中国と隣国の島礁の間の中間線に沿って「中華民国行政区域線」、即ち国境線として画した[66]。

(2) 万国は「断絶線」を認めたのか

　南シナ海の断続線は、その起源の 1887 年「清仏統議界専条」から、1970 年代初頭まで、1930 年代の日仏による侵略の時期を除いて、どの国も異議を唱えず、かつ自国の地図に断続線を載せ、その中にある南シナ海の全島礁と海域に対する中国の領有権を認めてきた。

　北ベトナム首相は、1958 年 9 月 4 日の中国政府声明「(12 海里の規定は) 西沙諸島・南沙諸島・その他の島嶼を含めた中華人民共和国のすべての領土に適用する」に対して「ベトナム民主共和国政府は、中華人民共和国政府の 1958

---

65)　呉士存、前掲書、57-61 頁。同上を参照。

66)　呉士存、前掲書、62-63 頁。同上を参照。

第 8 章　米中ソ・露トライアングルの国際秩序における掟と法―シナ海外交戦（2010 年～）―

年 9 月 4 日の領海決定に関する声明を承認する」、「ベトナム民主共和国政府は、この決定を尊重する」と親書で表明した。1975 年より前の北ベトナム政府が制作した地図、教科書等書籍は、すべて南沙諸島と西沙諸島を中国の領土と記した [67]。ベトナム政府は 1977 年 5 月 12 日に、南沙諸島と西沙諸島の領有請求をはじめて正式に声明したのである [68]。

フィリピンは 1968 年の共和国法第 5446 号の公布をもって 12 海里の領海範囲を陸地から、147 海里から 284 海里まで拡張し、初めて中国の断続線に食い込んだ [69]。そして、1971 年 7 月 11 日にマルコス（Ferdinand Edralin Marcos）大統領は、記者会見で領海外にある南沙諸島のいくつかの島を無主地として発見して占領したと発表し、領有権を初めて公式に表明した [70]。

マレーシア政府は 1979 年 12 月 21 日に「マレーシア大陸棚」という名の地図を発表する形で、南沙諸島の 12 の岩礁と環礁を書き入れて領有要求を初めて公式に打ち出し、1983 年から 1999 年まで 6 つの島礁を占領した [71]。

4　常設仲裁法廷（PCA. Permanent Court of Arbitration）『南シナ海仲裁書』

2012 年、アキノ三世（Benigno Simeon Cojuangco Aquino）フィリピン大統領は、米日のアジア太平洋リバランス戦略に乗って南沙諸島で実行支配を拡張しようとして中国に対抗し始めた。その黄岩島を支配する企みが中国に阻止されると、2013 年にフィリピンは、米日からの支持と協力をバックにオランダにある PCA に、中国との南シナ海係争の仲裁を申請した。中国政府は仲裁を拒否した。PCA はフィリピン片方の出廷でも強制仲裁を行い、2016 年 7 月 21 日に 500 頁ほどの『南シナ海仲裁書』を出した。

PCA はフィリピン政府に 3 千万米ドル（35 億円）の仲裁料を請求し、1 頁あたり 700 万円ほどの金額であった。フィリピン政府は米国が仲裁料を払うものだと主張したが、米国はフィリピンの要求を拒否して前者を激怒させた。後に米国はフィリピン国内の法体制の整備への支援として 3 千万米ドルを拠出する

---

67) 同上、102-105。新華社記者「西沙群島和南沙群島争端的由来」『人民日報』1979 年 5 月 15 日。
68) 浦野起央前掲書、293-294 頁。
69) 呉士存前掲書、191 頁。
70) 同上、203-207 頁。
71) 同上、237-243 頁。

と米大使より提案があったが、米の政権交代で反故にされた。

　米日は「『南シナ海仲裁書』は法的拘束力を有し、中国は従わなければならない」と、1年間ほど主張していたが、中国だけではなく、当のフィリピンも、それにベトナム、アセアン諸国も仲裁書の法的拘束力を認めようとしなかった。では、ここで『南シナ海仲裁書』の国際法上での是非を検証してみる。

(1) PCAの仲裁の法的拘束力

　法制度上の常識では、仲裁と裁判は異なる。裁判の場合は、被告は裁判を拒否できず、裁判所は是々非々を裁き、懲罰を判決して強制力をもって執行する。即ち裁判の判決は法的拘束力をもつ。対して仲裁の場合は、仲裁所は係争の双方ないし多方が仲裁手段による解決に同意した上、仲裁を行って是非の裁定を示し、同意と和解の受け入れを求める。仲裁は懲罰の判決ではないので、仲裁の裁定の受け入れも強制されず法的拘束力をもたない。仲裁の参加者は仲裁の裁定に不服する場合、次のステップとして裁判所に告訴して裁判を求める。

　PCA元所長小和田恆は、次のように説明した。「PCAの仲裁書は、国連傘下の国際司法裁判所（ICJ）での裁判による『判決』と異なり、『判断』のようなものであり、国際社会で政治的圧力になるものの、法的拘束力を有しない」[72]。

　PCAは国家・企業・私人間の係争における仲裁・調停を行う仲裁所であるが、常設といっても、事務局と無給の登録裁判官名簿、評議会員名簿があるのみであり、国連と無関係の民間機構である。日本外務省のホームページによれば、「日本はまた、PCAの最大の拠出国の1つでもある」[73]。小和田恆は雅子皇太子妃父、元外務省次官であり、前記の講演時、すでにPCA所長から国連機関である国際司法裁判所判事に移った。彼の後任で南シナ海仲裁を指揮したPCA所長柳井俊二は、日本の元駐米大使である。法律家ではない日本の退職外交官僚たちは、日本政府の寄付で「天下り」で出向するわけである。PCAは法廷というより政治・外交機関ではないかと信用性に疑問符が付けられる。日米は、南シナ海仲裁が始まってから、PCAの仲裁が法的拘束力をもつと主張し始めたが、

---

72) 小和田恆元常設仲裁所長・元国際司法裁判所判事「日本記者倶楽部での講演」2016年7月25日、https://www.youtube.com/watch?v=nRRLjUy7x6s（小和田氏の講演は日本記者クラブが文字化してホームページに発表することをしなかった。Youtube上の録画を見てチェックすることになる）。裁判所と異なる常設仲裁所の性格についてPCAの公式サイトを参照:https://pca-cpa.org/en/about/。

73) https://www.mofa.go.jp/mofaj/gaiko/shihai/index.html。

第8章　米中ソ・露トライアングルの国際秩序における掟と法―シナ海外交戦（2010年〜）―

根拠となる国際法規は存在しない。日米の「法的拘束力」の主張は、中国との南シナ海外交戦の一策略に過ぎない。

(2) 南シナ海仲裁の有効性

日米は南シナ海仲裁が始まってから、PCAが「強制管轄権」をもつとも主張し始めた。つまり、中国が仲裁を拒否してもフィリピン片方の申請と出廷だけでも、PCAは強制仲裁権をもつという。この強制管轄権の主張も、前記の法的拘束力主張と同様、中国との南シナ海外交戦における日米の一策略に過ぎない。

前記の日本外務省のホームページにある（日本は）「国際司法裁判所の「強制管轄権」を受諾した」という誇り高い表現からも分かるように、強制管轄権の有効性は、参加国が事前にそれを受諾することを必要条件としている。南シナ海仲裁は国際海洋法公約に基づくものである。中国は1996年に当該公約を批准したが、同298条第1項に記される「大陸または島の領土に対する主権、その他の権利に関する未解決の係争についての検討が必要となる係争については、当該調停に付さない」という選択的適用除外宣言を行った。したがってPCAは南シナ海仲裁において中国に対し管轄権を有さない。当該仲裁管轄権について、中国外交部は2014年12月7日に「ポジションペーパー」、15年10月30日に「声明」を発表して「無効であり、中国に拘束力を持たない」主張を表明した[74]。

ちなみに、米国が国際海洋法公約に参加もしていないから、当該公約もそれに基づく仲裁と裁判も米国に対して無効であり、拘束力をもたない。実は国連安保理常任理事国の露英仏も、国際海洋法公約第298条に基づいて拘束力ある執行の選択的適用除外を声明している。選択的適用除外は、むしろ国際社会のスタンダートであり、これこそ現実の国際法秩序である。

(3) 南シナ海仲裁書の諸裁定の是非

500頁に及ぶ仲裁書は、フィリピン側の仲裁申請の15項目をほぼすべて是と裁定し、中国の関係権利をすべて非とした。15項目の裁定は焦点が2つであり、中国の「九段線」（断続線）という歴史的権利はすべて消滅したこと、南

---

74) https://www.fmprc.gov.cn/mfa_chn/zyxw_602251/t1217144.shtml。
　　https://www.news.xinhuanet.com/politics/2015-10/30/c_1116991261.htm。

沙諸島は島がおらずすべては岩礁か低潮高地であるという2点である。では、逐一に検証してみる。

1) 九段線の歴史的権利についての裁定

①中国政府は「九段線は中国の歴史的権利だ」と主張したことはない。中国の政府公文書の用語は「南シナ海には中国の歴史的権利がある」[75]。仲裁後に、中国外交部が発表した「南シナ海における領土主権と海洋権益の声明」でも次のような文言であり、九段線や断続線といった言葉を一切使わなかった[76]。

「㈠中国は東沙群島、西沙群島、中沙群島、南沙群島を含む南海諸島に対して主権を有する。㈡中国の南海諸島は内水、領海、接続水域を有する。㈢中国の南海諸島は排他的経済水域と大陸棚を有する。㈣中国は南海において歴史的権利を有する。」

仲裁員たちは、フィリピンがいっている「九段線に関する中国の主張」をそのまま鵜呑みにして裁定し、存在しない事実を裁定したわけであるので、仲裁そのものは無効である。裁定は大変粗末なものであったといわざるを得ない。

②当該裁定は、九段線の歴史的権利が国際海洋法公約のEEZに関する規定と一致しないために消滅したとした。このロジックは国際海洋法公約をもって歴史的権利を否定したものであり、このロジックからすると世界の海洋におけるすべての歴史的権利を否定してしまうことになるが、国際海洋法公約は1994年発効以前に既存の万国のさまざまな海洋権益を「歴史的権利」というコンセプトを用いて規定して保護する国際法公約である。したがって当該裁定は国際海洋法公約に違反した裁定である。

九段線のような具体的な歴史的権利と国際海洋法公約との整合性は、ケースバイケースで解いていくしかない。例えば、領海としてきた歴史的権利は、12海里領海の国際海洋法公約の規定を超える場合も多々ある。中国の渤海の領海を12海里に限定すると、渤海のど真ん中に幾百海里の公海が広がるが、暗黙のうち、万国は渤海全体を中国の領海と認識し、自由航行に拘る米国でも軍艦を渤海に行かせていない。

世界の海洋に存在する各々の歴史的権利は、他国との係争が存在する場合、

---

75) 中華人民共和国駐日本大使館HP、http://www.china-embassy.or.jp/jpn/zt/NKMD/t1380625.htm。
76) 同上。

第 8 章　米中ソ・露トライアングルの国際秩序における掟と法—シナ海外交戦（2010 年～）—

当事国の交渉に委ねるか、仲裁や裁判が必要なとき、権利のシェアリングの裁定があってもその歴史的権利そのものをなしとすることはできない。それは国際海洋法公約に違反することになる。

③当該裁定は、九段線という歴史的権利の法的証拠と排他的支配力をもった歴史的証拠はないとした。では、前述した 1887 年 6 月 26 日の清仏「続議界務専条」、1947 年の中華民国「南海行政域図」と 1970 年代までそれに対してのフィリピンとベトナム政府を含む万国からの承認及び政府刊行地図等は、確固たる法的証拠をなしている。

そして、1885 年の清仏戦争、1933 年と 1938 年のフランスによる初めての外国からの南シナ海侵入に対する抗争、及び当時の日本政府による中国主権への支持とフランスへの抗議行動、後の日本による侵略に対する中国と連合国の抗戦、1945 年と 1946 年の連合国軍総司令部・連合国軍中国戦区総司令部・中華民国政府主席命令に基づく米中軍隊による南シナ海全島礁の接収と中国への返還、それに戦後から中華民国による南沙諸島主島太平島の堅守、中国側の遂行した 1974 年と 88 年の島嶼奪還の海戦等は、確固たる排他的支配力をもった 130 年間余りの持続的な歴史的な証拠をなしている。

戦争の勝敗や平和の堅持等によって、時々に所々で法的証拠と排他的支配力を持った歴史的状態が中断したりする場合は、国際地域のどこでも多々ある現象であるが、それは証拠力の皆無にはならないである。仲裁書のロジックは、領有権の証拠として恒常の占領による排他的支配しか認めないようなものであり、戦前欧州の戦争と排他的支配力を正当化する帝国主義的論理のままの法理である。

仲裁書は、清仏戦争時からの数々の法的証拠と排他的支配力を持った歴史的証拠を全く検証せずに、証拠はないと武断的に裁定したわけであり、杜撰かつ違法な裁定である。

2）南沙諸島が島か岩礁か低潮高地かの裁定

①仲裁書は、前述の中国が主張していない九段線を中国の主張として仲裁しただけではなく、フィリピンが申し立てていない事案までも仲裁した。フィリピンは中国が実効支配している 7 島礁及び台湾が占有する南沙諸島主島の太平島を仲裁に申し立てたが、仲裁法廷は南シナ海全島礁、さらに日本の沖ノ鳥島

まで裁定した。それらすべては島ではなく岩礁か低潮高地だと裁定し、それで前者はEEZをもたず、後者は領海をもたないとされた。仲裁は、本来求められる事案に限っての仲裁や調停を行うものであり、これほどのやり放題で当事者を無視した職権濫用だと、無効になることはいうまでもない。

②この裁定は、南シナ海係争国全員、中国、フィリピン、ベトナム、マレーシアの歴史的権利と現在の実効支配の権益をすべて否定し、進んでこの裁定を正当化するために既存の「判例」として日本の沖ノ鳥島を5回も取り上げて島ではなく「Rock（岩）」だと書き記した[77]。フィリピンとベトナムは、時には仲裁書を中国牽制に利用したりするが、それらの裁定の法的拘束力や自ら執行すること等は、口にしない。裁定に従うと、みな島か礁か領海かEEZかを失ってしまうからである。まさに仲裁書が出たことを境に、南シナ海係争国の紛争が下火になっていき、日米が南シナ海係争を利用して結ぼうとしたアセアンとの対中リバランス連帯も、アセアン全体の消極化によって不発に終わった。フィリピン外相も、仲裁裁定について「アセアンには何の関係もない」との態度を表明していた[78]。

③仲裁書は、島の判定基準を「人間が居住して安定的な地域社会を形成すること」とした。これでは、世界海洋にあるすべての無人島、尖閣諸島も勿論、島ではなくEEZをもたない「岩礁」と判定される。その定義の中の「安定的な地域社会の形成」という条件に従うと、日本中の過疎化している島々も、島と判定されなくなる。オバマ政権1期目のアジア上級部長であるジェフリー・ベーダー（Jeffrey A. Bader）は、検証論文で次の分析を示した。

「PCAは、南シナ海に『島』と認められる自然構造物は、1つもないとの裁定を出したが、この基準に従えば、太平洋地域にある米国の多くの『島』は『岩』となり、EEZが持てなくなる。米国自身がこれらの『島』を再定義しない限り、南シナ海の国に道徳的な模範を示せない。なお、国際海洋法公約に米国は早く批准し加盟すべきである。でなければ、中国や他の国が国際海洋法公約を守れ、

---

77) 矢吹晋「岸田外相の無知（無恥）を暴露した記者会見あとさき」に記された資料を参照：『仲裁書』英文版419、439、451、452、457頁の5枚の地図及びその説明文を参照、452と457頁の図の中の説明用語は「therockofOki-no-Tori」http://www.21ccs.jp/china_watching/DirectorsWatching_YABUKI/Directors_watching_90.html。
78)『日本経済新聞』2016年7月27日、時事通信社7月26日。

と求めるのは、ダブルスタンダードと言われても仕方はない。」[79]

では、誰のためになる仲裁だったであろうか。前述の仲裁書のポイントをみると、海における歴史的権利、島礁の領海とEEZをできるだけ否定し、狭めて公海を広めていくという裁定の性格は、国際海洋法公約を一向認めようとしない米国のポリシーである。世界海洋の制海権を制している米国海軍は、自由航行を制限してくる各国のさまざまな権利を嫌う。仲裁書は確かに米国がもつ島の権利にとってもマイナスになるが、米国はまた米国例外論を信奉し、規制が他国のみを仕付けるものだと思っている。

なお、裁定をできるだけ厳しくすることは、仲裁員たちのエコによるところもあったろう。国際海洋法の新しい案例、新しい基準を打ち立て、歴史を作るという法律家としての意気込みもあったかと思われる。ところが、南シナ海仲裁は、法理の論述そのものが粗末かつ違法であり、東アジアにおける歴史・文化・社会科学の素養も乏しい他国際地域の法律人ばかりであって、杜撰すぎる裁定を出してしまった。結局、沖ノ鳥島までもかってに定義された日本を含めてどの国も、この裁定に従うことはしなかった。仲裁書は中国による反対というよりも、厳しさを追求するあまり、違法まで度を行き過ぎた裁定を出したために、引用される案例にはならずに一過性ものになってしまった。

IV 中国外交における大国の掟と国際法規・シナ海問題のケース

本章のⅡとⅢは、シナ海の領土と海域の領有権に関わる国際法規を逐一に分析し、歴史大国かつ戦勝大国であるだけにその優位性を占めているため、関係法規のすべてにおいて、中国側が法の正義を占めていることを明らかにした。ところが、中国外交の政策決定と執行を観察すると、法、とりわけ国際法はその一次的ではなく、二次的要素になっていることが見取れる。やはり本章Ⅰで検証した「大国の掟」は、一次的要素として一次的な役割を働いている。

1 中国外交の二次的要素としての国際法規

中国外交は、中国にとって有利になる国際法規を利用するとは限らず、むし

---
[79] 呉士存、前掲書、324-325頁。

ろ本章で逐一に分析した法規も知らないこと、理解できないこと、さらにあえて無視することで、法的根拠として利用していないケースが多々ある。

まず、中国外交は領土と海域において、伝統的に歴史領土論、固有領土論を中心に領有権の正当性を論じ、「古来幾千年」の古文献を愛用するが、国際法規の法理的由来である戦勝領土論、戦後国際秩序領土論を副次的に用いる。尖閣諸島問題の場合は、2012 年 9 月の『釣魚島白書』[80]の公布をもってはじめて歴史領土論、固有領土論から戦勝領土論、戦後国際秩序領土論へ論理の重心が移ったが、南シナ海島礁と海域の場合は、国際法規を中心に包括的に論じる「白書」をまだ出していない。中国自身も国際社会も、南シナ海問題における中国の法的権利とその法理を断片的にしか把握・利用していないといっても過言ではない。

次に、中国外交がまだ利用していない法的根拠を具体的にみてみよう。

尖閣諸島問題の場合は、第 1 に、戦後処理の時に、敗戦国に固有領土がもてないこと、琉球諸島等の主権が日本から剝奪されて国連預かりになっていること、そこで米国による琉球諸島等の信託統治が国連憲章に違法をしたこと、

第 2 に、沖縄返還時に、国連による許認可なしでの返還が国連憲章に違法をしたこと、それがゆえに主権の返還になっておらず施政権しか返還されていないこと、

第 3 に日本が敗戦国として 1972 年の沖縄返還と戦勝国中国との共同声明の前に、琉球諸島等の領有権を請求する資格がもてないこと、対照的に中国が遅く 1971 年 12 月 30 日に初めて尖閣諸島の領有権を主張したからといっても、時効の中であって権利を有すること等、これら数々の国際法上の根拠は、中国外交が認識もできずに利用もしなかった。

南シナ海問題の場合は、第 1 に 1886 年と 1887 年の清仏「議界務専条」と「続議界務専条」が中越の陸上と海上国境線を画定したこと、

第 2 に 1933 年と 38 年に前記の「続議界務専条」がフランスによる南沙・西沙諸島の侵略の阻止に使われ、かつ日本が中国の領有権を支持したこと、即ち当該国境協定の有効性といわゆる「排他的支配力」が実践上でも示されたこと、

第 3 に戦後処理時に、中国軍による南シナ海諸島にある日本軍の受降と全島

---

[80] 前掲注 20。

第8章　米中ソ・露トライアングルの国際秩序における掟と法―シナ海外交戦（2010年～）―

礁の中国への返還に関わる国際法規の執行が、中国軍としてだけではなく、連合国軍（国連軍）としてGHQと連合国軍中国戦区司令部の命令という最高位の国際法規の下で、米中両軍の共同作戦で遂行されたこと、

第4に「断続線」が清と中華民国から継承された海上国境線としての歴史的権利であること、なお、忘却と改竄というより「断続線」を明言して完全継承をしてはじめてもてる歴史的権利の正当性という法理等、これら数々の国際法上の根拠は、中国外交が認識せず利用もしなかった。

では、中国外交はなぜ数々の国際法上の根拠を認識もせず利用もしなかったのか。

2　中国外交の一次的要素としての大国の掟

前述のように、中国外交は国際法規よりも「大国の掟」を政策過程における一次的要素とする。そこで中国外交は、以下の特色ある問題点が伴うものになる。

(1)法規より政策・権力の自由度、法秩序より「礼制（礼秩序）」

前述通り、中国にとっての大国の掟は、まず、法規よりも周辺権益の確保を目指して大国間でパワー・シェアリングの政策を繰り広げることである。次に、周辺の大中小の国々と周辺権益の調整をはかり、法制度よりも礼制こと礼秩序をもって周辺関係の安定を形作ることである。ここでいう「礼秩序」が中国文明史における「礼制」に起源していることはいうまでもない。本章は主にシナ海における中国と周辺諸国との関係を検証しているが、中国外交は、とりわけ領土と海域における権益の問題において、政策主導による権益の調整を当然視し、既存の法規を政策の自由度、国家権力の自由度の妨げとして棚上げする。もとより、国内問題の場合は、中国の政治権力が法を超越していることはいうまでもない。

「棚上げ」は、日本が1972年に中国側に尖閣諸島問題を初めて提起した時、中国指導者がすぐにも口にした言葉であり、40年後（2012年）の「釣魚島問題白書」は、中国側がようやく法的論述を行ったのである。それも「日本の『礼』不尽」に怒りを爆発させたためであった。

南シナ海問題に関わる1887年の清仏「続議界専条」は、筆者が中国の大臣クラスの人を含む複数の外交官に問題提起をする機会があった。「今、中国は

275

九段線という言葉を言わない。今でもそれを言い張ったら、周辺には大ショックを与えてしまうよ」、「中仏協定（清仏「続議界専条」）のことは知らなかったが、聞いたら、外交部はもうその古い協定を使わない」といった回答があった。

筆者の言い返しは下記であった。「魯迅曰く：『友邦驚愕論』だね。しかし周辺国は誰でも驚かないよ。2016年の仲裁書はすでに『中国が言っている九段線だ』と決め付けて裁定したのではないか。」「九段線の無効化や清仏協定の不使用は、外交部ではなく全人代（中国の「国会」）が決めるものだ。それに中仏協定は歴史的権利としてどの国も反対できない最強の法的根拠だよ。それを早い時期に主張しておけば、南シナ海仲裁も進まなくなったはずだ。」

後に他の中国外交官から次の旨の話を聞いた。中越トンキン湾海上境界線（2000年12月に締結）の交渉時、ベトナムは1887年の清仏協定を持ち出してより広い海域の権利を主張した。中国外交部は清仏協定が古いとしてその適用を拒否した。それ以来、清仏協定を用いないことにした。なお、「九段線」、「断続線」といった言葉も使わないのは、曖昧政策を取っているためである。

国際社会では、外交は通常、まず自国に有利になる法的根拠を総動員して権益を十二分に主張しておき、次に相手国とすり合わせて譲り合うものであるが、中国外交は、初めからも法的根拠の論述をせずに「友邦驚愕論」や「法規無効論」などの恣意な思い付きでそのときの恣意な都合で、棚上げや権益の調整へ進めていく。断続線の場合は、その歴史上の海上国境線であり、現在の歴史的権利であるという法的地位を否定する国際法規は存在しない。中国側は自ら曖昧政策をとり、あたかも断続線を悪いものにしてその正当性を自ら棄損した。そこで、また断続線の内側の島礁と海域についての権利の正当性の法的根拠をも自ら棄損した。

中国外交は法的意識が極めて低いといわざるを得ない。大国の掟は国際秩序においては一次的な要素であるが、国際法は外交戦及びその成果の制度化における手段としては、一次的な要素である。

中国外交は法秩序よりも礼秩序をもって周辺関係の安定を形作る。周辺外交について、習近平は「義利観」というテーゼを唱えたが、「義」は義理、「利」は利益、大兄大国として周辺諸国に利益をもたらす代りに、兄弟間の義理秩序を約束し合うという捉えである。この義利観は、確かに古代中華圏の華夷秩序

第8章　米中ソ・露トライアングルの国際秩序における掟と法―シナ海外交戦（2010年～）―

や朝貢制といった「礼秩序」が想起させられる。中華皇帝は礼を尽くしに来た朝貢者に対し、金銭から領土まで賜物をするという礼秩序の行動パターンを繰り返した。

　沈志華の『最後の天朝』は、毛沢東が忠誠を誓ってくれた金日成に、1964年に長白山（北朝鮮と韓国で「白頭山」）頂上の天池の6割を鶴の一声で譲ったという天朝意識の持ち主としての行動パターンを析出した。中朝国境だけではなく、中国・ビルマ国境、及び前述の1886年と87年の清仏陸上「議界専条」と海上「続議界務専条」をもつ中越国境は、その植民期の国境協定は毛沢東時代から、逐次に再交渉され、どれも友好の約束と代わりの中国側からの領土譲歩で再画定された。まさしく礼秩序の行動パターンであった。

　中国はこの片思いの礼秩序で南西アジアのネパール、パキスタン、アフガニスタンとも国境協定を結んだが、インドだけとの意思疎通ができず、1962年にインド軍が一方的に越境してきたことに怒って、「中印国境自衛反撃戦」を発動してインド軍を撃破した。だが、勝利した後に「正義の中国」を示そうとして、直ちに元の実効支配線からさらに20キロメートル後方へ撤退したことで、かえって直径20キロメートルの国土を失った。1979年の中越国境戦争の場合も、中国は事前に1カ月ほど国境から50キロメートルまで攻略して撤退することを宣言した上、戦争を開始して計画通りに撤退・終結をして「正義」を示そうとした[81]。

　まさに、中国外交のこのような法秩序より礼秩序、それにそのための曖昧政策が故に、政策の透明度が欠け、相手国は中国の曖昧政策のデッドラインを探って前進してみる選択を取ることも生じてくる。中印国境戦争、南シナ海係争の激化は、その失敗例であろう。

(2)**外交機構の文化としての「大局観」とそれに対照する「対局観」**

　組織には組織の文化が形成され、中国の外交機構も、長年の中に自身の文化を形成している。「大局観」は中国の外交機構、さらに首脳層がよく口にする言葉であり、何事でも大局を重んじながら取り組むものだという言い伝えである。それに対照する言葉は「搏弈（対局）」であり、格闘ゲーム、張り合って戦って勝つという意味合いの言葉である。この「対局観」は、習近平が2013年に

81）前掲『鄧小平年譜』926頁。

外交機構に求めはじめたものである。本書で分析したように、習外交は積極外交、攻めの外交、超大国外交であり、これまでの中国外交ではなく、まだ中国の外交文化になっていないといえよう。

中国外交部をはじめとする各外交機構は、各国との関係の改善や友好関係の発展等を是とし、米国のように世界覇権や普遍的価値観の普及等を是としてこなかったために、大局といえば友好関係のプラスの進展が大局になる。友好の大局の維持、そのためのトラブル防止等は、中国外交機構の仕事文化のようなものとなっている。例えば、原則を強調しておくが、深入りの追究をせずに、相手を追い詰めない。しかし、外交官たちはそのような大局観に染められていく中、国際法規や歴史経緯等を細部まで学習・検証して外交戦に備えるような必要性を感じなくなり、そこで思考停止していくことになる。

1972年から40年間も経って中国が日本に怒ったあまりにようやく「釣魚島問題白書」を出したことを前述したが、対照的に南シナ海問題を法的に論述する白書は、今日に至っても出されていない。それは、南シナ海問題を法的に論破してしまったら、「大局観」からみると対関係国外交の政策の自由度が拘束されかねないというロジックからの発想である。中国政府は本章のように国際法をもって双方ないし全関係者の主張を検証すること、本章が列挙した国際法の根拠をもって「南シナ海仲裁書」を論破することはせず、その検証の結果を外交政策とすることもしない。中国外交は対局よりも大局を重んじ、友好外交という大局を重んじ、相手をむやみに論破して勝負を決するのではなく、原則の強調にとどめておき、今後の妥協に余地を残す「曖昧政策」を取るといった慣行がある。要はやりすぎはせず、「中庸」という儒の道である。

(3)外交官のプロフェッショナル化における制度的欠陥

中国の外交官は、プロとしての人材育成、知識と業務の伝承において問題点がみられる。

本章の分析の中で、中国外交当局は関係国際法規を知らなかった、意識しなかった、理解しなかったことも多々あった。本書第5章で取り上げた1997年の「日中漁業協定」も、中国外交当局は外交戦の中で全く知らなかった。それに日本の民主党政権もそれを知らなかった。両国政府とも「日中漁業協定」を知らなかったことは、2010年9月に偶然に発生した「漁船接触事件」を両国

第8章　米中ソ・露トライアングルの国際秩序における掟と法―シナ海外交戦（2010年～）―

関係を危機へエスカレートさせていった。

　尖閣諸島問題について、中国が公開した1950年代の外交公文書によると、一人の中国外交官は、1951年のサンフランシスコ講和条約の前に、検討事項として尖閣諸島の台湾編入を提案した。中国が講和会議に参加する場合、どういう立場をとるかについて検討に要する事項を並べた草案であったが、中国が講和会議に参加できなかったために、尖閣諸島問題の検討も取り上げられなかった。ところが、その後に中国外交部は、尖閣諸島の事案を忘れてしまい、1971年12月30日に初めて尖閣諸島の所有権を主張したわけである。また、当該「草案」の存在が、日本のメディアによって報道されると、中国外交部は、日本メディアの批判報道を鵜呑みにして、この「草案」が有利の資料だと読めずに、この「マイナス資料」を隠すかの如く、全外交公文書の開示を数年間止めていた。

　まず、中国外交官の人材育成制度の改善と高度化が必要であろう。筆者は筑波大学大学院国際地域研究科の集中講義を長年担当してきたが、中国の若手外交官の履修者も複数いた。彼らの知識の断片化、ステレオタイプ化、理解力の不足は事実であった。

　次に、知識と業務の伝承制度の整備と高度化が課題であろう。中国外交官は釣魚島のことを忘れた、南シナ海の清仏協定を知らなかった。外交官は職員化、サラリーマン化の逆方向へ専門家化、プロフェッショナル化し、そして情報のプロ、国際交際のプロを目指していくプロ意識を有すべきであろう。

おわりに

　国際秩序は国際掟と国際法から構成されるが、とりわけ国際掟における大国の掟は、戦後国際秩序の形成・調整・維持に主な役割を果たしてきた。それは基本的に戦後以来の米中ソ・露トライアングル関係によって左右されてきた。このようなリアリズムの論理から中国外交を検証すると、意識ないし無意識の中に大国の掟の実現と権益の保障という「正義」に中国外交は立ち、大国の掟が主導する国際法の正義に中国は立っている。

　米日は中国に対してルールに従え、国際法を守れと声高く攻めるが、それ

は中国側のセリフのはずであろう。米国は1950年に約束したアチソン・ライン、1972年に約束した反中同盟を組まないことを守れ、中国の周辺問題に関する既存の国際法規に従いなさいと、それらは東アジア地域における大国の掟のデッドラインであり、犯すと地域ないし世界の安定も損なわれる。大国の掟で動く外交行動パターン、とりわけ大国の掟のデッドラインを絶対視する行動パターンは、中国外交が貫いてきた。

　シナ海における島礁と海域に関わる国際法規を逐一に検証した結果、歴史大国と戦勝国としての優位性を占めている中国は、その権利が否定されるどころか、既存のすべての法的根拠は、中国の権利を肯定している。ただし、領土と海域の係争については、中国外交の行動パターンは、係争の存在を認めながら交渉するものであるが、対照的に日本は、実効支配中の尖閣諸島の場合は1985年から係争の存在そのものを否認して交渉を拒否する行動パターンをとり、実効支配していない場合は、例えば北方四島と竹島については、係争を認めて交渉を求める行動パターンを示している。日本は領土についての自らの実効支配の有無により、異なるロジックを選択して異なる外交行動パターンを示す。

　中国外交は上記のほかに、法規より政策・権力の自由度を好む行動パターン、法秩序より礼秩序を重んじる行動パターン、「天朝」の「義利観」の行動パターン、対局より大局を重んじる行動パターン、友好外交という大局を重んじる行動パターン、勝負よりも中庸の道の行動パターン等、古代の中華文明観に起源が遡られるような外交行動パターンが示されている。

第9章

ドキュメント・習近平外交年次概観

　筆者は長年、『中国年鑑』(一般社団法人中国研究所編集・出版)の「動向・対外関係」の編集を担当し、その第1章となる「概観」を執筆してきた。ここで習近平が先代の胡錦濤から中共総書記を受け継いだ2012年から2017年までの筆者による年度毎の中国の対外関係の「概観」をそのまま転載する。そのままの転用は、リアルな記録になり、一種のドキュメントとして読者にとって、中国の対外関係の流れ、外交政策の変化を認識することにおいて幾分役に立つであろう。

　年度毎の「概観」は、紙幅の制限もあっておよそ「中国の国際認識と自己認識」、「世論調査からみる相互イメージ」、「中国の外交政策」を簡潔に叙述してきた。各年度を繋いで読めば、中国外交の軌跡が幾分掴めるのであろう。そして本書の中国外交論に対する読解ないし批評にも幾分役に立つであろう。

　ただし、そのままの転載のため、当時の筆者による概観は今日に読むと、情報及び筆者の認識等の不足や錯誤や変化等が多々あるが、そのあたりは読者の判断に期待する次第である。

I　2012年　中国の対外関係・概観

1　中国の国際認識と自己認識

　新華社新聞週刊『瞭望』(2012年第49期)に、恒例の中国を代表する国際問題研究者60人選出「2012年世界10大ニュース」とそのうち10人の論評が発表され、彼らのみる国際社会の全体像が示されている。時系列では、①米軍事戦略の重心がアジア太平洋へ移動、②ムスリム同胞団のエジプト大統領選勝利、③イスラム教を侮辱したとして20数カ国で反米デモ、リビアで米大使の殺害、④米探測器の火星上陸成功、⑤ロシアのWTO加盟、⑥日本の島(尖閣諸島)国有化による戦後国際秩序への挑戦、⑦シリアでの内戦激化、⑧中国共産党第

18回大会に世界からの高い関心、⑨ドーハで「気候変動枠組条約第18回締約国会議」が「京都議定書」第2期を採択、⑩欧州債務危機による世界経済への悪影響、である。

　11月の第18回党大会は胡錦濤政権10年間の外交について「新たな功績があった」と簡単に総括するのみ、党大会の前から繰り広げられた体制内知識人たちによる胡錦濤評価は、外交については受動的、消火式で、広い視野と大戦略は欠乏し、チャンスを生かせず、主導権は有していないと一様に酷評だった。そのためか、年末恒例の外交部長総括は低姿勢が目立ち、中国メディアでも話題にされなかった。楊潔篪外交部長の発言の要旨は下記の通りである。

　まず、2012年の世界は、①世界的経済危機の中で多くの国が内向き傾向や保護主義傾向を強め、国際ガヴァナンスの改革は勢いが低下、②諸大国は総合国力と国際関係の主導権を競い合い、米国は再工業化戦略とリバランス戦略を企み、ロシアはユーラシア連盟の構築を推進、EUは欧州統合の前進を目指している、③西アジアと北アフリカ地域は情勢不安、④アジア太平洋地域の国際地位がさらに上昇、経済総量は世界の57％、世界経済への貢献度は60％を超え、諸大国が参入を強めたため地域情勢が複雑化、特に領土主権と海洋権益の争議がヒートアップ、⑤中国にとってはリスクとチャンスが併存し有利な立場にある、とした。

　次に、2012年の中国外交については、全体的には、穏健の中で進取を追求し、核心的利益である主権、安全、発展上の権益を堅実に守り、良好な外部環境を築いたとした。具体的には、①首脳はBRICS、上海協力機構等のサミット会議外交で成果をあげ、②核心的利益の堅守において日本政府と一歩も譲らずに闘争、黄岩島（スカボロー礁）事件を善処しながらASEANとの対話と協力を推進、③米・ロ・EUと全体的に安定、均衡、ウィンウィン協力という大国関係の枠組みの構築を推進、④周辺国との善隣友好を大いに強化、例えばタイ、アフガニスタン、ウズベキスタンと戦略的パートナー関係を宣言、韓国やインド等大多数の周辺国と最大の貿易パートナーになり、ASEAN日中韓等16カ国による包括的経済連携協定（RCEP）と中韓および日中韓の自由貿易協定（FTA）の交渉入りを宣言、「上海協力機構和諧地域宣言」を発表、⑤途上国との連帯と協力を強化、例えば中国・アフリカ協力フォーラムと中国・アラブ協力フォーラム

第5回閣僚会議をそれぞれ開催、中国・ラテンアメリカ協力フォーラムと外相対話メカニズムおよび協力ファンドを創設、BRICS等新興国との協力関係を前進させ、⑥国連外交と国際問題の取組みを建設的に推進した(『求是』2013年第1期)。

上記の外交部長総括から、外交当局はおよそ首脳外交、核心的利益外交、大国間外交、周辺外交、途上国・新興国外交、国連外交といったカテゴリーから構成された枠組みで国際社会と自国外交を認識していることがうかがえる。

2 世論調査からみる相互イメージ

恒例の日本の言論NPOと中国日報社による共同世論調査は、日本政府の尖閣国有化方針が公表される前に行われた(4月26日、5月14日)が、日本人の「中国イメージ」は前年より悪くなり、「良くない」との考えが、2011年の78.3%から84.3%へと増加した。この数値は、過去8回の調査のなかでも最悪になっている。中国人の日本に対する印象は2011年と比べやや改善したが、「よくない印象」は64.5%と高い水準である。また、日本世論の53.7%、中国世論の41.0%が現状の日中関係を「悪い」とみている。

2012年の調査では、初めて「日中間に領土問題は存在しているか」という設問があった。日本世論の62.7%、中国世論も59.3%が「領土問題が存在している」と回答し、双方の国民の約6割が領土問題の存在を感じている。また、日本世論の40.7%、中国世論の52.7%が「両国間ですみやかに交渉し解決すべき」と回答している。

今回は「東アジアの海洋で日本と中国などの間に軍事紛争は起こるか」という質問も加わり、日本世論の27.2%、中国世論の50.2%が東アジアの海洋で軍事紛争が起こると考えている。日中両国民ともに軍事紛争の懸念を抱き始めていることは、相互イメージのさらなる悪化に拍車をかけたと思われる。両国の相互イメージの悪化は、すでに固定観念化となるほど深刻化したとみることができる。

米中間の相互イメージについては、米ピュー・リサーチ・センターが発表した2012年度の調査によると、「中国は信頼できる国」とみる米国民は26%、対して日本に関しては62%であった。「危険な国」としては、26%が中国を挙げ、16%のイラン、13%の北朝鮮を抑えてトップであった。ちなみに「世界一の経

済大国」については、47％が中国、31％が自国を挙げ、2009年の調査以来イメージは変わらなかった。米国人の多くはすでに中国を超大国、米の最大のライバルとみなしているのであろう。

一方、米国に対して中国人が抱くイメージも悪化した。両国関係が「協力的」だと答えた中国人は、前回の68％から39％に急落、「敵対的」だと答えた人は、8％から26％に急上昇した。米国に好意を抱く中国人は、前回の58％から43％に減少、敵意を持つ人は37％から48％に増加した。オバマ（Barack Obama）米大統領を「信頼する」人は、52％から38％に減少、「信頼していない」人は、30％から41％に増加した。

3　対日外交

2012の外交部長総括が例年の総括と比べて目立って異なる点は、日本についてである。日本は「核心的利益外交」のカテゴリーの中で、唯一名指しで「闘争」の敵方とされ、初めて「大国間外交」から除外され、「周辺外交」のカテゴリーに位置付けられた。2012年の日中関係は動向・対外関係「日本」で詳述されているので、ここでは尖閣諸島の「闘争」について中国の資料を1つ記述しておく。

日本による尖閣諸島国有化は、9月11日のことであったが、その晩、中国中央テレビの特別番組に曲星中国外交部国際問題研究所長（フランス公使、外交学院副院長を歴任）が出演した。彼の発言は翌日に「人民網」日本語版に「日中関係は短期的に動揺」という題で発信された。曲星は外交部の代わりに専門家という立場で中国人と日本人に対日政策を説明したものと推測される。以下は彼の発言からの引用である。

「日本政府が釣魚島をコントロールすることは、石原（慎太郎）などの過激派の挑発の余地が狭められ、排除されることを意味する。釣魚島のいわゆる『国有化』によって、日本は法律レベルで一歩踏み出した。中国側も法律レベルで相応の対応を行った。もし日本側がここで踏みとどまり、報道されたように『いかなる人物の上陸も許可せず、いかなる建築物の建設も許可せず、現状を維持する』ならば、国交回復当時に双方の約束した共に棚上げするという状況に戻ったにほぼ等しい」（「人民網日本語版」http://j.people.com.cn/94474/7946229.html）。

ところが、日中関係の推移は曲星が論評したような「短期的に動揺」に止まらず、長期化する敵対関係にエスカレートしていった。9月14日午前、国際問題研究所の主催で、北京釣魚台国賓館で「団結奮闘・主権防衛」をテーマとする「釣魚島問題座談会」が開催され、楽玉成外交部長助理は、基調発言で外交部として初めて「戦後国際秩序への挑戦」という視点を用いて日本を非難した。午後には中国の海監船は初めて尖閣諸島の領海に入り、中国海洋局は今後尖閣諸島海域での巡航を常態化すると宣言した。9月25日に中国政府は『釣魚島白書』を公布した。

以上の経緯から、9月12、13日頃に中国側が「短期的に動揺」を修復することから長期化する「団結奮闘・主権防衛」へと対日政策を変更したと推測される。なお、中国当局の領有権主張の論理も古文書を用いた歴史領土論から、戦後国際法や国際秩序を用いる戦勝領土論へと重心が移動した。

同じ時期に、島嶼を含む海洋権益を扱う指導機関として、党中央に「海洋権益工作指導小組」が新設された。2カ月後に党総書記への選任が予定されていた習近平は、この指導小組長に就任し、軍、および外交部、公安部、農業部、国家海洋局等関係省庁の指導幹部はメンバーに加わった。

4　習近平の外交政策

11月の第18回党大会で、胡錦濤の後任に習近平が党総書記に選任された。習は積極外交を推し進めるだろうと大方に予想されている。冒頭で述べたように、体制内知識人の多くは胡錦濤外交を消極外交として酷評し、中国の世論は積極外交への転換を習近平に期待した。習は11月29日と2013年1月28日に講話を発表し、自らの外交ドクトリンと基本政策を示したと思われる（『人民日報』2012年11月30日、2013年1月30日）。

(1)**中国夢**　「中国夢」チャイナドリームは、習近平の外交ドクトリンを示すキーワードでもある。新首脳部が初めて全員参加で行った活動は、11月29日の国家博物館「復興の道展」の見学であり、その場で習は「誰しも理想や追い求めるもの、そして自らの夢がある。現在みなが中国の夢について語っている。私は中華民族の偉大な復興の実現が、近代以降の中華民族の最も偉大な夢だと思う。この夢には数世代の中国人の宿願が凝集され、中華民族と中国人民全体の

利益が具体的に現れており、中華民族1人1人が共通して待ち望んでいる」と唱えた。彼は中華民族の偉大な復興という「中国夢」に訴えることが必要であり、それがあって初めて中華民族1人1人が再結集できると考えているのであろう。世界における中華民族の偉大な復興が正しく中国の超大国化であり、それが彼の外交ドクトリンといえよう。

(2)**新型大国関係の構築**　習近平が語る外交の基本政策で、「平和的発展」に続いて筆頭に挙げられたキーワードは「新型大国関係の構築」である。上述のように、中国のいう大国関係は、実質上米中ロ関係に絞られ、なかでも米中関係が中心である。2012年に中国のGDPは米国の53％に達し、今のままのペースでいくと習の任期中に中国が確実に世界一になる。習近平はこの「世界一」を見据えながら、米中平等の超大国関係という「新型大国関係」を構築する考えであろう。習近平は「われわれは確固不動として平和的発展の実践者、共同発展の推進者、多角的貿易体制の擁護者、世界経済ガヴァナンスの参与者であり続ける」と世界の主役を担っていく志を示した。

(3)**ウィンウィン協力**　張志軍(ちょうしぐん)外交部副部長は、第18回党大会の外交政策を説明する講演の中で、新しい点は「ウィンウィン協力」を際立たせたことだとして、中国の平和的発展の恩恵を世界に供して新型大国関係、善隣関係、発展途上国との友好協力を構築していく旨を示した(中国外交部HP、2012年12月28日)。外交部は経済外交や文化外交、国際世論工作を強化するために、「国際経済司」を新設し、その外郭団体として「公共外交協会」を設立した。

(4)**核心的利益を取引対象としない**　中国の平和的発展とウィンウィン協力の政策は、無条件なものではない。習近平は次のことを明言した。「われわれは平和的発展の道を堅持するが、われわれの正当な権益を放棄するわけには断じていかず、国家の核心的利益を犠牲にするわけには断じていかない。いかなる外国も、われわれが自らの核心的利益を取引対象にすることを期待してはならない。われわれがわが国の主権、安全、発展上の利益を損なう苦々しい果実を飲み込むことを期待してはならない。中国は平和的発展の道を歩む。他の国々も平和的発展の道を歩まねばならない。各国がともに平和的発展の道を歩んで初めて共同発展が可能になり、国と国との平和共存が可能になる」。

　習近平の言葉を逆説的に考えれば、他の国々が平和的発展の道を歩まないの

なら、中国も歩めず、共同発展と平和共存が不可能になるというものである。中国のこのような政策スタンスは、2012年に日本やフィリピンと領土紛争が起こった途端、中国からただちに実質上の経済制裁が発動されたことにより、裏付けられている。

II　2013年　中国の対外関係・概観

1　中国の国際認識と自己認識

　中国のメディアは中国でほぼ独占的に国際ニュースを伝えている。彼らが選んだ「世界10大ニュース」は、中国の国際認識と自己認識を表した資料となろう。「中国国際ニュースフォーラム」が2013年の第15回年会にて参加メンバーの50メディアによる投票で選んだのは下記である（12月25日）。①米中首脳、「サニーランズ」で会合（6月7、8日）、「新型大国関係」を創始。②北朝鮮の第3回核実験、世界に激震（2月12日）、北朝鮮情勢注目される（12月12日に北朝鮮ナンバー2張成沢(チャンソンテク)に死刑執行）。③米政府情報職員スノーデン（Edward Joseph Snowden）、米情報機関による世界的なネット・ハッキングを告発（6月）、各国慎慨。④シリア政府の化学兵器使用疑惑に対し、米ロはシリア政府がもつ化学兵器の廃止に合意（9月14日）、米欧による武力行使を回避。⑤民主と共和両党の争い激化、米連邦政府閉鎖（10月1日〜10月17日）。⑥イラン核疑惑について、米中ロ英仏独とイランは対話を重ね、第1段階の合意を得た（11月24日）。⑦WTO、第9回閣僚会議にて「バリ・パッケージ協定」締結、WTO創設以来初の合意達成（12月7日）。⑧日本政治、右傾化し続け、地域の安定に脅威。⑨ボイジャー1号太陽系を離れ、人類の宇宙事業の新しい1頁（9月5日）。⑩エジプトで軍はデモ行進の民衆に血の弾圧、「アラブの春」暗転。

　世界的に影響力がある国際関係専門紙『環球時報』が選んだ国際ニュースをも紹介しておく。①中国の空気汚染に世界が関心。②日本は急激に右回転、隣国との関係が最悪へ。③北朝鮮核問題は東北アジア安定に悪影響。④中国は権力の受け継ぎを完成、3中全会で改革計画を策定。⑤インドに「強姦の国」の名。⑥スノーデン事件。⑦シリア内戦を巡る米ロのわたり合い。⑧中国の剛腕の反腐敗に世界が注目。⑨マンデラ（Nelson Rolihlahala Mandela）逝去。⑩中国の探査機、

月に着陸。

外交当局の認識については、共産党機関誌『求是』新年1月号に掲載される恒例の外交部長総括は、簡単な概括文に変わり、王毅(おうき)外相はシンポジウム「中国と世界2013」(12月16日)での講演をもって総括としたようである。

まず、2013年の世界について、『求是』で示された認識は、世界経済の転換期、国際体制の変革期、国際関係の調整期、中国の影響力の上昇期としてまとめられる。

そして、中国外交については、①大国外交は安定と進展、②周辺外交は開拓と前進、③発展途上国外交は全面推進、④多国間外交は実績が多く、⑤ホットポイント外交に主動的に関与、といったカテゴリーが述べられた。①は米中ロEU関係を評するものであり、2012年に続いて日本を「大国」から外した。⑤は2013年の新項目であり、北朝鮮とイランの核問題、シリア内戦、パレスチナ問題に建設的な役割を果たしたことを語った。

次に、王毅外相の講演文のほうは、外交の実績を非凡と評価した上、6大成果を並べた。習近平国家主席と李克強(りこっきょう)総理は3月に選任されてから8カ月余りで、4大陸22カ国を訪問、外国首脳64人の訪中を接待、外国要人300人余りと会談し、中国と各国が締結した協定は800件近くに達した。

6大成果とは、①中ロ関係は最高レベルに達し最も内容豊かな戦略的パートナーシップである。②米中首脳は米サニーランズで会談し、新型の大国間関係の構築にコンセンサス、その中身も充実し続けている。③ほぼすべての周辺国の首脳と会見した。④途上国との協力を深化させた。⑤責任ある大国として、シリア内戦、イランと北朝鮮核問題、アフガニスタンの平和再建プロセス、気候変動などグローバルな問題に独自の案を提示、貢献した。⑥中国の領土主権と海洋権益を侵害する個別の国(日比)の不法行為を力強く抑え込んだ。ASEAN諸国と「南海(南シナ海)における行動規範」協議を始動。ブルネイ、ベトナムと共同開発および海上協力の推進について一致した(『人民網日本語版』2013.12.18)。

2 世論調査からみる世界の中国認識

恒例の日本の言論NPOと中国日報社による共同世論調査は、8月5日に公

表された。日本人（90.1％）、中国人（92.8％）ともに9割超が「（相手国に）よくない印象をもっている」と回答。「マイナス評価」は昨年から急拡大、過去9回の調査で最悪の結果となった。また、よくない印象の理由として、日本人の53.2％、中国人77.6％は「尖閣諸島をめぐる領土問題」と回答。日本政府は「日中間に領土問題は存在しない」との立場だが、日本人の62.7％、中国人の82.2％が「領土問題が存在している」と回答。また、日本人の49.1％、中国人の58.1％が「両国間で速やかに（前向きに）交渉し平和的解決を目指すべきだ」と両国民が求めていることが分かった。「日中間で軍事紛争は起きるか」との質問に対し、日本人の23.7％、中国人の52.7％が「数年以内に起きる」、「将来的には起きると思う」と回答。軍事衝突に対する懸念が出ている。「日中関係を重要だ」とする回答は、日本人74.1％、中国人72.3％であった。両国はともに相手国の重要性に対し高い評価をするものの、両国の相互イメージの悪化は、すでに固定観念化するほど深刻化したとみることができる。

　恒例の米「ピュー・リサーチ・センター」による世論調査は、世界39の国の4万人に米中両国の印象を尋ねたところ、中国がすでに米国に代わる超大国になったか、いずれ米国をしのぐ超大国になるとした回答が、23の国で明確な形で多数を占めた。特に欧米諸国では、イタリアを除き、中国が米国を抜きつつあるか、すでに抜いていると考える人が多かった。アジア太平洋地域で、その割合はオーストラリアでは3分の2を占めたが、日本とマレーシア、フィリピンでは3分の1を下回った。中国の技術的進歩はほとんどの国で高く評価された。

　好感度に関する設問では、米国に好意を抱くとの回答は全体で63％と、中国の50％を上回った。中国に好意を抱くのは、日本では調査対象の中で最低の5％、韓国（46％）と対照的な結果になった。地域別で見ると、唯一中東で中国は米国を上回った。米国に好感度がわずか11％にとどまったのはパキスタンで、中国については81％の人が好感を示した。また、米国を「パートナー」とみなすとの答えは全体で59％だったのに対し、中国は39％にとどまり、中国に対する警戒意識が根強いことを示した。中国に対する好感度は、2007年以降に大きく落ち込んできた。

3 習近平の外交政策

(1)奮発有為 10月24日と25日、共産党中央は「周辺外交座談会」を開き、これは初めてのことであり、習近平は、初の外交政策の「重要講話」を行って「奮発有為」（奮発して勝ちに行く）という新しい方針を打ち出した（『人民日報』10.26）。かつて鄧小平が1989年に有名な「韜光養晦、有所作為」（目立たずに力を蓄えながら無理なく実績を積む）という守りのキーワードを示し、06年の「党中央外交工作会議」で胡錦濤が半歩進んで「堅持韜光養晦、積極有所作為」（目立たずに力を蓄える方針を堅持しながら幾分積極的に実績を出す）と微調整して以来、一年目の習近平は、全面的な攻勢外交を方針とするようになった。

(2)新型大国関係 習近平は「中国夢」、言わば「中国ドリーム」を政権のキーワードに掲げているが、「中華民族の偉大な復興の実現」を「もっとも偉大な夢」としている。中国の「偉大な復興」なら、世界2位の経済規模、1位の国際貿易量、および前述した国際輿論調査から示された世界大国としての国際認知をもってすでに実現されたといえるが、習近平の追求が国際関係において超大国中国を実現させることにあり、それを戦略目標としていると推測されよう。習近平が語る外交政策のキーワードには「新型大国関係」がある。中国がいう大国関係は、実質上米中露関係に絞られているが、米中関係は中心であり、いわゆる「新型大国関係」は米中関係に限って用いられている。習近平は「衝突せず、対抗せず、尊重し合い、協調ウィンウィン」といった言葉で「新型大国関係」の意味を説明し、米中対等の超大国関係を求めて世界の主役を担っていく意志であろう。

(3)周辺外交 前述した「周辺外交座談会」にて、習近平は周辺外交ドクトリンを示した。戦略目標は、周辺との政治関係を一層友好的に、経済的きずなを一層強固に、安全協力を一層深く、人文のつながりを一層緊密にすることとし、基本方針は、「親、誠、恵、容」という四字方針、言わば親密、誠実、互恵、包容で付き合い、なお正しい「義利観」、つまり情義を重んじて利を供与するというものとした。

王毅外相は前述のフォーラムでの演説で「緊密な周辺運命共同体を構築する」として、下記のような外交プランを示した。① 2014年に中韓、中豪FTA交渉の妥結を目指すが、中日韓FTA交渉については推進するとしているだけで消

極的であった。②中国・ASEAN自由貿易圏のアップグレード版およびアセアン＋6の域内包括的経済連携（RCEP）の具体的進展を促す。③シルクロード経済ベルト、21世紀の海のシルクロードの構築に力を入れ、「早期収穫」を目指す。海上と陸上シルクロード経済ベルトの計画は、たいへん宏大な企みである。海上はアセアンからインド洋沿岸への20億人口の地域である。陸上は3つの経済ベルトからなり、第1に中国からミャンマー、バングラデシュ、インドへのベルト、第2にパキスタン、イラン、イラク、トルコ、中東欧へ延びるベルト、第3に上海協力機構6カ国の緊密化をはかるための中央アジア、ロシアベルトである。

中国の「緊密な周辺運命共同体」プランは、実のところ、中東欧から韓国までのユーラシア大陸を囲い込む野心的なものである。11月、ルーマニアで中国と中東欧16カ国の首脳会議が初めて開催され、李克強首相は、今後5年での相互貿易の倍増、中国・中東欧諸国協力「100億ドル特定借款」と「中国・中東欧投資協力基金」による投資の拡大プランを公表した。なお、2014年に中国はアフガニスタン問題を取り扱う地域諸国から構成されるイスタンブール・プロセス第4回外相会議、および中国・アラブ諸国協力フォーラム第6回閣僚級会議を主催する。

⑷**国家安全（保障）委員会**　2014年1月24日、中国は「国家安全（保障）委員会」を新設、対内・対外的安全保障における政策決定と政策協調の機構とし、習近平はその主席、共産党ナンバー2と3の李克強総理と張徳江全国人民代表大会委員長は副主席をそれぞれ担任する。

国家安全保障において「核心的利益を取引対象としない」という習近平のテーゼも繰り返して強調された。「われわれは平和的発展の道を堅持するが、正当な権益を放棄するわけには断じていかず、国家の核心的利益を犠牲にするわけには断じていかない。いかなる外国も、われわれが自らの核心的利益を取引対象にすることを期待してはならない。われわれがわが国の主権、安全保障、発展上の利益を損なう苦々しい果実を飲み込むことを期待してはならない。中国は平和的発展の道を歩む。他の国々も平和的発展の道を歩まねばならない。各国がともに平和的発展の道を歩んで初めて共同発展が可能になり、国と国との平和共存が可能になる」（『人民日報』2013.1.30）。習近平の言葉を逆説的に考えれ

ば、習近平がいう平和は、無条件のものではなく、他の国が中国に対し平和的発展の選択を取らないなら、中国も彼らとの共同発展と平和共存が不可能になるというものである。

中露共同声明は「アジア太平洋安全保障枠組みの構築」を唱えた (3.23)。このことは中国が集団的安全保障を支持する方針への転換を示し、とりわけ日米2国間の同盟への批判を念頭におくものであろう。

中国外交は、日本政府をトラブルメーカーに仕立て、とりわけ安倍晋三首相が12月26日に靖国神社を参拝してから、世界範囲で国際秩序の危険な破壊者として批判キャンペーンを繰り広げた。2014年2月7日、習近平はプーチン (Vladimir Vladimirovich Putin) ロシア大統領と会談して「2015年に中ロ共同で反ファシストと抗日戦争戦勝70周年記念式典を催すことに合意、また国連事務総長との会見で戦後国際秩序の強化を説いて、国連が反ファシスト戦勝の成果であるので、2015年に国連70周年、反ファシズムと抗日戦争70周年記念への取り組みを促した。中韓はすでに安保理で日本非難の発言を行い、「日本問題」を国連に持ち込んでいる。

習近平は北朝鮮核問題について、新しい動きをみせた。2013年2月に北朝鮮が3回目の核実験を実施してから、王毅外相は「中国の玄関前で動乱、戦争を起こすことを許さない」と複数回警告し、それは明らかに北朝鮮に言い聞かせたものである。2014年2月に、劉振民副外交部長は北朝鮮と韓国を立てつづけに訪問、北朝鮮に六カ国協議の再開に先立って無核化について行動することを求めた。中国は以前北朝鮮が主張する六カ国協議の無条件再開を庇っていた。

III 2014年 中国の対外関係・概観

1 中国の国際認識と自己認識

中国のメディアが選んだ2014年度の「10大国際ニュース」は、中国の国際認識と自己認識を表した資料となろう。「中国国際ニュースフォーラム」が2014年年会で新華社をはじめ40ほどのメインメディアによる投票で選んだのは以下の通りである (12月25日)。①中国は、主催した国際会議で議題を設定、

世界をリード。上海でのアジア相互協力信頼醸成措置会議（CICA、5月20、21日）に「アジア安全観」を提唱し、北京でのAPEC首脳会議（11月10、11日）にAPEC・FTAを提案、また「一帯一路」即ち「シルクロード経済ベルトと21世紀の海上シルクロード」の建設、およびそのためのシルクロード基金とアジアインフラ投資銀行（AIIB）の創設を提案した。②ウクライナ内戦（2月〜）。米欧露制裁合戦、米露敵対化。③マレーシア航空機はインド洋上空で失踪（3月8日）、搭乗者239人中154名は中国人。④「IS」こと「イスラム国」がイラク西北部とシリア東部を支配（6月〜）、米国は対IS戦争状態を宣言、空爆を実施。⑤アリババがニューヨーク株式市場に上場（9月19日）、新規株式公開（IPO）は史上最大規模。⑥米国はQEこと無制限量的緩和政策を中止（10月29日）、低迷中の世界経済に悪材料。⑦欧州宇宙機関（ESA）、11月13日に無人探査機「ロゼッタ」から分離され、世界で初めて彗星に着陸した着陸機「フィラエ」による最初の観測データを受信したと発表。⑧石油価格、1バレル100ドル余りから50ドル台に暴落（6月〜）。⑨エボラ熱が西アフリカを中心に蔓延（2月〜）、12月にようやく終息へ。⑩米国とキューバは関係正常化のための交渉を始めると宣言（12月）。

　世界的に影響力がある国際関係専門紙『環球時報』が選んだ国際ニュースをも紹介しておく。①ウクライナ危機、米欧－露新冷戦。②西アフリカにエボラ疫病危機。③マレーシア航空機がインド洋上空で原因不明の失踪。④日本政府は憲法解釈による集団的自衛権の解禁等右翼化を強め、日中関係は紆余曲折。⑤イスラム国が中東地域で勢力伸長。⑥石油価格暴落。⑦中国の剛腕の反腐敗に世界が注目。⑧香港での違法な「セントラル占拠」は失敗。⑨北京APEC会議は成功。⑩米国とキューバ関係解凍。

　外交当局の認識については、年末恒例の外相総括が発表された（12月24日）。
　まず、2014年の世界について、世界金融危機以来の新たな動乱と不安定の年、地域の衝突は多発、景気の回復はみられず、国際秩序の変容は激しいと厳しい見方を示しながら、中国の外交努力により「外交の豊作の年」でもあったと評価した。
　続いて中国外交を4点に分けて説明した。第一に、新たな外交理念を打ち立てた。①協力とウィンウィン関係を中核とする新型国際関係の構築を提唱。こ

れはリアリズムを基礎とする伝統的な国際関係の理念を超越するものである。②パートナー関係のグローバルネットワークを構築。中国は同盟外交を行わないがパートナー関係の構築を外交の特色とし、2014 年までにすでに 67 カ国と 5 つの地域組織と多様なパートナー関係を結んだ。③「アジア太平洋ドリーム」を提起。それはアジア太平洋アイデンティティ・運命共同体意識を中核とし、繁栄と発展の実現を目的とする理念である。④「アジア安全観」を CICA 首脳会議「上海宣言」に明記し「共同安全」の提唱と独善的安全観の排除を主張した。

　第二に、全方位に外交活動を展開。習近平主席と李克強首相は 17 回、50 カ国以上を歴訪、外国元首と政府首脳延べ 500 人余りと会見。大国関係の局面で、米中新型大国関係の構築は堅実に進み、中露全面的戦略的協働パートナー関係は高いレベルで運行されている。

　第三に、世界の共同発展に貢献。「一帯一路」の経済開発の構想は、ユーラシア大陸の共同発展に力強いダイナミックスを与え、50 余りの国から賛同を得た。

　第四に、世界安保のホットな問題に役割を発揮。アフガニスタンの平和再建、シリア内戦、イラン核開発問題、アフリカの紛争・疫病等の問題の解決に積極的に寄与した。

　外相総括は日本について昨年のような「中国の領土主権と海洋権益を侵害する個別の国の不法行為を力強く抑え込んだ」といった領土問題についての言及はないが、習・安倍会見にも言及せず、両国が 4 点コンセンサス[1]を達成して関係改善の第 1 歩を踏み出したとだけ記した。

2　世論調査からみる世界の中国認識

　恒例の日本の言論 NPO と中国日報社による共同世論調査は、9 月 10 日に公表された。日本人（93.0％）、中国人（86.8％）が「（相手国に）よくない印象をもっている」と回答。日本人の回答は、前年（90.1％）よりもさらに悪化した。一方、中国人では過去最悪の 92.8％だった前年よりは改善している。

　よくない印象の理由として、日本人では中国の大国的な行動を挙げる人が多い。中国人は、尖閣と日本人の歴史認識を理由としている人が依然多い。

1）日本外務省 HP、https://www.mofa.go.jp/mofaj/a_o/c_m1/cn/page4_000789.html。

「日中間で軍事紛争は起きるか」との質問に対し、日本人の29%、中国人の53.4%が「起きる」、「将来的には起きる」と回答、昨年よりやや増加した。

そして、これからの世界政治をリードしていく国や地域については、日本人が選択したのは、昨年の55.5%から44.9%に減少したものの「米国」が最多であった。一方、「中国」を選んだ日本人は、今回は11.3%（前年16.2%）となった。

中国人では2010年の調査以降「米国」が最も多かったが、2014年は「中国」が41.8%（前年41.6%）で最多となり、「米国」は前年の42.7%から31.3%に減少している。

恒例の米「ピュー・リサーチ・センター」による世論調査（7月）は、世界44の国の48,643人に中国の印象を尋ねたところ、49%は中国に対して好意的な回答、32%は否定的な回答であった。欧米諸国や日本（7%）、ベトナム（16%）での評価は低い。一方、アフリカ諸国や中南米諸国、パキスタン（78%）は好意的だった。米国では、中国に対して好意的な回答は35%に減少した（2011年は約5割だった）。調査対象のアジア11カ国全てにおいて、中国と近隣諸国との武力衝突を懸念するとの回答が多かった。フィリピン（93%）、日本（85%）、ベトナム（84%）、韓国（83%）、米国は67%、中国でも62%があった。中国はいつか米国を追い越して世界のリーダーになるに違いないと答えた人は49%を占めた。

3　習近平の2014年外交

(1)**アジア安全（保障）観**　中国はトルコから、死に体の状態にあるアジア相互協力信頼醸成措置会議の議長国を引き受けて第4回首脳会議を5月に上海で開き、習近平は議長の名で「アジア主導」というテーゼを打ち上げて「アジアの問題はアジア主導で解決すべきであり、アジアの安全保障もまずアジア諸国自身の協力強化を通じて実現すべきだし、それは完全に可能だ」と高らかに宣言した（『人民日報』2014.5.22）。そして「CICA上海宣言」には、米日を念頭に「いかなる国も他国の安全保障の犠牲を対価に自身の安全保障を強化してはならず」「いかなる国も集団も組織も安全保障において特殊な優先的な責任を有さず」「安全保障における共同、分割不可、平等、全面的といった特性の重要な意義を強調する」という「アジア安全保障観」が盛り込まれた（新華社2014.5.21）。その

前の4月に李克強首相も博鰲アジアフォーラムで「アジア利益共同体・運命共同体・責任共同体」の構築を唱えた（新華社 2014.4.10）。中国指導者は90年前神戸での孫文(そんぶん)の大アジア主義講演以来、「アジア主導」を外交政策として進めるようになり、国際輿論から「アジア・モンロー主義か」と評された。これらは「習アジア主義」、「習安全保障観」と呼べるだろう。

(2)**国家安全（保障）委員会**　「習安全保障観」といえば、14年1月24日に中国は「国家安全（保障）委員会」を新設し、対内・対外的安全保障における政策決定と政策協調の中核機構とする。習近平はその主席、共産党ナンバー2と3の李克強首相と張徳江全国人民代表大会委員長は副主席をそれぞれ担任する。

　国家安全において「核心的利益を取引対象としない」という習近平のテーゼも繰り返し強調された。「われわれは平和的発展の道を堅持するが、正当な権益を放棄するわけには断じていかず、国家の核心的利益を犠牲にするわけには断じていかない。いかなる外国も、われわれが自らの核心的利益を取引対象にすることを期待してはならない。われわれがわが国の主権、安全保障、発展上の利益を損なう苦々しい果実を飲み込むことを期待してはならない。中国は平和的発展の道を歩む。他の国々も平和的発展の道を歩まねばならない。各国がともに平和的発展の道を歩んで初めて共同発展が可能になり、国と国との平和共存が可能になる」（『人民日報』2013.1.30）。習近平の言葉を逆説的に考えれば、習がいう平和は、無条件のものではなく、他の国が中国に対し平和的発展の選択を取らないなら、中国も彼らとの共同発展と平和共存が不可能になるというものである。

　2014年に、中国は急ピッチで大規模な「南沙要塞」の建設を進めた。中国は南沙諸島で7つほどの干潮時にしか海面に露出しない小さい浅瀬しか実効支配していないが、最新の技術を駆使してそれらを埋め立てて、短期間に南沙最大級の島をいくつも造成している。報道によると3000メートルもある空軍機滑走路、大型軍港……次から次へと姿を現した。中国軍は南シナ海、マラッカ海峡を絶対優位の軍事力をもってコントロール下におく計画のようである。

(3)**中露特殊関係**　習近平は2014年7月9日に来訪中のロシア大統領府長官と会見してウクライナ危機を念頭に「中露関係は特殊関係だ」と性格付け、西側のいかなる対ロシア制裁にも参加せず、必要があればできるだけの支援を行うと

表明した（新華社 2014.7.9）。中国は世界戦略上、米中露三大国関係における中露特殊関係対米国というパワーバランスを追求してきた。2014 年に習主席の最初の外遊先は前年に続いてロシアであり、中国の国家元首として外国でのオリンピック開会式への初参加で 2 月に冬のソチに赴いた。3 カ月後の 5 月、習は CICA 首脳会議でプーチンを上海で迎え、2 本目の中露共同声明を発表した。その中で 2015 年に対ドイツ・日本ファシズム戦勝 70 年記念を共同で催して「歴史への歪曲と戦後国際秩序への破壊の企みに強く反対すること」で日本をけん制した。また両元首は東シナ海沖で両国海軍の混合編成で行われる最大規模の実戦演習の開幕式に臨み、また 30 年間で総額 4000 億米ドルの天然ガスの売買契約を結んだ。

(4)**東西二大文明の全面的戦略的協力パートナーシップ**　前述の「中露共同声明」は「アジア太平洋集団安保枠組みの構築」だけではなく「ユーラシア経済統合」を目指すとも呼びかけた。習はその直前の欧州歴訪中、EU との関係を語るキーワードとして中国・EU の二大パワー、二大市場、二大文明の連携からなる平和、成長、改革、文明の四大パートナー関係を唱えた。中国はまた中東欧 16 カ国と毎年首脳会議を開き、2014 年にセルビアで開催され、EU メンバー 3 分の 2 を占めるこれら中小国と密に交流を続けている。

　2014 年に中国は「一帯一路」こと「シルクロード経済ベルトと 21 世紀の海上シルクロード」の構築を本格的に進め始めた。陸上ロシアを通す欧州ルート、中央アジアと西アジアからトルコへの二つのルート、それに東南アジアからインド洋への海上ルートをインフラと FTA の建設で繋いでアジア経済統合、さらにユーラシア経済統合を目指すという宏大なプランである。中国はユーラシア 50 カ国以上から賛同を得たと自負している。中国はユーラシアの先にアフリカ、カリブ・ラテンアメリカにも積極的にパートナー関係をつなげていく。中国首脳は毎年両地域を訪問し、2014 年に新たに中国とカリブ・ラテンアメリカ諸国フォーラムという装置を立ち上げた。

　中国は「一帯一路」、さらにアフリカ、ラテンアメリカ開発のために、BRICS 諸国と上海でニュー開発銀行、アジア諸国を中心に北京でアジアインフラ投資銀行、および自前のシルクロード基金の設立を進めている。とりわけアジアインフラ投資銀行の創設は、中国が自身だけでも作るという強い姿勢で進

め、米日からの執拗な反対工作を打ち破って 2015 年 3 月時点でアジア諸国だけではなく英仏独伊を含む主要先進国まで創始会員国に集めた。アジアインフラ投資銀行の創設は、中国にしてみればいわゆる「東西二大文明の全面的戦略的協力パートナーシップ」の成果であり、米日を孤立に追い込み、米国中心の国際金融秩序に穴をあける画期的なことである。

Ⅳ　2015 年　中国の対外関係・概観

1　中国の国際認識と自己認識

　中国のメディアは中国でほぼ独占的に国際ニュースを伝えている。彼らが選んだ「10 大国際ニュース」は、中国の国際認識と自己認識を表した資料となろう。「中国国際ニュースフォーラム」が 2015 年年会（12 月 12、13 日）にて 40 ほどの主要メディアによる投票で選んだのは下記である（時系列）。

　①中国外交は大国としての責任を果たして協力とウィンウィンを中核とする新型の国際関係の構築、地域ごとの運命共同体の形成を本格的に進める年であった。②難民危機が EU 諸国を席巻した。戦後最大となるこの難民危機は、欧米大国がここ十数年、中東地域で遂行した戦争、策動した内戦がもたらした人災であり、カラー革命や普遍的価値の虚偽性を暴いた。③国際社会はテロ対策で協力を強化。パリでの 2 回のテロ攻撃をはじめ IS こと「イスラム国」等のテロ組織は無差別殺戮をエスカレート。ロシアはシリア政府からの求めに応じて、IS に対する空爆を開始（9 月 30 日）、後に英仏独米露諸国は空爆で協力するようになった。④ AIIB（アジアインフラ投資銀行）の設立と人民元の SDR（特別引出権）入りで国際金融体制の改革が進む。6 月 29 日、AIIB は 57 の創始国の代表が協定に調印して北京で設立された。11 月 30 日に IMF は人民元をドルとユーロに次ぐ第 3 位の通貨として SDR 入りを認め、また 12 月 18 日に米国議会は 6 年越しに IMF 改革案を採択して中国が米と EU に次ぐ第 3 位の投票権を得た。⑤イラン核問題 6 カ国（米英仏露中独）とイランの交渉は 12 年間越しに「包括的共同行動計画」に合意（7 月 14 日）。中国は重要な役割を果たし、対話による重大な国際争議の解決に貢献した。⑥日本の右傾化と安倍首相の改憲志向。「戦後 70 周年談話」（8 月 14 日）は安倍首相の修正主義史観を表し、9 月

19日に強行採決された「新安保法案」は「専守防衛」から海外での武力行使への重大な戦略転換である。⑦米航空宇宙局（NASA）は9月28日に「重大発表」、火星に液体の水の存在を発見、地下水流も存在の可能性が高い。⑧11月24日、シリア上空でトルコ軍機がロシア軍機を撃墜、両国関係は悪化したが、欧米大国はその後にシリア問題の政治解決についてロシアとの協調をむしろ活発化させた。⑨12月12日に国連気候変動パリ大会（COP21）が「パリ協定」を採択。米中はそれに共同歩調。⑩12月16日に米連邦準備制度理事会（FRB）は、政策金利の0.25％引き上げを決め、2008年末から続くゼロ金利政策を解除した。

外交当局の認識については、年末恒例の外相の総括論文が発表された（中共誌『求是』2016年1月号）。

①世界経済は金融危機からの回復力が弱い。中国経済は世界経済の成長への貢献度が最も高く、3割を維持している。②各国の制度や価値観が異なり、文化や発展段階も違い、さまざまな紛争がみられる上、冷戦思考や強権政治が国際関係の中でときどき現われる。③昨年の中国外交は中国の国際地位の向上、大国的風格の展示、国際社会での影響力の拡大、責任のある大国のイメージの強化に寄与した。

王毅外相は今までになく公の場で率直に日本認識を複数回語った。

①6月27日に世界平和フォーラム（北京）で「日本は中国の復興と再起を受け入れて歓迎することができるか。日本は心の準備はまだできていない。これは根本的な問題だ。だから日本政府は世界のあちこちで中国と張り合っている」②東南アジア諸国連合（ASEAN）地域フォーラム（ARF）で岸田文雄外相に対し、「『互いに協力相手であり、互いに脅威にならない』という姿勢をとるとの約束を守り、あちこちで中国と張り合おうとしないことだ」（『新華社』8月7日）。③第12期全国人民代表大会期間中の記者会見（2016年3月8日）で「病根は日本の指導者の中国認識にある。結局のところ中国を友人と見なすのか、敵と見なすのか。パートナーと見なすのか、ライバルと見なすのか。日本側はこの問題を真剣にきちんと考え、徹底的に考えるべきだ」、「日本の指導者は一方で日中関係を改善すると公言し、他方では絶えず至る所で中国に挑発する。これは典型的な「双面人」（2つの顔）だ」。王毅と同じ知日家とされる唐家璇元外交担当国務委員、及び傅瑩全人代外交委員会委員長からも同じ旨の発言がみられ、こ

のような対日認識は中国首脳部の共通認識でもあろう。

　他方、日本では新「日米防衛協力指針」の制定と「新安保法案」の審議の中、「中国脅威」、「仮想敵国中国」が公に論戦され、政権側は野党やメディアからの問い質しに対し否認の回答もしなかった。両国の国家関係が敵視し合う関係に陥っているといっても過言ではないだろう。

2　世論調査からみる世界の中国認識

　恒例の日本の言論 NPO と中国国際出版集団による共同世論調査が 10 月 21 日に公表された。日本人（88.8％）、中国人（78.3％）は「（相手国に）よくない印象をもっている」と回答。日本人の回答は調査開始以来最悪の 2014 年（93.0％）よりやや改善。中国人の場合は 86.8％から 78.3％へと改善し、8 割を切った。また、よくない印象の理由として、日本人は「歴史問題などで日本を批判するから」が 55.1％（前回 52.2％）であり、一方、中国人は「侵略の歴史をきちんと謝罪し反省していないから」が 59.6％から 10 ポイント以上増加して、70.5％で最多となった。前回、日本人では中国の大国的な行動を印象悪化の理由とする人が多かった。歴史認識問題は戦後 70 年という節目の年に、両国の国民からより意識されるようになったと思われる。

　日中関係について日本人が考える最大の懸念材料は、前回と同様に「領土をめぐる対立（尖閣諸島問題）」の 56.0％（昨年 58.6％）である。これに「日中両国政府の間に政治的信頼関係がないこと」が 38.2％（昨年 35.0％）で続く。中国人でも「領土をめぐる対立」を懸念材料と考える人が、66.4％（前回 64.8％）で前回同様最も多く、そして政府間の信頼関係がないことを関係改善の障害とみている人は微増した（25.5％、前回 25.4％）。

　恒例の米「ピュー・リサーチ・センター」による世界 40 カ国での中国の好感度に関する世論調査は、2014 年に 49％だったが、2015 年に 54％に上昇。否定的な回答は、38％から 34％に低下。好感度が最も高かったのはパキスタン（82％）、ガーナ（80％）、ロシア（79％）、マレーシア（78％）が続き、アフリカや中南米では 70％を上回る国が多かった。好感度が低かったのは日本（11％）、ベトナム（26％）が続くが、2014 年のそれぞれ日本（7％）、ベトナム（16％）からは多少の改善がみられた。全体的にみると、好感度の有無の比率は 2015 年

第9章　ドキュメント・習近平外交年次概観

度に55％対34％である。

　中国がすでに、もしくは今後米国を抜き世界一の強国になるという判断は、40カ国のうち、27カ国で多数を占め、最も高かったのは中国（67％）、フランス（66％）が続いた。これを否定する人の比率が最も高かったのは日本（77％）、ベトナム（67％）とフィリピン（65％）が続いた。全体的にみると、肯定と否定の比は48％対35％。

3　2015年の中国外交

　中国はどのように考え、どのような外交を遂行したのか。主に王外相の年末総括と習近平が9月の訪米時に『ウォールストリート・ジャーナル』に寄稿した書面回答を通して検証してみる。

(1)**中国の特色ある大国外交**　大国意識は外交上むしろ唱えるものとされたが、強調されている「中国の特色」は次のように規定されている。「強国になって必ず覇権主義的になることはせず、平和と発展の道を堅持する。ゼロサムの争いをせず、協調とウィンウィンを信奉する。強権政治はせず、国際関係の民主化を唱える。利己主義的にはならず、義と利の調和を実践する」、それに「対話するが対抗せず、パートナーを結ぶが結盟をせずという新しい道を行く」。立派な言葉は並んでいるが、その一句一句は米国の外交政策を批判するものでもあろう。

(2)**グローバル・ガヴァナンス体系の改善、国際秩序の改善、新型国際関係の構築**
中国では、既存の国際秩序や国際体系に対し支持派と新秩序派があった。2015年に首脳部の統一認識が出されたようである。習近平主席は訪米時に次のように語った。「グローバル・ガヴァナンス体系はどこか1カ国によってコントロールされるものではなく、万国は共同で建設し、ともに恩恵を受けるものである」、「グローバル・ガヴァナンス体系は改善が必要であり、……より公正、合理、効率という方向への発展は、世界各国の願いである」。

　王毅外相は前記の総括論文で「グローバル・ガヴァナンス体系の改善」と「国際秩序の改善」を並列に記し、さらに習近平が用いた「新型国際関係」を「協力・ウィンウィンを中核とする国際関係」であり、「対話するが対抗せず、パートナーを結ぶが結盟をせず」という新しい道を歩むと説明した。中国はかつて「新国

際秩序の構築」を訴えたことがあるが、今は「新型国際関係を構築し」、国際秩序とグローバル・ガヴァナンス体系の改善を目指すこととした。

(3) **一帯一路** 中国は「一帯一路」(シルクロード経済ベルトと21世紀の海上シルクロード)の構築を外交戦略の中心に据え、顕著な進展がみられた。王毅外相は次のように総括した。参加するパートナーが増え、現在70カ国以上の国と国際機関が協力の意を表明、30カ国以上が中国と「一帯一路」の協力協定を結んだ。金融の下支えが基本的に整った。AIIIBとBRICSの新開発銀行は運営が開始され、シルクロード基金の投資プロジェクトも正式に始動した。相互連携・相互接続のネットワークが次第に形成されてきた。中国・パキスタン、中国・モンゴル・ロシアといった経済回廊の建設をシンボルに、インフラ、金融、文化等の分野で一連の重要な初期成果を収めた。ユーラシアを横断する中国—ヨーロッパ貨物鉄道、ハンガリー—セルビア高速鉄道、ジャカルタ—バンドン高速鉄道は建設が始まり、中国—ラオス、中国—タイといった汎アジア鉄道網の建設も重要な段階へと進んでいる。中国からの生産能力の移転が推し進められている。中国は20カ国と生産能力の移転を展開している。また、中国はオーストラリア、韓国との自由貿易協定（FTA）を発効させ、アセアンとFTAグレードアップ協定を結んだ。「一帯一路」プランは、中国が国際体系の参加者から公共財の提供者へと急速に転換している象徴であり、ユーラシア大陸の共同の発展と繁栄をもたらす（「人民網日本語版」2016年3月8日）。

「一帯一路」はアジアの経済統合、ユーラシアの経済統合、さらにアフリカを包括する旧大陸全体の経済統合を目指す壮大なプランである。中国外交は経済発展を第一要務とし続けているが、「一帯一路」には米国の存在がない。中国は米国抜きの中国を中心とする一つの世界システムの構築を経済システムの形成から取り組み始めたと思われる。

(4) **人類運命共同体** 9月28日の国連70周年記念大会における習近平講演のテーマは「新型国際関係を構築、人類運命共同体を建設」であり、習は平等、正義、開放、寛容、環境を理念とする人類の運命共同体の建設を世界戦略の目標として打ち出した。中国はかつて2013年に主にアセアンとの関係、上海協力機構との関係を意識して「周辺運命共同体」という概念を打ち出し、2014年に「アジア運命共同体」、「中国・EU運命共同体」を用い、2015年に「人類運命共同

体」の構築を唱えるようになった。王毅外相は「新型国際関係」(「中露共同声明」2015年5月8日) と「人類運命共同体」(習近平「ボアオ・アジアフォーラム基調講演」2015年3月28日)の提出を中国の外交理論の新しい発展と深化だと性格づけた。

(5)**楽観視することはできない日中関係**　王外相は2015年の外交を説明する記者会見の席で「両国の有識者の努力で、両国関係に改善の兆しはみられるものの、今後については依然として楽観視することはできない」と厳しい見方を率直に示した (2016年3月8日)。

　冷え切っている日中関係の中、2015年に立て続けて4人の日本人が、スパイ容疑で中国の地方当局によって拘束された。また、報道によると、日本の大学に勤めている中国人教授が、2013年、2014年、2016年に中国の地方当局によって3人も拘束され、教育や研究の中で中国の国家秘密にかかわる情報の収集や漏洩があったかどうかについて、当局は取り調べを行った。三教授はいずれも「問題はない」として釈放されたが、上記のような多数の日本人及び在日の中国人教授の拘束は、戦後日中関係史上例を見ないことであった。日本では秘密情報の入手や漏洩がなければ、犯罪にはならないが、中国では情報のための渡航だと認定されてしまったら、犯罪の行為があったとみなされる。上記の諸事件は日中両国の相互イメージの悪化をさらに助長した。

V　2016年　中国の対外関係・概観

1　中国の国際認識と自己認識

　中国のメディアが選んだ「十大国際ニュース」は、中国の国際認識と自己認識を表した資料となろう。「中国国際ニュースフォーラム」が、2016年年会 (12月18日) で約40の主要メディアによる投票で選んだのは以下の通りである (時系列)。

　①20カ国 (G20) 杭州サミット開催、「中国方案」を採択、G20は再出発。②英国は国民投票で欧州連合 (EU) から脱退、EU各国でも極右政党、ポピュリズム勢力が鼓舞され、欧州統合は重大な挑戦に直面。③猿芝居のような「南シナ海仲裁」は幕引き。7月12日に常設仲裁法廷は裁定を出したが、中国政府は違法で無効であると厳正に声明、引き続き沿岸諸国と対話を通して平和的

に解決すると表明。④米国大統領選挙は醜さの競い合いであり、ドナルド・トランプ（Donald John Trump）がヒラリー・クリントン（Hillary Rodham Clinton）を破って当選。⑤欧州でテロ事件が頻発。3月にベルギーのブリュッセルでの連続爆破テロで162人死傷、7月にフランスでのテロ襲撃で84人死亡、12月にトルコでロシア大使殺害、ドイツで市場でのテロ襲撃で12人死亡など、テロリズムの脅威は社会の不安・亀裂をもたらし、各国で排外主義、ポピュリズムが台頭。⑥トルコクーデタの衝撃。一部の軍人による反政府クーデタは一夜で失敗したが、政府側は軍人と政府職員に対して大規模な逮捕・追放を行い、米国を内政干渉として非難し、また前年ロシア軍機を撃墜したことで敵対化したロシアとの関係を劇的に回復させて中東地域の勢力図を塗り替えた。⑦韓国朴槿恵（パククネ）大統領は職権濫用などの容疑で国会の採決で職務停止、憲法裁判所は弾劾を審理。朴はその前に米国の最新鋭迎撃システム「高高度防衛ミサイル（THAAD）」を韓国に配備することを決定、韓国民衆と中国など周辺国は強く反対。⑧過激組織「イスラム国」に重大な打撃。ロシアとシリアはアレッポを制圧、米国主導の有志連合は「イスラム国」指導者を次から次へと殺害、イラク軍はモスルの奪還に前進。⑨オリンピック大会が南米（ブラジル）で初開催。⑩1月6日と9月9日、北朝鮮は核爆弾の爆発実験を2回も実施。国連安保理はそれぞれ2270号と2321号決議を採択。

　外交当局の国際認識については、王毅外相は2016年の国際情勢について次の認識を示した。「多変で揺れ動きが激しかった。世界経済で深刻な調整が行われ、地政学的な攻防は複線的に進行し、ホットイシューは次々に燃え上がり、テロリズムは蔓延拡散し、英国の脱EUは世界を驚かせ、ポピュリズム、保護主義、排外主義などの「アンチグローバリゼーション」の思潮が著しく台頭した。世界の平和と発展は、開放と閉鎖、協力と衝突、変革と保守の選択に直面している」（中国共産党機関誌『求是』2017年1月号）。

　そして中国外交について、王外相は次のように総括した（『人民日報・日本語版』2016年12月5日）。「中国外交にとって難関を攻め開拓する重要な1年」であり、「一層主導的、一層進取、一層自信ある、一層成熟したものであった」として、以下の点を挙げた。

　①果敢に責任を担い、グローバル・ガヴァナンス体制の変革をリードした。

第9章　ドキュメント・習近平外交年次概観

G20杭州サミット、アジア太平洋自由貿易圏の構築、気候変動問題等で大国としての責任感を示した。②チャンスを捉え、周辺の安定・協力の大局を維持した。中国・フィリピン関係を立て直し、南中国海問題を対話と協議による解決という正しい道に戻した。③主導的に策を練り、米ロなど主要国との関係の安定を維持した。④途上国を重点とするグローバル・パートナーシップ・ネットワークがほぼ構築された。⑤「一帯一路」(the belt and road、新シルクロード経済ベルトと21世紀の海上シルクロード) に積極的に取り組み、すでに100余りの国と国際組織が積極的な支持と参加の態度を示し、40の国および国際組織と「一帯一路」の協力協定に調印した。⑥南シナ海の主権権益を揺るがず維持し、フィリピンの前政権が引き起こした国際仲裁に断固として反撃した。⑦改革・開放に資する新たな措置として寧夏、広西、陝西、四川で外交部による国際PR活動を相次いで行った。⑧中国外交の理論体系を整備した。⑨G20杭州サミットで習近平国家主席は世界経済ガヴァナンス体制の改革のための「ロードマップ」を示した。王外相は日中関係について言及はなかった。

2　世論調査からみる世界の中国認識

恒例の日本の言論NPOと中国国際出版集団による共同世論調査 (http://www.genron-npo.net/world/archives/6365.html) によると、日中関係を「悪い」と「どちらかといえば悪い」と判断する日本人は2015年同様71.9％。中国人は78.2％、67.2％から11ポイント増加。ここ12年間でみると中国人は2013年の90.3％、日本人は2014年の83.4％がそれぞれピークであった。

日本人の91.6％、中国人の76.7％は「(相手国に) よくない印象をもっている」と回答。日本人の回答は最悪だった2014年 (93.0％) に及ばないものの2015年の88.8％より悪化、中国人の場合はやや改善。

「よくない印象」の理由として、日本人は1番目に「尖閣諸島の日本領海をたびたび侵犯」で64.6％ (2015年46.4％)、2番目に「国際社会での行動が強引」で51.3％ (2015年31.0％) だったが、減少が目立ったのは2015年に1番だった「歴史問題などで日本を批判」(55.1％から44.2％に) であった。

中国人の場合は、2015年と同様に1番目に「侵略の歴史をきちんと謝罪し反省していない」で63.6％ (2015年70.5％)、2番目に「日本が釣魚島を国有化

し対立を引き起こした」で60.6％（2015年68.1％）、ただ「日本は米国と連携して軍事、経済、イデオロギーなどの面から中国を包囲しようとしている」は、2015年の41.1％から48.8％に増加。両国民とも両国間のイシューに加えて、アジア太平洋地域における日中関係への関心が大幅に上昇した。

米「ピュー・リサーチ・センター」は2016年に欧米日豪等16カ国のみで中国の好感度を調査した。ギリシャ57％、オーストラリア52％を除いて米国とスウェーデンとポーランド37％、フランス33％、イタリア32％、スペインとドイツ28％、日本11％という具合でマイナス評価が多かった。

3　2016年の中国外交

(1) G2ないしG3を構想？　トランプが米国大統領に当選した日、習近平からの祝電（11月9日）に「中米両国は世界の平和と安定の維持、発展と繁栄の促進において、特殊な重要な責任を背負っている」とあった。後のトランプからの親書について中国外交部スポークスマンは「習近平主席が指摘された通り…」と前述の文句を復唱した。米中だけが世界に特殊な重要な責任を背負っていると、これはG2体制への意思表示であろうか。

その1週間後に、習近平は国家安全（保障）工作座談会において「中国は国際社会を、共同で公正・合理の国際新秩序の構築へ先導する」、「国際安全保障を共同で維持することへ先導すべきだ」と、いわば「二つの先導」を号令した（http://politics.people.com.cn/n1/2017/0220/c1001-29094518.html）。中国は世界のリーダーになると明確に意思表示をしたのであろうか。たしかにその約1カ月前に、習は中国の国家元首として初めてダボス世界経済フォーラムに出席・講演し、トランプ米国にかわる、経済グローバリゼーションの旗手の役を演じた。

中国はまた翌年（2017年）5月に関係国首脳を招いで北京で初の「一帯一路サミットフォーラム」を召集すると発表した。中国は予想せぬレベルの大成功を収めたAIIB（アジアインフラ投資銀行）の創立に鼓舞されて次のビックアクションを企画した。それがこの「北京一帯一路サミットフォーラム」である。AIIBの時と同様、イギリス首相の参加受諾は西側諸国中の第1号として報道された。中国は日米首脳にも招待状を送っただろう。5月の北京で米中G2ないし米中露G3サミットもあるだろうか。中国は「一帯一路」を外交の世界戦略の中心ルー

トとしている。それはアジア、欧州、アフリカを包括する旧大陸全体の経済統合を目指す壮大なプランであり、中国を中心とする、米国抜きの一つの世界システムの構築を経済システムの形成から取りかかっていると思われる。

　11月のトランプの米大統領当選から、中国のメディアで伝えられるトランプ認識と中国の課題は、以下のようにまとめられる（http://opinion.huanqiu.com/opinion_world/2017-01/10001454.html）。

　「トランプイズム」は3点に集約されよう。①「無価値観外交」。オバマ（Barack Hussein Obama II）まで米国外交が「価値観外交」、つまり「民主・自由・人権」を「普遍的価値観」としてきたことに対比してトランプは「価値観外交」を取らない。②「米国第一」。オバマまでも「米国第一」を信念としてきたが、それは「普遍的価値」と世界的覇権における、唯一の超大国という第一であった。トランプは「経済ナショナリズム」をキーワードに掲げている。③宗教・人種イズム（キリスト教系白人主義）。イスラム系・ヒスパニック系移民の欧州・米国への移動を阻止し、人口構成におけるキリスト教系白人の優位を守る。

　中国の課題については、①トランプ当選はポスト冷戦期の終結と新たな世界政治経済の周期をもたらした。②「トランプイズム」と中国の「天下国家」とは避けられない緊張関係をもつ。③中国にとっては、グローバリゼーションを推進していくことが核心的な命題であり、それは欧米中心主義、白人優越論を打破するという世紀の命題である。グローバリゼーションこそ東西融合、精神と価値の世界的均衡を真に実現させるものであり、この歴史的な使命は初めて中国人に託された。④中国人は過去150年ほどの米国による道標を認めるべきだが、トランプポピュリズムをどう阻止するかを思考すべく、これは中国の未来のみではなく世界の未来のためである（朱鋒（しゅほう）南京大学教授 http://nanhai.nju.edu.cn/ba/7e/c5320a178814/page.htm）。前述の時代認識があった上、習近平中国は世界のリーダーになる意思表示をしたのだろうか。

⑵**祖国統一の大業を完成させる**　習近平は16年7月1日中国共産党成立95周年の記念講話の中で「祖国統一の大業を完成させることは、中華民族の偉大な復興の必然的な要求である」と初めて明言した。

　中国は鄧小平時代から「2つの100年目標」を掲げてきた。1つ目は2021年までの「建党百年目標」であり、「小康社会（幾分の豊かさがある社会）の全面的

な実現」を目標に掲げている。二つ目は2049年までの「建国百年目標」であり、先進国並みの豊かさの実現という目標である。「台湾統一」は常に掲げられる一つの目標であるものの、その時期を匂わせる表現はいままでになかった。

　習近平は党総書記就任の当初（12年11月）から「中華民族の偉大な復興」を政権の使命として掲げ、そして「それが近い」と明言した。そこで習が建党記念日に、「祖国統一の大業」を「中華民族の偉大な復興の必然的な要求」というロジックを明確に打ち出したことで、2021年の建党100年時に、「台湾統一の完成」と「偉大な復興の実現」が宣言される計画ではないかと、国内外で議論を呼んだ。ちなみに習の2期目の任期は、党総書記として2022年秋、国家主席として2023年3月までである。

⑶ **周辺外交：南シナ海決戦**　「米国が南シナ海の人工島問題に深入りしない姿勢で臨む、世界の警察官を務められないから後は地域覇権国に任せるなどという誤ったメッセージを送れば、日本の安全保障政策は根底から崩壊する」（五百旗頭真「2016年は人類史の転換点　国際秩序の中軸が自壊した」『週刊ダイヤモンド』2016年12月31日、68頁）。では、中国の立場からいい換えれば、中国は日米の挑戦を退けて南シナ海を制すれば周辺を掌握することになる。南シナ海決戦は2016年に国際仲裁の裁定をめぐって繰り広げられた。

　フィリピンは日米からの支持の下、2014年に中国を常設仲裁法廷に提訴、2016年7月12日に中国の完敗という仲裁裁定が下された。日米は裁定が法的拘束力を有するとして中国を攻め、また米国は「航行の自由作戦」として南シナ海にある中国、ベトナム、フィリピンがそれぞれ占拠している島の12海里に軍艦を巡航させ、日本も戦後初めて南シナ海に軍艦を入らせた。

　中国は2012年からマレーシア、ブルネイ、カンボジア、タイ、ラオス、ミャンマーを味方に付け、インドネシア、シンガポール、ベトナムとの関係を安定させ、フィリピンのアキノ三世（Benigno Simeon Cojuangco Aquino III）政権に絞って経済制裁を含めて打撃をかけ続けた。2016年にドゥテルテ（Rodrigo Roa Duterte）はフィリピン大統領に当選、米国と反目して中国との融和に舵を切った。同年にシンガポールが仲裁裁定の法的拘束力について日米両国に同調したので、中国は直ちにシンガポールに報復をかけ、黙らせた。この間に、中国外交は周辺の中小国に対し日米に同調して中国の意向に反対すると直ちに報復することに

方針が変化した。

　同じ 2016 年に、韓国は米国の求めに応じてサードミサイル防衛システムの配備を決めたが、中国も直ちに報復を発動した。中国は 2017 年の韓国大統領選挙をにらみ、フィリピンモデルの再現をもくろんでいるかと思われる。

　日米の南シナ海攻勢はフィリピンの変心で不発に終わったようにみえるが、仲裁裁定そのものが正当性に欠けたことに主因があったと中国側は認識する（1 つのまとめとして、趙宏偉「中国の東シナ海・南シナ海政策」『中国研究月報』中国研究所、2017 年 1 月号 17-26 頁）。①常設仲裁法廷は第 1 次世界大戦前に設立された有志国公認の民間機関であり、それに「仲裁」は裁判ではなく、裁定は判決ではなく、圧力を有するものの法的拘束力を有しないのが法学上の常識である。国際司法裁判所は国連機関として裁判を行って判決を下し、法的拘束力を有する。

　②中国が主張していない事項まで仲裁され、これだけでも法的に無効である。中国は「断続線」こと「九段線」が中国の歴史的権利だと主張したことはない。仲裁書が出された後の中国政府の権利声明と仲裁書についての声明の中でも、「南シナ海には中国の歴史的権利がある」と記しているだけであり、「九段線」は書いていない。なお、裁定は単に国際海洋法公約の成立を海における歴史的権利を否定する法的根拠としたが、国際海洋法公約は歴史的権利を認める公約である。

　③フィリピンが申し立てていない事項まで仲裁され、それは当然無効である。フィリピンは中国が占めている 7 つの島に対し仲裁を求めたが、仲裁法廷は南シナ海のすべての島を島でない「岩」だと裁定、ついでに日本の沖ノ鳥島までも「岩」だと今回の裁定の根拠となる案例に用いた。なお、島の認定基準を「人間が居住して安定的な地域社会を形成すること」と裁定した。これでは尖閣を含めてすべての無人島、過疎化島も「岩」と認定されることになる。

　結局、南シナ海周辺諸国はみな、権利が損なわれた。これが主因で、フィリピンを含めてどの国も仲裁裁定の法的拘束力を支持すると明言せず、「交渉の基礎」、「尊重する」といった言い方を使った。

　④裁定の内容は、明らかに国際海洋法公約を認めていない米国の一貫した主張にすぎず、歴史的権利や排他的経済水域（EEZ）の権利を認めず、覇権を行使するための「航行の自由」の空間をできるだけ広げようとする米国の主張を

書き記したものである。

トランプ米国は中国を孤立させるとする日本など12カ国との環太平洋経済連携協定（TPP）を破棄、続いて南シナ海での航行の自由作戦をも中止したようである。米国防省は2017年2月18日からの米空母による南シナ海航行を「定期的なパトロール」と位置付けて、かつての中国が軍事拠点化を進める人工島周辺に入る「航行の自由作戦」ではないとした（http://www.excite.co.jp/News/chn_soc/20170225/Recordchina_20170225011.html）。

日本は「南シナ海決戦」の先頭に立って中国に挑戦し、中国は日本に敵対して厳しく攻めた。

東シナ海では、6月9日午前0時50分、中国軍艦は尖閣諸島の接続水域に初めて入った。前日22時前にロシア軍艦3隻は同接続水域に入り、ロシア艦を追って日本の自衛艦が接続水域に入ったのに対抗して中国艦は追尾した。そして、日本艦の同接続水域入りに報復をかけるように、1週間後の6月15日、中国艦1隻は鹿児島県口永良部島の西で日本領海を初めて「自由航行」を行った。

中国軍の行動のエスカレートは、不測の軍事衝突の可能性を増す危険な事態である。明らかに、中国首脳は日本艦による尖閣諸島の接続水域・領海入りを認めない方針を決め、海軍指揮官に日本艦の監視と追尾についての指揮権を与えた。そこで前述通り、夜中の0時50分に、中国の当直軍艦は突進した。

日中は不測の軍事衝突を防ぐために、2012年から緊急海空連絡メカニズムを協議し続けた。日本側は領有権争議が存在しない立場から、尖閣諸島の海空への適用を認めようとしないが、当該海空こそ不測の軍事衝突が起こりうることに葛藤している。中国側は衝突を恐れぬような姿勢でもあり、2016年12月の第5回日中交渉も不調に終わった。

王外相は2015年に続き2016年の総括でも同じ言葉「日本側は心の病を治す必要がある」と非難した（2017年3月8日記者会見）。

VI　2017年　中国の対外関係・概観

1　中国の国際認識と自己認識

新華社が選んだ「10大国際ニュース」は、中国の国際認識と自己認識を表

したものとなろう。

【「人類運命共同体」、国連決議に】1月18日習近平は国連ジュネーブ本部で「人類運命共同体を共に構築せよ」を題とする講演を行った。後に「人類運命共同体」という理念は安保理等多くの国連機関の決議に記され、「国際コンセンサス」になった。中国の国際的影響力、動員力、構築力は向上し、中国特色のある大国外交は平和と発展に新貢献をした。

【「米国ファースト」で各種国際協定脱退】トランプ大統領は「パリ気候協定」、国連教育科学文化組織（ユネスコ）等の国際協定と組織の脱退を宣言、また北米自由経済協定（NAFTA）の再交渉等、経済保護主義へ走り、「米国ファースト」は国際協力体制、国際ガヴァナンスに新たな挑戦を突き付けた。

【カタール断交、中東諸国の亀裂深める】6月にサウジアラビアの主導でアラブ10カ国はカタールと断交。理由はカタールのテロリスト支援だが、実際はイランと争うサウジアラビア陣営にカタールが加わっていないことを問題視した。カタールは屈せずにあえてイランと外交関係の全面的回復を発表。

【米露外交戦、関係緩和の難しさを浮き彫りに】米上下両院はロシアへの制裁法案を可決、トランプは署名せざるを得ず、持論の米露連携がとん挫。

【朝鮮核・ミサイル実験】9月3日、朝鮮は6回目の核実験を敢行。安保理は第2375号決議を全会一致で採決、新たな制裁条項と対話による解決を決定。米国は朝鮮を再び「テロ支援国家」に指定。

【ポピュリズム、欧州政局に衝撃】9月24日、ドイツ、メルケル首相の与党は総選挙で第1党を維持したものの議席を過半数割れにまで減らし、「ドイツの選択」が第3党になり、右翼系ポピュリズム政党として戦後初めて議席を得た。イタリア、オランダ、フランス、オーストリア等でも、「反欧州連合（EU）、反移民」を主張するポピュリズム政党が国政選挙で台頭。

【西側諸国でテロ事件頻発】10月1日に米ラスベガスの野外音楽会場で銃撃による無差別殺傷事件が発生、死者59人、負傷者527人で米国史上最悪の銃撃による死傷事件であった。オーストラリア経済・平和研究所の統計によると、2017年に欧米では、テロ事件は今世紀以来最多となった。

【世界経済は回復が顕著】10月10日、国際通貨基金（IMF）によると、世界75％の国・地域の成長が加速している。

第Ⅱ部　世界大国論

【中国共産党第 19 回大会は世界に強いインパクト】大会は「習近平新時代の中国の特色ある社会主義思想」を確立、世界に難問解決のキーを一つ提供、「人類はどこへ向かうか」について中国の答案を提示。

【中東で「イスラム国」崩壊】

　中国外交当局の国際認識と自己認識について、王毅外相は恒例の総括論文に次の認識を示した（中国共産党機関誌『求是』2018 年 1 月号）。「世界は 100 年未見の大発展、大変革、大調整の中にあり、グローバル・ガヴァナンスシステムと国際秩序は、変容が加速度的に進行し、パワーバランスは均衡への趨勢にあり、平和と発展の大勢は、逆戻りはないが、世界経済は成長のダイナミックスが不足、地域紛争は頻発し、グローバルレベルの難題は山積、世界の前途と人類の運命は、再び開放と閉鎖、協調と対抗、ウィンウィンとゼロサムという十字路に差し掛かっている」。

　そして中国外交については、次のように総括した。

「中国外交は引き続き開拓・発展し、『一帯一路』の共同建設という世紀のビジョンを描き、グローバル化をリードする時代の強い声を発し、大国間関係の安定のために中核としての役割を発揮し、周辺情勢の安定と地域協力の勢いを維持し、新興 5 カ国（BRICS）協力の第 2 の『黄金の 10 年』を切り開いた」（『人民日報』日本語版 12.11）。

2　世論調査からみる世界の中国認識

　恒例の日本の言論 NPO と中国国際出版集団による共同世論調査によると、日中関係を「悪い」と「どちらかといえば悪い」と判断する日本人は 44.9％と 2016 年の 71.9％から大きく減少、50％の水準を切るのは 7 年ぶり。中国人では 2016 年から 14％減少したものの依然として 64.2％が悪いと判断。ここ 13 年間で見ると、中国人は 2013 年の 90.3％、日本人は 2014 年の 83.4％がそれぞれピークであった。

　日本人の 88.3％（2016 年 91.6％）、中国人の 66.8％（76.7％）は「（相手国に）よくない印象をもつ」と回答。中国人の場合は明らかに改善。「よくない印象」の理由として、日本人は 1 位に「尖閣周辺の侵犯」57.7％（64.6％）、2 位に「歴史問題などで日本を批判」46.4％（44.2％）。2016 年 2 位の「国際社会での行動

が強引」51.3％は 2017 年に 34.4％に低下。顕著に増えたのは「共産党の一党支配」39.8％（24.6％）。

　中国人の場合は、2016 年と同様に 1 位「侵略の歴史をきちんと謝罪し反省していない」で 67.4％（63.6％）、2 位「日本が釣魚島を国有化し対立を引き起こした」で 63％（60.6％）、ただ「日本は米国やその他の国と連携して中国を包囲しようとしている」は 53.2％で 2015 年 41.1％、2016 年 48.8％から増加してきた。中国人は日中間のイシューに加えて、国際社会における日中関係への関心が顕著に上昇。

　恒例の米調査機関ピュー・リサーチ・センターが行う世界主要国の好感度調査によると、米国と中国に対する世界の見方について、好感度でも不人気ぶりでも、米中両国には国際社会において大きな差がない。38 カ国の 4 万 2000 人近くを対象に行われた調査によると、好意的な見方は米国が 49％、中国が 47％、不人気度は中国が 37％、米国が 39％だった。米中両国の指導者に対する、世界の人々からの信頼については、国際情勢で正しいことをするとの評価は、習近平が 28％、トランプが 26％だった。米国人の間では、中国に好意的な人と批判的な人が半々に分かれた。中国はロシア、アフリカのサハラ砂漠以南での人気が最も高いが、日本やベトナムは 8 割ほど中国に対し否定的な回答を示した。

3　2017 年の中国外交

(1)習近平新時代外交の始動　10 月に 5 年一度の党大会で、習近平は「習近平新時代」を宣言し、そして富国の時代から強国の時代へと性格づけをした。「強国」は他国に比していうものであり、習近平外交は他国に強国としての外交を進めることになろう。この強国外交は、党大会における、習の外交関連の発言を集めてみると、次のようなものになろう。

　中国外交は「中国特色の大国外交」とされ、それは「新型の国際関係の構築、人類文明共同体の構築を推進する」という世界戦略を掲げ、「一帯一路」を中心ルートとして世界大にパートナーネットワークを広げていくものである。中国は西側の排他的な同盟外交を非難し、パートナーネットワークによる新型の国際秩序を唱えている。なお、習は「中国は国際社会に社会主義の独立富強の

道という選択、中国の知恵、中国モデルを提供している」と公言し、世界のリーダーを公に自任するようになっている。このような習外交はおのずと攻めの外交になり、阻害勢力に対して強硬外交になろう。

　党大会までの習の外交関連の発言も集めてみよう。トランプが米国大統領に当選した日、習近平からの祝電（2016.11.9）に「中米両国は世界の平和と安定の維持、発展と繁栄の促進において、特殊な重要な責任を背負っている」とあった。これは「特殊な重要な責任」という用語の初出であり、米中だけが世界に特殊な重要な責任を背負う主だぞと説いたが、オバマに続きトランプに対しても「太平洋は米中両国を相いれる十分な広さがある」という習の慣用句が使われ続け、米国への天下分割を呼びかける外交であろう。

　2月17日、習近平は国家安全工作座談会を開き「仁者、天下を己の責とし」「中国は国際社会を共同で公正・合理の国際新秩序の構築へと導き」、「国際安全保障を共同で維持することへと導くべきだ」と「2つの導き」を打ち上げ（『人民網』2017.2.20）中国は世界のリーダーになると明確に意思表示をした。

　その約1カ月前に、習は中国の国家元首として初めてダボス世界経済フォーラムに出席・講演し、トランプ米国にかわる、経済グローバリゼーションの旗手の役を演じた。

　5月に、中国は130カ国、100の国際団体を北京に集めて初の「一帯一路国際協力サミットフォーラム」を主宰した。「一帯一路」外交は陸路のユーラシア大陸と海路の太平洋・インド洋からアフリカ、大洋州、中南米・北米を包括する経済のグローバル化を目指す壮大なプランであり、やり切れるか否かはさておき、中国を中心とする、米国以外のもう一つの世界システムの構築を経済システムの形成から取りかかる全方位外交であり、そしてその完成というよりもプロセスに国益ありとする外交である。

(2) **対米外交より対トランプ外交**　「トランプイズム」は、普遍的価値観、米国の覇権・同盟の価値よりも「経済ナショナリズム」、宗教・人種イズム（キリスト教系白人主義）に固執する「米国ファースト」を最重要視する。中国にとっては、トランプが組みやすい外交相手である。米国従来の体制派エリート層は、異色なトランプをなんとか政治的正しい道に連れ込もうとしているが、トランプは固く拒否してきた。中国は対トランプなら真剣に動くという姿勢を貫いてきた。

トランプは中国の自由、民主、人権について批判せず、習近平が「終身国家主席」になるかとみると、真っ先に賛辞を贈った(『BBC』2018.3.3)。彼は、南シナ海で中国が実効支配する島の周辺に軍艦を派遣したが、従来の「航行の自由作戦」を「航行の自由行動 (Patrol)」と名称を変えた (『レコードチャイナ』2017.2.25)。安倍晋三はトランプに「インド・太平洋戦略」への支持を期待したが、トランプは「戦略」という言葉を外した。彼は同盟のために戦うことはせず、「戦略」を一貫して語らず、米国ファーストのためなら取り組むとの姿勢を貫いた。

そこで米国の脅威になっている北朝鮮の核ミサイルについて、中国と折衝を重ねて史上最強の制裁体制を完成させた。トランプ以前の米国外交は「同盟ファースト」を重要視し、北朝鮮核問題の存在をむしろ米日・米韓同盟の強化に役に立つものとして利用してきた。とりわけオバマ政権は「戦略的忍耐政策」を8年間も続けた。オバマはイランの核開発疑惑に対して厳しい制裁体制を敷いたが、朝鮮の核・ミサイル実験に対して交渉も制裁もそれほどせずに、ひたすら対日・対韓同盟の強化に励み、それを中国けん制のための「アジア太平洋リバランス政策」に生かしていた。トランプは同盟よりも米国本土の安全を重要視し、かつてのイラン制裁ほどの制裁システムを朝鮮に対して敷くことにした。米国が真剣に取り組むと、中国も本気に協力したわけである。

⑶**周辺外交：攻防は東シナ海へ**　2016年に南シナ海決戦を制して、東南アジア諸国連合 (ASEAN) 諸国で逆らう国がなくなったとみている中国にとっては、2017年からは東シナ海攻防が周辺掌握のための主戦場となり、相手は日韓である。中国は米国の高高度防衛ミサイル (THAAD) を配備した韓国を経済制裁で報復を続け、つい韓国は追加配備をせず、米韓日同盟を組まず、米国のミサイル防衛システムに参加せず、配備済みのTHAADの運用が中国の安全保障に害を与えず、そのために中韓両軍は交渉するといった「四つのノー」を中国に約束した。これは米韓同盟への発言権を中国にもたせた事態だが、トランプ米国は無言のままであった。

対日外交の場合、日本側は「南シナ海」を口にしないこと、「一帯一路」に協力すること等、関係改善に努めたが、中国は日本が相変わらず中国を「戦略的仮想敵」とみなしていると批判している。

⑷**台湾に対する法理的統一を始動・加速**　習近平は党大会で「祖国の完全なる統

一は、中華民族の偉大な復興の、必然的な要求である」と宣言。このテーゼは2016年7月1日共産党成立95周年の記念講話の中で初出であった。習は任期中に台湾を統一しようと企んでいると台湾メディアは報道・論評を繰り広げた。習の任期は本来2022年までの第2期で終わるが、第19回党大会で習の任期は習が宣言した強国の基本的な実現になる2035年までになると推測され、それならあと20年もの時間があるかとも思われるようになった。が、中国政府は「台湾同胞の大陸居民待遇」を積極的に進めるようになり、台湾独立派が唱える「法理的独立」を逆手に「法理的統一」たるものを一方的に始動・加速させたのであろう。

参考文献（著書に限る、五十音順）

（日本語）

青山瑠妙『現代中国の外交』慶應義塾大学出版会、2007 年。
青山瑠妙『中国のアジア外交』東京大学出版会、2013 年。
青山瑠妙・天児慧『超大国中国のゆくえ 2・外交と国際秩序』東京大学出版会、2015 年。
秋田浩之『暗流――米中日外交三国志』日本経済新聞出版社、2008 年。
阿南友亮『中国はなぜ軍拡を続けるのか』（新潮選書）新潮社、2017 年。
阿南友亮、佐橋亮、小泉悠、クリストファー・ウォーカー、保坂三四郎、マイケル・マッコール、川島真『シャープパワーの脅威』（中央公論 Digital Digest）中央公論新社、2018 年。
天児慧『日中対立 : 習近平の中国をよむ』（ちくま新書）筑摩書房、2013 年。
天児慧『中国政治の社会態制』岩波書店、2018 年。
天児慧『習近平が変えた中国』小学館、2018 年。
天児慧、三船恵美編『膨張する中国の対外関係――パクス・シニカと周辺国』勁草書房、2010 年。
天児慧（編集）『日中「歴史の変わり目」を展望する――日中関係再考』勁草書房、2013 年。
天児慧、李鍾元（編集）『東アジア 和解への道――歴史問題から地域安全保障へ』岩波書店、2016 年。
アーミテージ、リチャード・L．『日米同盟 vs. 中国・北朝鮮』文藝春秋、2010 年。
安藤正士『現代中国年表 1941 ～ 2008』岩波書店、2010 年。
李鍾元『東アジア冷戦と韓米日関係』東京大学出版会、1996 年。
飯田敬輔『国際政治経済』（シリーズ国際関係論 3）、東京大学出版会、2007 年。
五百旗頭真（編著）『日米関係史』（有斐閣ブックス）有斐閣、2008 年。
五百旗頭真（編集）『戦後日本外交史 第 3 版補訂版』（有斐閣アルマ）有斐閣、2014 年。
石井明、添谷芳秀、朱建栄、林暁光編『日中国交正常化・日中平和友好条約締結交渉――記録と考証』岩波書店、2003 年。
石井明『中国国境 熱戦の跡を歩く』（岩波現代全書）岩波書店、2014 年。
石井米雄、桜井由躬雄編『東南アジア史 I 大陸部』山川出版社、1999 年。
井上清『「尖閣」列島――釣魚諸島の史的解明』第三書館、1996 年。
入江昭、篠原初枝『グローバル・コミュニティ――国際機関・NGO がつくる世界』早稲田大学出版部、2006 年。
井上正也『日中国交正常化の政治史』名古屋大学出版会、2010 年。
猪口孝（監修）、山本吉宣・黒田俊郎（編著）『国際地域学の展開』明石書店、2015 年。
岩下明裕『中・ロ国境 4000 キロ』角川書店、2003 年。
岩下明裕『国境・誰がこの線を引いたのか――日本とユーラシア』北海道大学出版会、2006 年。
岩下明裕『ユーラシア国際秩序の再編』ミネルヴァ書房、2013 年。
岩下明裕『北方領土・竹島・尖閣、これが解決策』（朝日新書）朝日新聞出版、2013 年。
岩下明裕『入門 国境学――領土、主権、イデオロギー』（中公新書）中央公論新社。2016 年。
梅棹忠夫（杉田繁治編）『梅棹忠夫著作集 第 5 巻 比較文明学研究』中央公論社、1989 年。
浦野起央『南海諸島国際紛争史――研究・資料・年表』刀水書房、1997 年。
浦野起央『南シナ海の領土問題 ［分析・資料・文献］』三和書籍、2015 年。
エルドリッヂ、ロバート・D．『沖縄問題の起源』名古屋大学出版会、2003 年。
エルドリッヂ、ロバート・D．（吉田真吾・中島琢磨訳）『尖閣問題の起源』名古屋大学出版会、

2015 年。
王逸舟(天児慧、青山瑠妙訳)『中国外交の新思考』東京大学出版会、2007 年。
王緝思、ジェラルド・カーティス、国分良成『日米中トライアングル―― 3 カ国協調への道』岩波書店、2010 年。
太田勝洪・朱建栄編『原典中国現代史　第 6 巻 外交』岩波書店、1995 年。
大田昌秀・佐藤優著『徹底討論　沖縄の未来』芙蓉書房 2016 年。
大庭三枝『東アジアのかたち』千倉書房、2016 年。
小笠原正明『外国学研究 XI』興文社、1980 年。
岡部達味編『中国をめぐる国際環境』岩波書店、2001 年。
岡部達味『中国の対外戦略』東京大学出版会、2002 年。
岡部達味『日中関係の過去と将来――誤解を超えて』(岩波現代文庫)、岩波書店、2006 年。
大島隆『アメリカは尖閣を守るか 激変する日米中のパワーバランス』朝日新聞出版、2017 年。
大矢根聡『コンストラクティヴィズムの国際関係論』有斐閣、2013 年。
外務省編纂『日本外交文書第 18 巻』日本国際連合協会、1950 年。同前『日本外交文書第 23 巻』同前、1952 年。
加々美光行編(趙宏偉他執筆)『中国内外政治と相互依存――中国政治研究の新機軸』(叢書 現代中国学の構築に向けて 2)、日本評論社、2008 年。
霞山会編『日中関係基本資料集　1972 〜 2008 年』(財)霞山会、2008 年。
鹿島平和研究所編『日本外交主要文書・年表　第 2 巻』原書房、1984 年。
J・カーター(日高義樹監修、持田直武・平野次郎・植田樹・寺内正義訳)『カーター回顧録』上、NHK 出版、1982 年。
加藤弘之『曖昧な制度としての中国型資本主義』NTT 出版、2013 年。
カプラン、ロバート・D. (奥山真司訳)『南シナ海　中国海洋覇権の野望』講談社、2014 年。
神川正彦『比較文明文化への道――日本文明の多元性』(刀水歴史全書 72、比較文明叢書 6)、刀水書房、2005 年。
加茂具樹編著『中国対外行動の源泉』(慶應義塾大学東アジア研究所　現代中国研究シリーズ)、慶應義塾大学出版会、2017 年。
加茂具樹編著『「大国」としての中国』一藝社、2017 年。
茅原郁生、美根慶樹『21 世紀の中国 軍事外交篇　軍事大国化する中国の現状と戦略』朝日新聞出版、2012 年。
茅原郁生『中国人民解放軍「習近平軍事改革」の実像と限界』PHP 出版、2018 年。
河合秀和『比較政治・入門』有斐閣、1996 年。
川勝平太『文明の海洋史観』(中公叢書)、中央公論社、1997 年。
川島真編『中国の外交――自己認識と課題』(異文化理解講座 6)、山川出版社、2007 年。
川島真、服部龍二編『東アジア国際政治史』名古屋大学出版会、2007 年。
川島真、清水麗、松田康博、楊永明編『日台関係史　1945 〜 2008』東京大学出版会、2009 年。
川島真、毛里和子『グローバル中国の道程・外交 150 年』(叢書中国的問題群 12)、岩波書店、2009 年。
川島真編『チャイナ・リスク』(シリーズ 日本の安全保障 第 5 巻)、岩波書店、2015 年。
川島真『21 世紀の「中華」――習近平中国と東アジア』中央公論新社、2016 年。
川島真『中国のフロンティア――揺れ動く境界から考える』(岩波新書)、岩波書店、2017 年。
キッシンジャー、ヘンリー(岡崎久彦監修)『外交　上下』日本経済新聞社、1996 年。
木宮正史編『朝鮮半島と東アジア』岩波書店、2015 年。
金淑賢『中韓国交正常化と東アジア国際政治の変容』明石書店、2010 年。
公文俊平『情報文明論』NTT 出版、1994 年。

クリントン、ヒラリー・ロダム『困難な選択・上下』日本経済新聞社翻訳・出版、2015 年。
グローバル・ガヴァナンス学会編『グローバル・ガヴァナンス学』Ⅰ・Ⅱ、法律文化社、2018 年。
経済企画庁総合計画局編『環日本海時代と地域の活性化』1992 年。
高英煥（池田菊敏訳）『平壌 25 時──金王朝の内幕　元北朝鮮エリート外交官衝撃の告白』徳間書店、1992 年。
呉士存（朱建栄訳）『中国と南沙諸島紛争』花伝社、2017 年。
国分良成『中国の統治能力──政治・経済・外交の相互連関分析』慶應義塾大学出版会、2006 年。
国分良成『現代東アジア』慶應義塾大学出版会、2009 年。
国分良成、添谷芳秀、高原明生、川島真『日中関係史』（有斐閣アルマ）、有斐閣、2013 年。
國分良成、小嶋華津子『現代中国政治外交の原点』慶應義塾大学出版会、2013 年。
国分良成『中国政治からみた日中関係』（岩波現代全書）、岩波書店、2017 年。
小林弘二『グローバル化時代の中国現代史　1917 ～ 2005』筑摩書房、2013 年。
五味俊樹、滝田賢治編『「9・11」以後のアメリカと世界』南窓社、2004 年。
胡波（濱口城訳）『中国はなぜ「海洋大国」を目指すのか』富士山出版社、2016 年。
佐藤考一『ASEAN レジーム──ASEAN における会議外交の発展と課題』勁草書房、2003 年。
佐藤考一『「中国脅威論」と ASEAN 諸国──安全保障・経済をめぐる会議外交の展開』勁草書房、2012 年。
下斗米伸夫『アジア冷戦史』（中公新書）、中央公論新社、2004 年。
下斗米伸夫『神と革命──ロシア革命の知られざる真実』筑摩書房、2018 年。
下斗米伸夫『宗教・地政学から読むロシア──「第三のローマ」をめざすプーチン』日本経済新聞社、2017 年。
朱建栄『毛沢東の朝鮮戦争』岩波書店、1991 年。
朱建栄『毛沢東のベトナム戦争』東京大学出版会、2001 年。
O・シュペングラー『西洋の没落』五月書房、2001 年。
沈志華（朱建栄訳）『最後の天朝──毛沢東・金日成時代の中朝関係』岩波書店、2016 年。
進藤榮一『東アジア共同体をどうつくるか』（ちくま新書）、筑摩書房，2007 年。
末廣昭・田島俊雄・丸川知雄編『中国・新興国ネクサス──新たな世界経済循環』東京大学出版会、2018 年。
春原剛『米朝対立──核危機の 10 年』日本経済新聞社、2004 年。
スミス、シーラ（伏見岳人、佐藤悠子、玉置敦彦訳）『日中 親愛なる宿敵 : 変容する日本政治と対中政策』東京大学出版会、2018 年。
添谷芳秀『日本外交と中国── 1945 ～ 1972』慶應義塾大学出版会、1997 年。
高木誠一郎編『米中関係──冷戦後の構造と展開』日本国際問題研究所、2007 年。
高橋庄五郎『尖閣列島ノート』青年出版社、1979 年。
田島高志、高原明生、井上正也『外交証言録　日中平和友好条約交渉と鄧小平来日』岩波書店、2018 年。
田中明彦『世界システム』（現代政治学叢書 19）、東京大学出版会、1989 年。
田中明彦『日中関係　1945 ～ 1990』（UP 選書）、東京大学出版会、1991 年。
田中明彦『安全保障──戦後 50 年の模索』（20 世紀の日本 2）、読売新聞社、1997 年。
田中明彦『ワード・ポリティクス──グローバリゼーションの中の日本外交』筑摩書房、2000 年。
田中明彦『ポスト・クライシスの世界──新多極時代を動かすパワー原理』日本経済新聞社、2009 年。
田中明彦著、日本経済研究センター編『提言 日米同盟を組み直す──東アジアリスクと安全保障改革』日本経済新聞社、2017 年。
Tanaka Akihiko（田中明彦）(Jean Connell Hoff 訳) *Japan in Asia: Post-Cold-War Diplomacy* (JAPAN

LIBRARY) 出版文化産業振興財団、2017 年。
『中国年鑑』一般社団法人中国研究所、1990 〜 2019 年各年版。
恒川恵市『従属の政治経済学　メキシコ』東京大学出版会、1988 年。
寺田隆信『物語　中国の歴史——文明史的序説』（中公新書）、中央公論社、1997 年。
苫米地真理『尖閣諸島をめぐる「誤解」を解く・国会答弁にみる政府見解の検証』日本僑報社、2016 年。
A・J・トインビー（長谷川松治訳）『歴史の研究（サマヴェル縮冊版）』社会思想社、1975 年。
ナイ、ジョセフ・S.（山岡洋一訳）『ソフト・パワー—— 21 世紀国際政治を制する見えざる力』日本経済新聞社、2004 年。
ナイ、ジョセフ・S.（田中明彦、村田晃嗣訳）『国際紛争——理論と歴史（原書第 6 版）』有斐閣、2007 年。
ナイ、ジョセフ・S.(山岡 洋一、藤島京子訳)『スマート・パワー—— 21 世紀を支配する新しい力』日本経済新聞社、2011 年。
中居良文編著『台頭中国の対外関係』御茶の水書房、2009 年。
中島敏次郎、井上正也『外交証言録 日米安保・沖縄返還・天安門事件』岩波書店、2012 年。
中曽根康弘（中島琢磨他編）『中曽根康弘が語る戦後日本外交』新潮社、2012 年。
日本国際政治学会編、田中明彦、中西寛、飯田敬輔責任編集『日本の国際政治学 1　学としての国際政治』有斐閣、2009 年。
日本国際問題研究所中国部会編『新中国資料集成』第 3 巻、日本国際問題研究所、1969 年。
ニクソン、リチャード（松尾文夫、斎田一路訳）『ニクソン回顧録　第 1 部』小学館、1978 年。
丹羽宇一郎『北京烈日』文藝春秋、2013 年。
野林健、大芝亮、他共著『国際政治経済学・入門』（有斐閣アルマ）、有斐閣、2007 年第 3 版。
ハイランド、ウィリアム・G.（堀本武功・塚田洋訳）『冷戦後のアメリカ外交』（明石ライブラリー 72）、明石書店、2005 年。
ハンチントン、サミュエル・P．（鈴木主税訳）『文明の衝突』集英社、1998 年。
春名幹男『米中冷戦と日本』PHP 研究所、2012 年。
平岩俊司『朝鮮民主主義人民共和国と中華人民共和国——「唇歯の関係」の構造と変容』世織書房、2010 年。
平野健一郎『国際文化論』東京大学出版会、2000 年。
平松茂雄『中国の戦略的海洋進出』勁草書房、2002 年。
平松茂雄『中国の安全保障戦略』勁草書房、2005 年。
J・K・フェアバンク（平野健一郎・蒲地典子訳）『中国回想録』みすず書房、1994 年。
フクヤマ、フランシス（会田弘継訳）『政治の起源　上下』講談社、2013 年。
ブッシュ、ジョージ・W．（伏見威蕃訳）『決断のとき（Decision Points）上下』（回顧録）日本経済新聞社、2011 年。
船橋洋一『同盟漂流』岩波書店、1997 年。
船橋洋一『ザ・ペニンシュラ・クエスチョン——朝鮮半島第二次核危機』朝日新聞社、2006 年。
フルシチョフ、ニキータ・セルゲーエヴィチ（タイムライフブックス編集部訳）『フルシチョフ回想録』タイムライフインターナショナル、1972 年。
フルシチョフ（佐藤亮一訳）『フルシチョフ最後の遺言』河出書房新社、1975 年。
ヘイトン、ビル（Bill Hayton）（安原和見訳）『南シナ海：アジアの覇権をめぐる闘争史』河出書房新社、2015 年。
ベネディクト、ルース（長谷川松治訳）『菊と刀——日本文化の型』社会思想社、1967 年。(Benedict, Ruth, The Chrysanthemum and The Sword: Patterns of Japanese Culture. Boston: Houghton Mifflin, 1946.）

ホッブズ（永井道雄・宗片邦義訳）『ホッブズ（世界の名著 28）』（中公バックス）、中央公論社、1979 年。
歩平（編集代表）（高原明生監訳）『中日関係史　1978 〜 2008』東京大学出版会、2009 年。
堀内賢志『ロシア極東地方の国際協力と地方政府──中央・地方関係からの分析』国際書院、2008 年。
益尾知佐子『中国政治外交の転換点──改革開放と「独立自主の対外政策」』東京大学出版会、2010 年。
松井芳郎『国際法学者がよむ尖閣問題』日本評論社、2014 年。
松田康博編『NSC 国際安全保障会議──危機管理・安保政策統合メカニズムの比較研究』彩流社、2009 年。
松田康博、清水麗編著『現代台湾の政治経済と中台関係』晃洋書房、2018 年。
マハティール・ビン・モハマド（橋本光平訳・構成）『日本人よ．成功の原点に戻れ──真のグローバリゼーションを目指して』PHP 研究所、2004 年。
マハティール・ビン・モハマド（加藤暁子訳）『マハティールの履歴書』日本経済新聞社、2013 年。
丸川知雄『チャイニーズ・ドリーム──大衆資本主義が世界を変える』筑摩書房、2013 年。
丸山真男『忠誠と反逆』筑摩書房、1998 年。
丸山真男『現代政治の思想と行動　増補版』未來社、2000 年。
丸山真男他『日本文化のかくれた形』岩波現代文庫、2004 年。
溝口雄三『中国の衝撃』東京大学出版会、2004 年。
宮本雄二『これから、中国とどう付き合うか』日本経済新聞社、2010 年。
村井友秀、阿部純一、浅野亮、安田淳編『中国をめぐる安全保障』（Minerva 人文・社会科学叢書 127）、ミネルヴァ書房、2007 年。
村上泰亮『文明の多系史観──世界史再解釈の試み』（中公叢書）、中央公論社、1998 年。
村田忠禧『日中領土問題の起源─公文書が語る不都合な真実』花伝社、2013 年。
村田忠禧『史料徹底検証 尖閣領有』花伝社、2015 年。
毛里和子『新版・現代中国政治』名古屋大学出版会、2004 年、第 3 版、2012 年。
毛里和子『日中関係──戦後から新時代へ』（岩波新書）、岩波書店、2006 年。
毛里和子・毛里興三郎訳『ニクソン訪中機密会談録』名古屋大学出版会、2001 年初版、2016 年増補版。
毛里和子『現代中国外交』岩波書店、2018 年。
森川裕二『東アジア地域形成の新たな政治力学』国際書院、2012 年。
森聡『ヴェトナム戦争と同盟外交』東京大学出版会、2009 年。
矢吹晋『尖閣衝突は沖縄返還に始まる』花伝社、2013 年。
矢吹晋『尖閣問題の核心』花伝社、2013 年。
矢吹晋『南シナ海領土紛争と日本』花伝社、2016 年。
矢吹晋『中国の夢』花伝社、2018 年。
薮中三十二『国家の命運』（新潮新書）、新潮社、2010 年。
山影進『ASEAN パワー──アジア太平洋の中核へ』東京大学出版会、1997 年。
山極晃『東アジアと冷戦』三嶺書房、1994 年。
山本新『周辺文明論──欧化と土着』（刀水歴史全書 22）、刀水書房、1985 年。
山本吉宣『国際的相互依存』（現代政治学叢書 18）東京大学出版会、1989 年。
山本吉宣『「帝国」の国際政治学──冷戦後の国際システムとアメリカ』東信堂、2006 年。
山本草二『海洋法』三省堂、1992 年。
遊川和郎、平井久志、廣瀬陽子、鈴木有理佳、松田康博『中国との距離に悩む周縁』（アジア研究所叢書）、亜細亜大学アジア研究所、2016 年。

ラファルグ、フランソワ（藤野邦夫訳）『米中激突——戦略的地政学で読み解く 21 世紀世界情勢』作品社、2008 年。
李暁東『現代中国の省察』国際書院、2018 年。
林載桓『人民解放軍と中国政治——文化大革命から鄧小平へ』名古屋大学出版会、2014 年。
和田春樹、後藤乾一編『岩波講座 東アジア近現代通史 全 10 巻』岩波書店、2010 年、2011 年。
和田 春樹、後藤 乾一編『東アジア近現代通史　上下』岩波書店、2014 年。

(中国語)
閻学通『中国国家利益分析』天津人民出版社、1996 年。
閻学通『道義現実主義與中国的崛起戦略』中国社会科学出版社、2018 年。
王家瑞編『中国共産党対外交往九十年』当代世界出版社、2013 年。
王樹春編『冷戦後の中俄関係』時事出版社、2005 年。
王海（抗米援朝戦闘英雄、元中国空軍司令官）『我的戦闘生涯』中共中央文献出版社、2000 年。
王鉄崖編『中外旧約章彙編』第一冊、生活・読書・新知三聯書店、1957 年。
宮力『鄧小平与美国』中共党史出版社、2004 年。
牛大勇、沈志華編『冷戦与中国的周辺事態関係』世界知識出版社（中国）、2004 年。
牛軍『冷戦与新中国外交的縁起』社会科学文献出版社、2012 年。
金冲及・陳群編『陳雲伝　上下』中共中央文献出版社（中國）、2005 年。
倪創輝『十年中越戦争』天行健出版社（中国）、2009 年。
『建国以来毛沢東文稿　第 1～13 巻』中央文献出版社、1987～98 年。
黄华（黄華）『親歷与見聞：黄華回憶録』世界知識出版社（中国）、2007 年。
江沢民『江沢民文選　第 1・2・3 巻』人民出版社、2006 年。
高之国、賈兵兵『論南海九段線的歴史、地位和作用』海洋出版社、2014 年。
呉冷西『十年論戦：1956～1966 中ソ関係回憶録』中共中央文献出版社（中國）、1999 年。
師哲『在巨人身辺：師哲回顧録』中共中央党校出版社、1998 年。
上海社会科学院上海合作組織研究中心『上海五国——上海合作組織資料集』第 1 巻、第 2 巻、2003 年、2005 年。
『周恩来外交活動大事記　1949-1975』世界知識出版社、1993 年。
『周恩来年譜：1949～1976　上中下』中央文献出版社（中國）、1997 年。
周恩来軍事活動紀事編写組『周恩来軍事活動紀事　上下』中央文献出版社、2000 年。
周弘編『中国援外六十年』社会科学文献出版社、2013 年。
蒋立峰主編『21 世紀中日関係発展構想』世界知識出版社（中国）、2004 年。
沈志華総編集『蘇聯歴史档案選編（全 34 巻）』社会科学文献出版社（中国）、2002 年。
沈志華『毛沢東・斯大林和朝鮮戦争』広東人民出版社（中国）、2004 年。
沈志華編『中蘇関係史綱（1917～1991）』新華出版社、2007 年。
沈志華『冷戦的起源—戦後蘇聯対外政策及其転変』九州出版社（中国）2013 年。
銭其琛（銭其琛）『外交十記』世界知識出版社（中國）、2003 年。
銭江『中国軍事顧問団赴越南征戦記』河南人民出版社、1992 年。
孫暁光、趙徳旺、侯乃峰『琉球救国請願書・整理与研究』新華出版社（中国）、2018 年。
戴秉国『戦略対話：戴秉国回顧録』人民出版社・世界知識出版社（中国）、2016 年。
中華人民共和国外交部外交史編集室編『新中国外交風雲——中国外交官回憶録』世界知識出版社（中國）、1990 年。
中華人民共和国外交部政策研究室（政策規劃司）編『中国外交』各年版、世界知識出版社。
中華人民共和国外交部档案館編『偉人的足跡：鄧小平外交活動大事記』中共中央文献出版社（中國）、第 2 版（李海文整理）1991 年。

参考文献

中華人民共和国外交部・中共中央文献研究室編『毛沢東外交文選』中央文献出版社・世界知識出版社、1994年。
中華民国内政部方域司（傅角今主編、王錫光他編絵）『中華民国行政区域図』商務印書館（中国）、1947年。
中共中央党史研究院・文献研究院編『習近平談「一帯一路」』中央文献出版社 2018年。
中共中央文献研究室編『三中全会以来：重要文献滙編　上下』人民出版社（中國）、1982年。
中共中央文献研究室・中国人民解放軍軍事科学院編『鄧小平軍事文集　三卷』軍事科学出版社・中共中央文献出版社（中國）、2004年。
中共中央文献研究室、中央档案館編『建国以来劉少奇文稿』中共中央文献出版社、2005年。
中国現代国際関係研究所民族与宗教研究中心『上海合作組織——新安全観與新機制』時事出版社（中國）、2002年。
中国中俄関係史研究会編『中俄関係的歴史與現実』河南大学出版社（中國）、2004年。
中国中俄関係史研究会編『中俄関係的歴史與現実』河南大学出版社、2004年。
中国現代国際関係研究所民族与宗教研究中心『上海合作組織——新安全観與新機制』（中国）時事出版社、2002年。
張銍秀『軍旅生涯』解放軍出版社、1998年。
赵紫阳（趙紫陽）『改革歷程』新世紀出版社（香港）、2009年。
『陳雲文集　第三卷』中共中央文献出版社（中國）、2005年。
『陳雲年譜　上中下』修訂本、中共中央文献出版社（中國）、2005年。
唐家璇『勁雨煕風』世界知識出版社（中國）、2009年、（加藤千洋訳『勁雨煕風』岩波書店、2011年）。
鄧小平『鄧小平文選　第1〜3卷』人民出版社（中國）、1983年、1989年、1993年。
『鄧小平年譜：1975〜1997　上中下』中共中央文献出版社（中國）、2004年。
陶文剑編『美国対華政策文件集・第2卷・上』世界知識出版社（中国）、2004年。
任天豪『従正統到生存：中華民国対琉球釣魚台問題的因應與東亜冷戦政局』国史館（台湾）、2018年。
裴华編著（裴華編著）『中日外交風雲中的鄧小平』中共中央文献出版社（中國）、2002年。
潘維編著『中国模式』中国編訳出版社、2009年。
潘維『比較政治学』北京大学出版社、2014年。
潘光、胡键（胡鍵）『21世紀的第1個新型区域合作組織——対上海合作組織的総合研究』中共中央党校出版社（中國）、2006年。
費孝通『江村経済』商務印書館、2001年中信版『看世界』中信出版集団、2018年。
熊向輝『我的情報和外交生涯』中共党史出版社、1999年。
葉自成『中国崛起』人民出版社（中国）、2013年。
葉自成・龍泉霖『華夏主義』人民出版社（中国）、2013年。
「李先念伝」編写組編（編纂組編）『李先念伝1949〜1992　上下』中共中央文献出版社（中國）、2009年。
李丹慧編著『北京与莫斯科：従聯盟走向対抗』広西師範大学出版社、2002年。
李岚清（李嵐清）『突囲：国門初開的歳月』中共中央文献出版社、2008年。
劉源『漫憶父劉少奇　与国防、軍事、軍隊』人民出版社、2018年。
劉江永『可持続安全論』清華大学出版社（中国）、2016年。
劉江永『釣魚島列島帰属考：事実与法理』人民出版社（中国）、2016年。
林田富『再論　釣魚台列嶼主権争議』五南図書出版（台湾）、2002年。

本書の参考とした筆者の著作
(日本語)

「現代中国の政治体制に関する一考察・『諸侯経済』現象の分析から」アジア政経学会『アジア研究』第 38 巻第 4 号、1992 年 8 月、1-28 頁。

共著『日中交流団体名鑑』笹川平和財団笹川日中友好基金によるプロジェクト「日中交流実態調査」(1995 〜 97 年)、東方書店、1996 年。

「開発主義とデモクラシー・中国の挑戦」内山秀夫・薬師寺泰蔵編『グローバル・デモクラシーの政治世界』有信堂、1997 年、92-109 頁。

共著『日中交流の四半世紀』東洋経済新報社、1998 年。

『中国の重層集権体制』東京大学出版会、1998 年。

「中国の行政改革」日本比較政治学会編『世界の行政改革』早稲田大学出版部、1999 年、153-174 頁。

「省党委員会書記の権力」天児慧編『現代中国の構造変動 4・政治』東京大学出版会、2000 年、133-166 頁。

『膨張する中国　呑み込まれる日本』講談社、2002 年。

「『3 つの代表論』と中華本流の復興」中国研究所編『中国年鑑・2003 年版』創土社、2003 年、60-65 頁。

「現代中国の政治体制の変容—文明論のアプローチよりの考察—」愛知大学国際中国学研究センター編『激動する世界と中国—現代中国学の構築に向けて—』、愛知大学、2003 年、93-96 頁。

「中国の『農村税費改革』と政治体制—政治文明論からのアプローチ—」『中国研究月報』中国研究所、2004 年 2 月号、5-20 頁。

「東アジア地域間の融合と相克における中国の外交」『現代中国』日本現代中国学会年報、2005 年、第 79 号 15-37 頁。

「中国における政治文明と政治体制の変容——江沢民政権 (1994 〜 2002 年) と胡錦涛政権 (2003 〜 2007 年) の政治過程を考察して」加々美光行編著『中国内外政治と相互依存』日本評論社、2008 年、136-172 頁。

「中国の政治体制の 60 年——政治文明論からの検証」中国研究所編:『中国年鑑 2010「特集・政治」』毎日新聞出版社、2010 年、43-48 頁。

共著・趙宏偉、青山瑠妙、益尾佐知子、三船恵美『中国外交の世界戦略——日・米・アジアとの攻防 30 年』明石書店、2011 年。

「日ソ・露関係と中国—その史的法則とメカニズム」—」下斗米伸夫編著『日露関係　歴史と現代』法政大学出版局、2015 年。

共著・益尾佐知子、青山瑠妙、三船恵美、趙宏偉『中国外交史』東京大学出版会、2017 年。

「中国外交　地域大国から世界大国への質的転換 (2006 年〜)」『中国研究月報』一般社団法人中国研究所、2017 年 9 月号。

「『習近平新時代中国特色社会主義思想』の検証」公益財団法人日本国際問題研究所『国際問題研究』2018 年第 7・8 月合併号、6-14 頁。

(外国語)

Political Regime of Contemporary China, University Press of America, 2002。

Чжао Хунвэй. Китайская дипломатия в контексте процессов взаимовлияния и соперничества в Восточной Азии. Аналитический записки, выпуск 1(21), Научно-координационный совет по международным исследпванниям МГИМО (У) МИД России Центр исследпван и й Восточной Азии и ШОС Москва МГИМО - Университет 2007.

Чжао Хунвэй. Японо-китайские отношения и внешняя политика Ху Цзинь, *Под редакцией А.В. Лукина*, Япония в Восточной Азии: внутреннее и внешнееизмерения. Институт международных исследований МГИМО (У) МИД России Центр исследований Восточной Азии и ШОС Москва МГИМО - Университет 2009, pp.177-204.(「日中関係と胡錦涛の対日外交（2003～2008）」、Alexander Lukin 編『日本と東アジアの関係――内外両面からの考察』ロシア外務省モスクワ国際関係大学出版、2009 年）。

「東亜区域一体化進程中的中日関係」『世界経済与政治』中国社会科学院世界経済与政治研究所、2010 年 9 月号、19-39 頁。

「論東海・南海国際秩序中的大国規矩和国際法規」『亜太安全与海洋研究』国務院発展研究中心亜非発展研究所、南京大学中国南海研究協同創新中心、2016 年 11 月、第 10 期 1-10 頁。

「文明学領綱"地域研究"構建"一帯一路学"」『中国評論』中国評論文化有限公司（香港）、2018 年 8 月号、93-101 頁。

「以中日 FTA 博弈為杠杆建設国際経済秩序」『中国評論』中国評論文化有限公司（香港）、2019 年 3 月号、79-85 頁。

索引

〔1~9〕

21世紀海上シルクロード　22, 35, 41, 204
「3つの代表」思想　169
四カ国条約　93, 106
九二コンセンサス　228-229
九カ国条約　93, 106
9.7 尖閣事件　9, 155, 159, 165
9.7 尖閣諸島／釣魚島水域漁船接触事件　8

〔A〜Z〕

AIIB（アジアインフラ投資銀行）　206, 209, 293, 297-298, 306
AMF 構想　74, 76
APEC　41, 56, 72
BRICS　7, 59, 61, 121, 129, 186, 206, 208, 210, 282-283, 297, 302, 312
CICA（アジア信頼醸成措置会議）　126-127, 207, 293-294, 297
CICA 上海宣言　127, 207, 295
CPTPP 協定　202
EAEC　48, 71-73, 75-76
EAEG　69-72
G2　10, 12, 65, 206, 210, 231-232, 306
G3　12, 206, 306
GHQ　10, 115, 250-253, 264-265, 275
GMS　82-83
ICBM　110-112, 232-233
KEDO　100
PCA　11, 216, 248, 267-269, 272
RCEP（東アジア地域包括的経済連携）　113, 202, 206, 212, 239, 282, 291
SCAPIN 第 677 号　10, 250-251
TPP（環太平洋経済連携協定）　189, 198-202, 212, 232, 234, 310

TTIP（EU・米国貿易投資協定）　199-200, 234
WTO　79, 81, 231, 234-235, 237, 287
WTO 加盟　41, 77, 79, 186, 281

〔ア行〕

アーミテージ・レポート　196-197
愛国主義教育　133
愛知揆一　255-256
愛知明言　255-258
アイディアリズム　17-19
アキノ三世（Benigno Simeon Cojuangco Aquino III）　216, 267, 308
アジア安全（保障）観　12, 293-295
アジア運命共同体　204, 206, 302
アジア回帰　65, 74, 150, 189, 197, 204, 212
アジア金融危機　75-76
アジア主導　126-127, 207, 295-296
アジア信頼醸成措置会議（CICA）　126, 207
アジア太平洋　9, 17, 48, 72, 102, 126, 130-131, 195-198, 200, 248, 281-282, 289, 292, 294, 297, 305-306
アジア太平洋リバランス　74, 87, 150, 189, 197, 200, 204, 210-211, 232, 267, 315
アジア派官僚　76, 89
アセアン　40, 48, 50, 60, 68-89, 99, 101, 103-104, 112-114, 119, 131, 143, 152, 186, 202, 204, 206, 208, 213-217, 227-228, 232, 244, 246-247, 268, 272, 291, 299, 302, 315
アセアン拡大外相会議　71
アセアン共同体　30
アセアン自由貿易圏（AFTA）　71
アセアン・中国自由経済圏　54, 68, 78, 82-83, 85, 213-214, 217, 246
アセアン主導　68, 79, 81, 85, 112
アセアン＋1　74, 78, 85, 87

索引

アセアン＋3　　41, 46, 49, 68, 74-76, 79-87, 131, 186, 195, 214
アセアン＋6　　74, 84, 86, 206, 212, 291
麻生太郎　　24, 60, 86, 87, 143, 150-154, 161-162, 165
アチソン・ライン　　89, 94-95, 98, 118, 242-243, 247, 280
兄分外交　　89
アフガニスタン　　7, 16, 50-54, 59, 61-65, 67, 99, 101, 118-120, 187, 231, 245, 277, 282, 288, 291, 294
アフリカ連合　　148
安倍晋三　　8-10, 24, 60, 123-125, 127-128, 130, 149-152, 158, 165, 180, 196-202, 205, 212, 218, 221, 223, 225-228, 233, 250, 292, 294, 298, 315
安倍晋太郎　　140
アラブの春　　17, 287
安重根　　224
安全保障　　10, 14-15, 38-39, 48-49, 51, 55, 61, 66, 71, 91-92, 99, 102-103, 108, 114, 120,・126-127, 149, 163, 185, 191-193, 196-198, 203-204, 207, 212, 216, 223, 225, 231-234, 291, 295-296, 315
五百旗頭真　　6, 25, 182, 198-199, 308
石原慎太郎　　220-221, 223, 284
イスラム国　　293, 298, 304, 312
一国二制度　　172-173, 230
一帯一路　　12, 22-23, 33-35, 41, 182, 200, 202, 204, 206, 208-210, 217, 238-239, 293-294, 297, 302, 305-306, 312-315
井上馨　　258
イラク戦争　　16, 54, 187
イラン核問題　　111, 233, 288, 298
インド・太平洋構想　　202
インド・太平洋戦略　　200-202, 232, 315
ウクライナ問題　　125, 127, 206, 247, 293, 296
梅棹忠夫　　24
閻学通　　14-15, 30, 145, 191
王毅　　49, 136, 144, 216, 226-227, 238, 264, 288, 290, 292, 299, 301-304, 310, 312
沖ノ鳥島　　251, 271-273, 309

オバマ（Barack Hussein Obama II）　　17, 54, 62-65, 67, 87, 106-111, 123, 150, 153, 180, 187, 196-201, 209-214, 219, 232-233, 247-248, 272, 284, 307, 314-315
小渕恵三　　102, 135-137, 158, 205
小和田恒　　268
温家宝　　81-82, 85, 144, 155, 179-181

〔カ行〕

華夷秩序　　34, 276
海洋文明論　　24
カイロ宣言　　94, 250
拡散外交　　73, 89
核心的利益　　9, 11, 41, 139, 162, 165, 185-190, 192, 193, 204, 211, 213, 282-284, 286, 291, 296
カラー革命　　17, 55, 298
間主観性（inter-subjectivity）　　18-19, 240-241, 243
乾地農法　　32
菅直人　　150, 153, 155, 161-162, 219, 224
環日本海圏開発　　92
カンボジア侵攻　　119, 244
『議界務専条』　　263, 274
北朝鮮核問題　　7, 41-42, 91-92, 99, 101, 103, 105-111, 113, 122-123, 186, 227, 232, 287-288, 292, 315
北朝鮮核問題六カ国協議　　7, 41, 46, 49, 90-92, 95, 97, 99-109, 112-113, 115, 123, 129, 186, 194-195, 292
金日成　　95-96, 277
金正日　　106-107, 109-110, 224
金正恩　　109-113, 224, 233
金大中　　80, 102, 135-136
キャンベル、カート（Campbell, Kurt M.）　　10, 199, 221-222
九小島事件　　264
九段線　　265, 269-271, 276, 309
強制管轄権　　269
強制仲裁権　　269
協定水域　　156-157

327

距離外交　　37, 131, 165
義利観　　35, 195, 276, 280, 290
クリミア　　125, 206
クリントン、ヒラリー（Clinton, Hillary）　65, 87, 162, 189, 197, 199, 211-214, 247, 304
グローバル・ガヴァナンス論　16
グローバル・パートナーネットワーク　205, 305
経済ナショナリズム　17, 41, 199, 231, 233-234, 239, 248, 307, 314
経済ネクサス　36
恵台31カ条　229
決定的期日　10, 254, 257
権原　249-250, 252-255, 257-258
牽制外交　68, 77, 82, 86, 88-89, 128-129, 151
原則外交　138, 165
「乾隆内府輿図」　259
小泉純一郎　8, 24, 60, 80-81, 90, 102, 121-122, 130, 138-152, 154, 160-161, 163, 165, 180, 223-224, 226
好悪外交　89, 166
高高度防衛ミサイル（THAAD）　225, 304, 315
杭州G20サミット　218, 226, 303, 305
抗米援越　46
呉儀ドタキャン　147-148
胡錦濤対日二原則　8, 138-140, 144
国際掟　240-241, 279
国際海洋法公約　222, 249, 265-266, 269-273, 309
国際的相互依存論　15-16
国際反米統一戦線　39
国際反米反ソ統一戦線　39
国際文化論　22, 24-25
国際文明論　6, 22, 25-26, 28-29, 42
国際レジーム論　16
国連気候変動パリ大会（COP21）　213, 299
国家安全（保障）委員会　12, 184, 190, 192, 291, 296
固有領土　124, 221, 250, 274
ゴルバチョフ（Mikhail Sergeevich Gorbachev）

99, 120-121, 245
コントラクティヴィズム　6, 14, 18-20, 27-28, 240
「坤輿全図」　259

〔サ行〕

榊原英資　76, 89
桜外交　37, 89, 143, 166
サッチャー（Margaret Hilda Thatcher）　262
サムライ外交　37, 89, 143, 166
三種勢力　51
暫定措置水域　156-157
サンフランシスコ講和条約　10, 116, 250-253, 279
残余主権　253
持続可能な包括的安全保障　182, 191, 207
実効支配権　158
執拗低音　28, 30-31, 35
シナ海秩序　10, 242, 244
『支那水路誌』　259
下関条約　249-250
上海協力機構　7, 41-42, 45-55, 58, 60, 66, 75, 91, 99, 101, 103, 113-114, 121, 129, 186, 195, 206, 210, 282, 291, 302
上海ファイブ　45-47, 51-52, 66, 75, 99, 113, 121
習アジア主義　127, 296
習安全保障観　127, 296
十一段線　11, 265
周恩来　95-96
宗教・人種イズム　199, 307, 314
習近平外交　9-11, 42, 169, 181-182, 184, 193, 203-204, 220, 223, 281, 313
習近平思想　9, 169, 170, 172-175, 181, 193
習近平新時代　12, 169, 182, 312-313
習近平新時代外交　12, 313
習近平新時代中国特色社会主義思想　169
習近平党大会報告（習報告）　169-175, 181-182, 184, 191
重慶モデル　178-180
重層集権体制　22, 32, 34

索　引

従属論　　17-18, 241
集団主義外交　　7, 42, 45-46, 50, 74, 121, 134
集団的自衛権　　196, 221, 293
習仲勲　　176
周辺運命共同体　　195, 204, 290-291, 302
周辺外交　　9, 12, 35, 41, 49, 111, 131, 134, 145, 150, 165, 194-196, 221, 276, 283-284, 288, 290, 308, 315
周辺外交座談会　　185, 195, 290
周辺事態　　133-134, 162, 196
周辺事態法　　133, 196, 201
儒教文明圏　　26
主権・安全（保障）・発展の利益　　9, 184-185
守成外交　　186
受動的外交　　186
商業ネットワーク帝国　　6, 34
常設仲裁法廷（PCA. Permanent Court of Arbitration）　　11, 216, 248, 267, 303, 308-309
蕭萬長　　187, 228
蔣友仁　　259
譲利外交　　78, 89
シリア内戦　　127, 287-288, 294
新安全（保障）観　　49-50, 75, 134, 191
新型国際関係　　12, 182, 184, 195, 204, 293, 301-303
新型大国関係　　11, 205, 210, 232, 286-287, 290, 294
『清国沿海諸省図』　　259
沈志華　　93, 95-96, 242, 277
新主要矛盾　　9, 170-171, 173
神聖同盟　　51, 55, 66
信託統治　　250, 252-255, 258, 261, 274
新南諸島　　264-265
清仏戦争　　263, 271
清仏『統議界務専条』　　11, 263, 266, 274-276
新保守主義　　16
人類運命共同体　　12, 41, 111, 173, 182, 184, 203-204, 302-303, 311
スターリン（Joseph Stalin）　　38, 45, 93-97, 115, 117, 242

スノーデン（Edward Joseph Snowden）　　211, 287
スモール・ナトー　　151, 197
性悪説　　14, 17-18, 20
政治文明論　　6, 22-23, 25-26, 28
性善説　　15
製造業2025ビジョン　　234
世界システム論　　18, 241
世界貿易機関（WTO）　　41, 77, 79, 81, 186, 231, 234-235, 237, 281, 287
積極外交　　186, 278, 285
積極的平和主義　　196, 198, 223
接近阻止　　214-216
接続水域　　158-160, 270, 310
攻めの外交　　9-10, 147, 162, 184-186, 193, 205, 215, 221, 248, 278, 314
尖閣三島国有化事件　　10, 165, 214, 220
尖閣上陸事件　　140, 160
尖閣諸島／釣魚島問題　　10, 130, 222, 249
尖閣諸島問題　　130, 140, 199, 225, 249, 274-275, 279, 300
先軍路線　　110
仙谷由人　　155, 159-160, 163
戦後秩序領土論　　124, 221
潜在主権　　253
専守防衛　　134, 165, 196, 201, 299
戦勝領土論　　221, 274, 285
選択の適用除外　　269
全方位外交　　6, 40, 314
戦略的忍耐　　107, 109-111, 315
善隣外交　　165, 196
『滄海津鏡』　　259
ソ越友好条約　　98, 120, 245
曽慶紅　　136, 178

〔タ行〕

第一次インドシナ戦争　　38
第一次産業革命　　6, 32
大韓民国臨時政府　　224
対局観　　11, 277
大局観　　11, 277-278

329

大国の掟　　10-11, 89, 92, 97, 215, 241-243, 245-249, 273, 275-276, 279-280
第三次産業　　32
太子党　　176-178
大周辺　　207
対ソ一辺倒外交　　38
対敵国通商法　　104
対日講和条約における領土部分の問題と主張に関する要綱草案　　257
対日単独講和　　116
対日闘争　　163, 221, 223, 226
「大日本管轄分地図・沖縄県内全図」　　260
太平島　　244, 264-265, 271
「台湾及琉球諸島地図」　　260
台湾問題　　8, 86, 94, 97, 120, 130-139, 142, 145-146, 152, 186-188, 225, 239, 248
竹島　　143, 224, 250-251, 280
田中均　　89, 102, 105
ダボス世界経済フォーラム　　306, 314
ダライ・ラマ（14th Dalai Lama）　　188
ダレス（John Foster Dulles）　　253
地域研究　　6, 20-23, 29-30
地域集団主義　　7, 42, 45, 47, 99
地域主義　　7, 99-100, 102
地域大国外交　　6-7, 41-42, 68, 193-194
地域統合　　15, 46, 68, 70, 73, 82-84, 195
地球儀外交　　196
チャイナドリーム　　285
張成沢　　287
中印国境戦争　　39, 243, 277
中越国境戦争　　40, 98, 115, 119, 243-245, 277
中越トンキン湾海上境界線　　276
中華思想　　34
中華世界　　30, 46
中華帝国　　35, 108
中華復興の外交　　42, 46, 50, 68, 73-74, 88-89
中華文明　　6, 26, 30-31
中華文明圏　　6, 24, 26-27, 30, 32
中華本流　　22, 31, 50
中華民国　　38, 45, 93, 115-116, 134, 230, 242, 244, 256, 264-266, 271, 275
『中華民国行政区域図』　　11, 265-266
中韓FTA　　224-225, 227-228
中韓漁業協定　　161
中韓特殊関係　　10, 223
中国・欧州運命共同体　　204, 302
中国・アセアンFTA枠組み協定　　7, 76, 78
中国・アセアン博覧会　　83, 103
中国・シンガポール経済回廊　　83
中国・中央アジア・西アジア・欧州経済ロード　　206
中国・中東欧16カ国首脳会議　　207, 291
『中国南海各島嶼図』　　266
中国・パキスタン経済回廊　　206
中国文明像　　6, 30, 32, 34
中国・ミャンマー・バングラデシュ・インド経済回廊　　206
中国夢　　11, 41, 171, 184, 285-286, 290
中国モデル　　173, 178, 314
中国・モンゴル・ロシア経済ロード　　206
中国・ロシア・欧州経済ロード　　206
中ソ国境衝突　　39, 98, 243, 245
中ソ同盟　　8, 37, 46, 89, 94, 115-116, 128
中ソ和解　　98-99, 120, 245
中体西用　　31
中東民主化　　16, 54, 187
中庸　　278, 280
中露印三国外相会議　　60, 121
中露印三国協調　　7, 41, 59, 186
中露特殊関係　　8, 12, 124, 126, 296-297
釣魚島　　8, 10, 124, 130, 140, 155-158, 160-161, 165, 220-223, 241, 249-250, 256, 259, 261-262, 279, 284, 305, 313
『釣魚島白書』　　221, 261, 274, 278, 285
釣魚島問題座談会　　220, 285
趙金龍　　96, 98, 245
朝貢秩序　　35, 277
朝鮮戦争　　37-38, 95-97, 102, 112, 116, 123, 225, 242-243, 247
朝鮮半島エネルギー開発機構　　100

索　引

懲罰外交　　*89, 145, 164*
陳元　　*177-178*
帝国之学　　*6, 20*
帝国論　　*18*
鄭舜功　　*259*
低潮高地　　*270-272*
デモクラティック・ピース論　　*16*
天安門事件　　*40, 69-70, 115, 120, 132, 176*
天朝意識　　*277*
天皇第 13 号勅令　　*260*
天皇訪中　　*8, 130, 132*
ドイツ G20 サミット　　*226*
道義現実主義　　*15, 30*
韜光養晦　　*6, 40, 48, 185-186, 221, 290*
鄧小平　　*37, 39-40, 46, 48-50, 70, 74-75, 98, 118-121, 132, 134, 145, 169-171, 175-178, 181, 185, 228, 238, 243-245, 262, 290, 307*
鄧小平 3 条件　　*98-99, 120, 245*
党中央護持海洋権益工作領導小組　　*220*
ドゥテルテ（Rodrigo Roa Duterte）　　*216-217, 308*
東南アジア友好協力条約（TAC）　　*77, 81, 246*
東方・アフリカ学院　　*21*
東北アジア集団安全保障メカニズム　　*103, 123, 194*
東北アジア集団協力メカニズム　　*7, 91-93, 99, 101-109, 112-113, 129*
東北アジア地域主義　　*100, 102*
東北アジア地域秩序　　*91*
東北アジア平和・安全メカニズム　　*104, 123*
東北亜投資貿易博覧会　　*103*
同盟従属　　*8, 71, 87, 89, 111, 134, 161, 166, 201*
同盟忖度　　*8, 111, 154, 161, 166, 201*
同盟のネットワーク　　*35, 197, 223*
同盟利用　　*166, 201*
東洋学　　*6, 21, 26, 35*
豆満江デルタ開発計画　　*100*
トランプ（Donald John Trump）　　*17, 41, 65, 110-112, 127, 131, 198-202, 205, 213, 218, 226, 230-239, 247-248, 304, 306-307, 310, 313-315*
トランプイズム　　*199, 231, 239, 307, 314*

トランプ・金正恩会談　　*226, 233*
トランプ・ショック　　*9, 196, 201*
トランプ・ポピュリズム　　*237, 307*
トルーマン声明　　*89, 94-95*
ナイ・イニシアティブ　　*196*

〔ナ行〕

内国民待遇　　*174*
中曽根康弘　　*106, 133, 149*
「南海諸島位置図」　　*11, 265-266*
南沙諸島海戦　　*40, 244*
南沙諸島問題　　*48, 75*
南沙要塞　　*216, 296*
ニクソン訪中　　*89, 98, 118, 134, 146, 243*
日英同盟　　*93, 105-106*
日米安保協議委員会　　*142, 145-146*
日米安保条約第 5 条　　*140-141, 162*
日米安保「新ガイドライン」　　*133*
日米沖縄返還協定　　*10, 249, 253-254, 256*
日米豪印連携　　*8, 86, 88-89, 143, 150-152, 212*
日米同盟　　*8, 10, 86-87, 89, 92, 98, 106, 115-116, 118, 123, 128, 130-131, 133-134, 136-137, 142, 145, 150, 152-153, 155, 161-163, 165-166, 195-199, 201, 205, 212, 223-224, 226-227, 232, 243*
日ロ平和条約　　*128*
日韓共同宣言　　*135*
日韓シャトル外交　　*8, 138, 142-143, 224*
日ソ共同宣言　　*116*
日中韓 FTA　　*82, 89, 224, 227-228, 236, 239*
日中韓自由経済圏　　*87*
日中韓首脳会議　　*87, 227*
日中共同声明　　*135*
日中共同宣言　　*135-136, 152, 226*
日中漁業協定　　*9, 156-161, 163-164, 278*
日中漁業共同委員会　　*9, 157-159, 161*
日中国交正常化　　*115, 118, 130, 132-134, 140, 220-221, 227, 262*
日中戦略的互恵関係　　*150*
日中平和友好条約　　*115, 118*
日中友好運動　　*70, 130-132, 166*

331

日中友好協会　　132
日中友好国民運動　　132
二島返還　　116, 128
日本・EU経済連携協定　　199-200
日本・アセアン・インドライン　　86, 89
『日本一鑑』　　259
日本共産党（日共）　　116-117, 316
日本言論NPO　　283, 288, 294, 300, 305, 312
入亜　　8, 87, 150, 152, 154-155, 165
丹羽宇一郎　　221-222
ネオコン　　16
ネットワーク帝国　　6, 18, 34-35
農業革命　　32
農業市場経済　　6, 32
農業市場経済体制　　6, 32
農商市場経済　　34
農商自由民社会　　34
野田佳彦　　130, 150, 220

〔ハ行〕

パートナー・ネットワーク　　195, 197
排他的経済水域　　156, 270, 309
排他的支配力　　271, 274
ハイド書簡　　149
馬英九　　187, 228
薄熙来　　177-181
朴槿恵　　111, 224-225, 304
羽毛田信吾　　163, 219, 223
覇権安定論　　14
橋本龍太郎　　121, 133-134, 139, 201
パス依存論　　6, 18-20, 27-28, 241
鳩山由紀夫　　87, 89, 143, 150, 152-155, 161-163, 166, 218
パリ気候変動枠組条約締結国会議（COP21）　　213
パリ協定　　299
パワー・シェアリング　　7, 89, 92-95, 97-99, 109, 113, 115-116, 118, 120, 129, 241-243, 246, 248-249, 275
「反国家分裂法」　　187

反宗教原理主義　　51
反ソ統一戦線外交　　6, 39, 119
ハンチントン（Samuel Phillips Huntington）　　24
反テロリズム　　51
バンドン会議　　146
反覇権主義　　118
板門店宣言　　112
東アジア共同体　　80-81, 87, 89, 142, 152, 154
東アジア経済協議会（EAEC）　　48, 71
東アジア経済グループ（EAEG）　　69, 72
東アジア首脳会議　　7, 41, 46, 82, 84-87, 107, 129, 186, 195-196, 212, 214, 232, 247
東シナ海ガス田問題　　142, 146, 152-153, 159, 162-163
費孝通　　21
非公表了解事項　　9, 157-161
非同盟　　35, 46, 48, 61, 151, 197, 217
非利益動機　　27, 37, 88, 130-131, 241
フェアバンク（John King Fairbank）　　21
傅瑩　　203, 226, 240, 299
複合的アプローチ　　6, 29, 42, 241
福田・胡コンセンサス　　226
福田ドクトリン　　70
福田康夫　　87, 89, 105-106, 123, 130, 143, 150, 152, 166, 226
二つの先導　　232, 306
ブッシュ（George Walker Bush）　　16-17, 54, 60, 91, 100-102, 105-107, 123, 140, 142, 149, 187, 197, 205
プライド外交　　37
奮発有為　　9, 11, 184-186, 204, 290
文明学　　6, 22-24, 26-29
文明の国際地域性　　26
文明の宿命性　　27
『文明の衝突』　　23-24, 27
文明の相対性　　27
文明の超時代的伝承性　　26-27
文明の非理性　　27
文明の融合性　　27
文明論　　6, 22-23, 25, 28, 30, 241

索　引

米韓合同軍事演習　　112
米国国家安全保障戦略　　233
米国第一　　10, 17, 41, 199-200, 231, 233-234, 239, 248, 307
米国ファースト　　311, 314-315
米ソデタント　　46
米中1972年体制　　98, 118, 134, 146, 243-244
米中経済・技術戦争　　10, 41, 67, 233
米中新型大国関係　　205, 210, 232, 294
米中和解　　39, 46, 134
米朝枠組み合意　　7, 99-100
平和解放　　230
平和的発展　　185, 192, 195, 205, 230, 286, 291-292, 296
ベーカー (James Addison Baker)　　71-72
北京オリンピック　　186, 188
ベトナム戦争　　39, 46, 97, 117, 191, 214, 242-244, 247
ベトナム懲罰戦争　　39, 98, 118, 120, 244
ヘレニズム文明　　26
博鰲（ぼあお）アジア・フォーラム　　53, 58, 77, 127, 206, 296, 303
包括的官僚主導体制　　199
防空識別圏　　221
法理統一　　12, 230, 315-316
彭麗媛　　218-219
ポツダム宣言　　250-253, 265
北方集団協力体制　　7, 47-48, 50-51
北方四島　　115, 117, 121, 123, 125-126, 128, 250, 280

〔マ行〕

マハティール (Mahathir bin Mohamad)　　69-71, 73-74, 76, 196
マルキシズム系　　6, 17-18, 20
溝口雄三　　31, 35
南アジア　　20, 58-59, 64-65, 103
南シナ海係争　　189, 247, 263, 267, 272, 277
南シナ海国境協定　　263
『南シナ海仲裁書』　　11, 267-269, 278

南シナ海問題　　11, 65, 77, 87, 98, 162, 189, 205, 208, 213-214, 217, 232, 243, 246-247, 263, 274-275, 278
宮澤喜一　　76, 89, 132
宮澤ドクトリン　　72
無害通航権　　160
無価値観外交　　199, 231, 307
無主先占　　11, 257-258, 260
文在寅　　111-112, 225
メディア・ポピュリズム　　133, 154, 162, 164, 166
メドベージェフ (Dmitrii Anatolievich Medve-dev)　　123-124
毛岸英　　96
問題外交　　37, 132, 137, 165

〔ヤ行〕

靖国神社参拝　　122, 133, 138-140, 143-144, 149, 151, 223-224, 292
柳井俊二　　268
山縣有朋　　258
ヤルタ会談　　93
友好外交　　40, 131, 138, 144, 147, 207, 278, 280
遊勇　　263
ユーラシア経済共同体　　54, 58
ユーラシア経済同盟　　206
ユネスコ政府間海洋学委員会　　244
楊尚昆　　177
葉選寧　　178
楊沛強　　164
予防戦争　　16

〔ラ行〕

ライス (Condlezza Rice)　　60, 102, 105-106, 123, 145, 151
拉致問題　　106, 224
ランチ外交　　75-76
リアリズム系　　6, 14, 20, 29
リバランス政策　　198, 232, 247-248, 315
リベラリズム系　　6, 15, 20

333

劉江永　　145, 192, 222-223, 242, 259-260
琉球諸島等　　252-255, 258, 261, 274
琉球処分　　258, 260
『琉球政府章典』　　261-262
琉球米国民政府　　256, 261-262
「琉球列島地理界線」　　261
劉暁波　　188
劉源　　177-178
劉少奇　　93, 96, 176
劉敏　　96
領域拒否　　214-216
梁思誠　　21
領土帝国主義　　35
ルーキン（Aleksadr Lukin）　　128
ルービン（Robert Edward Rubin）　　76
礼制（礼秩序）　　11, 35, 275-277, 280
歴史意識の古層　　6, 28
歴史的権利　　266, 269-273, 275-276, 309
歴史認識問題　　8, 119, 124, 130-133, 135-139,
144, 146-149, 152, 186, 223, 225, 300
歴史領土論　　124, 221, 274, 285
連合国　　250-252, 271
連合国軍　　264-265, 275
連合国軍総司令部（GHQ）　　10, 115, 250-253,
264-265, 275
連合国軍中国戦区総司令部　　264, 271
連合国軍命令　　11, 264
六カ国協議　　7, 41, 46, 49, 90-92, 100-109, 112-
113, 115, 123, 129, 186, 194-195, 292
六カ国協議共同声明　　104
六カ国協議枠組みの恒久化　　92, 102, 123
ロンドン大学東方学院　　21

〔ワ行〕

和魂洋才　　31
ワシントン会議　　93
ワシントン体制　　93, 101, 106
渡辺約束　　71-72

後書き

　中国の大学を卒業後に来日し、弾指の間、33年を経た。政治・国際関係学者という生涯を送ることになったが、振り返ってみると、「重層集権論」とか「政治文明論」、「国際文明論」とかをうるさく言ってきただけのようにも思える。中国重層集権体制論、そして文明論に絡めて国際関係と中国の政治・外交を問うと、良くも悪くも、この2つのコンセプトしか語ってこなかったのかもしれない。本書はその後者についての論考だ。
「重層」は、1989年に東大駒場で修士論文を悩んだ末にひらめいたキーワードだった。大学教授となった10数年後、恩師の1人である若林正丈先生からは「当時、教授会で君のあの『重層』の修論にみな喜んだよ。これから面白い博論が期待できるとね」と一言振り返ってくださった。私にとっては初耳だった。指導教官だった故菊地昌典先生は、終始平常の顔をしかみせてくださらなかった。
　実は、あの粗末そのものの修論は、今でも人様に見せたくない気持ちでいる。昭和の時代の大学教授たちは、スケールが大きかったのだろう。一留学生の思い付きのキーワードであっても、泥を落としてやったら石に、磨いてやったら玉になりそうだと大きく構えてくれていたのだろう。
　菊地先生の定年退職で、米国帰りの若き恒川恵市先生が、私の博士課程の指導を引き受けてくださった。私が「政治学の理論枠組みは、1つ発明してみてもいいですか」と恥知らずに聞くと、恒川先生は「政治学だから、発明してみていい」と即答するのだから、スケールが大きい。博論が出来上がったところ、私は「中国の政治体制の起源から現在までの変動も書きたい」と相談し、恒川先生は「間に合うなら」と見守ってくださった。私は中国の古代文明に遡って「第2章　現代中国の政治体制の成立」を書き、これは今日に至っての私の文明論アプローチの始動となった。数年後、恒川先生は私の原稿を一枚一枚添削してくださり、そのおかげもあって、東京大学出版会出版助成賞を受け出版された『中国の重層集権体制と経済発展』は、私の処女作となり、東京大学大学

院地域文化専攻の初の博論の出版ともなった。

　昭和時代の駒場の恩師の方々、菊地昌典、恒川恵市、平野健一郎、高橋満、石井明、若林正丈、並木頼壽、猪口孝、田中明彦、村田雄二郎、先生方々に、心から感謝を申し上げます。

　ところで、私も自慢話を言うような年寄りとなったが、言いたいことは、今頃の大学教育の「高等学校化」、大学教授の「社員化」、大学の「文科省外郭法人化」、それらが教育と研究を委縮させていってしまっているものだが、駒場は変わらず健全だと思う。

　日本の文句をよく言う私だが、「君の中国は？」と、よく揶揄もされる。中国よりも日本での生活が長くなり、私は自分を「主人公」だと勘違いをしてしまったかもしれない。ちなみに、中国の大学教授たちは、政治面での制約を受けてはいるが、ほぼ週に1つ、2つの講義しかなく、校務の負担もなく、時間もあって研究費もあるというわけだ。古くから時間と金があっての学問と芸術だと言われるが、今頃の中国の大学教授であるなら、学問が出てこなかったら、言い訳はできないだろう。

　本書の研究過程は、昭和の時代の駒場より、むしろ平成の若手研究者たちとの切磋琢磨によるところが大きい。ここ10年ほど、メンバーと『中国研究月報』の2つの特集を組み、その発展としての2冊の共著を出版し、そして、皆さんそれぞれの単著も出版され、その刺激を受けながら、ここで、年寄りの拙作をも世に問うことにした。青山瑠妙、益尾佐知子、三船恵美に、感謝を申し上げます。

　本書研究過程のここ10年ほどの間、一般社団法人中国研究所、『中国研究月報』と『中国年鑑』編集委員会、日本現代中国学会、アジア政経学会等の研究活動の中、そして所属大学の下斗米伸夫先生や菱田雅晴先生が率いる科研費等による研究活動の中、多くの学者先輩後輩より多くの知の糧をいただいた。謹んで感謝を申し上げます。

　言うまでもなく、本書の文責はすべて私にある。「発明」好きというくせで、いつも序章から終章まで発明してしまうが、その分、自分が必ず正しいと固執するくせはない。批評者とのディスカッションがあるなら、大いに喜ぶ。

後書き

　本書の出版を快諾し、編集に知力と労力を注いでくださった明石書店と佐藤和久氏に感謝を申し上げます。

　なお、新しい研究論文のほか、本書は、趙宏偉、青山瑠妙、益尾佐知子、三船恵美『中国外交の世界戦略』明石書店、2011年所収の筆者の論文や、下記の研究成果（第4章―「日ソ・露関係と中国――その史的法則とメカニズム」下斗米伸夫編著『日露関係　歴史と現代』法政大学出版局、2015年；第6章のⅠ―「『習近平新時代中国特色社会主義思想』の検証」公益財団法人日本国際問題研究所『国際問題研究』2018年第7・8月合併号）を、新しい資料を用いて大幅に加筆・書き直し、再構成した。それに、第9章に「動向　対外関係・概観」（『中国年鑑』一般社団法人中国研究所、2013～2018年各年版）を収めた。

　平成31年3月15日　東京

著者　趙　宏　偉

【著者紹介】
趙　　宏偉（ちょう　こうい）
法政大学キャリアデザイン学部教授、中国人民大学重陽金融研究院高級研究員。東京大学大学院総合文化研究科地域文化研究専攻博士課程修了。博士（1993 年）。
【主要な著書】『中国の重層集権体制と経済発展』（東京大学出版会、1998 年）、Political Regime of Contemporary China, University Press of America, 2002. *Чжао Хунвэй*. Японо-китайские отношения и внешняя политика Ху Цзинь, Под редакцией А.В. Лукина, Япония в Восточной Азии:внутреннее и внешнее измерения. Институт международных исследований МГИМО (У) МИД России Центр исследований Восточной Азии и ШОС Москва МГИМО – Университет, 2009（ロシア語共著「第 8 章　日中関係と胡錦涛の対日外交（2003〜2008 年）」アレクサンダー・ルーキン編『東アジアにおける日本―内外からの計測』ロシア外務省モスクワ国際関係大学出版、2009 年、177-204 頁）共著、他青山瑠妙、益尾知佐子、三船恵美『中国外交の世界戦略』（明石書店、2011 年）、同『中国外交史』（東京大学出版会、2017 年）。

中国外交論

2019 年 3 月 31 日　初版第 1 刷発行

著　者	趙　　宏　偉
発行者	大　江　道　雅
発行所	株式会社　明石書店

〒 101-0021　東京都千代田区外神田 6-9-5
電話 03（5818）1171
FAX 03（5818）1174
振替 00100-7-24505
http://www.akashi.co.jp
組版・装丁　明石書店デザイン室
印刷・製本　モリモト印刷株式会社

（定価はカバーに表示してあります）　　　ISBN978-4-7503-4797-4

JCOPY 〈(社)出版者著作権管理機構 委託出版物〉
本書の無断複写は著作権法上での例外を除き禁じられています。複写される場合は、そのつど事前に、(社)出版者著作権管理機構（電話 03-5244-5088、FAX 03-5244-5089、e-mail: info@jcopy.or.jp）の許諾を得てください。

現代中国を知るための52章【第6版】
エリア・スタディーズ 8　藤野彰編著
◎2000円

中国の歴史を知るための60章
エリア・スタディーズ 87　並木頼壽、杉山文彦編著
◎2000円

北京を知るための52章
エリア・スタディーズ 160　櫻井澄夫、人見豊、森田憲司編著
◎2000円

北京スケッチ　素顔の中国人
渡辺陽介著
◎1700円

世界のチャイナタウンの形成と変容
フィールドワークから華人社会を探究する
山下清海著
◎4600円

現代中国における「イスラーム復興」の民族誌
変貌するジャマーアの伝統秩序と民族自治
澤井充生著
◎6800円

中国系新移民の新たな移動と経験
世代差が照射する中国と移民ネットワークの関わり
中国社会研究叢書 ①　奈倉京子編著
◎3800円

下から構築される中国　「中国的市民社会」のリアリティ
中国社会研究叢書 ③　李妍焱著
◎3300円

中国年鑑 2018　特集：〈習1強体制〉長期化へ
一般社団法人中国研究所編
◎18000円

アジアの地域統合を考える　戦争をさけるために
羽場久美子編著
◎2800円

アジアの地域協力　危機をどう乗り切るか
羽場久美子編著
◎2800円

アジアの地域共同　未来のために
羽場久美子編著
◎2800円

アジア太平洋地域の政治・社会・国際関係
歴史的発展と今後の展望
杉田米行編著
◎2900円

ASEANを知るための50章
エリア・スタディーズ 139　黒柳米司、金子芳樹、吉野文雄編著
◎2000円

「米中対峙」時代のASEAN
共同体への深化と対外関与の拡大
黒柳米司編著
◎2800円

21世紀東南アジアの強権政治
「ストロングマン」時代の到来
外山文子、日下渉、伊賀司、見市建編著
◎2600円

〈価格は本体価格です〉